JN418388

국제무역보험론

최준호 · 강진욱 · 안재진 공저

머리말

무역거래는 계약의 체결부터 대금결제를 통한 계약의 종료에 이르기까지 많은 절차와 여러 당사자들의 이해관계에 의하여 수많은 위험이 존재한다. 따라서 무역거래 과정 중에서 수출입업자들이 어떠한 운송수단을 선택하느냐에 따라 발생하는 손해도 다르게 나타난다.

무역거래에서 가장 많이 이용 되고 있는 운송수단은 해상운송이지만, 최근에는 항공운송과 복합운송을 비롯한 여러 운송수단들이 사용되어짐에 따라 해상보험을 비롯한 여러 무역보험에 대한 이해가 필요하게 되었다.

따라서 본서는 무역거래에서 발생할 수 있는 여러 가지 위험에 대한 해결방안으로 해상보험을 비롯한 무역관련 보험에 대한 내용을 기술함으로써 무역거래를 원활하게 하고자 다음과 같이 구성하였다.

본서의 제1편 해상보험의 이해에서는 보험의 기본적인 내용과 해상보험의 기초적인 내용을 다루었다.

제2편 해상보험계약의 이해에서는 해상보험계약의 체결과정과 해상보험계약과 관련된 내용들을 다루었다.

제3편 해상위험과 해상손해의 이해에서는 해상위험의 담보위험과 면책위험, 그리고 개정된 York-Antwerp Rule 2004의 내용을 포함한 해상손해를 다루었다.

제4편 해상보험증권과 적하보험약관에서는 해상보험계약에 사용되고 있는 보험증권과 보험약관의 내용을 다루었다.

제5편 무역관련 보험에서는 해상보험외에 무역거래와 관련한 항공화물보험, 컨테이너화물보험, 선박보험 그리고 수출보험에 관한 내용을 다루었다.

제6편 무역과 해상보험에서는 무역거래와 관련하여 무역계약, 신용장, 운송과 해상보험과의 관계에 대한 내용을 다루었다.

이에 본서는 이러한 중요내용에 대하여 그 동안 저자들이 다년간 대학에서 강의하고 연구한 것을 토대로 무역을 공부하는 학생들과 무역 관련 업무를 담당하는 실무자들에게 체계적으로 이해하고 활용하는데 지침서가 될 수 있도록 집필하였다.

그러나 시간상의 제약과 저자들의 짧은 지식으로 인해 미비한 점이 많을 줄로 안다. 이에 대해서는 그동안 많은 학문적 조언을 아끼지 않은 학계의 선배님과 독자들의 끊임없는 비판과 호된 질책으로 부족한 부분은 차후 계속적인 연구를 통해 수정과 보완이 이루어질 것을 약속한다.

끝으로 지금까지 저자들의 학문적 연구를 이끌어주신 은사님과 강의와 연구에 지속적인 도움을 주신 선배교수님들께 무한한 감사를 드리며, 어려운 출판 환경에도 불구하고 부족한 원고를 기꺼이 출간해 주신 도서출판 두남의 전두표 사장님과 열과 성의를 다해 교정과 편집을 해 주신 두남의 직원 여러분에게 다시 한번 깊은 감사를 드린다.

2006년 2월

저자 일동

차 례

제 I 편 해상보험의 이해

제Ⅱ편 해상보험계약의 이해

제III편 해상위험과 해상손해의 이해

제IV편 해상보험증권과 적하보험약관

제V편 무역관련 보험

제VI편 무역과 해상보험

제 I 편

해상보험의 이해

제1장

보험의 기초

제1절 보험의 개념

1. 보험의 의의

인간생활은 항상 수없이 많은 위험에 직면해 있다. 만일 이러한 위험에 대해 아무런 대비책이 없다면 위험이 가계 또는 기업 등 경제주체에 주는 손실은 매우 클 것이다.

이에 인간은 우연한 재해나 불행한 사태의 발생에 대처하거나, 사고에 대한 구제방법을 강구할 필요성을 인식하고 만들어진 것이 위험의 산물인 보험이다.

즉, 보험은 특정의 우연한 사고에 관련되는 경제상의 불안정을 제거, 경감하기 위해 동일한 위험에 처해있는 다수의 경제주체가 결합해서 통계적 기초에 의해 산출된 금액을 내어 우연한 사고를 당한 사람에게 재산적 급여를 하고자 계획적으로 공동준비재산을 형성하는 제도이다.

알아봅시다

◉ **독일 보험학회에 의한 보험의 정의**

보험이란 우연적 사고에 의한 경제불안의 가능성을 제거하기 위하여 다수의 경제주체가 결합하고 합리적으로 계산된 각출에 의해서 공동준비금을 형성하는 경제제도라 정의

☞ 우연적 사고에 의한 경제불안의 가능성 제거
☞ 다수의 경제주체의 결합
☞ 합리적으로 계산된 각출
☞ 공동준비금의 형성

2. 보험성립의 요건

1) 우연한 사고발생의 가능성

보험은 특정의 우연대상을 그 대상으로 한다. 이것은 "위험이 없으면 보험도 없다"는 말이 있듯이 사고발생의 시기 및 발생여부가 불확정 된 것이다.

2) 경제적 필요(수요)의 충족

보험의 기능 내지 목적은 특정의 우연사고에 관련한 경제상의 불안정을 제거 내지 경감시키는데 있다. 즉, 우연한 사고가 발생할 경우에 일정한 보험금을 지급함으로써 경제상의 불안을 없애거나 감소시키는데 있다.

3) 다수경제주체의 결합

보험이 성립되기 위해서는 다수의 경제주체의 결합 내지 참여가 필요하다. 이것은 위험의 동질성을 전제로 통계적인 기초위에서 위험단체 안에서 그 위험을 전가시키고 분산시키는 것이다.

4) 합리적으로 계산된 각출

각자의 각출금은 전체로서 합리적 계산에 의한 보험료의 거출이 필요하며 수지가 균형이 이루어지도록 산출되어야 한다.

5) 공동재산 형성

계획적으로 공동재산을 형성하는 제도이다. 즉, 단체구성원이 공동으로 일정한 준비재산을 형성하여 경제상의 안정을 꾀하기 위한 제도이다.

3. 보험의 제 학설

보험의 본질에 대한 제 학설에는 일반적으로 손해설과 비손해설로 구분하는데 손해설에는 손해보상계약설, 손해분담설, 위험전가설, 인격보험설, 생명보험부인설, 통일불능설이 있고, 비손해설에는 우발적욕망 충족설, 경제생활확보설, 기술적 특징설, 저축설이 있다.

1) 손해설

(1) 손해보상계약설

손해보장계약설은 당사자의 일방이 약정한 금액을 징수하는 대신에 상대방이 직면하고 있는 위험이나 사고의 발생으로 입게 되는 손해를 보장하는 계약을 말한다.

손해보상계약설은 보험의 본질을 손해에서 찾으려는 학설이므로, 손해보험 일반에서는 통용될 수 있지만 생명보험에 있어서는 손해의 개념으로 설명하기 어렵다는 단점이 있다.

(2) 손해분담설

손해분담설은 경제상의 의의에 있어서 보험이란 우연한 사고에 의해서 개인이 재산상의 불리한 결과의 위험에 처해 있으면서, 피해를 당하지 않은 다수에게 이를 분할함으로써 이러한 사고의 위험을 배제 또는 경감하게 되는 경제제도를 말한다. 손해분담설도 생명보험에 대한 손해보상계약설과 같은 비판을 피할 수 없다.

한편, 손해분담설은 보험을 보험자와 보험계약자와의 계약관계로 보지 않고 보험성립의 기초가 되는 단계적 기능에 착안하여 보험을 다수경제주체의 집합으로 보았다는 점에서 높은 평가를 받고 있다.

(3) 위험전가설

위험전가설은 동일한 위험 즉, 경제상의 손해를 입을 가능성에 직면하고 있는 다수의 사람들이 보험단체를 구성하고 가입자 개개인의 위험은 그 단체로 전가된다고 보는 학설이다.

위험전가설의 특징은 손해분담설은 사고 발생 후의 사태를 나타내는 개념이지만, 위험전가설은 사고발생이전의 사태를 나타내는 개념이다. 하지만 손해의 보상 또는 분담이라는 관점에서 보험의 본질을 파악하려고 하는 한 손해보상계약설이나 손해분담설과 같은 비판을 피할 수는 없다.

(4) 인격보험설

인격보험설은 손해라는 개념을 확대 해석하여 물질적 손해는 손해보험이 보상하고 생명보험은 정신적 손해를 보상하는 논리로서 보험일반을 설명한 학설이다.

알아봅시다

◉ **보험이 되는 이유**

☞ 신체상의 사고에 의하여 야기된 재산상의 손해를 보상

☞ 특정인의 사고로 인한 주위 사람들의 정신적 · 도덕적인 감화능력상실로 따른 피해도 보상할 수 있다.

(5) 생명보험 부인설

생명보험 부인설은 보험과 손해보상성은 불가분의 관계에 있으나 생명보험에 대해서는 손해라는 개념을 재산상의 손실이라는 협의의 해석으로도 또 인격보험설과 같이 광의의 해석으로도 도저히 납득이 가능한 충분한 설명을 할 수 없으므로 생명보험의 보험성을 부정하는 학설이다.

이에 대하여 독일의 Elster는 생명보험의 손해보상성을 전면 부인, "생명보험은 저축에 지나지 않는다"라 주장했으며, 미국의 Willett는 "생명보험은 보험이 아니고 일종의 투자"라 주장하였다.

(6) 통일 불능설

통일 불능설은 인보험과 손해보험 사이에는 공통하는 개념이 없기 때문에 한 개의 개념으로 양자를 통일적으로 정의하는 것은 불가능하다는 학설이다.

오늘날 각국의 보험계약에 관한 규정이 통일적이지 않고, 손해보험과 생명보험으로 나누어져 있음을 고려할 때 가장 많이 인정되는 학설이다.

2) 비 손해설

비 손해설은 손해의 개념에 집착하지 않고 보험의 통일적 개념을 정의하려고 노력하는 학설이다.

(1) 우발적 욕망충족설

우발적 욕망충족설은 모든 경쟁행위의 내용은 결국 욕망충족에 근거한다는 논리와 보험기능이 결합한 학설이다.

이에 대하여 이탈리아의 U. Gobbi는 "보험이란 욕망을 일으키는 우발사고가 발생한 경우에 필요한 자금을 최소의 비용과 충분한 확실성을 가지고 조달할

것을 목적으로 하는 것"이라 역설했으며, 독일의 Manes(1930)는 "보험이란 똑같은 위협을 받는 다수의 경제주체가 우연하지만 계량화할 수 있는 금전상의 욕구를 상호적으로 충족하는 것"이라 주장하였다.

우발적 욕망충족설은 경제학적 입장에서 보험의 본질을 탐구하였다는데 큰 의의가 있다.

(2) 경제생활 확보설

경제생활 확보설은 가입자가 보험에 의해서 달성하려고 하는 보험의 목적 및 보험금 지불조건은 반드시 직접적인 관계는 없고 그 참된 목적은 공통적인 경제의식 즉, 불확실한 미래생활에 대하여 경제상의 안전을 확보하려는 일반적인 고려가 모든 보험에 공통하는 통일된 개념이라고 보는 학설이다.

이에 대하여 Hupka는 "모든 보험에 공통하는 특성은 종래 학자들이 주장하는 바와 같이 반드시 측정가능한 우연적 사고에 대한 경제준비가 아니고 불확실한 미래에 대비하여 경제상의 보호를 얻으려는 동기(가입자의 이용목적)에 기인한 미래에 대한 일반적인 준비"라고 역설하였다.

(3) 기술적 특징설

기술적 특징설은 보험의 특징을 기술에 있다고 보고 이 같은 측면에서 손해보험과 생명보험을 통일적으로 정의하려는 학설이다.

이에 대하여 이탈리아의 Vivante는 "보험계약은 보험기업에 우발사건이 발생할 때에 그 발생사건의 확률에 따라서 계산된 보험료 적립금에 의하여 일정한 금액의 지불의무를 지는 계약"이라고 역설했고, 독일의 Krosta는 "보험이란 유상적인 평균을 목적으로 행하는 위험의 결합"이라고 주장하였다.

(4) 저축설

저축설은 보험은 경제의 불안정에 대한 일정의 저축이며 미래의 욕망을 위해서 보존 축적하는 소득의 부분이라는 학설이다.

이에 대하여 Hulsse은 "경제적 의미에 있어서의 보험이란 경제의 불안에 기인하는 저축의 비경제적인 성질을 제거하기 위해서 불안을 이용하여 저축의 부담을 동일한 불안하에 있는 다수의 경제주체에 분할하는 시설 즉, 보험은 사경제상으로는 저축이 아니지만, 국민경제적 입장에서는 공동의 저축이라고 할 수 있기 때문이다"라고 주장하였다.

4. 보험에 있어서의 주요 당사자

1) 보험자(Insurer, Assurer, Underwriter)

보험사고가 발생한 경우에 보험금을 지급할 의무를 지닌 자를 말한다.

알아봅시다

◉ **보험자의 자격**

우리나라 보험업법 제5조 내지 제6조에서는 보험자의 자격요건을 재정경제부장관의 허가를 얻어야 하고, 사업주체는 손해보험사업의 경우에는 300억 이상, 인보험사업은 100억원 이상의 자본금 또는 기금을 갖는 주식회사 또는 상호회사

2) 보험계약자(policy holder)

보험계약자는 보험자의 상대방이 되어서 보험계약을 체결하는 자를 말하며, 자기명의로 보험자에게 보험계약을 신청하고 보험료를 납입할 의무를 지는 자를 말한다.

대리인을 통한 보험계약 체결도 가능하며, 보험계약자의 자격은 별도의 법률상 조건은 없으며, 개인 또는 법인 또는 다수인이 보험계약자가 될 수도 있다.

3) 피보험자(insured, assured)

손해보험의 경우에는 피보험이익의 주체로서 보험사고가 발생한 때에 보험금의 지급을 받을 자를 말하며, 인 보험의 경우에는 보험사고의 객체가 되는 자를 말한다.

피보험자는 보험계약자가 아니고 피보험자는 보험의 목적에 해당하기 때문에 어떠한 권한도 주어지지 않으며, 보험계약의 해지권도 없다.

4) 보험수익자(beneficiary)

생명보험계약에서 보험금 청구권을 가지는 사람을 말하며, 인원수나 자격에는 제한이 없다. 예를 들어 보험계약자와 보험수익자가 같을 경우는 자기를 위한 생명보험이고, 보험계약자와 보험수익자가 같지 않을 경우는 타인을 위한

생명보험이다. 이때는 보험계약자가 보험수익자의 지정 · 변경권을 가지며, 생명보험의 경우 피보험자의 동의를 얻어 그 지정 · 변경권을 행사할 수 있다.

5) 보험계약의 보조당사자

(1) 보험대리점(insurance agent)

일정한 보험자를 위하여 계속적으로 보험계약 체결을 대리하거나 중개하는 자를 말한다. 여기에는 전속대리점(체약대리점), 독립대리점(중개대리점)이 있다.

① 전속대리점(체약대리점)

보험계약의 체결대리권이 있는 대리점을 말한다.

즉, 보험자의 명의로 계약체결 및 계약의 변경, 해지, 통지, 고지를 받고 보험료를 받을 수 있는 권한이 있으나, 피보험자의 청구를 승인 또는 거절하거나 손해액의 결정이나 소송상의 대리인은 될 수 없다.

② 독립대리점(중개대리점)

보험계약체결을 위한 대리권은 없고, 다만 계약체결을 중개할 수 있다.

알아봅시다

우리나라 생명보험대리점은 과거에는 일사(一社) 존속주의였으나, 1994년부터는 법인 대리점에 한하여 2개의 보험회사와 대리점계약을 체결할 수 있는 복수대리점제도(특정지역에 대한 독점권은 가지지 못함)가 도입되어 1996년 4월과 1997년 5월부터는 손해보험 · 생명보험회사에 독립대리점제도가 도입되어 동일보험 종목에 대하여 다수의 보험회사와 대리점 계약을 체결할 수 있게 되었다.

(2) 보험중개인(insurance broker)

보험자의 사용인이나 대리인이 아니면서 보험자와 보험계약자사이의 보험계약의 체결을 중개하는 것을 업으로 하는 독립의 상인을 말한다.

보험조직은 보험회사를 대리 또는 대표하는 조직인데 반하여, 보험중개인은 보험계약자를 위해 활동한다는 점이 다르다.

즉, 보험체결을 중개하는 점에서는 중개대리점과 같으나, 보험자의 위임을 받아 그 보험자를 위하여 중개하는 것이 아니라는 점에서 중개대리점과 다르다.

우리 나라 보험중개인제도는 1977년 12월에 도입되었으나, 모집질서의 현실 여건상 시행되지 못하다가 1997년 4월과 1998년 4월에 각각 손해보험과 생명보험의 중개인제도가 다시 시행하게 되었다.

(3) 보험모집인

보험자의 사용인으로서 보험자를 위하여 보험계약의 체결을 중개하는 자. 계약체결권 등의 대리권이 인정되지 아니한다.

(4) 보험의

생명보험회사가 보험계약을 체결함에 있어서 피보험자의 신체를 검사하여 생명의 위험측정에 관하여 전문적인 의견을 제공하는 보험자의 사용인으로서의 의사를 말한다.

보험의는 보험계약 체결권은 없지만 보험의의 고의나 중과실은 보험자의 그것과 같은 효력을 가지는 것이 특징이다.

알아봅시다

보험이 일반적으로 보험대리인(agent)이나 보험중개인(broker), 보험모집인에 의하여 판매되어야 하는 이유는 첫째, 보험이란 상품은 생필품이 아니기 때문에 수요자 스스로 능동적인 상품구입을 하지 않는다. 즉, 보험수요자는 수동적 수요성향을 가진다는 것이다.

둘째, 보험은 일종의 무형상품이기 때문에 유형상품에 비해 시장이 협소하다. 그러므로 보험의 유용성과 필요성을 수요자에게 일깨워 주어야 한다.

제2절 위험의 본질

1. 위험의 정의

보험계약을 체결하는 것은 일정한 위험 즉, 어떤 우연한 사고의 발생으로 손해를 입을 가능성이 있기 때문이다. 이러한 손해를 초래할 가능성이 곧 위험이며, 위험이 존재하지 않으면 보험은 존재하지 않는다.

"No Risk, No Insurance"(위험 없으면 보험 없다)라고 하는 경우, 위험이란 이러한 사고발생의 가능성을 뜻한다. 따라서 위험이 존재한다는 것은 사고의 발생이 불확실한 것을 의미한다. 사고가 발생하지 않을 것이 확실하다거나 또는 사고의 발생이 확정적이라면 이미 위험은 존재하지 않으며, 따라서 보험계약은 무효이다.

이밖에도 위험은 여러 가지 뜻으로 사용되고 있는데 살펴보면 다음과 같다.

1) 손해의 원인인 일정한 사고

손해를 야기할지도 모르는 우연한 사고 그 자체를 위험이라고도 하며, 이러한 의미의 위험을 영어로는 "Peril"이라고 한다. "보험자의 담보위험", "보험자는 해상위험으로 인하여 발생하는 손해를 보상한다"라고 하는 것은 이러한 의미로 위험을 사용한 것이다.

예를 들면, 화재, 자동차의 충돌, 태풍, 홍수, 비행기의 충돌 등이 Peril에 해당된다고 할 수 있다.

2) 일정한 사고를 발생시키게 하는 사정 또는 상태(위험사정)

사고발생의 개연성을 측정하는 기초가 되는 구체적 상태를 위험이라고도 하며, 이러한 의미의 위험을 "Hazard"라 하는데, Hazard란 사고발생에 영향을 미치는 사정, 상태, 조건, 요인, 환경을 의미한다.

2. 위험의 분류

위험은 보험과 관련하여 가장 많이 사용되고 있고, 또 보편성이 있는 분류로서 순수위험과 투기적 위험 있다.

1) 순수위험(pure risk)

순수위험에는 손실이나 부손실의 기회만이 존재한다. 즉, 만약 그 위험사고가 발생한 경우에는 손실만을 발생시키는 것이다. 그리고 위험사고가 발생하지 않은 경우에는 손실도 이익도 생기지 않는다.

예를 들면, 공장의 화재위험 등이 이에 해당한다. 순수위험은 그 대부분이 대수의 법칙의 적용이 가능하고 통상 보험의 대상이 된다.

2) 투기적 위험(speculative risk)

투기적 위험은 이득의 가능성과 손실의 기회 쌍방을 포함하고 있다. 즉, 투기적 위험은 어떤 일이 일어난 경우 그 주체에 이익 또는 손실의 어느 하나를 초래하는 위험을 말한다.

알아봅시다

순수위험과 투기적위험은 모두 불확실성을 갖고 있지만, 순수위험은 보험의 대상이 될 수 있는 불확실성인데 반하여, 투기적위험은 보험의 대상이 될 수 없다는데 그 차이가 있다.

즉, 순수위험에는 대수의 법직이 적용 가능하지만, 투기적위험은 대수의 법칙을 적용할 수 없다는 것이다.

3. 무역거래상에서의 위험의 형태와 위험관리방법

무역거래라 하면 상이한 국가간에 속한 당사자간에 이루어지는 재화, 서비스의 국제적 이동을 말하므로 국내거래와는 달리 매매당사자는 여러 가지 위험에 직면할 수 있다.

이렇듯 무역거래에서 발생할 수 있는 제 위험의 형태는 다양하게 나타날 수 있는데, 예를 들면 신용위험, 비상위험, 환 위험, 운송위험 등이 그것이다.

1) 위험의 형태

(1) 신용위험(credit risk)

신용위험은 채권자의 지위에 대하여 발생할 수 있는 위험으로서, 그 대표적인 예가 수입업자의 지급불능 또는 지급거절에 의해 인도상품에 대한 대금을 회수할 수 없게 될 위험이다.

신용위험은 거래상대방의 신용조사를 철저히 하고 신용장의 이용으로 어느 정도 예방할 수 있다.

(2) 비상위험(emergency or political risk)

비상위험이란 전쟁, 내란, 천재지변, 수입국의 수입금지조치, 환거래제한조치 등과 같이 계약당사자에게 책임 지울 수 없는 불가항력적인 사유로 인하여 계약이행이 불가능하게 되거나 또는 대금을 회수할 수 없게 되는 위험으로서 수출보험에 의해 어느 정도 커버할 수 있다.

(3) 환위험(exchange risk)

환율변동에 따른 위험은 환계약에 의해 방지할 수 있다. 환계약이란 선물환거래에 관한 것으로, 구체적으로 환의 매매당사자간에 거래 외환의 종류, 금액, 환율, 매매의 실행시기 등의 조건을 미리 결정하고, 이 조건에 따라서 장차 현실적으로 매매를 실행할 것을 약속하는 것을 말한다.

(4) 운송위험(transportation risk)

운송위험은 거래물품이 운송 중에 해난이나 기타의 사고에 의해 물리적으로 손상되는 위험으로서 물품이 해상운송되는 한 숙명적인 것이다.

거래당사자에 있어서 이것을 타인에게 전가하는 방법이 없는 한, 거래의 발전을 기대할 수 없다. 이 요구에 따른 것이 바로 해상보험제도이며, 현실에 있어서 해상보험을 떠나서 무역을 생각할 수 없게 되었다.

2) 위험의 관리방법

무역거래에서 위험으로부터의 피해자는 수출입업자, 금융기관, 선박회사 등 여럿이 되며 위험으로부터 벗어나거나 위험에 따른 손실을 최소화하기 위해서는 다양한 위험관리수단이 강구되어야 한다.

무역거래에서 위험관리수단은 위험의 회피(Risk Avoidance), 위험의 보유(Risk Retention), 보험(Insurance), 위험의 예방(Risk Prevention) 등으로 구분할 수 있다.

(1) 위험의 회피(Risk Avoidance)

위험의 회피는 손실발생가능성이 있는 재산 · 인간 · 활동 등을 회피하거나 기존에 존재해온 위험을 제거함으로써 위험을 관리하는 방법이다. 그러나 예를 들어 페인트공장에서 페인트 생산과정이 매우 위험하다고 해서 생산 자체를 중단하면 회사 자체가 문을 닫게 되므로 이러한 경우 위험회피방법은 현실적인 방법이 되지 못한다는 한계성이 있다.

(2) 위험의 보유(Risk Retention)

위험의 보유는 예상되는 손실의 일부나 전부를 보유하여 당사자 스스로 손실을 부담하는 방법이다. 이 경우 위험을 직접 보유하므로 비용이 절감되고, 손실방지를 장려하는 효과나 자금운용의 이점이 있지만 기대이상의 큰 손실이 발생하는 경우 재정적으로 큰 고통을 받을 가능성이 높고, 위험 보유시 세금혜택이 줄어드는 등의 한계가 있다.

(3) 보험(Insurance)

보험은 위험의 사후대비로서 제3자에게 위험을 전가하는 방법으로 가장 널리 이용되는데 일반적으로 손실발생 확률은 손실의 규모가 상대적으로 매우 클 것으로 예상되는 경우에 사용된다.

위험관리수단으로서 보험의 경우, 외국 특히 미국에서 활용되고 있는 것으로는 Commercial Credit Insurance와 Commercial Crime Insurance 등이 있다.

우선 Commercial Credit Insurance는 독립채무자인 고객들의 파산 또는 변제불능에 기인한 손해를 기업들에게 보상할 목적으로 고안된 것으로 담보형식은 보험을 제공하는 보험자들 사이에 변동이 있다. 이 보험은 피보험물의 통상적인 신용손실(normal credit loss)만을 담보하며, 담보는 증권에서 파산 또는 변제불능이라고 정의된 것에만 적용되고 있다.

Commercial Crime Insurance는 은행이나 저축대부조합(saving and loan association) 등과 같은 금융기관들이 소유물의 강도, 도난, 파괴, 멸실, 사기, 강탈, 피고용자의 부정행위와 같은 특정한 범죄위험에 따르는 금전적 손실을 보상하는데 이용할 수 있도록 한 것이다.

이는 미국의 ISO(Insurance Service Office)와 SAA(The Surety Association of America)가 특별히 개발한 것으로, 18가지의 범죄담보형식으로 구성되어 이미 미국 정부로부터 인정받고 있으나, 그 대상과 활용범위가 극히 제한되어 있다.

따라서 이런 보험들을 통해 무역거래에서 발생하는 모든 위험을 해결할 수 있는 것은 아니다. 이는 보험제도에 의해 담보 가능한 위험이 매우 제한되어 있기 때문이다. 더욱이 이론적으로는 보험에 대처할 수 있는 위험도 실제로는 보험에서 대처하는데 한계가 있다. 우선은 기술적 한계인데, 이는 위험발생확률의 측정이 불가능하거나 곤란한 경우에 발생한다.

예컨대 전쟁, 폭풍우와 같은 위험이나 비상위험, 방화와 같은 도덕적 위험, 환율의 변동과 같은 투기적 위험이 이에 속한다. 그러나 실제로는 위험발생확률의 측정이 곤란한 위험이라도 재보험, 산업정책의 일환으로 정부의 원조에 의해 보험화 된 위험도 있다.

예를 들면 수입업자나 신용장발행은행이 도산해서 수출업자가 대금회수를 못하게 되는 경우 이를 통계적인 수치로 파악하기가 매우 곤란한 문제가 있다.

다음은 경제적 한계이다. 이는 보험의 필요성이 적거나 보험료의 부담이 지나치게 과중한 경우에 발생한다. 전자는 위험의 발생에 의해서 생기는 경제적 불이익이 작거나 기업이 준비금의 적립을 행하는 경우이며, 후자는 사고발생확률이 높아서 보험료가 비싼 경우이다. 이러한 경우는 보험에서 대처하기가 어렵게 된다.

한편, 보험을 통한 위험관리수단으로 국내에서 활용되고 있는 것으로 수출보험이 있는데 이는 수출진흥을 목적으로 하는 보험이기 때문에 민영보험에서 구제할 수 없는 위험 즉, 수입업자의 파산의 경우 등에 나타나는 신용위험, 정부의 자금동결이나 전쟁 등에 의한 비상위험, 거래상의 예측 잘못에 의한 상업위험 등을 보험화 한 것이다. 이러한 위험 중에서 비교적 자주 발생하는 위험은 신용위험이나 비상위험이며, 수출에 관한 위험만을 정책적으로 담보하고 있다.

그러나 이러한 수출보험에서는 수출거래일지라도 국익에 배치되는 거래형태에 수반되는 위험은 담보대상에서 제외하고 있다.

이상에서 같이 보험을 통한 위험관리수단으로 무역업자가 위험을 해결하는 일차적인 방법은 민영 credit 보험에 가입하는 것이다. 한편 민영 credit 보험에서 해결되지 않는 수출관련 위험은 이차적으로 수출보험에 의해서 해결될 수 있다.

그럼에도 불구하고 여전히 민영 credit 보험이나 수출보험에 의해서도 해결되지 않는 위험은 남게 되며, 이는 당사자 스스로가 부담하거나 다른 경제단위에 전가시킬 수밖에 없는바, 또 다른 위험관리수단으로 위험예방(Risk Preven- tion)의 중요성이 부각된다.

즉, 위험관리 제 수단들 중에서 위험의 예방은 자체의 한계에도 불구하고 중요한 위험관리수단으로 평가되는 것이다.

(4) 위험의 예방(Risk Prevention)

위험의 예방은 사고의 발생을 미연에 방지하는 방책 즉, 사고 발생의 원인을 탐구하고 그것을 근본적으로 배제함으로써 사고발생을 근절하거나 또는 축소하도록 하는 것으로 여기에는 질병예방조치, 재해방지시설, 기계안전장치, 교통안전대책 등의 예방책이 있다.

(5) 선후책

선후책은 발생한 사고에 대해서 그 영향을 완화 · 경감 · 제거하는 방책(사고처리 해결을 위한 가장 이상적인 시설)으로 여기에는 타인의 힘을 빌리는 방법, 저축, 보험이 있다.

알아봅시다

◉ 타인의 힘을 빌리는 방법

개인, 단체 또는 자치단체에 의한 부조, 구제, 기부 등에 의한 방법으로 특정한 사람을 대상으로 하는 것으로 모든 사람에 대한 선후책은 아니다.

알아봅시다

◉ 저축

필요한 자금을 축적하기 전에 사고가 발생할 시에는 목적을 달성할 수 없다.

알아봅시다

◉ 보험

우연적 사고의 발생에 대하여 그 영향을 완화, 경감, 해소, 제거하고 또한 경제적 안정을 확보하는 제도이다.

제3절 보험의 종류

1. 우리 나라 상법상의 보험분류

우리 나라 상법상 보험은 손해보험과 인 보험으로 구분되어 있는데, 손해보험은 화재보험, 운송보험, 해상보험, 책임보험으로 구분하며, 인 보험은 생명보험, 손해보험으로 구분한다.

종래의 보험은 화재, 해상, 생명이 독립되었으며 겸업이 금지되었지만, 1963년 이후 화재보험과 해상보험이 통합되면서부터 화재보험회사가 해상보험을 겸업할 수 있었다. 다만 현재도 화재해상보험과 생명보험의 겸업은 금지되어 있다.

알아봅시다

◉ **손해보험과 인 보험 구분**

☞ 손해보험 : 화재보험, 운송보험, 해상보험, 책임보험

☞ 인 보험 : 생명보험, 손해보험

2. 일반적인 보험의 분류

1) 인 보험과 물건(재산)보험

일반적으로 보험은 물건보험과 인 보험으로 구분할 수 있다. 보험은 보험사고발생의 객체가 사람인가 물건인가에 따라 인 보험과 물건보험으로 분류된다.

인 보험은 사람의 생명·신체에 관하여 발생하는 사고에 관한 보험으로서 생명보험이나 상해보험 등이 이에 속한다. 이에 반하여, 물건보험은 물건 기타의 재산에 관한 사고에 대한 보험으로서 화재보험·자동차보험·해상보험·운송보험 등이 이에 속한다.

2) 공보험과 사보험

공 보험과 사 보험은 보험제도가 사법상으로 실천가능한가 아니면 공법상으

로 도입되고 있는가에 따른 분류이다. 즉, 사 보험은 사경제적 견지에서 운영되는 보험으로서 보험가입이 가입자의 자유의사에 따라 결정되는 임의보험이라는 점에 그 특징이 있다. 한편, 공 보험은 국민·경제적 입장에서 국가나 기타 공공단체가 공공정책을 실현할 목적으로 운영하는 보험이다.

3) 손해보험과 정액보험

보험은 보험의 급부방식에 따라 손해보험과 정액보험으로 분류된다. 손해보험은 우연한 사고로 인해 피보험자가 실제로 입은 구체적 손해가 보상되는 보험을 말하며, 정액보험은 보험사고가 발생한 때에 실손해의 유무 또는 정도를 불문하고 미리 약정한 일정액의 보험금을 말한다. 생명보험은 보통 정액보험에 속한다.

4) 임의보험과 강제보험

임의보험과 강제보험은 보험가입의 선택성 여부에 따른 분류이다. 즉, 임의보험은 보험가입자의 자유의사에 따라 보험가입 여부를 결정할 수 있는 보험이고, 강제보험은 보험가입자의 의사와 관계없이 보험가입이 강제되는 보험이다. 의료보험과 같은 사회보험은 그 실효를 거두기 위하여 법령으로 강제가입을 규정하고 있는 경우가 많다.

5) 영리보험과 비영리보험

영리보험과 비영리보험은 보험경영의 동기에 따른 분류이다. 즉, 보험경영이 영리를 목적으로 하고 있는 보험이 영리보험이고, 영리 이외의 목적으로 운영되는 보험이 비영리보험이다. 비영리보험은 대부분의 경우 상호부조를 목적으로 하여 행해지고 있으므로 상호보험이라고도 한다.

6) 손해보험과 인 보험

손해보험과 인 보험은 상법이나 보험업법에서 취하고 있는 분류이다. 상법 제4편의 '보험'에서는 제1장 '통칙'에서 보험계약을 정의하고, 제2장은 '손해보험', 그리고 제3장은 '인 보험'에 대하여 정의를 내리고 있다. 즉, 우리 상법은 보험을 손해보험과 인 보험으로 대별한 다음, 손해보험분야에서 화재보험, 운송보험, 해상보험 및 책임보험의 4종에 대하여 규정하고, 인 보험분야에서 생명보험과 상해보험에 대하여 규정하고 있다.

한편, 보험업법에도 보험사업 자체에 대한 규정은 없지만, 역시 인 보험사업과 손해보험사업으로 구분하는 입장을 취하고 있다. 그리고 보험업법 제10조는 "보험사업자는 인 보험사업과 손해보험사업을 겸업하지 못한다"고 규정하여 양자의 겸업을 금지하고 있다. 따라서 구체적으로 어떤 보험종목이 어디에 속하는가하는 것이 실제로 중요한 문제가 된다.

7) 해상보험과 육상보험

보험은 사고발생의 주된 장소에 따라 해상보험과 육상보험으로 구분된다. 사고발생의 장소에 따라 엄밀히 분류하면 해상보험, 육상보험, 항공보험으로 분류할 수 있지만, 역사적인 이유에서 보통 해상보험과 그 밖의 보험으로 양분하고 있다.

해상보험은 그 국제적 성격을 반영하여 각국 공통의 내용으로 통일되는 경향이 강한데 반하여, 육상보험은 각국의 특수사정에 따라 그 내용이 독자적으로 결정된다. 통상의 손해보험과 각종의 신종보험 및 생명보험은 모두 육상보험이다.

3. 해상보험의 목적(대상)에 따른 분류

1) 적하보험(Cargo Insurance)

적하보험은 운송될 화물의 소유자가 적하품에 대하여 보험에 부보하는 보험을 말하는데, 해상운송 중에 발생하는 각종의 위험으로 인해 화물이 손상을 입는 경우를 대비하여 하주가 소액의 보험료를 부담하고 이에 따른 재정적 손해를 보험자로부터 보상받기 위한 보험이 해상적하보험이다.

오늘날의 해상운송이 대부분 무역거래와 관련하여 이루어지고 있으므로 해상운송중의 위험을 담보하는 해상적하보험은 무역거래에서 해운, 금융과 함께 매우 중요한 위치를 점하고 있으며, 무역조건에 따라 누가 적하보험에 가입하여야 하며 또한, 보험사고시 누가 보험금을 지급 받게 되는가가 결정된다.

2) 선박보험(Hull Insurance)

해상보험에서 선박보험은 보험의 목적이 선박에 대해서 선주가 가지는 소유이익을 피보험이익으로 하는 보험을 말한다. 말하자면 선체는 물론 선박의 구성부분 예를 들면 기관, 조타기, 권양기, 돛대, 추진기 그리고 선박의 속구, 즉 나침반, 해도, 돛, 로프, 닻, 비품 등 선박운항에 항상 이용되는 것에 대해서도 특약이 없는 한 선박보험의 대상이 된다. 그러나 선박의 소모품, 즉 연료, 식료품 등 항해 중 소비를 목적으로 하는 물건은 선박의 구성부분이 아니기 때문에 선박의 속구와는 달리 협의의 선박보험에서 제외된다.

그러나, 실제로는 선박보험 보통보험약관 제1조와 MIA 제16조 제1항에 근거하여 선박운항에 필요한 소모품도 선박보험의 대상에 포함시키고 있다.

3) 운임보험(Insurance on Freight)

운임보험은 운송인, 선박소유자 등이 사고 등에 의하여 받지 못하게 될 운임에 대해 보험에 부보하는 보험이다.

예를 들어 FOB조건에서 운임이 후불(Freight collect)이므로 사고발생시 운임을 못 받는 경우가 발생할 수가 있다.

4) 희망이익보험(Insurance on Expected Profits of Goods)

보험의 목적인 화물의 안전한 도착으로 얻게될 예상이익에 대한 피보험 이익을 부보하는 보험이다.

4. 보험기간을 기준으로 한 분류

1) 항해보험(Voyage Insurance)

보험기간을 “항해단위”를 표준으로 하는 보험이며 주로 적하보험에 이용된다.

2) 기간보험(Time Insurance)

보험기간을 “일정한 기간”을 표준으로 하는 보험이며, 주로 선박보험에 이용된다.

3) 혼합보험(Mixed Insurance)

보험기간을 “항해”와 “일정한 기간” 양자를 표준으로 하는 보험으로 선박보험에서 사용되어 왔으나 오늘날에는 거의 이용되고 있지 않다.

제2장

해상보험의 기초

제1절 해상보험의 개요

1. 해상보험의 의의

해상보험(marine insurance)이란 해상사업에 관한 사고에 직면하는 재산권을 가진 다수의 경제주체가 각자의 위험정도에 따라 합리적인 기금을 부담하여 공동준비자산을 형성한 후 해상위험 발생으로 손해를 입은 자에게 보상함으로써 그 경제상의 불안을 제거하거나 경감하는 손해보험제도를 말한다.

즉, 해상보험은 해상사업과 관련하여 일어나는 사고에 의하여 생기는 손해의 보상을 목적으로 보험자는 손해를 보상하여 줄 것을 약속하고, 보험계약자는 그 대가로서 보험료를 지급할 것을 약속하는 것을 말한다.

영국 해상보험법(Marine Insurance Act, 1906 ; MIA) 제1조도 해상보험계약은 보험자가 「해상사업에 수반되는 손해」(losses incident to marine adventure)의 보상을 약속하는 계약이라고 정의하고 있다.

알아봅시다

◉ **MIA 제1조 : Marine insurance defined**

A contract of marine insurance is a contract whereby the insurer undertakes to indemnify the assured, in manner and to the extent thereby agreed, against marine losses, that is to say, the losses incident to marine adventure.

해상보험계약은 그 계약에 의해 합의한 방법과 범위 내에서 해상손해, 즉 해상사업에 수반하는 손해를 보험자가 피보험자에게 보상할 것을 인수하는 계약이다.

상술한 해상보험의 정의를 볼 때, 『해상보험계약은 → 해상사업에 관한 사고(해상위험)가 존재해야 하고, → 그 사고의 발생대상인 보험의 목적에 피보험자가 이해관계(해상피보험이익)를 가져야 하며, → 피보험자가 그 피보험이익에 대하여 손해(해상손해)를 입어야 한다』는 해상보험의 주요 구성요소가 포함되어야 한다.

그리고 해상보험에서 해상사업에 부수 또는 접속하는 육상, 내륙수로 또는 항공위험을 담보하는 경우에는 해상위험 이외의 위험에 대하여도 해상보험의 규정이 준용되는 것이 보통인데, 이에 대하여 영국 해상보험법 MIA 제2조 제1항에서 다음과 같이 규정하고 있다.

알아봅시다

◉MIA 제2조 제1항

A contract of marine insurance may, by its express terms, or by usage of trade, be extended so as to protect the assured against losses on inland waters or on any land risk which may be incidental to any sea voyage.

해상보험계약은 명시된 특약 또는 상관습에 의하여 그 담보범위를 확장하여 해상항해에 부수되는 내륙수로 또는 육상위험의 손해에 대해서도 피보험자를 보호할 수 있다.

또한 이와 관련하여 현재 사용되고 있는 신(구) 협회적하약관에는 기본조건과 부가조건 그리고 면책조항들이 다수 규정되어 있다. 또한 해상보험은 원래 화물이 선박 등 운송수단에 적재되는 시점부터 수입항에서 하역될 때 까지만을 보호하였으나, 오늘날에는 필요시 해상운송과 연결되는 육상운송까지도 포함하여 전 구간에 대해 해상보험계약을 확장 체결할 수 있도록 하고 있다.

이에 무역업자는 거래되는 물품의 특성과 운송경로, 운송시기, 운송방법, 거래조건 등을 종합적으로 고려하여 최소의 부담으로 최대의 위험회피가 가능할 수 있도록 보험조건을 주의 깊게 분석 · 선택하여야 한다.

2. 해상보험의 특징

1) 국제성

해상보험은 상이한 국적의 기업이 참여하는 국제적 성격을 지니고 있다. 이에 각국의 보험약관이나 법률 규정의 상이성으로 인한 오해 또는 분쟁 발생의 부작용을 낳는 모순을 안고 있다. 따라서 해상보험 관련규정의 국제적 통일을 기하기 위하여 각국마다 해상보험증권에는 영국법을 준거약관으로 삽입하고 있다.

2) 육상 · 해상 혼합보험성

해상보험은 육상 · 해상 혼합보험의 성격을 가지고 있다. 해상보험은 해상위험을 담보하는 보험이지만 특약 또는 상관습에 따라서 담보하는 범위를 확장하여 항해에 부수하는 내수 또는 육상위험을 담보하는 경우가 많다.

예를 들어, 선박의 진수 중 또는 건조 중의 선박에 발생하는 위험을 담보하는 적하보험 창고간약관(warehouse to warehouse clause)과 선박의 건조보험 등으로서 이 경우에는 육상 · 해상혼합위험을 담보하게 된다.

3) 위험담보의 종합보험성

해상보험과 같은 손해보험인 화재보험이나 도난보험이 원칙적으로 단일위험을 담보하는 것과는 달리 다양한 위험을 종합적으로 담보하는 종합보험성을 가진 보험이다. 해상보험은 생성초기부터 해난, 해적, 전쟁 등 일체의 해상위험을 담보하여 왔지만, 오늘날 해상보험에서는 육상보험과 항공보험도 하나의 해상보험증권으로 일괄 담보되고 있다.

4) 기업보험성

보험료의 부담여부에 따라서 가계보험과 기업보험으로 구분할 수 있다. 그러나 개인 선주가 자기의 선박을 선박보험에 부보한다든가, 해외출장 또는 해외근무시 가재도구나 소지품을 해상운송 하는 경우에 해상보험을 이용하는 경우도 있는데 이런 경우에는 해상보험의 가계보험적 성격을 전면 부정할 수는 없다. 하지만 오늘날 해상선박보험의 주된 이용자는 선박회사 또는 해운업자이며, 또 해상적하보험은 대부분 수출입업자에 의해 이용되고 있으므로 기업보험적 성격이 강한 보험이라 할 수 있다.

3. 해상보험의 기능

대부분의 무역거래는 해운, 금융, 보험의 3요소에 의해 운영되고 있다. 무역거래에서 운송은 대부분 선박회사가 담당하며, 금융은 은행이 담당하고 운송 또는 금융에 수반하는 우발적 사고의 보상에 대해서는 보험자가 담당하므로 이 삼자의 기능이 종합되어 비로소 무역이 가능하다.

특히 해상운송은 해상위험이 수반되므로 우연한 사고에 의한 손해를 보상받지 않으면 해상을 무대로하는 상거래는 하나의 모험에 불과하고 정상적으로 무역거래를 할 수 없으며 발전 또한 기대할 수 없다.

이런 면에서 해상보험은 해운업과 무역거래의 원활한 발전과 이들 기업의 안전성을 보장할 뿐만 아니라 각종 손해보험 중에서도 국제성이 가장 큰 보험이며, 무역발전에 핵심적인 요소라고 할 수 있다.

1) 해난사고 예방기능

해상보험회사는 해난 사고의 예방과 손해경감을 위하여 해사에 관한 조사연구, 해난 구조시설의 설치, 정비 및 해운기업에 대한 조언 등 재해를 방지하는 기능을 가지고 있다. 즉, 영국 해상보험법과 우리 나라 상법 그리고 해상보험약관에는 손해의 방지와 경감에 대한 의무를 부과하고 있으며, 이에 해상보험회사는 해난사고의 예방과 손해방지 경감을 위하여 제 활동을 함으로써 해난사고 예방기능을 수행하고 있다.

2) 국제수지기능

해상보험은 국제성이 강한 무역, 해운 등 해상기업의 경제적 수입에 대한 안정성을 보장해 주는 제도이기 때문에 무역거래의 형태에 따라 국제수지 항목 중 무역외수지의 주요 구성항목으로서 국제수지에 영향을 미친다.

예를 들어 CIF나 CIP 조건의 매매거래의 경우 수출상의 입장에서는 보험료 수입을 통해 외화획득을 가져오지만, FOB나 기타 거래조건으로 수출할 경우에는 외화유출을 가져온다.

3) 자금의 공급기능

해상보험은 보험료 수입과 보험금 지출과의 기간적 차이에서 발생하는 각종 준비금의 운용으로 산업자금 또는 일반대출에 의한 기업자금 등을 공급함으로써 국민경제의 발전을 도모한다.

4) 물품가격의 안정적 기능

해상보험은 물품의 소비자에 대해서 안정적 가격을 제공하는 기능을 가지고 있다. 만일 해상보험을 이용할 수 없다면 무역, 해운 및 금융 등의 기업은 각각의 해상위험에 대해 자의적인 계산으로 최종적으로는 물품의 소비자에게 불안정한 가격을 강요하게 된다. 그러나 해상보험의 적절한 이용에 의하여 위험의 비용화가 실현되며 확정적인 보험료가 각각의 가격 중에 포함되어 물품의 소비자에게 안정적인 가격을 제공할 수 있게 된다.

5) 국제 물류의 촉진과 신용증대기능

해상보험은 국가간 화물의 수출입에 수반하는 사고를 해상보험자에게 전가시켜 줌으로써 무역당사자가 신뢰감과 안정감을 바탕으로 거래를 할 수 있도록 도와주는 기능을 가지고 있다. 따라서 해상보험은 이 같은 기능을 통하여 국제물류 촉진을 꾀하며, 무역당사자간의 신용을 증대시켜 수출입거래를 원활함을 도모하고 있다.

예를 들어, 수출업자가 수입업자 앞으로 화환어음을 발행하는데 이때 은행이 화환어음을 매입하는 것은 담보화물이 보험사고에 의하여 손해를 입었을 경우에는 반드시 손해의 보상을 받을 수 있다는 보장 등이 이에 속한다.

제2절 해상보험과 관련된 용어

해상보험조건에 있어 기초가 되는 용어를 살펴보면 다음과 같다.

1. 보험자(insurer, underwriter)

보험자란 보험계약 체결의 당사자 중에서 보험계약을 인수하는 자를 말하는데, 일반적으로 보험회사를 지칭하지만 회사형태의 법인뿐만 아니라 영국의 로이즈 보험인수와 같이 개인도 보험자가 될 수 있다.

보험자는 보험계약자로부터 보험료라는 보수를 얻는 대가로 항해에 관한 우연적인 사고로 인하여 보험에 부보된 이익에 대한 모든 손해의 보상을 보증하는 의무를 부담하는 자를 말한다.

보험자는 한사람인 경우가 보통이지만 하나의 계약을 복수의 보험자가 공동으로 인수할 때 이것을 공동보험계약이라고 하며, 보험계약은 상행위이므로 공동보험계약에 참가하고 있는 다수의 보험자는 각각 연대하여 채무를 부담하게 된다.

2. 보험계약자(policyholder)와 피보험자(insured)

보험계약자란 보험계약의 당사자로서 보험계약을 신청하고 보험자와 보험계약을 체결하는 자를 말한다. 보험계약자가 되기 위한 자격에 대해서는 법률상 별도의 제한이 없고 개인과 법인을 불문하고 다수인이 공동으로 보험계약자가 될 수도 있다.

보험계약자는 보통 자기를 위하여 보험계약을 하지만, 타인을 위한 보험계약을 체결하는 경우도 있다. 영국에서는 타인을 위한 보험계약을 인정하고 있지 않기 때문에 보험계약자라는 별도의 개념이 따로 없고, 피보험자가 보험계약의 당사자가 된다.

피보험자는 피보험이익의 주체로서 보험계약에 의해서 손해가 발생한 경우에 손해보상을 받을 수 있는 자를 말한다.

피보험자는 보험계약의 체결에는 직접 관여하지 않고 계약당사자가 되지 않기 때문에 보험자에 대해 손해보상의 청구권을 가지는 것 외에는 권리의무를 지지 않는 것이 원칙이다.

3. 담보(to cover)와 부보(insure, effect, cover)

담보는 보험자가 피보험자의 재산상의 손해가 발생하면 그 손해를 보상한다는 약속이다. 즉, 보험자가 손해발생의 가능성인 위험을 책임진다는 것을 의미한다. 이를 보상 혹은 전보(to pay)로 혼용하여 사용하고 있다.

부보는 어떠한 상품을 보험에 붙인다는 뜻으로 일반적으로는 보험계약을 체결한다는 말을 의미한다.

4. 피보험목적물(subject-matter insured)과 피보험이익(insurable interest)

피보험목적물은 해상보험에서 보험을 통하여 보호되는 객체를 말하며, 보험목적물이라고도 한다. 해상보험에 있어서 피보험목적물이 될 수 있는 것은 적하(cargo), 선박(hull), 운임(freight), 희망이익(profit and commission), 선임(wages), 선주의 화주에 대한 책임(P&I보험) 등이다.

피보험이익(insurable interest)은 보험계약을 체결할 수 있고, 이로 인하여 불확실한 미래의 사고로부터 재산상 손실을 보상받을 수 있는 이익을 말한다. 여기에서 보험계약을 체결할 수 있는 보호의 대상이 되는 객체를 보험목적이라 한다.

예를 들어 선박, 선박비용, 화물, 화물의 예상이익, 운임, 재보험 가입시의 인수보험금액 등이 보험목적이다. 이러한 보험목적과 특정인과의 이해관계가 피보험이익이 된다.

해상운송과 관련하여 사고가 발생하면 여러 이해관계인이 손해를 입는다. 이때의 손해는 선박, 적하와 같은 물품자체에 한정되지 않는다. 물품의 화주는 물품자체의 손실 외에도 선불한 운임과 보험료의 손실도 입게되며, 물품을 무사히 목적지에 도착함으로써 얻을 수 있는 희망이익도 상실된다. 뿐만 아니라 화물이 무사히 도착한 경우에도 다른 사람의 화물에 생긴 공동해손에 대해 분담액을 지급하거나 운송도중에 발생한 비용손해를 지급하여야 하는 경우도 있다.

선주는 운송이 완료되지 않으면 후불(collect freight)인 운임을 청구할 수가 없게되고, 선지급한 연료 또는 소모품 등의 선비도 회수할 수가 없게 된다. 또한 자신의 선박이 다른 선박과 충돌해서 다른 선박 또는 다른 선박의 적하에 손해를 끼쳤을 때는 자기 선박의 손해와는 별도로 배상 책임을 부담해야 한다.

선주가 아닐지라도 선박의 용선자는 용선료를 회수할 수 없거나, 선박에 저당권을 설정한 저당권자는 저당된 목적물을 상실하는 손해를 입을 수 있으며, 다수의 당사자들이 갖는 이와 같은 이해관계가 피보험이익이 되는 것이다.

따라서 피보험이익을 갖는 선주나 용선주, 하주 등 이해관계자는 선박 보험이나 적하보험, 운임보험 등을 통해 자신이 갖는 피보험이익에 대해 발생할 수 있는 위험을 회피할 수 있다. 또한 보험자도 자신이 인수한 금액만큼 피보험이익으로서 다른 보험자와 재보험계약을 체결하여 보험사고 발생에 따른 위험을 전가시킬 수도 있다.

5. 보험료(premium)와 보험금(claim amount)

보험료는 보험자의 손해보상에 대한 약속의 반대급부로 보험계약자가 지불하는 금전이며, 이는 통상 보험계약 체결시에 확정되게 된다. 원칙적으로 보험자의 보험료납부의무와 보험자의 보험증권발행의무는 동시이행조건이기 때문에, 보험자는 보험료가 납부될 때까지는 보험증권발행의무가 없을 뿐 아니라 보험자의 책임이 개시되지도 않게 된다.

한편, 보험료율은 보험(가입)금액에 대하여 백분율(%)로 표시되며, 보험료의 산출은 보험금액(C.I.F. value×110%)에 보험요율(premium rate)을 곱해서 산출한다.

보험금은 담보위험에 의하여 손해가 발생한 경우 보험자가 피보험자에게 지급하는 금액이다. 즉, 보험증권상에 담보되는 위험으로 인하여 경제적 손해가 발생했을 경우 손해보상금의 명목으로 지급되는 금액을 말한다.

6. 보험가액(insurable value)과 보험금액(insured amount or sum insured)

보험가액은 피보험이익의 평가액으로 보험사고발생시 피보험자가 당할 수 있는 손해의 최고한도액이다. 다시 말해 보험자가 보상할 최대한의 손해액으로 보험자의 보상책임에 대한 한도액을 말한다.

그런데 보험가액은 물가의 변동, 시간의 경과, 공간의 이동 등에 의해 계속 변동된다. 즉, 위험의 개시시의 가액과 사고발생시의 가액이 차이가 발생한다. 따라서 보험계약을 체결할 때 당사자가 일정금액으로 협정하고 이를 변하지 않는 것으로 하는데, 이를 "보험가액 불변원칙"이라 한다.

그러나 보험가액은 인 보험에는 존재하지 않는다. 그것은 사람의 존재가 계속 변동될 수 없기 때문이다. 적하보험에서의 보험가액은 일반적으로 CIF가격에 10%를 가산한 금액으로 하고 있다.

보험금액은 전손이 발생하였을 때에 보험자가 피보험자에게 지급하여야 할 금액의 최고한도로, 실제로 부보된 금액으로 보험증권에 나타난 금액을 말한다. 이를 "보험가입금액"이라고도 한다. 보험자는 이를 한도로 하여 보상책임을 부담하게 되며, 보험가액을 초과하게 되면 이중보험이 되어 초과부분에 대해서는 보상하지 않고 무효가 된다.

보험금액과 보험가액과의 관계에서 양자가 동일한 경우를 전부보험(full insurance)이라 하고, 보험금액이 보험가액 보다 적은 경우를 일부보험(partial insurance, under insurance), 보험금액이 보험가액 보다 큰 경우를 초과보험(over insurance)이라 한다.

7. 보험기간(duration of insurance)과 보험계약기간(duration of policy)

보험기간은 피보험목적물에 대해 보험자의 책임이 존속되는 기간이다. 즉, 피보험자가 보험자로부터 부보 받을 수 있는 시간적, 공간적 한계를 말한다.

보험기간을 정하는 방법에는 두 가지가 있다. 첫째는 기간보험(time policy)으로 이는 일정한 기간을 표준으로 하는 것으로 선박보험의 경우에 많이 사용된다. 둘째는 항해보험(voyage policy)으로 이는 일정한 항해를 표준으로 하는 것으로 적하보험의 경우에 많이 적용된다.

한편, 적하보험의 경우 런던보험자협회(institute of london underwriter)의 운송약관(transit clause)에는 보험자가 책임을 부담하는 시기를 "운송개시를 위하여 출하지 창고 또는 보관창고를 떠나서"로 정하여, 통상의 운송구간동안 계속 담보된다.

책임이 완료되는 종기는 첫째, 증권에 기재된 목적지의 수하인이나 수하인의 최종창고, 보관창고 혹은 둘째, 목적지도착이전이라도 보관을 위해 선택한 창고(보관창고)에 인도될 때, 분배나 할당을 위해 선택한 창고(보관창고)에 인도될 때, 최종 양육항에서 양육이 완료 된 후 60일이 경과된 때 종료된다고 규정하고 있다.

보험계약기간은 보험계약이 유효하게 존속하는 기간, 즉 보험계약의 존속기간을 말한다. 통상적으로 보험계약기간은 보험기간과 거의 동일하나, 예정보험의 경우는 예외이다.

해상보험계약은 화물의 수량, 가격, 적재 선박명, 선적시기, 운송구간, 피보험자 등 보험계약의 필수사항이 확정된 후 체결되는 것이 원칙이다. 그러나 상기 내용의 일부가 불명인 채 후일 판명되는 대로 그 정확한 내용을 보험회사에 통지할 것을 전제로 하여 보험을 예약하는 경우가 있는데 이를 “예정보험” 혹은 “선명미상보험” 이라 한다.

한편 보험료기간은 당사자가 계약에서 정한 보험료 급부에 대한 단위기간으로 보험료산출을 위하여 표준으로 삼는 기간을 말한다.

8. 해상보험증권(insurance policy)과 보험약관(insurance clause)

해상보험증권은 보험계약성립내용을 명확히 하고 그 내용을 증명하기 위해 보험자가 발행하는 증권으로, 담보조건, 피보험자, 보험계약자, 피보험목적물 등이 명시되고 많은 약관들로 구성되어 있다.

해상보험증권의 발행은 원칙적으로는 보험자가 발행하여 교부하는 것이지만, 실무적으로는 편의를 위하여 청구가 없어도 발행하여 교부하고 있다.

보험계약은 요식계약(formal contract)이 아니라 낙성계약(consensual)이기 때문에 증권의 발행과 교부가 보험계약의 성립요건은 아니다. 따라서 보험증권은 보험계약 성립시 혹은 성립 후에 작성하고 발행해도 무방하며 보험자만이 날인하여 서명하기 때문에 계약서도 아니다.

보험계약의 내용은 보험자와 계약자가 하나 하나를 합의하여 규정하는 것이 원칙이다. 그러나 보험계약의 내용이 복잡하고 어렵기 때문에 보험자가 미리 보험약관을 작성하여 계약자가 원할 때 이 약관에 서명만 함으로써 보험계약이 성립하도록 정형화하고 있다.

따라서 보험약관은 보험계약에 공통된 표준적 사항을 보험자가 미리 인쇄하여 둔 보험증권상의 각종 약속이나 규정을 말하는데, 이 약관에는 보통약관(common, general clause)과 특별약관(special, additional clause)이 있다. 전자는 약관가운데 표준적인 것으로 ICC (A), (B), (C) 등을 말하며, 후자는 약관가운데 특별한 것으로 갑판적(on-deck clause), 도난, 발하, 불착약관 등을 말한다.

9. 위험(perils, risk, hazards)과 손해(loss, damages)

위험은 손해를 초래할 사고발생의 가능성을 말하는데, 해상에서 발생하는 위험은 해상위험(maritime perils)이라 하고, 보험자가 보상하는 위험은 담보위험(risk coved, perils insured against), 보험자가 담보하지 않은 위험은 부(비)담보위험 혹은 면책위험(exclusions)이라 한다.

손해는 위험의 발생으로 피보험목적물의 전부 혹은 일부가 멸실 되거나 손상을 입은 것을 말하는데, 여기에는 전부 손실되는 전손(total loss)과 일부 손상되는 분손(partial loss)이 있다.

또한 손해에는 발생한 손해를 보험자가 보상하게 되는 보상손해와 발생한 손해를 보험자가 보상하지 않는 면책손해가 있으며, 담보위험과 인과관계가 직접적이냐 간접적이냐의 구분에 따라 직접손해와 간접손해로 구분된다. 보험자가 보상하는 간접손해에는 손해방지비용, 공동해손 분담금, 손해조사비용 등이 있다.

제3절
해상보험에 관한 법규

1. 영국 해상보험법(Marine Insurance Act, 1906 : MIA)

1) 의의

해상보험은 그 성격상 2개국이상이 관여하는 국제성이 매우 강한 보험이기 때문에 보험거래에서 발생할 수 있는 분쟁을 방지하고 이를 해결할 수 있는 준거법이 필요하다.

해상보험은 영국을 중심으로 발전하여 왔기 때문에 전통적으로 해상보험에 관해서는 영국의 법률과 관습이 적용되고 있다. 이에 오늘날에 사용되고 있는 해상보험증권에도 영국의 법률과 관습에 따라서 모든 것을 해결해 준다는 준거법약관이 인쇄되어 있다.

해상보험에 관한 대표적인 것은 1906년에 제정된 영국의 해상보험법(Marine Insurance Act, 1906 : MIA)이 있다. 이 법은 그 동안 각종 판례를 정리한 것으로 해상보험에 대한 영국의 성문법이다.

이 법은 1906년까지 사용해 오던 해상보험에 대한 관습이나 보편적인 원리를 거의 수용하고 있어 아직까지도 영국 해상보험법의 체계를 이루고 있으며, 대부분의 국가들도 이 법을 원용하여 자국 법률의 모체로 삼고 있다.

2) MIA의 제정배경과 구성

(1) MIA의 제정배경

해상보험이 영국을 중심으로 일찍이 발전되어 왔지만 1906년 이전까지는 해상보험에 관한 영국의 법들은 거의 대부분이 관행의 형태로 존재하는 관습법으로 산재되어 있었다.

관습법은 성문법이 아니고 불문법이기 때문에 해상보험과 관련된 관습을 체계화하려는 노력이 시도되어 왔다.

1906년 제정된 영국해상보험법은 총94개조와 영국해상보험법의 부칙인 보험증권해석에 관한 규칙(Rules for Construction of Policy : RCP)으로 구성되어 있다. RCP에는 해상보험에서 많이 사용되고 있는 용어들의 정의가 명확하게 규정되어 있다.

Lloyd's S. G. Policy의 준거법조항에서는 일체의 손해배상책임의 유무 및 보험금지급에 관하여 영국의 법률과 관습에 따른다고 규정하고 있어 MIA는 해상보험에 있어 가장 중요한 준거법의 역할을 한다.

(2) MIA의 구성

MIA는 해상보험에 관한 전반적인 내용이 모두 포함되어 있으며, 제1조 해상위험부터 보칙을 포함한 총 94조로 구성되어 있다.

◈ 해상보험(Marine Insurance) ⇒ 제1조-제3조
◈ 피보험이익(Insurable Interest) ⇒ 제4조-제15조
◈ 보험가액(Insurable Values) ⇒ 제16조
◈ 고지와 표시(Disclosure and Representations) ⇒ 제17조-제21조
◈ 보험증권(The Policy) ⇒ 제22조-제31조
◈ 중복보험(Double Insurance) ⇒ 제32조
◈ 담보 및 기타(Warranties Etc) ⇒ 제33조-제41조
◈ 항해(The Voyage) ⇒ 제42조-49조
◈ 보험증권의 양도(Assignment of Policy) ⇒ 제50조-제51조
◈ 보험료(The Premium) ⇒ 제52조-제54조
◈ 손해와 위부(Loss and Abandonment) ⇒ 제55조-제63조
◈ 분손(구조료와 공동해손 및 단독비용 포함) [Partial Losses(Including Salvage and General Average and Particular Charges)] ⇒ 제64조-제66조
◈ 손해보상의 한도(Measure of Indemnity) ⇒ 제67조-제78조
◈ 보험금의 지급에 관한 보험자의 권리(Rights of Insurer on Payment) ⇒ 제79조-제81조
◈ 보험료의 환급(Return of Premium) ⇒ 제82조-제84조
◈ 상호보험(Mutual Insurance) ⇒ 제85조
◈ 보칙(Supplemental) ⇒ 제86조-제94조

2. 우리 나라 상법(제4편 : 보험편)

1) 의의

보험산업은 공공성이 강하고 국민경제 전반에 미치는 영향이 대단히 큰 사업이므로 대부분의 국가들은 상법, 보험업법 등을 통하여 보험사업을 관리, 감독하고 있다.

해상보험도 손해보험의 일종으로서 당국의 행정규제를 받을 뿐만 아니라 해상보험에 관련되는 제반 법규의 제한도 받는다.

이에 따라 각 국가들은 보험사업을 엄격히 감독하기 위하여 상법, 보험업법 등을 제정, 운영하고 있다. 우리 나라도 상법, 보험업법, 보험업법시행령 등을 통하여 재정경제부에서 보험사업을 관리, 감독하고 있다.

2) 상법의 적용

우리 나라에는 상법 제4편에서 보험에 관한 규정을 두고 있으며, 보험업법과 보험업법시행령이 제정, 운영되고 있다.

해상보험은 손해보험의 일종으로서 당연히 우리 나라 상법의 적용을 받으며 해상보험을 운영하는 보험자는 보험업법과 그 시행령을 준수해야 한다. 그러나 해상보험은 국제성이 강한 보험이기 때문에 해상보험의 주요 내용은 영국의 법과 관습에 따른다.

그러나 해상보험에서 영국의 법과 관습이 아무리 중요하다고 해도 보험자의 책임 및 보험금 결제에 한정되어 적용된다.

따라서 보험사업의 궁극적 목적과 운영에는 우리 나라의 상법과 보험업법이 적용된다.

영국의 법과 관습은 주로 보험자와 피보험자간의 보험계약관계에 적용되는 것이지, 보험회사의 설립이나 이를 운영하는 방법까지 영국의 법과 관습을 적용해야 한다는 것은 아니다.

3) 상법의 구성

우리 나라 상법(제4편) 제1장 보험의 통칙과 제2장 손해보험의 통칙에는 보험일반에 관한 내용이 규정되어 있으며, 상법 제639조로부터 제718조까지는 해상보험에 관한 내용이 규정되어 있다.

알아봅시다

◉ **우리 나라 상법(제4편) 보험편의 구성**

- 제1장 통　칙 ⇒ 제638조-제664조

- 제2장 손해보험

제1절 통　칙 ⇒ 제665조-제682조
제2절 화재보험 ⇒ 제683조-제687조
제3절 운송보험 ⇒ 제688조-제692조
제4절 해상보험 ⇒ 제693조-제718조
제5절 책임보험 ⇒ 제719조-제725조의 2
제6절 자동차보험 ⇒ 제726조-제726조의 4

- 제3장 인보험

제1절 통　칙 ⇒ 제727조-제729조
제2절 생명보험 ⇒ 제730조-제736조
제3절 상해보험 ⇒ 제737조-제739조

3. York-Antewerp Rules(YAR)

1) 제정

"York-Antewerp Rules(YAR)"이란 해상무역에 있어서 공동해손(General Average)을 구성하는 손해 및 비용에 관한 국제통일규칙을 말한다. 1864년 9월 York회의에서는 이른바 York Rules(1864년)이라고 하는 총 11개 조항의 국제공동해손규칙을 제정하였으며, 1877년 8월 Antewerp 회의에서 이를 개정하여 총 12개 조항의 "York-Antewerp Rules(1877)"을 채택하였다.

그 후에는 이 규칙은 무역환경의 변화에 따라 1890, 1924, 1950, 1974년 및 1994년에 개정되었으며, 현행 규칙은 2004년에 개정된 "York-Antewerp Rules (2004)"이라 한다.

2) YAR의 적용

오늘날 일반적으로 사용되고 있는 "선하증권"이나 "용선계약서"에는 공동해손에 관하여 YAR을 적용한다는 규정이 삽입되어 있다. 해상보험에서도 "구 ICC 제7조에는 해상화물운송계약에서 공동해손이 YAR에 의하여 정산되는 것으로 규정된 때에는 해상보험자도 YAR에 따른 공동해손의 정산에 구속된다는 취지의 규정을 두고 있다.

신 ICC도 제2조 공동해손약관(General Average Clause)에서 YAR이라는 명문의 표현은 삭제되었지만, 해상운송계약의 대부분이 실제로 공동해손에 관하여 YAR를 적용하고 있으므로 실질적인 내용은 구 약관과 동일하다.

이와 같이 YAR이 해상운송계약 및 해상보험증권에 도입된 결과, 공동해손에 관한한 MIA는 YAR의 요건에 일치하는 범위내에서만 적용되게 되었다.

공동해손과 해상보험은 밀접한 관계가 있지만, 원래 양자는 별개의 제도이므로 해상보험계약의 존재여부를 불문하고 공동해손은 성립하고 이해관계자는 분담책임을 지지 않으면 안 된다.

공동해손의 분담관계는 보험과는 전혀 관계가 없는 해사법에 의하여 정산된다. 그러나 선박 및 적하보험에 대하여는 대부분 해상보험계약이 체결되고 있고, 따라서 공동해손이 보험자의 손해보상범위에 속하는 한 해상보험과 공동해손은 밀접한 관계를 갖는다.

3) YAR의 구성

YAR은 해석규정(Rules of Interpretation)과 지상규정(Rule Paramount) 및 A조로부터 G조에 이르는 문자규정(Lettered Rules), 그리고YAR 2004에서 새롭게 추가된 Rule 23을 포함한 23개의 숫자규정(Numbered Rules)으로 구성되어 있다.

제3장

해상보험의 역사

제1절 해상보험의 역사

1. 해상보험의 기원

해상보험은 영리보험 중 그 역사가 가장 오래되었다고 전해지고 있으나 그 기원은 정확하지 않다.

해상보험은 모험대차설, 코멘다설, 가족단체설, 공동해손설 등이 기원이라고 주장되고 있으며, 이 중 정설은 모험대차설이라는 것이 지배적이다.

1) 모험대차설(bottomry)

소비대차 또는 해상대차라고도 하며, 모험대차는 선주 또는 화주가 항해를 시작하기 전에 금융업자로부터 자금 전대를 받고, 만약 선박 또는 적하가 항해 중에 해난에 직면하면 그 손해의 정도에 따라 채무의 일부 또는 전부가 면제되며, 무사히 목적지에 도착하면 원금과 고율의 이자를 상환하게 되는 일종의 조건부 소비대차계약을 말한다.

이 제도는 바빌로니아, 페니키아 시대부터 존재하였으며, 그 후 로마의 이자금지법에 저촉되어 변형모험대차로 변하였다. 이후 보험증권의 형태로 나타난 것은 14C경으로 대표적인 것으로 Pisa보험증권과 Venezia보험증권이 있다.

(1) 금융업자 입장에서 본 모험대차

위험부담(보험업)과 융자라는 기능을 가지고 있다.

(2) 무역업자나 해운업자의 입장에서 본 모험대차

항해의 성공시 원금과 고율의 이자(보험료)를 지급하고, 사고시에는 그 손해를 금융업자에게 전가시킨 결과가 되기 때문에 현대의 보험제도와 유사하다고 본다.

2) Commenda설

Commenda는 일종의 조합으로서 무역업자인 차용자가 해상노무를 제공하고 금융업자인 화주는 이에 자금 또는 상품을 공급하여 그 이익을 회수하고, 해상위험을 부담하는 제도로서 10C경에 지중해 연안에서 발생한 것으로 모험대차로부터 비롯된 것으로 추정되고 있다.

3) 가족단체설

가족단체설은 1C-16C에 걸쳐 유럽의 Flanders 및 독일의 West Preussen에 존재하던 가족단체제도가 발전하여 현대의 해상보험제도를 실현되었다는 설로서 일종의 상호구제적 제도이나 해상보험은 영리보험이기 때문에 그 취지는 상이하다.

4) 공동해손설

공동해손은 선박이나 적하가 해난에 직면하게 된 경우, 이를 위험으로부터 구조하기 위하여 선장이 합리적으로 또 고의적으로 선박이나 적하의 일부분을 희생시키는 것으로서 이때 선박이나 적하에 입은 손해에 대해서는 이의 이해관계자가 공동으로 부담하는 것을 말한다.

이 개념에서 공동해손제도는 기원전 616년 Rhodian Law of General Average에 의해 실시된 제도인데, 공동해손은 손해의 공동부담이라는 개념이나, 해상보험은 손해보상이라는 개념이기 때문에 근본적 차이가 있다.

2. 해상보험의 생성

운송위험의 회피수단으로의 보험의 기원은 고대문명초기에 이집트인들이 선박을 재해로부터 보호하기 위하여 보험을 이용하였다고 전해지고 있으며, 기원전 2250년경 바빌론 왕조의 함무라비 법전에서 상호구제적 성격을 가진 단체가 이미 존재하였음을 보여주고 있으며, 기원전 1000년경 이스라엘 솔로몬 왕이 자국의 해상무역을 보호하기 위하여 수출세와 같은 세금을 납부시키고 해난을 당한 자에게는 손해보상을 해주었다는 기록이 있다.

그러나 이 같은 역사적 사실이 현재의 해상보험제도와 직접적 관련이 있었는지는 모르나, 해상보험이 다른 보험의 역사보다 오래되었다는 사실은 명확하다. 대부분의 학자들은 해상보험의 전신을 모험대차라는 설을 유력한 설로 보고 있다.

모험대차는 기원전 400년경에 이미 실시되고 있었고, 그 후 기원전 200년경에는 상당히 널리 이용되어졌으며, 해상보험계약이 처음으로 만들어졌던 13·4

세기경까지 계승 · 발전되었다.

3. 해상보험의 발전

해상보험은 14C 후반 이탈리아에서 성립하여 해상무역의 중심이 이동함에 따라 해상보험제도도 이탈리아에서 스페인, 포르투갈을 거쳐 16C초에는 네덜란드, 독일의 한자의 제도시, 영국 등으로 전해졌다.

초기의 영국은 1523년의 Florence Law에 따른 문언을 사용하였고, 현재의 로이즈 보험증권에서도 이탈리아문언을 발견할 수 있다. 즉, policy라는 용어자체가 이탈리아어의 Polizza, 즉, Promise(약속) 또는 Uundertake(보증)에서 온 것이고 영국 최고의 해상보험증권이라 할 수 있는 1547년의 "Santa Maria di Vinetia"호 보험증권도 이탈리아어로 작성되어 있다. 따라서 초기 영국 해상보험이 이탈리아인에 의해서 독점적으로 영위되고 있었음을 알 수 있다.

그러나 1500년대 초-중반에 걸쳐 영국은 절대왕정의 확립과 중상주의 정책의 추진에 의해서 국가의 경제적 기반이 서서히 정착되었다. 상품의 유통을 원활히 하기 위하여 화폐와 도량형의 통일을 행하고 항해법을 발령하여 영국해운의 보호 · 육성을 기하고 나아가 금융제도를 정비하고 외국인에 의한 금융지배로부터 벗어나 제 외국과의 자유무역을 보증하는 한편 종래부터 런던의 Steel Yard를 근거로 영국의 무역을 지배하고 있던 한자상인이나 베네치아상인에 대해서는 강력한 수단을 강구하여 자주권의 획득에 노력하였다.

그 결과 16C 중엽 이후 영국은 중상주의적 부국강병책에 의해서 세계제일의 해운력과 광범위한 식민지를 가지게 되었다.

이 같은 정황 속에서 런던의 Lombard Street를 중심으로 금융업과 해상보험업을 영위하고 있던 롬바르드인이 1483년 이후 거듭되는 법적 억압에 견디지 못하고 영국을 떠난 후 해상보험거래는 1568년 그레샴(Gresham)에 의해서 City of London의 중심에 설립된 왕립거래소를 중심으로 행해지게 되었다. 1601년에는 Fransis Bacon이 '상인사이에 사용되고 있는 보험증권에 관한 법안'을 의회에 제출하였다. 그리고 최초의 보험에 관한 영국법이 법령전서에 기재되게 되었다. 그 후 런던의 대화재(1666년) 당시까지 보험의 인수는 상인이나 은행가 또는 개개의 금융업자의 부업으로 그들 개인의 사무소에서 거래가 이루어졌던 것이다.

제2절 영국의 해상보험

1. 로이즈의 성립

해상보험은 16C초에 Lombard인에 의하여 영국으로 전해졌으며 시민전쟁의 발발과 함께 선박이나 적하에 대한 보험의 수요가 증가하기 시작하였다. 마침 그때 영국에서는 커피를 마시는 관습이 생겨나 그것이 시민의 사회생활이나 상업생활에 커다란 영향을 미쳤다.

최초로 런던에 커피점이 생겨난 것은 1652년이었고 찰스왕(King Charles)이 왕정복고에 성공한 1660년부터 17세기말 사이에 수백 개의 커피점이 생겨 이 커피점은 많은 사람들이 모여 토론을 하거나 상거래에 관한 자료를 주고받는 곳으로 이용되고 있었다. 곧 커피점 주변은 개인간에 보험료를 지급하고 선박이나 적하를 부보하는 장소로 사용되었다.

1688년에 이러한 사실을 배경으로 에드워드 로이즈의 커피점(Edward Lloyd's Coffee House)이 Tower Street에 출현하였다. 이 커피점은 템즈 강의 선착장 가까운 곳에 있었기 때문에 개점 초부터 선장이나 상인, 선주 또는 해외무역에 관심이 많은 사람들이 모여 토론하고 가장 새로운 기사거리를 들을 수 있는 장소가 되었다.

곧 에드워드 로이즈의 해사정보는 가장 신뢰할 수 있는 것으로 평판을 얻게 되었고 로이즈 커피점은 해상보험을 부보하기 위한 쾌적의 장소가 되었다. 그러나 에드워드 로이드는 보험인수에는 관여하지 않았고 고객이 쾌적하게 일을 할 수 있도록 장소와 설비를 제공하는데 만족하였으며 1713년에 단순한 커피점 주인으로서 일생을 마쳤다.

이후 1720년에 하나의 법률이 국회에서 제정되었는데 그것이 후에 로이즈 커피점을 해상보험의 중심지가 되도록 하는 계기가 되었다. 당시 영국의 경제계에서는 확실한 기초를 가진 특허회사를 만들고 죠지아 시대 초기의 혼란한 상업사회에 규칙성을 정착시키려는 계획의 일환으로 1711년에 남해회사(South Sea Company)가 설립되었다.

그러나 영국의 국부는 상당히 크게 되었지만 이에 상응하는 고용이 없었기 때문에 런던사회에서는 열광적인 투기가 일어났고, 이로 인하여 1720년 남해회사는 도산하고 수천의 투자가도 파산하였다. 1720년의 포말법(Bubble Act)에 의해서 Royal Exchange Assurance Co.와 London Assurance Co. 의 두 개의 해상보험회사만이 특허회사로서 인가를 받았고 기타의 회사나 기업은 해상보험의 인수가 금지되었다.

그러나 개인업자인 Underwriter는 지금까지의 오랜 관습에 따라서 자신이 인수한 보험을 지급하기 위하여 자기의 전 재산을 담보로 제공하기 때문에 법률은 개인을 특별히 규제대상에서 제외하고, 따라서 로이즈는 크게 위축되지는 않았다. 이런 이유로 전술한 2개의 보험회사의 탄생이 로이즈의 존재를 위협할 만큼 문제가 되지 않았고, 상인이었던 Underwriter들은 Lombard Street의 로이즈 커피점을 거래의 중심지로 하여 해상보험의 인수에 전념할 수 있었으며 이것이 오늘날의 로이즈(Lloyd's)의 모체가 되었다. 당시 개인보험업자들은 런던의 해상보험거래의 거의 90%를 인수하고 있었다.

한편, 로이즈는 정보를 신속하게 입수 · 활용하여 발전하여 왔다. 즉, 신문이 없었던 당시 커피점에서는 최신의 뉴스가 제공되었으며, 언제나 고객을 위하여 펜과 잉크가 준비되어 있었다. 로이즈 커피점은 선박이 부두에 도착하면 로이즈에 고용되어 있는 직원(runner)이 이를 알려주었고 중대한 사고와 같은 뉴스가 들어 왔을 때에는 상점의 한 모퉁이에 있는 연단으로부터 키디(kiddy)라 불리는 급사가 큰소리로 이를 읽었다. 또 뉴스는 종이로 작성되어 열람될 수 있도록 하였다.

이 커뮤니케이션 서비스는 1696년에 인쇄된 신문발간의 형태로 발전하였는데, 그것이 로이즈 뉴스(Lloyd's News)이다. 로이즈 뉴스는 '10.5인치×5.25인치' 크기의 종이 앞 뒤 양면에 인쇄되어 주 3회 발행되었으며 주로 선박에 관한 기록, 선장의 경력, 출입항의 기일, 적하의 종류 · 분량 등의 내용을 상세히 담고 있었다. 그러나 로이즈 뉴스는 게재된 기사문제로 1697년 2월 23일자 제76호로 신문발행을 중단하고 폐간되었다. 그러나 해상뉴스는 그 후에도 작은 크기의 종이에 쓰여져 회람되었다.

이후 1734년 4월에 3대째의 점주인 토마스 제임스에 의해서 로이즈 리스트(Lloyd's List)가 발간되었는데, 로이즈 리스트는 로이즈 뉴스와 똑같은 체제로 일면에는 런던 익스체인지의 환율과 주가나 정치정세를 그리고 이면에는 선박뉴스를 게재하였다. 그 후 오늘날까지 로이즈 리스트는 발행을 계속하여 오고 있다.

2. 로이즈의 발전

1769년까지는 누구라도 로이즈 커피점에 들어가서 보험을 인수할 수가 있었다. 독일을 중심으로 전투가 벌어졌던 7년 전쟁의 와중에도 높은 전쟁보험료로 전쟁보험을 인수하여 단시일에 막대한 부를 축적할 수 있었던 Underwriter들은 전후에는 보험료가 하락하게 되자 해상보험과는 전혀 상관없는 도박보험으로 눈을 돌렸다.

선박에 도박보험을 부보하는 행위는 1746년의 법률에서 금지되고 있었지만 저명인사의 생명에 도박보험을 부보하는 것은 널리 행해지고 있었다. 즉, 군주나 정치가 등 중요한 지위에 있는 사람들이 병에 걸리면 일정기간 내에 사망할 것인가의 여부 또는 강도가 체포되어 교수형에 처해질 것인지의 여부 등이 도박보험의 대상이 되었다.

로이즈 커피점에는 이 같은 도박보험을 금지하는 내용을 게시하고 있었음에도 불구하고 도박보험은 공공연히 행해지고 있었다. 따라서, 로이즈에서 보험거래를 하려는 저명한 상인이나 Underwriter들은 근본적인 해결을 강구해야 할 시기가 왔다고 판단하고 뜻을 같이 하는 자들이 모여 그들 자신의 새로운 로이즈 커피점(New Lloyd's Coffee House)을 설립하게 되었다.

수년간 신·구 로이즈 커피점 간에 경쟁이 계속되었지만, 결국 구 로이즈 커피점은 쇠퇴하고, 반면 신 로이즈 커피점은 전문가들이 회합하는 장소로서 멤버쉽제(Membership System)로 운영되었다.

Member들은 자신들이 회합을 가지는데 보다 쾌적하고 편리한 좋은 장소로 옮길 필요성을 느끼기 시작하였다. 그러한 장소를 자신들이 가지기 위해서는 자주적인 조직과 규약을 만들 필요가 있었다.

그래서 1771년에 79인의 상인과 Underwriter, Broker들이 커피점에 모여 로이즈 역사 중에서 가장 중요한 다음의 문서를 작성하였다. "우리 Underwriter는 신 로이드 커피점의 건물을 입수하기 위하여 선발된 위원회의 이름으로 잉글랜드 은행에 각출금을 납입하는 것에 동의한다." 79인은 각각 100파운드씩 각출하고 비로소 로이즈 협회(Lloyd's Society)가 탄생하였으며, 이후 로이즈는 커피점주의 소유물이 아닌 각출자에게 귀속되고 Member는 비교적 자유로웠지만 형식적으로는 협회에 구속되며, 선출된 위원회의 통제를 받게 되었다.

1790년 "Father of Lloyd's"로서 유명한 John Julius Angerstein이 로이즈 협회의 위원장이 되면서 조합의 활동을 당시의 상황에 맞도록 그 조직을 진취적으로 개혁하고 정치적으로 경제적으로 동 협회의 진전을 기하였다.

1800년대에 들어오면서 로이즈의 보험자 집단은 더욱 번성하였고 1824년에 해상보험업의 독점이 법률상 폐지되었을 때에는 1000인 이상의 개인보험업자로 구성된 로이즈는 해상보험 외에 신용보험을 제외한 각종 손해보험 및 장기생명보험을 제외한 생명보험까지도 인수하는 명실상부한 세계최대의 보험업자로서 세계보험시장의 중심이 되었다.

3. 로이즈의 조직

로이즈에 관하여 특기해야 할 사항은 로이즈는 옛날이나 지금이나 개인보험업자(underwriter)의 모임으로서, 로이즈가 보험회사가 아니라는 점이다.

로이즈 조합(Corporation of Lloyd's)은 1871년의 「로이즈 법」(Lloyd's Act)에 기초하여 조직되었으며, 로이즈 조합의 발전에 따라서 법률이 개정되어 왔다. 최근 가장 새로이 개정된 법률은 1982년 7월에 여왕의 재가를 받았던 '1982년의 로이즈 법'이다. 이 법률은 로이즈의 자주규제를 획득하기 위하여 Sir Henry Fisher가 위원장이 되어 1978년에 로이즈 위원회가 지명한 위원들이 입안한 것이 법률로서 효력을 발한 것이다.

1982년 로이즈 법에는 로이즈 평의회를 설립하고 이 평의회는 로이즈 조합의 모든 규칙의 제정과 징벌의 행사를 포함하는 모든 업무에 책임을 가지며 동시에 이 업무를 감독한다고 규정되어 있다.

1) 로이즈 평의회

로이즈 평의회의 구성은 다음과 같다.

(1) 16인의 Member

이들은 로이즈 조합에서 보험업무에 종사하는 사람들로 로이즈 조합의 Working Member 중에서 선발된다.

(2) 8인의 외부 Member

로이즈 조합의 Working Member 이외의 사람들로 로이즈 조합의 외부 Member 중에서 선발된다.

(3) 지명된 4인의 Member

지명된 4인의 Member 중 두 사람은 각각 평의회의 부회장과 전무이사가 된다.이들 Member들은 로이즈와는 관계없는 사람들로 평의회에 의해서 지명되며, 영국은행 총재의 승인을 받아야 한다.

평의회는 매년 Working Members 중에서 회장과 2인 이상의 부회장을 선출하며, 평의회의 16인의 Member는 로이즈 위원회를 구성한다.

평의회는 위원회 및 회장, 부회장에게 소정의 책임, 특히 보험시장의 일상업무나 긴급사태를 처리하는 책임과 권한을 위임하나, 정책 및 주요한 재무문제, 징벌, 법률의 개정 등에 대해서는 평의회가 권한과 책임을 행사한다.

2) 로이즈 조합

1871년의 로이즈 법에 의해서 조직된 로이즈 조합은 Underwriting Members의 기부에 의해서 재정기반이 확립되고, Underwriting Members가 보험인수업무를 수행할 수 있도록 시설과 관리를 위한 스텝 및 서비스를 제공하고 있다. 로이즈 조합 그 자체는 보험을 인수하지 않고 또한 Underwriting Members가 인수한 보험에 대하여 책임을 지지도 않는다.

로이즈 조합의 기구는 로이즈 보험시장의 변화에 따라 발생한 요구사항이나 평의회가 조정해야 할 여러 가지 요청에 충분히 응할 수 있도록 정기적으로 바뀌고 있다. 로이즈 조합은 현재 6개 그룹으로 나뉘어 활동하고 있고 각각의 그룹의 장은 직접 전무이사에게 보고하는 조직체계를 유지하고 있다.

3) 개인에 의한 리스크의 인수

로이즈의 보험인수는 약 29,000인의 개인 Member가 자기 자신의 계정으로 보험을 인수하며, 그들이 보험회사를 조직하고 있는 것은 아니다. 로이즈에서 인수된 보험계약은 다수의 Member에 의해서 개개의 리스크로 분할되어 보유된다. 각각의 보험계약은 어느 경우이건 수 백명의 Underwriting Members에 의해서 분담되고, 각각의 Member는 인수한 리스크와 동일한 비율로 보험료를 수취하고, 똑같은 비율로 클레임에 대한 책임을 진다.

알아봅시다

◉ **Underwriting Agent**

로이즈 생성초기에 있어서는 각각의 Underwriter는 자신의 판단으로 리스크를 인수하였지만, Syndicate가 발달함에 따라서 현재와 같은 시스템이 만들어졌다.

즉, 각각의 Member는 하나 혹은 둘 이상의 Underwriting Agent를 지명한다. 이들 Underwriting Agent는 Underwriter를 고용하고 Syndicate의 Member(Name)를 위하여 보험을 인수하기도 하고 혹은 다른 Underwriting Agent계약을 맺고 보험을 인수한다.

Agent는 회계업무뿐만 아니라 보험료, 보험인수상의 자료를 관리하고 세금이나 준비금, 투자 등의 업무 등을 처리한다.

Underwriting Agent는 Member에 대하여 어느 Syndicate에 가입하면 좋은가라는 advice를 할 책임이 있고 동시에 그를 위하여 로이즈 업무를 관리하는 책임을 진다. 그 업무는 Member가 속해 있는 syndicate와 정기적으로 접촉하고, 보험인수활동의 진행상황에 대하여 보고하는 것이다. 또 Agent는 Member의 계정으로 수취한 수입보험료의 투자에 대하여도 책임을 진다. 그러나 Agent는 자신의 일을 부분적으로 다른 Agent와 계약을 맺고 대리 수행케 할 수도 있다.

Underwriting Agent는 그의 Name에 대하여 효과적으로 보험인수업무를 행할 의무를 가짐과 동시에 Name을 위하여 행하는 일은 반드시 평의회의 요구와 일치하여야 한다는 의무를 가지고 있다.

알아봅시다

◉ **Underwriting Agency Agreement**

각각의 Lloyd's Member는 자신의 Underwriting Agent와 Underwriting Agency Agreement를 체결할 필요가 있다. 이 각서는 '금후 Member의 보험인수 업무는 지명된 Agent에 의해서 수행된다' 라는 문언으로 시작된다. 표준양식은 없지만, 모든 각서는 소정의 정해진 내용을 갖추지 않으면 안되며 또 넓은 의미에서 동일의 원칙을 따르는 것이어야 한다.

각서의 사본은 입회하려는 Member에게 그가 입회 신청하기 전에 승인하여 서명하고, Underwriting Agent로부터 인수받아야 한다. 각서의 문언 중에는 Agent의 보수의 기초에 대하여도 언급되며, 일반적으로 보수에는 연보와 Syndicate의 소정의 지급경비와 Profit Commission이 포함된다.

각서에는 필요한 경우 Member를 위하여 개인의 준비금을 적립할 목적으로 이익의 일부를 Agent에게 신탁할 권한을 부여하는 내용의 문언을 삽입할 수도 있으며, 또 Member가 Syndicate를 탈퇴하는 방법과 사망한 경우에 보험인수 업무를 종료하는 방법을 정할 수 있다.

알아봅시다

◉ Lloyd's Broker

Underwriting Agent, Syndicate 및 Underwriter는 독립된 그룹으로서 로이즈 기능에 중요한 역할을 하고 있다. 이에 대하여 Lloyd's Broker는 또 하나의 그룹을 형성한다.

Lloyd's Broker는 London Broker로 로이즈 위원회에 의해서 로이즈에서 Lloyd's Underwriter와 보험거래를 하는 것이 인정된다. Lloyd's Underwriter에 의한 위험의 인수를 바라는 보험계약자는 직접 혹은 지방의 보험 Broker를 통하여 로이즈에서 보험 인수가 가능한 Lloyd's Broker와 거래를 가지고 있어야 한다.

알아봅시다

◉ Syndicate

각각의 Lloyd's Member는 보험을 인수할 목적으로 Syndicate에 가입한다. 각 Member는 하나 혹은 둘 이상의 Syndicate에 가입할 수 있으며, 현재 4000이상의 Syndicate가 있다. 각 Syndicate는 각각 전문 Underwriter와 Staff를 거느리고 Syndicate에 가입하고 있는 Member를 위하여 리스크를 인수하고 보험요율을 산출하고 클레임을 지급한다. 각 Member는 Underwriting Agent에게 자신의 보험 인수의 권한을 위임한다.

Underwriting Agent는 Underwriter를 지명하고 일정한 범위에서 권한을 위임하고, Underwriter는 자신이 제공한 서비스에 대한 보수와 Profit Commission을 수취하며 Syndicate가 인수한 리스크를 소정의 비율로 분담한다. Syndicate 내의 각각의 Member의 책임은 제각기 독립되어 있으며 공동으로

부담하는 것은 아니다. 즉 각 Member는 '타인이 분담한 리스크와는 관계 없이 자기 자신이 분담한 리스크'에 대해서만 책임을 가진다.

4. 로이즈의 보험인수 활동

현재 로이즈의 조직은 Underwriting Members(영업회원)로서 스스로의 위험으로 보험을 인수하는 조합원과 Non-Underwriting Members(비영업회원)로서 스스로 보험을 인수하지 않고 Broker 등의 업무를 행하는 조합원으로 구성되어 있다.

Underwriting Members는 직접 보험인수활동을 행하지 않고 타인에게 그 인수를 의뢰하고 있는 Name과 스스로 인수를 하거나 Name을 대신하여 인수를 행하는 Underwriting Agent로 분류된다. Underwriting Members는 인수하는 보험의 종류에 따라서 수인 또는 수십 인이 서로 모여 하나의 Syndicate를 조직하고 공동활동을 행하고 있다.

보험계약에 대해서는 Syndicate의 형태로 보험인수 금액을 정하고 각 가맹자는 각자의 인수비율을 정한다. Underwriting Member들은 인수한 금액에 대해서는 무한책임을 지며 Syndicate로서의 연대책임은 없다. 따라서 Underwriting Member들은 각자의 책임을 보증하기 위하여 상당한 금액을 공탁하며, 이때 각각의 Underwriting Member의 수입이 되는 인수보험료의 액수는 공탁되는 금액에 비례한다.

Syndicate의 보험인수업무는 Underwriting Agent에 의해서 운영되지만, Agent가 인수업무를 직접 행하는 것이 아니고 Agent가 선임한 보험 전문가인 Active Underwriter(간사보험업자)가 담당한다. 각 Active Underwriter는 박스(box)라고 불리는 자리에서 보험 Broker가 가지고 온 계약에 대하여 보험인수의 업무를 담당한다. 따라서 각 보험업자는 로이즈에 나타나거나 보험거래일선에 나서지 않고 단지 보험증권에 이름만을 기재하기 때문에 그들을 Name이라고 부른다. 로이즈는 Room이라 불리는 보험거래소에서 모든 인수업무를 행한다.

Room에는 약 70인의 Marine Underwriters와 약 50인의 Non-marine Underwriters 및 약 30인의 Motor Underwriters가 있다. 로이즈는 피보험자와 직접 보험을 거래하는 일은 절대 없으며 반드시 자격을 갖춘 Lloyd's Broker를 통하여 거래를 행한다.

Lloyd's Broker는 고객으로부터의 조회를 받으면 슬립(slip)이라고 불리는 종이

위에 자신이 인수를 의뢰 받은 위험에 대한 명세를 쓴다. 그의 일은 이들 위험을 인수할 Underwriter들을 물색하여 그중 가장 좋은 조건을 제시하는 Underwriter와 계약을 체결하는 것이다.

그리고 로이즈의 보험업자단체에는 해상보험에 관한 단체, Non-marine에 관한 단체, 그리고 Broker 단체가 있다. 이 중 해상보험에 관한 단체로서는 로이즈 보험업자협회(Lloyd's Underwriters' Association)를 들 수 있다. 이 협회는 1909년에 설립되어 로이즈 해상보험업자를 회원으로 하고 그들과 이해관계가 있는 모든 사항을 취급하고 있다.

또한, 런던 보험업자협회(Institute of London Underwriters ; ILU) 및 리버풀 보험업자협회(Liverpool Underwriters' Association)와 밀접한 관계를 가지고 선박요율 산정에 관한 문제, 공통약관을 작성하는 문제, 전쟁보험요율을 산출하는 문제 등 로이즈와 보험회사의 공통된 이해관계를 가지는 문제를 협의하기 위하여 보험회사와 각종의 합동위원회를 설치하고 이 위원회에 대표를 파견하고 있다.

제3절 우리나라의 해상보험

1. 해상보험의 성립

우리나라의 해상보험은 조선왕조 말의 개국과정에서 영국계 및 일본의 보험회사 대리점이 진출하면서부터 실시되었다. 즉, 1880년대에 각국과 체결된 통상조약 및 그 부록 제 규정에서 해상적하보험을 중심으로 한 몇몇 보험관계조항을 찾아볼 수 있다.

통상조약의 약정에 따라 부산, 원산, 인천 등의 항구가 차례로 개항되었으며, 일본 및 서구의 현대식 은행과 무역상사 등이 진출하여 업무를 개시하였다. 더불어 화재보험과 해상보험을 중심으로 한 손해보험이 필요하게 되었던 것이다.

따라서 이들 진출기업이 보험대리점을 겸하게 되었으며, 개항 이래 1900년을 전후하기까지 우리나라에서의 외국보험기관의 활동은 영국을 중심으로 한 일부 서구 및 미국계의 회사가 주를 이루었다. 그들은 일본의 보험회사보다 활발한 활동을 하였다. 일본의 보험회사로서 한국에 대리점을 설치한 것은 1880년 1월 동경해상이 최초이다. 그 이후 신호(神戶)해상, 일본해상 등이 대리점을 설치하여 해상적하보험을 인수하였다.

2. 해상보험의 발전과정

우리 나라 해상보험의 역사는 1922년에 일본인이 세운 "조선화재해상보험주식회사"가 해상보험의 효시이며 업무의 대부분은 일본인에 의해서 운영이 되고 있었다. 발기인은 일본인 금융·실업가가 중심이었으며, 대주주도 일본인 중심의 법인과 개인으로 구성되어 있었다.

조선화재해상보험주식회사는 사실상 화재보험에만 주력하였고 해상보험에 참여할 능력은 부족하였다. 따라서 해방 전의 우리나라 해상보험은 일본계 보험회사들의 독점무대였다. 해방 이후 10여 개의 보험회사가 설립되었다. 미군정하에서의 일반 무역상품에 대한 해상보험은 이들 국내 보험회사가 취급하지 않았다. 모두 수출입 상대국의 무역상사에 의뢰하거나 또는 국내에 있는 외국보험회사의 대리점에 의존하였다.

그러나 1946년에 이르러서는 우리 힘으로 운영되는 해상보험회사가 생겨나면서부터 회사설립이 가속화되면서 1949년에는 조선화재해상보험주식회사, 신동아손해보험(주)을 비롯하여 10개의 손해보험회사가 설립되었지만, 취급업무는 여전히 화재보험에 국한되고 있었고 화물보험의 취급은 국내에서 영업하고 있던 외국보험회사의 대리점을 이용하는 정도였다.

우리나라에서 해상보험을 처음으로 취급하게 된 것은 1953년 2월 1일에 대한해상운송보험공동사무소가 발족되어 영업을 시작하면서부터이다. 그 후 무역규모가 확대되면서 동방해상보험(주), 범한해상보험(주)과 같은 해상보험만을 전문으로 취급하는 보험회사가 설립되었고 이 후 우후죽순처럼 손해보험회사가 설립되어 과당경쟁에 휘말리는 사태도 발생하자 당국의 강력한 행정조치에 따라 10개사로 통폐합되기도 하였다.

1998년 현재 우리나라에서 해상보험을 취급하고 있는 손해보험회사는 동부, 동양, 신동아, 대한, 국제, 쌍용, 제일, 해동, 삼성, 현대, LG 등 총 11개사이며, 별도로 외국손해보험사로서 A.H.A, CIGNA, VIGILANT 등 3개사가 영업 중에 있다.

3. 해상보험시장의 특징

첫째, 우리 나라에 해상보험시장이 형성되기 이전에 벌써 보험계약자인 선주가 런던시장에 직접 부보해왔기 때문에 선주가 보험자보다 먼저 런던시장에서 선박보험을 배워왔다고 볼 수 있다. 이런 현상은 선박보험부문에만 국한된 사례가 아니다.

둘째, 이렇게 시작된 우리나라의 해상보험은 그 기술과 체제를 전적으로 런던시장에서 도입하였다는데 특색이 있으며, 아직도 대형의 화물보험이나 선박보험의 요율 또는 전쟁보험요율을 런던시장에서 구해 오고 있을 뿐만 아니라 국내보험자의 보유분을 제외하고 거의 모두 런던에 다시 출재하고 있다.

런던 해운시장인 Baltic Exchange는 미국, 일본, 및 북유럽 등 선진 해운국에서 제각기 해운시장이 형성·발달함에 따라 사업영역을 점점 잃어가고 있는 실정인이다.

그러나 보험이 위험분산을 주축으로 하는 사업이고 런던 시장의 방대한 조직과 오랜 경험에서 얻은 지식으로 인한 강력한 경쟁력 때문에 아직도 해상보험에 관한 한, 런던시장은 명실상부한 세계중심지가 되고 있다. 아무튼 우리나라의 해상보험은 런던시장에 크게 의존하고 있어 해상보험시장의 자주성 및 독립성의 확보에 커다란 장애요인이 되고 있다.

셋째, 지금까지 우리나라 손해보험회사의 조직과 경영방식은 일본 보험회사의 그것과 차이가 없고, 우리의 보험관계법 역시 일본의 그것과 근본적인 원리에서 다를 바 없다. 따라서 영국의 보험제도를 도입하였으나 보험회사의 조직과 경영방식은 영국식이 아니라는데 그 특색이 있다.

그러나 1997년부터 보험중개인 제도를 도입하였고 1998년에는 외국보험중개인에게 국내시장을 개방하는 등 보험회사의 조직과 경영방식에 많은 변화가 예상되고 있다.

넷째, 500톤 미만의 어선 및 일반선박으로서 국내연안 및 근해를 항해하는 선박과 원양어선에서 우리의 국문약관을 사용하고 있으나 이에 적용되지 않는 선박과 수출입화물에 있어서는 영국의 런던보험업자 협회에서 제정한 협회약관을 사용하고 있어 우리 독자의 해상보험약관을 갖고 있지 못하고 있다.

제4절
기타국가의 해상보험

1. 미국의 해상보험

미국에서는 1792년에 해상보험, 화재보험 및 생명보험 등 각종 보험사업경영을 목적으로 북미보험회사(Insurance Company of North America)가 설립되었다. 북미보험회사는 1794년에 이르러 펜실바니아주에서 특허장을 얻었다. 창업 직후에는 해상보험 영업을 주업무로, 화재보험 인수를 부수업무로 취급하였다. 생명보험 영업은 실제로 행해지지 않았다.

북미보험회사 이후 생명보험 인수업무는 중지되고 손해보험만을 주로 취급하였다. 이 회사는 주식조직으로 된 미국 최고의 영리보험회사이다. 현재도 중요한 손해보험회사로 활동하고 있다.

미국은 미국해상보험업자협회(American Institute of Marine Underwriters)가 1965년 9월 제정한 'American Institute Cargo Clause'를 사용하고 있는데, 영국의 협회적하보험약관(I.C.C.)과 유사하다.

위험담보의 방법도 I.C.C와 같이 열거책임주의를 원칙으로 하고 있으며, 전쟁위험담보약관(American Institute War Risk Insurance)과 스트라이크담보약관(American Institute S.R.&C.C. Endorsement)도 영국의 것과 같이 미국 I.C.C 제13조에서 면책되는 전쟁·스트라이크위험을 독립적으로 부활담보하는 형식을 취하고 있다.

2. 독일의 해상보험

독일에서는 16세기 말엽 함부르크에 이주한 오란타 상인을 통하여 해상보험이 전해졌으며, 이를 기점으로 17세기 이후 여러 도시로 전파되었다. 함부르크의 보험업자가 체결한 최고의 해상보험증권으로는 오란타어로 작성된 1583년의 증권이 있다.

독일 최초의 해상보험회사는 1765년에 설립된 제1함부르크 해상화재보험회사(Erste Hamburger Assekuranz Compagnie für See Risiko und Feuers Gefahr)이다. 이 회사는 영국류의 주식조직 회사였다. 또한 같은 해에 해상보험 전문회사인

베를린보험회사가 설립되었다.

독일은 독일운송보험자협회(Deutscher Transport Versicheruvgs Verband ; D.T.V. 1973)의 것을 사용하고 있는데 '분손담보조건'은 I.C.C.의 W.A와 유사하게 franchise 3%가 적용되고, '전쟁위험담보조건'에서는 면책비율이 적용되지 않는 등 영국의 I.C.C.와 크게 다른 것이 없다. 전쟁 · 스트라이크 위험담보약관은 보통보험약관에서 면책되는 위험을 부활담보하고 있다.

3. 일본의 해상보험

1858년을 전후로 문호를 개방한 일본은 1859년에 신나천(新奈川), 장기(長崎), 함관(函館)의 3개 항구에서 자유무역을 행하였다. 이전부터 외국의 보험회사가 이들 3개 항구에 대리점을 설치하여 외국인의 수출입화물에 대한 해상보험업무를 수행하고 있었다. 명치유신시대에 이르러 일본인에 의한 해상보험업무가 행해졌다.

1873년 1월에 합명회사 보임사(保任社)가 북해도 개발을 목적으로 설립되었다. 대판(大阪), 동경, 함관간의 해상운송과 관련되는 적하의 해상청부 및 화물의 거래대금과 관련된 업무를 하였으나 다음 해에 중지되었다. 보임사에 의한 해상청부는 일본인에 의한 해상보험업무의 효시가 되고 있다. 또한 1873년에 합작회사 굉맹사(宏盟社)가 설립되어 동경, 이두(伊豆), 상모(相模), 방총(傍總)의 해상의 선박 및 화물에 관한 해난보상업무를 취급하였다. 이러한 굉맹사의 해난보상업무는 실질적인 해상보험업무 역할을 하였다. 그러나 1877년에 폐쇄되었다. 그리고 제1 국립은행이 1877년에 국립은행 본지점간 화물의 거래대금에 한해 해상수급업무를 시작하였다. 이것도 실질적인 해상보험업무에 해당한다.

해상보험업무를 취급하는 해상보험회사가 설립된 것은 1879년이다. 현재의 동경해상화재 보험주식회사의 전신인 동경해상보험회사가 주식조직의 회사로 설립되어 화물보험업무를 개시하였다. 선박보험의 업무는 1884년부터 시작하였다. 이후 1893년에는 일본해륙(海陸)보험주식회사, 제국(帝國)보험주식회사, 대판(大阪)보험주식회사 및 북륙(北陸)해상보험주식회사가 설립되었다. 이 회사들이 주로 동경의 해상보험시장을 주도하였다. 1896년에는 일본해상보험주식회사가 설립되었다. 이후 동경해상, 제국해상, 일본해상 등은 대회사로 발전하였다.

제 II 편
해상보험계약의 이해

제4장

해상보험계약

제1절 해상보험계약의 개요

1. 해상보험계약의 의의

해상위험에 의해 발생하는 손해를 보상할 것을 목적으로 하는 보험으로서, 손해보험의 일종이다. 즉, 보험자(assurer)가 물품의 해상운송 중에 발생하는 위험을 인수하고, 이들 위험에 기인한 손해가 발생하였을 경우, 피보험자(assured)에게 그 손해액을 보상할 것을 약속하는 보험이다.

알아봅시다

◉ 영국 해상보험법(MIA) 제1조(Marine insurance defined)

A contract of marine insurance is a contract whereby the insurer undertakes to indemnify the assured, in manner and to the extent thereby agreed, against marine losses, that is to say, the losses incident to marine adventure.

해상보험계약은 그 계약에 의해 합의된 방법과 범위내에서 해상손해 즉, 해상사업에 수반하는 손해를 보험자가 피보험자에게 보상할 것을 인수하는 계약이다.

상기 해상보험의 정의를 볼 때, 해상보험계약은 ① 해상사업에 관한 사고(해상위험)가 존재해야 하고, ② 그 사고의 발생대상인 보험의 목적에 피보험자가 이해관계(해상피보험이익)를 가져야 하며, ③ 피보험자가 그 피보험이익에 대하여 손해(해상손해)를 입어야 한다는 해상보험의 주요한 구성요소가 포함되어 있다.

2. 해상보험계약의 당사자

1) 보험자(Insurer, Assurer, Underwriter)

보험자란 보험계약의 당사자로서 보험사고가 발생한 경우에 보험금 지급의무가 있는 자로 보험계약을 인수하는 주체를 말하며, 여기에는 보험회사(Insurance Company)나 개인보험업자(Underwriter)가 있다.

2) 보험계약자(Policy Holder)

보험계약자란 보험자와 보험계약을 체결하는 자를 말한다. 보험계약자는 보험자 즉, 보험회사와 보험계약을 체결하고 보험료(insurance premium)를 납입하는 자로 보험자에 대하여 고지의무, 위험의 변경·증가의 통지의무를 부담한다.

3) 피보험자(Assured, Insured)

피보험자란 해상보험에 의한 피보험이익(insurance interest)을 갖는 자 즉, 손해의 보상을 받을 권리가 있는 자를 말한다.

피보험자와 보험계약자는 항상 일치하는 것은 아니다. FOB, CFR 조건에서는 매수인이 보험계약자이면서 자신을 피보험자로 보험에 부보하는데, 이 경우는 보험계약자와 피보험자가 동일하다.

그러나 CIF, CIP 조건은 매도인이 매수인을 위하여 보험계약을 체결하고 보험료를 납입하여, 보험금 수취권은 매수인에게 귀속되기 때문에 보험계약자와 피보험자는 동일인이 아니기에 타인을 위한 보험이라 할 수 있다.

알아봅시다

- ◉ **FOB, CFR : 보험계약자 = 피보험자**
- ◉ **CIF, CIP : 보험계약자 ≠ 피보험자**

4) 보험대리점(insurance agent)

보험대리점은 일정한 보험자를 위하여 계속적으로 보험계약의 체결을 대리하거나 매개하는 것을 업으로 하는 독립된 상인이다. 보험대리점은 일정한 보험자로부터 위임을 받아 그를 위하여만 계속적으로 대리 또는 중개한다는 점에서 보험중개인과는 다르고, 보험자로부터 위임을 받아 대리 또는 중개를 업으로 하는 독립된 상인이라는 점에서 보험자의 단순한 사용인과도 다르다.

5) 보험중개인(insurance broker)

보험중개인은 보험자와 보험계약자간에 보험계약체결을 중개하는 것을 업으로 하는 독립된 상인이다.

상술한 보험대리점은 보험자의 대리인이지만, 보험중개인은 보험계약자의 이익을 대표하여 보험자와 교섭하고, 양질의 보험계약을 저렴한 보험료로서 체결하는 역할을 담당하고 있다.

우리 나라는 최근에 보험중개인제도를 도입하였으며, 보험중개인은 인보험중개인과 손해보험중개인으로 구분되며, 보험중개인이 되기 위해서는 보험감독원장이 실시하는 시험에 합격하여야 한다. 로이즈의 경우 보험자(underwriter)는 로이즈 브로커를 통해서만 계약을 인수한다. 그리고 로이즈 이외의 이른바 회사시장(company market)에서는 통상의 브로커나 대리점을 경유하거나 또는 직접 보험을 인수하고 있다.

3. 해상보험계약의 형태

1) 개별보험과 포괄보험, 예정보험과 확정보험

보험의 목적을 개별적으로 정한 보험계약을 개별보험계약(Specific Policy), 보험의 목적을 포괄적으로 정한 보험계약을 포괄보험계약(General Policy)이라고 한다.

보험의 목적과 그 수량, 보험금액, 적재선박, 기타 보험계약의 내용이 미 확정상태이기 때문에 이들을 개괄적으로 정한 보험계약을 예정보험계약(Provisional Policy), 이들이 확정된 보험계약을 확정보험계약(Definite Policy)이라고 한다.

보험계약에 필요한 사항들이 확정된 상태하에서는 은행에서 대금결제시 보험서류를 요구하는데, 수출화물 및 적재선박 등이 확정된 상태인 확정보험계약에서는 개별보험계약이 체결되지만, 미확정상태인 예정보험계약에서는 개별예정보험계약과 포괄예정보험계약이 체결된다.

개별예정보험계약(Facultive Policy)이란 1회의 선적 혹은 하나의 매매계약에 의한 수회의 선적에 대하여 적하의 수량, 보험금액을 계산액으로 정한 보험을 말하며, 포괄예정보험계약(Open Policy)이란 계약자가 수출 또는 수입하는 적하의 전부 또는 특정한 일부의 적하에 대하여 무기한의 예정보험으로 계약을 체결하는 보험을 말한다.

영국 해상보험법에서는 예정보험계약을 전부 Floating Policy라고 부르고 있으나 실무적으로는 개별예정보험계약을 Provisional Policy라고 그리고 포괄예정보험계약을 Open Cover, Open Policy 또는 Open Contract라고 부르고 있다.

현재 우리 나라 해상보험실무에서 시행되고 있는 포괄보험계약에는 Floating Policy, Open Cover, Open Slip(Open Policy), Block policy가 있는데 내용은 다음과 같다.

(1) Floating Policy

Floating Policy는 정기적으로 상품을 운송하여야 하는 무역상이 활용할 수 있다. 장래 계속적으로 출하 및 운송할 화물에 대하여 보험계약의 내용, 피모험목적물, 보험금액 및 적재선박을 확정하지 않고 미리 포괄적으로 부보하는 것이다. 이 방식에서 피보험자와 보험자는 미리 총 보험금액을 약정하고, 보험료를 지급한 다음 이 금액이 다 소진될 때까지 피보험자가 선적될 화물을 고지하기만 하면 자동적으로 담보가 이루어진다. 이 경우 매 선적당 혹은 매 지역당으로 보험자가 보상할 최고책임한도액은 미리 정해지게 된다. 일반적으로 선적시마다 보험증명서(Insurance Certificate)가 발급된다.

(2) Open Cover

Open Cover는 반복되는 선적에서 FOB계약의 매수인이 선적품에 대한 명세를 잘 알지 못하고 부보할 때 사용하는 방법이다. Open Cover는 보험증권이 아니라 보험자가 나중에 보험증권을 발행하겠다고 확약한 서류이다. 매 선적이 끝난 후 기본적 고정요율도 매 선적에 대한 보험료를 지급하며 부보기간은 보통 1년을 단위로 한다.

(3) Open Policy(Open Slip)

Open Policy는 선적화물이 소량인 무역업자에게 적합하다. Open Cover는 담보기간이 보통 1년으로 제한되고 보험자의 총 책임한도액이 사전에 정해지지 아니하는데 비해 Open Slip은 담보기간의 제한이 없고 보험자의 총 책임한도액도 계약시에 미리 정해진다.

(4) Block Policy

무역업자가 해상운송에 추가해서 정기적으로 육상운송을 해야하는 경우에 이용되며, 피보험자는 일정기간(일반적으로 1년) 모든 운송품을 포괄적으로 담보받으며 계약당시에 연간 추정 물동량을 정하여 보험료(Block Premium)를 지급해야 한다.

2) 소급보험계약

보험자는 불확실한 사고에 의해 입은 손해를 보상하는 것을 원칙으로 하지만, 대부분의 법제에서는 사고가 이미 발생했을지라도 당사자 또는 피보험자가 그 보험사고를 모르는 경우에는 그 보험계약을 유효로 하는 것이 일반적이다.

MIA의 제1부칙인 보험증권 해석규칙에서도 소급보험계약 내용에 대해서 규정하고 있다.

알아봅시다

◉ **Lost or not Lost**

Where the subject-matter is insured "lost or not lost" and the loss has occurred before the contract is concluded, the risk attached unless, at such time, the assured was aware of the loss, and the insurer was not.

『보험의 목적이 "멸실 여부를 불문하고" 라는 조건으로 부보된 경우, 손해가 계약성립 전에 발생하였을 때에는 계약성립 당시 피보험자가 손해발생의 사실을 알고 보험자는 이를 알지 못한 경우를 제외하고 보험자는 이에 대한 책임을 진다.』

이 조항에 의하면 보험계약 체결시 보험자나 피보험자 모두가 보험사고의 발생 또는 미발생을 알지 못했을 때 이미 손해가 발생되었다 하더라도 보험자는 보상책임을 진다. 또 손해의 미발생을 보험자가 알고있고 피보험자는 알지 못했을 경우에 보험계약의 최대선의원칙에 대한 규정 MIA 제17조에 의해 피보험자는 계약을 취소할 수 있으며 MIA 제84조 3항(d)에 의해 보험료의 반환을 청구할 수 있다.

이러한 소급계약은 통신시설이나 교통시설이 발달하지 못했던 시대에 적절했던 계약의 형태이다.

3) 공동보험계약

동일한 피보험이익 및 위험에 대하여 보험기간이 동일하고, 복수의 보험자와 복수의 보험계약이 체결되고 보험금액의 합계액이 보험가액을 초과하지 않는 보험계약을 공동보험계약이라 한다.

이 경우 보험계약은 각각 별개의 독립계약이 되고, 보험자의 보상책임은 각각의 인수부담액으로 제한된다. MIA 제24조 2항에서는 공동보험계약에 대해서 규정하고 있다.

알아봅시다

◉ **Signature of insurer**

(2) Where a policy is subscribed by or on behalf of two or more insurers, each subscription, unless the contrary be expressed, constitutes a distinct contract with the assured.

『보험계약이 2명 이상의 보험자 또는 2명 이상의 대리인을 위해 서명되는 경우에는 반대의 표시가 없는 한 각각의 서명은 피보험자와 개별적인 보험계약을 구성한다.』

4) 원수보험계약과 재보험계약

원수보험계약은 보험자와 보험계약자간에 최초로 체결되어지는 직접 계약을 말한다. 재보험계약은 원수보험자가 부담하는 보험계약상의 전부 또는 일부를 다시 다른 보험자인 재보험자에게 인수시키는 보험이다. MIA 제9조 1항에서 재보험에 대한 내용을 규정하고 있다.

알아봅시다

◉ **Re-insurance**

(1) The insurer under a contract of marine insurance has an insurable interest in his risk, and may re-insure in respect of it.

『보험자는 보험계약상 자기의 책임에 대해 피보험이익을 가지며 이것을 보험에 부보할 수 있다.』

MIA 제9조 2항은 재보험계약은 원수보험계약에 의거 보상책임의 발생을 보험사고로 하는 책임보험이지만 해상보험자의 보상책임은 해상보험사고에 의해서만 발생하는 것이기 때문에 해상보험계약의 재보험도 해상보험계약의 일종이다.

원수보험계약과 재보험계약은 전연 별개의 것이며 원수보험계약의 피보험자는 재보험계약에 대해 어떠한 권리나 이익을 갖지 못한다.

알아봅시다

◉ **Re-insurance**

Unless the policy otherwise provides, the original assured has no right or interest in respect of such re-insurance.

4. 해상보험계약의 주요원칙

1) 최대선의의 원칙

보험계약에서 보험자로서는 보험계약 체결시에 화물의 성격 등 중요한 사항을 미리 검토하기가 불가능하므로 불리한 입장이다. 따라서 보험계약자로부터 화물에 대한 구체적인 사실을 통보 받지 않으면 모든 정보를 모르므로 보험계약자의 고지에 의존하게 된다. 따라서 목적물에 대해 위험사정을 잘 알고 있는 보험계약자가 보험자가 사고발생의 가능성을 추정하는데 도움이 되도록 자기가 알고 있는 중요한 사항을 보험계약 체결전에 최대의 선의로 보험자에게 고지하도록 의무화하고 있다.

2) 손해보상의 원칙

손해보상의 원칙은 실손보상의 원칙이 적용되므로 손해보상액은 보험금액을 한도로 보상하게 된다. 즉, 해상보험은 보험사고시 보험금액전액을 지급하는 것이 아니고(전손 제외), 보험금액의 범위내에서 실제로 생긴 손해액만을 보상한다.

3) 피보험자의 담보

보험계약은 보험계약자에게 중요한 사항을 충실히 고지하도록 하고 있으나, 보험자측으로서는 계약체결 당시 불고지 혹은 부실고지의 사실을 입증하기가 매우 어렵다. 이에 실무에서는 보험자는 보험계약자가 지켜야 할 사항들을 보험증권상에 명시하도록 하고 있는데, 이를 담보(warranty)라 한다.

담보에는 명시담보(Express Warranties)와 묵시담보(Implied Warranties)가 있는데, 명시담보는 그 내용이 보험증권에 기재되거나, 담보내용이 인쇄된 서류가 보험증권에 첨부되는 것이다. 명시담보에는 안전담보(warranty of safety), 중립담보(warranty of neutrality), 선비담보(disbursement warranty), 항해제한담보(institute warranties) 등이 있다.

묵시담보는 보험증권에 명시되지는 않으나 피보험자가 묵시적으로 제약을 받게 되는 담보조건인데, 여기에는 내항성담보(warranty of seaworthiness)와 적법담보(warranty of legality)의 두 가지가 있다.

내항성담보란 보험목적이 선박인 경우 특정 항해를 감당할 능력을 갖춘 상태를 의미하고 적법담보란 항해의 내용이 합법적이어야 한다는 것이다.

한편, 담보는 어떤 특정일을 행하거나, 행하지 않거나를 피보험자가 보험자에게 약속하는 사항인데, 보험자가 위험을 부담한다 혹은 책임진다는 의미를 가진 "to cover" 혹은 "warranted"와는 그 의미가 다르다. 보험계약에서 담보는 엄격히 충족되어야 하므로 피보험자가 이를 충족하지 못하면 담보위반이 된다.

4) 근인주의(近因主義)

보험자가 보상해 주는 손해는 반드시 보험증권에 담보된 위험이거나 담보된 위험에 근인하여 발생한 손해이어야 하는데, 이를 근인주의라 한다. 여기서 근인이란 통상 시간적으로 사고발생시각에 가까운 원인을 뜻하는 것이 아니라 특정 손해를 야기시킨 가장 직접적이고 지배적인 원인을 의미한다. 즉, 지배력(Predominance)과 효과(Efficiency)면에서 비중이 가장 큰 것을 근인으로 파악하는 것이다.

제2절
해상보험계약의 법적성질

1. 낙성계약(consensual contract)

보험계약은 당사자쌍방의 의사표시 즉, 보험계약자의 청약과 보험자의 승낙의 합치로 성립된다. 따라서 보험계약자 혹은 피보험자가 보험료를 납부하여야만 계약이 성립되는 것은 아니다.

2. 불요식계약(informal contract)

보험계약은 청약과 승낙에 특별한 요식행위를 요하지 않고 구두, 서면, 일부서면, 일부구두로도 가능하다. 따라서 반드시 문서를 요구하는 것은 아니고 명시 혹은 묵시로도 가능하다.

그러나 보험실무에서는 보험계약을 체결할 때에 보험자가 인쇄해 둔 보험청약서(slip)를 이용하며 보험계약의 성립과 동시에 증권을 교부하여 보험계약성립의 추정적 증거역할을 하도록 편의를 도모하고 있다. 그러나 이러한 것들이 계약성립의 전제조건은 아니므로 당사자의 합의가 중요하다.

3. 유상(contract for consideration) · 쌍무계약(bilateral contract)

보험계약에서 보험자는 계약에서 합의한 방법과 범위 내에서 피보험자의 손해를 보상할 것을 약속한 대가로 보험료를 받는다. 따라서 보험계약은 보험자의 보상약속에 대해 보험계약자가 이에 대한 보수인 보험료를 지급한다고 약속하게 되므로 당사자의 채무내용이 서로 대가관계에 있는 유상계약이다.

보험계약에서 보험자는 피보험목적물에 손해가 발생하면 이의 손해를 보상하며, 반대로 보험계약자는 보험료를 지급하므로 쌍방은 공히 일정한 채무를 부담하게 된다. 물론 보험자로서는 보험사고가 발생하지 않으면 보험금의 지급의무가 없다. 따라서 보험계약에서 보험자의 의무는 불확정한 의무가 된다.

4. 부합계약(adhension contract)

부합계약이란 계약당사자 일방(보험자)이 결정한 보험약관에 대하여 타방(계약자)이 이것을 포괄적으로 승인함으로써 효력이 발생하는 계약이다.

보험계약은 원칙적으로 보험자와 보험계약자가 하나 하나를 합의하여 규정하는 것이 원칙이나, 보험계약내용이 복잡하고 어렵기 때문에, 보험자가 미리 보험약관을 작성해 놓은 상태에서 보험계약자가 원할 때 이 약관에 서명만 함으로써 보험계약을 성립시키도록 정형화하고 있다.

5. 유인계약(causal contract)

유인계약이란 당사자간의 계약에 의하여 발생하는 채무가 그 원인사실과 결부되어 그 사실이 없다면 채무도 성립하지 않음을 의미한다. 따라서 보험계약자의 계약청약과 보험자의 손해보상이 서로 맞물려 원인관계를 이루고 있다.

6. 유한책임계약

유한책임계약이란 보험계약에서 보험자는 계약에서 합의된 금액인 보험금액을 한도로 피보험자에게 보험금을 지급하게 된다. 따라서 보험자가 부담하는 책임은 유한책임을 내용으로 한다.

7. 최대선의계약(utmost good faith contract)

보험자의 입장에서는 계약을 체결할 때 중요한 사항을 미리 검토하기가 불가능할 뿐만 아니라 구체적인 사실을 통보 받지 않으면 모든 정보를 모르게 되기 때문에 불리한 입장에 놓여 있다.

따라서 보험계약에서는 목적물에 대해 위험사정을 잘 알고 있는 보험계약자가 보험자가 사고발생의 가능성을 추정하는데 도움이 되도록 자기가 알고 있는 중요한 사항을 보험계약체결 전에 최대의 선의로 보험자에게 고지하도록 하고 있다. 이를 보험계약에서는 "고지의 의무"라 한다. 만일 보험계약자나 중개인이 고지의무를 위반하게 되면 보험자는 보험계약을 무효 또는 해지할 수 있다.

8. 상행위의 계약

해상보험계약도 다른 기타의 계약과 마찬가지로 보험자가 영리를 목적으로 하는 계약이다. 따라서 보험계약은 상행위로서의 계약의 성질을 가지고 있다.

9. 사행계약(aleatory contract)

사행계약(射倖契約)이라 함은 적어도 계약당사자 일방의 급구가 우연한 사실에 의하여 좌우되는 것을 말한다. 보험계약에 있어서 보험자의 급여의무는 미리 보험자가 보험료를 수령하였음에도 불구하고 우연한 사고가 생긴 때에만 발생하므로 보험계약은 사행계약이라 할 수 있다. 다만 우연한 사고로 인한 경제적 손실을 보상하는 것이며, 우연한 사건에 의해 일방적인 이득을 보는 것이 아니므로 도박과는 다르다.

10. 독립계약성과 계속계약성

민법상의 전형적인 계약의 어떤 범주에도 속하지 않는 무명계약 즉, 독특한 계약으로서 독립계약에 속한다.

보험자는 보험사고가 발생한 경우에는 손해배상 또는 보험금 등의 급여책임을 부담하는데 이는 보험기간내에 발생한 것이어야 한다. 보험자의 책임은 이 보험기간 중 계속해서 존재하는 것이고 또한 보험계약관계가 그 기간동안 계속하는 것이다.

제3절 해상보험계약의 체결

해상보험계약은 기타 무역계약에 적용되는 원칙과 동일하게 계약의 원칙이 적용된다. 즉, 자유계약의 형식을 취하며, 일반적인 계약의 특성인 낙성계약이기 때문에 당사자간의 합의 즉, 청약과 승낙을 통해 계약이 성립된다.

또한 보험계약은 불요식계약이므로 그 방법에는 제약이 없지만 실무적으로는 보험계약청약서 등을 제출하고 보험증권을 교부하는 경우가 대부분이다.

알아봅시다

◉ **영국 해상보험법 제21조의 보험계약 성립시기**

A contract of marine insurance is deemed to be concluded when the proposal of the assured is accepted by the insurer, whether the policy be then issued or not; and, for the purpose of showing when the proposal was accepted, reference may be made to the slip or covering note or other customary memorandum of the contract.

『해상보험계약은, 보험증권의 발행여부에 관계없이, 피보험자의 청약이 보험자에 의해 승낙된 때 성립한 것으로 간주한다. 그리고 청약이 승낙된 때를 증명하기 위해서 slip이나 보험인수증서 또는 기타 관례적인 계약서를 참조할 수 있다.』

1. 해상보험계약의 청약과 승낙

1) 의의

해상보험계약의 청약이란 보험계약자가 계약을 성립시킬 목적으로 보험자에게 행하는 확정적 의사표시로 원칙적으로는 일정한 방식이 요구되지 않는다.

또한 해상보험계약에서 승낙이란 보험자가 특정한 보험계약의 청약에 대하여 계약을 성립시킬 목적으로 하는 의사표시를 말하는데, 계약자유의 원칙에 따라

승낙에는 일정한 방식이 없기 때문에 명시적으로든 묵시적으로든 가능하다. 다만, 승낙의 시점은 보험업자에 의해 인수·확인되어 서명(writing a line)되는 시점이 된다. 실무에서는 적하나 선박의 보험증권을 발행하고 인수함으로써 승낙의 의사표시를 대행하고 있다.

2) 해상보험계약의 체결

(1) 보험계약자가 직접체결

우리 나라의 경우에는 보험계약자가 직접 보험회사와의 협의하에 보험계약을 체결하고 있다.

보험의 청약은 긴급한 경우에 구두나 전화로 청약을 받는 경우도 있지만, 일반적으로는 보험자에 의해 작성된 정형화된 서식인 보험계약청약서에 담보조건과 보험요율 산정 및 보험자가 요청하는 사항들을 고지하고 이를 보험자가 승낙함으로써 보험계약체결을 확정시키고 있다. 우리 나라 상법의 경우도 청약과 함께 보험료 일부를 받은 경우 30일 이내에 승낙여부 통지를 의무화시켜서 이 기간이 지나면 승낙된 것으로 간주하고 있다.

(2) 보험중개인을 통한 계약체결

영국에서는 보험계약자가 중개인이나 대리점을 통하여 보험계약을 체결하고 있다. 즉, 보험계약자와 보험중개인이 보험의 세부사항을 결정하면 보험중개인은 각서 또는 부전지(slip)에 보험내용(보험목적물, 항해 또는 기간 등)을 기재하여 보험업자에게 제시하여 인수여부를 결정하고, 보험업자는 보험조건을 인수하여 부전지에 서명함으로써 정식의 보험증권(Insurance Policy ; I/P)을 취득하고 있다.

따라서 보험계약에 대한 청약의 의사표시는 청약서를 기재하여 보험자에게 정식으로 교부한 때가 된다.

〈그림 4-1〉 해상보험의 청약과 계약관계

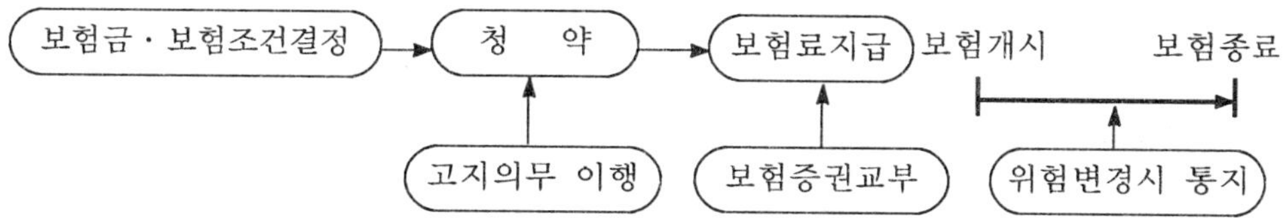

3) 적하보험 청약시 필요한 서류

⊙ 기존계약자의 경우 ; B/L, INVOICE, L/C 중 한 가지
⊙ 신규계약자의 경우 ; 상기 서류 중 한 가지와 사업자 등록증 사본 1부

(1) 적하보험청약서에 기입해야할 사항

① 피보험자(Assured)

피보험자의 정식 영문표기의 회사명을 기입한다. 피보험자와 보험계약자가 동일인인 경우에는 별 문제가 없지만 양자가 다를 경우에는 계약자명을 해당란에 별도로 명기한다.

② 보험청약자(Applicant)

보험계약을 청약하고 보험료를 납입하는 자로서 피보험자명과 상이한 경우에만 기재하며 코드번호를 기재하는 경우도 있다.

③ 배서(Endorsement)

수입승인서에 기재된 결제은행명을 기재한다.

④ 보험조건(Condition)

보험신청서에 미리 구약관의 ICC(FPA), ICC(WA), ICC(A/R) 또는 신약관의 ICC(A), ICC(B). ICC(C)의 주요 해상담보조건의 약호가 인쇄되어 있기 때문에 계약자는 그중에서 필요한 조건을 선택하여 규정된 표시로 지정하면 된다.

⑤ 보험금액(Amount insured)

보험자가 손해발생시에 보상하는 금액의 최고한도로서 통상 CIF가액에 수출업자의 희망이익 10%를 가산한 금액으로 한다. FOB, CFR 등의 가액에는 운임, 보험료를 가산하고 CIF가액으로 환산한다.

수입세를 부보하는 경우에는 화물의 보험금액과는 별도로 수입세의 보험금액을 명기한다.

⑥ 화물의 명세(Description of Goods)

화물의 명세 중 먼저 상품명에 대해서는 화물의 종류나 성질을 곧 알 수 있도록 일반상품명을 기입한다.

화물의 포장상태와 수량을 반드시 명기하여야 한다. 컨테이너 적재화물의 경우에는 컨테이너 1개당 내용화물의 개수를 반드시 명기하여야 한다.

⑦ 수송구간 및 수송방법

선적지, 양륙지, 환적항, 최종목적지, 적재하는 본선의 선명, 동선박의 출항예정일, 육상수송용구 등을 기입한다. 최종목적지가 내륙지방에 있어 목적지가 상이한 경우, 운송약관에 따라 양륙항에서 최종목적지까지의 운송화물에 대하여 부보할 때 최종목적지와 운송용구를 기재한다.

⑧ 송장번호(Invoice Number)

보험증권이나 보험증명서에는 원칙적으로 피보험화물의 하인과 번호의 기재는 생략된다. 신청서에는 해당화물의 송장번호를 반드시 기입할 필요가 있다.

⑨ 보험금지급지(Claims payable at)

보험회사는 세계각지에 보험금정산센터를 가지고 있다. 피보험화물의 최종양륙항 또는 최종목적에 따라서 지급 받기가 용이한 대리점을 증권에 지정한다.

⑩ 보험사고 통지처

피보험화물에 손해가 발생하였을 때 지체없이 통지하여야 할 곳인데 수출의 경우에는 최종목적항에 있는 보험자의 대리점의 상호 및 주소가 명시되고, 수입의 경우에는 보험자명이 기재된다.

⑪ 서명(Signature)

해상보험증권은 보험자 또는 보험자의 대리인에 의하여 서명되지 않으면 안된다. 우리나라에서는 보험회사의 해상보험부문의 책임자가 서명하는 것이 보통이다.

(2) 보험계약의 변경

보험계약성립 후 이들의 청약내용 중 일부의 변경이 생겼을 경우에는 계약자는 보험자에 대해 신속히 그 내용을 통지하여야 한다.

통지가 늦어지는 경우에는 보험계약이 효력을 잃게 되는 등 불이익을 받을 수 있으므로 주의해야 하며, 변경에 따른 위험이 증가했을 경우에는 증가한 위험의 정도에 상응한 추가보험료를 납입하고 담보를 계속 받을 수 있다.

그러나 위험이 현저히 증가했을 경우에는 보험계약은 효력을 잃게 되는 경우도 있고, 계약의 해지를 요청하는 수도 있다.

(3) 보험증권 발행매수

보험계약의 성립 및 그 내용의 증거로서 보험계약 성립 후 보험계약자의 청구에 의해 보험자는 보험증권 또는 보험증명서를 발행하는데 통상 2통으로 발행하나 수출신용장에는 3통 또는 이와 다른 매수의 원본을 요구하는 경우에는 이를 표시하거나 또는 하단에 기재한다.

2. 해상보험계약의 조건

1) 기본조건약관

현재 적하보험의 경우에 있어서는 신협회적하약관이 제정, 사용되고 있지만 실무에서는 구협회적하약관이 계속해서 병행되어 사용되고 있다. 적하보험의 기본조건에는 ICC(A) 혹은 ICC(A/R), ICC(B) 혹은 ICC(WA), ICC(C) 혹은 ICC(FPA)조건 등 세 가지가 있다.

실무상 해상보험 계약의 대부분은 이들 세 가지 기본적인 보험조건 중 어느 한 가지를 선택하거나 그것을 약간 수정 또는 추가하여 체결하는 것이 일반적이다.

2) 일반부가조건약관

구 약관이나 신 약관에 포함되지 않는 특수위험에 대해 부보하고자 하는 경우에는 보험자와 합의하여 각 협회약관에 추가하여 부가위험담보조건을 설정한다. 부가위험담보조건은 필요항목에 대해서만 추가보험료를 납부하므로 전위험담보조건 또는 ICC(A)조건으로 부보하는 것보다 보험료를 절약할 수 있다.

(1) 협회도난·발화 및 불착약관(Institute Theft, Pilferage and Non-Delivery Clause)

이 약관은 A/R조건에서는 담보되지만, WA나 FPA조건에서는 담보되지 않기 때문에 이를 담보받기 위해서는 이 약관을 추가해야 한다.

여기서 Theft는 도난을 Pilferage는 발하를 뜻하며 Non-Delivery는 타항에서의 양하 또는 분실을 원인으로 한 포장전체의 불착을 의미라는 것으로, 이는 포장은 도착했지만 일부가 파손되었거나 기타의 사유로 인하여 내용물의 일부 또는 전부가 분실 또는 유실된 상태인 부족(Shortage)과는 구별되는 것이다.

또한 이들 위험은 Perils Clause상의 Thieves(강도)와는 전혀 다른 위험이다.

(2) 우담수손(RFWD : Rain and/or Fresh Water Damage)

해수침손에 대응하는 말로서 비, 눈, 하천, 호수, 기타 해수이외의 물로 젖은 손해를 담보한다. 섬유품, 잡화 등 젖기 쉬운 화물에 추가 담보한다.

(3) 타화물과의 접촉위험(COOC : Contract with Oil and/or Cargo)

기름, 산 등의 주로 선내의 청소불충분으로 인한 오손 및 다른 화물과 접촉하여 오염되었을 때의 손해가 이 약관으로 담보된다.

(4) 파손위험(Breakage)

부보화물(유리, 도자기 등) 깨지기 쉬운 화물에 추가담보되는 위험이다.

(5) 누손, 중량부족 위험(Leakage and/or Shortage)

부보화물(액체화물 등)의 누손 및 수량 또는 중량부족으로 인한 손해에 담보되는 위험이다

(6) 한습손, 열손위험(Sweet & Heating)

선창의 천정, 내벽에 응결한 수분에 접촉함으로써 생기는 열손 및 한손에 의해 손해에 담보되는 추가위험이다.

(7) JWOB(Jettison & Washing Over-Board)

해난사고시 갑판에 적재된 화물을 투하하거나 풍랑으로 인한 유실의 손해

(8) 갈쿠리에 의한 손해(HH : Hook & Hole)

투하작업용 갈구리에 의해 생기는 손해를 Hook damage라 하고 이 역시 섬유품, 잡화 등에 추가로 담보된다.

(9) 서식·충식위험(Rate &/or Vermin)

곡물, 소맥분, 죽제품 등의 화물이 운송 도중에 쥐나 곤충에 의해서 해를 입

는 경우가 있다. 이러한 손해는 통상적으로 담보되지 않으므로 특약에 의한 추가담보를 요한다.

(10) 곰팡이손 위험(Mildew and Mould)

식료품, 섬유품, 잡화 등은 함유수분 때문에 또는 습도의 증가로 곰팡이 또는 기타 미생물에 의한 피해를 받기 쉽다. 이것은 대부분이 물질고유의 하자 또는 성질에 의한 손실이지만 특약에 의해서 담보가 된다.

(11) 녹손위험(Rust)

기계류, 철물 등의 화물이 포장재료의 건조불충분으로 내부가 습해져서 Cargo Sweat의 상태가 되어 녹이 스는 경우가 있다.

또한 해수, 담수, 빗물 등으로 녹이 스는 경우도 있다. Perils Clause에 의한 위험의 원인이 원인인 경우 및 특약위험에 의한 손해는 담보가 되지만 순전히 습기로 인한 것이면 이 특약이 없이는 담보가 되지 않는다. 그러나 화물자체의 포장상태가 녹에 대한 적합한 방지력을 가진 것이라야만 보험의 혜택을 받을 수 있다.

(12) 곡손(Denting &/ or Bending)

Denting은 우그러지는 것이고, Bending은 구부러지는 것으로서 보통 기계류에 생기기 쉽다. 그런데 기계류는 부분적인 파손 또는 곡손으로 인하여 사용이 불가능하게 되거나 중대한 손해가 될 염려가 있으므로 협회대체약관(Institute Replacement clause)을 삽입하여 보험자는 손해부분의 수선비 또는 교체비 및 그 부대비용을 보상한도로 하는 것이 보통이다.

(13) 오손(Contamination)

액체화학약품이나 유류 등이 해수 또는 담수 등의 혼입으로 입게되는 품질저하의 위험이다.

(14) 자연발화(Spontaneous Combustion)

석탄, 성냥, 양모, 화약 등은 항해 중 화물 자체의 화학적 변화에 의해 자연발화하는 경우가 있다.

자연발화는 화물고유의 하자 또는 성질에 의한 것이므로 원래 보험자가 부담하는 것은 아니다. 그러나 자연발화는 전혀 우연성이 없는 사고는 아니며 또 화재원인의 확인이 곤란한 경우도 있으므로 특약에 의해 담보된다. 다만, 특약을 하지 않은 경우에도 타화물의 자연발화로 인하여 피보험화물이 입은 손해나 선박이 충돌하고 그 결과로서 석탄 등이 발화한 경우에는 보험자가 이를 보상할 책임이 있다.

3) 특수화물에 대한 특별약관

(1) 갑판적약관(On-deck Clause)

구약관의 ICC(FPA) 혹은 신약관의 ICC(C) 보다 넓은 조건으로 인수되는 계약에 적용한다. 화물보험은 통상 피보험화물의 선창 내에서 적재되는 것을 전제로 하고 있기 때문에 운송계약에 기초하여 선주 혹은 용선자의 자유재량권 행사에 의한 것인지 아닌지를 불문하고 화물이 갑판에 적재된 경우에는 이런 갑판적 화물에 대한 조건은 이 약관에 의해 보험개시 시점부터 FPA + JWOB조건으로 변경된다.

그러나 밀폐된 컨테이너에 실린 갑판적 화물은 선창 내에 적재된 것과 동일시하여 갑판적 화물이 적용되지 않는다.

(2) 관세담보약관(Duty Clause)

운송 중 입은 손해가 있음에도 불구하고 정품과 동일한 비율로 손상화물에 관세가 부과되거나 또는 통과 후에 화물의 손상이 발견되어 이미 지급한 관세가 환급되지 않음에 따라 피보험자가 입게되는 경제적인 손실을 보상하는 약관이다.

(3) 수입거부위험담보약관(Rejection Clause)

식품류 등에 첨부되어 사용되며 수입국 정부 또는 대행기관의 품질검사에서 수입 불합격 판정을 받음에 따라 피보험자가 입게 되는 경제적 손실을 보상해 주는 특별약관이다.

(4) 원산지손해약관(Country Damage Clause)

이 약관에 의해 수입면화의 “Country Damage”가 담보된다. “Country Damage”란 면화 등이 원산지에서 포장된 후 선적되기까지의 사이에 먼지, 진흙, 비 등에 젖거나 오염되어 발행한 손해를 말하며, 이러한 손해는 원칙적으로 수출업자가 부담해야 하나 보험자가 특별히 승인함으로써 피보험이익이 없는 구간에 발생하는 손해도 보상하는 특별약관이다.

(5) 기계수선약관(Replacement Clause)

기계를 보험의 목적으로 하는 계약에 적용된다. 기계의 일부에 손해가 발생하여 수리를 요할 경우, 그 부분의 수선비용을 담보하는 비용이다.

(6) 특별검정약관(Special Survey Clause)

피보험화물의 멸실 또는 손상이 발생한 경우에 피보험자는 즉시 이를 보험회사에 통지하여야 하며, 회사가 인정한 검정인들 중에서 검정인을 임명해야 하고 보상받을 피보험자의 권리는 위에서 말한 검정인에 의하여 발행되고 확인된 검정보고서의 제출 여하에 따를 것을 규정한 특별약관이다.

(7) 송유관약관(Pipeline Clause)

선적항의 연안탱크 파이프 연결점을 통과한 시점부터 증권에 기재된 도착항의 연안탱크에 입고될 때까지의 위험을 담보한다.

(8) 상표약관(Label Clause)

깡통이나 병의 상표가 운송 중 손상을 입었을 때 내부 상품의 질이 이상이 없다면 그 상표의 교체비용을 담보한다. 캔통조림, 병통조림, 술 등 라벨이 붙은 화물에는 원칙적으로 이 약관이 첨부된다. 상표만 손상되었을 경우에는 원상회복에 필요한 비용과 신 상표 및 상표 재부착 비용만을 보상한다.

4) 소손해면책과 소손해공제

보험계약자의 입장에서는 소손해가 개인이나 기업에 별다른 영향을 주지 않는다고 판단될 때는 소손해에 대한 위험을 자기가 부담하고 일정액 혹은 일정률의 손해를 초과하는 부분에 대해서만 보험자에게 전가함으로써 보험료의 절감을 꾀할 수 있다.

한편 보험자의 입장에서는 피보험자의 도덕적 위험을 방지하고 업무의 번잡을 피하기 위해서는 일부를 피보험자가 보험자와 공동으로 부담하는 것을 선호하게 된다. 이에 따라 WA조건이나 특정부가위험(extraneous risks)의 경우 보험자는 소손해면책(franchise) 혹은 소손해공제(excess)를 적용함으로써 사소하고 미미한 손해에 대해서는 보상하지 않는 경우가 있다.

소손해공제(excess)는 소손해면책금액 혹은 비율을 공제한 후 잔액을 보상하며, 소손해면책(franchise)은 소손해면책금액 혹은 비율을 초과할 때 그 손해액전액을 보상하게 된다.

만일 화물이 franchise of 5%로 부보되었는데 7%의 손해가 발생하였다면 소손해면책비율 5%를 초과하므로 피보험자는 7% 전액에 대해서 보상받을 수 있다. 이에 대해 화물이 excess of 5%로 부보되었다면 7%에서 5%를 공제한 2%에 대해서만 보상받을 수 있다.

소손해공제(excess)는 주로 shortage, leakage, breakage와 같은 부가위험에 주로 적용되고 있으며, 소손해면책(franchise)은 ICC(W.A)조건에서 적용되고 있는데 ICC(W.A)에도 일정한 비율의 franchise가 이는 조건 ICC(W.A) 3%와 franchise가 없는 조건(WAIOP : With Average Irrespective of Percentage)의 두 가지 경우가 있다. 한편 All Risk조건하에서는 피보험자가 손해비율에 관계없이 보험금을 받게 된다.

5) 기타 특별약관

(1) 확장담보조건상 담보범위

① 내륙운송 확장담보조건(I.T.E.)

내륙운송 확장담보조건(Inland Transit Extension : I.T.E.)은 송하주나 수하주의 창고가 내륙에 위치하는 경우 송화인의 창고나 보관창고로부터 선적항 또는 양하항으로부터 내륙의 수화인의 창고까지 내륙운송중의 위험을 新 협회적하약관 및 기타 특별약관에 따라 당초의 적하보험증권에 추가하여 확장담보하는 조건이다.

원래 운송약관상 보험기간은 창고간(warehouse to warehouse)담보 원칙인데 우리 나라 해상적하보험 요율은 항구간(port to port) 담보조건의 요율이므로 육상운송을 담보하려면 추가보험료를 지불하고 I.T.E.를 부보하여야 했으나 1998年 4月부터 창고간(warehouse to warehouse) 요율체계로 변경되어 자동담보되게 되었다.

② 내륙보관 확장담보조건(I.S.E)

내륙보관확장담보조건(Inland Storage Extension)은 화물이 통상의 운송과정에서 중간창고나 보세창고에서 보관중에 최종양륙항 외항본선에서 하역완료 후 60일이 경과하면 보험은 종료하므로 추가보험료를 지불하고 ISE(30day)를 부보하면 더 연장 담보된다.

따라서 장기간 장치가 필요하거나, 원매자를 찾기 위해 보관해 두어야 할 경우에 위험을 담보하기 위한 것이며, 종전에는 수출을 장려하기 위하여 수입화물 요율과 수출화물 요율의 이원적 체계였으나 최근 통·폐합되었다.

(2) 해상결과적 손해담보약관(Marine Consequential Loss Insurance)

해상결과적 손해담보약관은 해상적하보험의 담보범위를 확장시킨 것으로 해상손해의 결과로 인한 손상·멸실과 더불어 보험목적물인 재산의 사용 불가능 혹은 가동의 지연에 의한 손해, 화물의 불착에 기인한 예상수익·고정비의 손실 등을 추가로 담보하는 특별약관이다.

(3) 송하인책임약관(Forward's Liability Insurance Clause)

송하인책임약관은 부보화물을 운송하는 도중에 멸실·손상이 있음으로 인해서 운송주선업자가 하주에게 배상해야 할 배상금을 담보하는 특별약관이다.

3. 해상보험계약의 효과

1) 의의

해상보험계약의 성립에 의해 해상보험자는 해상사업에 관한 사고에 의해 발생하는 손해의 보상 또는 보험금 지급을 약정하고 보험계약자는 보험료를 지급할 의무를 부담한다.

해상사업에 관한 사고에 대한 손해보상의 약정 또는 보험금지급의무와 보험료의 지급의무는 당연한 의무이다. 한편, 당사자의 이러한 기본적 의무 외에도 법에서는 각종의 권리·의무를 규정하고 있다. 한편, 보험계약이 『타인을 위한 보험』일 경우에는 해상보험계약의 효과는 보험자에게도 미친다.

4. 보험자의 의무

1) 손해보상의 의무

보험자의 가장 중요한 의무는 항해사고가 발생하면 보험금을 지급할 의무이다. 이것은 보험계약자가 보험료를 납부하는 의무를 부담하는 대신에 보험자가 부담하는 쌍무적인 의무이다. 물론, 운송 중에 손해가 발생하지 않았거나 사고 없이 보험기간이 경과되었다면 보험자는 이러한 의무를 부담할 필요가 없다. 그 이유는 이미 보험자는 위험부담이라는 급부를 행하였기 때문이다.

2) 보험증권(Insurance Policy)교부의 의무

보험자는 보험계약자의 청구에 의하여 보험증권을 교부할 의무가 있다. 보험증권의 교부방법은 직접전달 혹은 우편에 의한 송달이 일반적이며, 송달비용과 위험은 보험자가 부담한다.

3) 보험료반환의 의무

(1) 보험계약이 무효인 경우

보험자는 보험계약의 전부 혹은 일부가 무효인 경우 보험료의 전부나 일부를 반환할 의무가 있다. 다만 보험자가 이러한 의무를 부담하는 것은 보험계약이 선의로 이루어 진 경우나 보험계약자와 보험자가 중대한 과실이 없는 경우를 조건으로 하고 있다.

(2) 보험사고 발생 전에 보험계약이 해지된 경우

보험계약자가 보험사고 발생 전에 보험계약을 해지한 경우에도 다른 약정이 없으면 미경과 보험료를 반환하여 줄 의무가 있다.

4) 보험금 지급의무

손해보상약정의무에 따라 보험기간 안에 보험사고가 발생한 경우 보험자는 약정한 보험금을 지급할 의무를 진다. 이는 손해보상약정의무와 더불어 보험자의 기본적인 의무이다.

5. 보험계약자 또는 피보험자의 의무

1) 보험료지급의 의무

보험자의 손해보상보증에 대한 쌍무적 의무로 보험계약자가 피보험자는 보험료를 지급하여야 할 의무를 부담한다. 원칙적으로 보험료의 지급의무자는 자신을 위한 계약이나 타인을 위한 계약 모두다 보험계약자이나, 계약자의 파산선고나 지급 지체시에는 보험자는 피보험자에게 이를 청구할 수 있다. 지급방법은 일부지급 혹은 분할지급방식이 많이 이용되며, 지급시기는 보험자가 보험증권을 발행하여 교부할 때 이행되어야 한다.

2) 고지의무

보험계약을 체결할 때 보험자 혹은 중개인은 보험자에게 보험계약 인수여부 또는 계약내용의 결정에 영향을 줄 수 있는 모든 중요한 사실을 고지하여야 한다. 이를 고지의무라 하는데, 보험계약자에게 고지의무를 부여하는 이유는 보험자 자신이 화물의 상태나 성질을 잘 모르고 있고, 보험자가 모든 중요한 사항을 일일이 점검하는 부담을 덜어 주기 위한 것이다.

3) 통지의무

(1) 위험의 변경 혹은 증가의 통지의무

보험기간 중에 보험계약자나 보험자에게 책임을 돌릴 수 없는 사유로 보험계약 체결시에 불변으로 예측하여 계약된 위험이 변동 혹은 증가가 되었다면 보험계약자는 이를 지체 없이 보험자에게 통지하여야 의무를 부담한다. 만일 이러한 통지의무를 태만히 했을 경우에는 보험자가 그 사실을 안 날로부터 1개월 내에 계약해지가 가능하다. 물론 보험자가 그 사실을 알고도 해지하지 않을 때에는 보험자가 증가된 위험 및 변경된 위험을 인수한 것으로 간주된다.

(2) 손해발생의 통지의무

보험계약자는 운송 중에 보험사고가 발생하면 그 손해사실을 지체없이 보험자에게 통지하여야 할 의무가 있다. 그러나 보험자가 부담하는 보험사고로 인한 사고발생의 경우에만 통지의무가 있고, 항해손해가 발생하였다 하더라도 보험자의 면책사유로 인한 사고의 손해라면 통지하지 않아도 된다. 이렇게 계약자에게 통지의무를 부과하는 목적은 사고사실에 대한 통지가 없는 한 보험자는 알지 못하기 때문에 이를 통지함으로써 보험자에게 손해의 방지 혹은 경감조치를 강구할 기회를 부여하거나 손해보상의 준비를 하도록 하기 위함이다. 통지의무를 위반하여 보험자에게 손해를 끼쳤을 경우에는 보험자는 이에 대한 손해배상을 청구할 수 있으며 보험금에서 공제할 수도 있다.

(3) 손해방지 혹은 손해경감의 의무

피보험자는 화물손해를 가장 잘 보호해야 할 입장에 있기 때문에, 피보험자는 피보험이익의 보호에 상당한 주의와 신의성실의 원칙 및 공익적 차원에 입각하여 손해를 방지하거나 경감하기 위한 합리적인 조치를 강구할 의무가 있다. 이때 손해의 방지는 손해의 발생을 저지하는 것이며, 경감은 이미 발생한 손해를 제거하는 것이다.

6. 해상보험계약의 종료

1) 의의

보험계약은 계속계약으로 그 성질상 일정기간 동안 계속되는 것이 원칙이다. 그러나 보험계약이 취소되거나 계약시에 이미 보험사고가 확정적이었기 때문에 보험계약이 성립한 때부터 그 효력이 발생하지 않는 무효인 경우가 있다.

또한 보험계약이 체결되고 난 뒤에 사정이 변하거나 당사자의 의사에 의해 최초의 보험계약이 변경되거나 해지, 실효 등에 의하여 소멸되는 경우도 있다.

2) 해상보험계약의 무효

(1) 개념

보험계약의 무효는 보험계약이 성립한 때로부터 법률상 당연히 그 효력이 발생하지 않는 것을 말한다. 보험계약에서 계약일반의 무효원인이 있는 경우, 예를 들어 보험계약이 공서양속을 위반하는 경우에 무효가 되는 경우를 들 수 있다.

(2) 초과보험에서의 초과부분

보험금액이 보험가액을 초과하는 초과보험에 있어서 초과부분의 보험계약은 무효이다. 그러나, 초과보험이 보험계약자의 사기로 인하여 체결된 때에는 그 계약 전부를 무효로 한다.

(3) 위임결여의 불고지

보험계약자가 위임을 받지 않고 타인을 위하여 보험계약을 체결한 경우에 그 뜻을 보험자에게 고지하지 않았을 때에는 그 계약은 무효가 된다.

(4) 위법손해의 부보

보험계약이 적법치 못한 손해의 보상을 목적으로 하는 경우, 예를 들면 적국인과의 보험계약, 자국의 수출입 금지규정에 위반하는 항해에 대한 위험의 담보, 자국의 봉쇄에 관련하는 위험의 담보를 목적으로 하는 계약은 무효가 된다.

(5) 계약당시의 보험사고의 확정

보험계약당시에 보험사고가 이미 발생하였거나 또는 발생할 수 없는 것인 때 즉, 보험사고의 불확실성이 결여된 때에는 보험계약은 무효가 된다. 그러나 계약당사자가 보험계약을 소급한 소급보험의 경우에는 보험사고가 이미 발생하여도 보험계약은 유효하다.

(6) 피보험이익의 결여

해상보험계약은 손해보험계약의 일종이기 때문에 항상 피보험이익의 존재를 요건으로 한다. 따라서, 피보험이익의 결여 상태로 보험계약이 체결된 경우에 그 계약은 무효가 된다.

3) 해상보험계약의 소멸

해상보험계약은 보험계약의 고유의 성질 혹은 법률적 규정에 의해 특정의 사실이 발생함으로써 당사자의 의사표시를 기다리지 않고 당연 종료되는 것과 당사자 일방의 의사표시에 의해 종료되는 것이 있는데, 전자를 실효(losing)라고 하고, 후자를 해지(cancellation)라고 한다.

(1) 해상보험계약의 실효

① 피보험이익의 소멸

보험자가 부담하는 보험사고 이외의 사유에 의해 보험계약의 목적이 소멸한 경우에는 그 원인 여하와 피보험자의 귀책사유에 관계없이 또 보험자의 책임개시 전후를 불문하고 보험계약은 그 때로부터 효력을 잃는다. 이러한 피보험이익의 소멸은 보험적 보호의 목적과 그 존재이유를 상실하기 때문에 계약실효의 원인이 되는 것이다.

② 보험기간의 만료

보험사고의 발생 없이 보험기간이 만료하면 계약은 당연히 소멸된다. 그러나 보험기간을 연장하는 약관으로 계약을 연장시킬 수 있다. 즉, 보험계약이 여러 가지 사정으로 목적지 이외의 항구 또는 지역에서 종료되거나, 운송이 중단된 경우에는 보험계약도 종료하지만, 이 때 이 사실을 지체없이 보험자에게 통지하고 담보의 계속을 요청하는 경우에 보험자로부터 승낙이 있으면 추가보험료를 지급하는 조건으로 보험계약을 최종목적지까지 연장할 수 있다.

③ 위험의 소멸

보험사고 발생가능성의 소멸 즉, 보험사고가 발생하지 않는 것이 확정된 때에는 보험존속의 이유를 상실하고 따라서 보험자의 책임개시 전후와 위험소멸의 원인에 관계없이 보험사고 발생가능성이 소멸된 때부터 보험계약은 소멸한다. 상법은 위험의 소멸이 발생한 경우로서 위험의 변경인 항해의 변경에 대해 특별한 규정을 두고 있다. 즉 항해의 변경이 보험자의 책임이 개시하기 전에 발생한 경우에는 보험계약은 그 효력을 잃으며, 항해의 변경이 보험자의 책임이 개시한 이후에 발생한 경우에는 보험자는 그 변경후의 사고에 대하여 책임을 지지 않는다. 그러나 그 변경이 보험계약자 또는 피보험자의 귀책사유가 될 수 없는 사유에 의해서 발생한 것일 때에는 그러하지 않다고 규정하고 있다.

(2) 해상보험계약의 해지

① 보험자가 해지하는 경우

보험자가 해지하는 경우로는 고지의무를 위반한 경우, 피보험자 등이 위험변경, 증가의 통지를 하지 아니한 경우, 보험계약자가 계속보험료를 지급기일에 지급하지 아니하여 보험자가 상당한 기간을 정하여 보험계약자에게 최고하고 그 기간 내에 지급하지 아니한 경우이다. 또한 보험기간 중에 보험계약자 또는 피보험자의 고의 또는 중대한 과실로 인하여 사고발생의 위험이 현저하게 변경 또는 증가된 때에는 보험자는 계약을 해지할 수 있다.

② 보험계약자가 해지하는 경우

보험계약자가 보험계약을 해지하는 경우로는 보험사고 발생이전의 해지와 보험자가 파산한 때의 해지 두 가지가 있다. 보험사고 발생이전의 해지는 보험사고 발생 전에는 언제든지 보험계약자가 보험계약을 해지할 수 있는 것을 말한다. 이는 보험계약은 계속계약으로서 일정한 기간동안 존속하는 것이므로 보험계약자가 위험담보를 필요로 하지 않을 때에는 언제든지 그 계약을 해지할 수 있도록 함으로써 보험계약자의 이익을 보호하고자 하는데 그 목적이 있다. 보험자가 파산한 때의 해지는 보험자가 파산선고를 받은 때에 보험계약자가 보험자 책임개시 후일지라도 계약을 해지할 수 있다. 또한 파산선고 후 3개월이 경과한 때에는 보험계약 그 자체가 효력을 상실한다.

4) 보험계약의 부활

(1) 개념

보험계약자가 계속보험료를 지급기일에 지급하지 아니한 때에는 상당한 기간을 정하여 최고하고 보험자가 계약을 해지하거나 또는 실무에서는 일반적으로 약관상에 실효조항을 두어 유예기간 내에 보험료의 지급이 없으면 보험계약의 효력을 잃게 한다. 이에 따라 보험계약자가 계속보험료를 지급하지 않음으로써 계약이 해지 또는 실효 되었으나, 아직 해지 환급금이 지급되지 않은 상태에서 보험계약자는 일정한 기간 내에 연체보험료에 약정이자를 붙여 보험자에게 지급하고 그 보험계약의 부활을 청구하여 보험계약을 부활시킬 수 있다. 이를 보험계약의 부활이라 한다.

보험계약 부활의 법적 성질에 대하여는 실효 전의 계약과 동일한 내용의 신계약을 체결하는 것이라는 견해도 있으나, 실효된 구계약의 회복을 위한 특수계약이라는 것이 통설이다. 따라서, 구계약에 대하여 사기 또는 고지의무의 위반이 있는 경우에는 부활 후의 계약에 있어서도 이들 위반에 대하여 계약이 무효 또는 해지될 수 있다.

(2) 부활의 요건

① 보험계약이 해지 또는 실효되었으나 해지환급금이 지급되지 아니하여야 한다.
② 보험계약자는 일정한 기간내에 연체보험료와 약정이자를 붙여 보험자에게 지급하고 계약의 부활을 청구하여야 한다.
③ 보험자의 승낙이 있어야 한다.

(3) 효과

보험계약의 부활은 해지된 보험계약을 회복시키는 것이므로 해지된 계약과 동일한 내용의 보험계약이 다시 유효하게 존속하게 된다.

그러나 보험계약이 해지 또는 실효된 기간 중에 일어난 보험사고에 대하여는 보험금 지급책임을 지지 아니한다.

제4절 보험의 구상실무

1. 구상의 통지

보험계약의 목적은 위험의 발생으로 인해 피보험이익이 손해를 입었을 경우 그 손실에 대해 보험자에게 구상(claim)을 하고 보험금을 지급받는 데 있다. 피보험자나 그 대리인은 보험사고가 발생한 경우 지체 없이 보험자나 그 대리점에 위험이 발생한 사실을 구두나 서면으로 통지하여야 한다. 이를 예비적 이재(罹災)통지(Preliminary Loss Advice : PLA)라 한다. 정식 구상 청구에 있어 구비하여야 하는 서류는 다음과 같다.

- 보험증권 원본(Original Policy or certificate of insurance)
- 상업송장 원본(또는 원본대조필 사본)과 선적명세서
- 선하증권(또는 원본대조필 사본) 혹은 기타 운송계약서
- 검정보고서 또는 기타 멸실·손상관련 증빙서류
- 화물의 수량 및 중량명세서
- 운송인 또는 손해·손상에 책임 있는 당사자와의 관련 교신서류
- 기타 참고서류

한편, 공동해손이 발생하였을 경우 피보험자가 보험자에게 제출하여야 하는 서류는 이와 차이가 있다. 화주가 자신의 화물이 공동해손과 관련된 것을 알게 되는 것은 선박회사가 공고하는 공동해손 선포(declaration of general average) 및 화주에게 통지되는 공동해손 통지서(notice of general average)에 의해서이다.

이 공고나 통지서에는 공동해손의 발생 경위와 각 화주가 취해야 할 조치사항이 명기된다. 화주는 통지서를 받는 즉시 보험자에게 이를 통지하고 필요한 조치를 취해야 한다. 이때 화주가 보험자에게 제출하여야 하는 공동해손 관련 서류는 공동해손 구상장(claim letter of general average), 공동해손 통지서(notice of general average), 공동해손 언약서(general average bond)등이다.

선박회사는 화주에게 화물을 인도하기 전에 최종적으로 공동해손 공탁금(general average deposit) 또는 이에 대신하여 보험자가 발행하는 공동해손 보증장

(general average contribution)을 요구한다. 공탁금이나 보증장을 요구하는 것은 공동해손의 정산에 상당한 기일이 소요되기 때문이다. 만일 화물이 보험에 가입되어 있지 않다면 공동해손 공탁금은 화주가 독자적으로 부담하여야 하지만, 보험에 들어 있으면 보험자가 이 공탁금을 부담하던가 공동해손 보증장을 제출함으로서 공탁금에 대신한다.

2. 피보험자의 의무

보험사고가 발생할 경우 피보험자 및 그 대리인은 손해방지의무와 손해배상청구권의 보전의무가 있다.

1) 손해방지의무

화물의 운송중에 손해가 발생한 경우에 MIA 제78조 제4항에 의하면 "손해를 방지하거나 경감하기 위하여 합리적인 조치를 취하는 것은 모든 경우에 있어서 피보험자와 그 대리인의 의무이다"라고 규정하고 있다.

이 조항은 이러한 손해방지의무에 관한 법률규정을 추가하여 대위권에 의하여 보험자가 적절히 행사할 수 있도록 운송인, 수탁인 또는 제3자에 대한 손해배상청구권을 피보험자가 확보하여야 한다는 것을 피보험자와 그 대리인의 의무로 규정하고 있으며, 이러한 의무를 광의의 손해방지의무로 간주하고 있다.

2) 제3자에 대한 손해배상청구권의 확보

Importance Clause에서는 운송인 등 제3자에 대한 손해배상청구권의 확보를 위하여 피보험자 또는 그 대리인이 이행하여야 할 사항들을 자세히 규정하고 있다. 보험자에게 보상책임이 있는 운송중 화물의 손해가 운송인 등 제3자의 귀책사유로 인하여 발생한 경우 수하인은 보험자에 대한 손해배상청구권과 동시에 운송인 등 제3자에 대한 손해배상청구권을 갖게 된다.

대부분의 화주는 손해 배상청구권의 대상이 운송인인지 수탁인인지 어느 제3자인지 가려내기가 쉽지 않고, 입증책임이 보다 복잡하며 배상청구절차가 번거로운 배상청구권의 행사보다도 손해의 입증 책임 등 보상청구가 보다 용이한 보험자에 대하여 클레임을 청구하는 경향이 있다. 이 경우 보험금을 지급 받은 피보험자는 손해보상의 원칙(Principle of Indemnity)에 따라 제3자에 대한 권리, 즉 손해배상청구권을 대위하여야 하고, 보험자는 그가 지급한 금액의 한도내에서 피보험자의 제3자에 대한 권리를 당연히 대위 취득한다. 이러한 대위권에 부수되는 여러 가지 필요한 조치사항들을 피보험자 등이 이행하도록 요구하고 있다.

3. 보험금 청구시 구비서류

Important Clause에는 클레임에 필요한 구비서류를 열거하고 있다. 물론 여기에 생략되어 있는 서류인 경우에는 해당 클레임의 내용이나 성격에 따라 손해의 입증에 필요한 경우에는 추가하여 제출하여야 한다.

Red Line Clause에 구비서류들을 사전에 명기함으로써 보험자는 이와 같은 정보를 입수하는 데 소요될 시간과 업무량을 절약할 수 있다. 클레임을 위한 구비서류는 다음과 같다.

① 보험자의 담보위험에 의한 손해임을 입증하는 서류

② 손해액을 입증하는 서류

③ 구상권(손해배상청구권)의 행사를 위한 손해와 제3자와의 책임관계 즉, 운송인 등 제3자의 귀책사유로 인한 손해임을 입증하는 서류

1) 보험증권

원칙적으로 원본이 요구되고 있으나, 원본을 소지하고 있는 타관계자가 클레임을 청구 받은 경우에 보험자를 보호하기 위해 보험금청구권자가 보상장(Letter of Indemnity: L/I)에 서명한 경우에 한하여 부본도 가능하다.

그리고 보험증권의 양수인은 양도받은 보험증권이나 보험증명서를 기초로 클레임을 청구할 수 있다.

2) 선적송장(Shipping Invoice)

흔히 수출송장(Export Invoice)이라고 불리는 권리증서(Documents of Title)의 하나로서 일반적으로 상업송장(Commercial Invoice)으로 통칭된다. 이것은 송하인(매도인)이 수하인(매수인) 앞으로 작성하는 선적화물의 명세와 함께 화물의 가액을 기재한 서류로서 출하안내서, 계산서 및 대금청구서의 역할을 하며, 동시에 운송인에 대한 화물가액의 증거가 된다. 이것은 피보험화물의 명세수량, 단가 및 수하인 그리고 보험금액의 적정여부를 파악하는데 필요하고, 상업송장에 기재된 FOB, CIF 등 무역거래조건은 피보험이익의 존재를 입증하는 자료가 된다.

3) 중량증명서(Weight Note)

화물이 수입되는 항만당국에 의하여 발행된 것으로 부호와 기입일자의 확인과 함께 중량을 입증하는 서류이다. 이와 유사한 증명서가 선적항에서 발행되기도 한다.

4) 선하증권(Bill of Lading)

원본이 요구된다. 이것은 운송인, 즉 선박회사와 송하인간의 운송계약에 의해 선박회사가 선적을 위해 화물을 수령하였음을 확인하고 그 화물을 양하항까지 운송하여 이 증권의 정당한 소지인에게 증권과 상환으로 당해 화물을 인도할 것을 약속한 유가증권으로, 화물이 선적된 사실과 선적상황 및 운송계약조건을 파악하는 데 필요하며, 특히 보험자의 구상권 행사와 관련하여 운송인의 책임을 규명하는데 필요하다.

5) 포장명세서(Packing List)

멸실 또는 손상된 화물의 수량 및 중량을 확인하기 위해 필요한 서류이다. 상업송장에 품명, 수량, 단가는 표시되어 있으나, 상업송장만으로는 손해액 산정이 어렵기 때문에 포장에 대한 명세가 기재된 수량 및 중량명세서의 제출을 요구하는 것이다. 또한 화물의 특성에 따라 적합한 포장을 했는지의 여부를 파악하는 근거서류의 성격을 띠고 있다.

6) 검정보고서(Survey Report)

검정보고서는 운송 중 발생한 화물의 손상정도와 원인을 규명하기 위해 선정된 검정인이 Lloyd's 표준양식 (Lloyd's Standard Form)의 검정보고서를 사용하여 작성하는 보고서로서 손해의 상태, 정도 및 그 원인, 손해발생의 시점 및 장소 등 손해사정시 보험자가 필요로 하는 제반사항이 기재된다.

7) 기타 사고사실을 입증할 수 있는 서류

(1) 화물부송장(Cargo Boat Note : B/N)

본선수취증(M/R)과 B/N은 운송인의 책임한계를 보여 준다. B/N은 선주 또는 그 대리인인 일등항해사와 수하인 또는 하역업자 사이에서 작성되는 화물인수증이며, 여기에 기재되지 않은 화물의 손상 또는 수량의 부족에 대해서 운송인은 특별한 사정이 없는 한 면책을 주장할 수 있다.

(2) 화물인도지시서(Delivery Order : D/O)

D/O는 선박회사가 B/L과 교환으로 발행하는데, D/O가 있어야 화주는 화물을 선박으로부터 인수할 수 있다.

(3) 본선수취증(Mates Receipt)

선적이 완료되었을 때 항해사가 발행하는 영수증이다. 본선수취증은 선적과정에서 항해사의 입회하에 검수인의 검수를 거쳐 화물의 수량 및 상태가 선적지시서에 기재된 내용과 일치하는지를 확인한 후 작성되며, 만일 이상이 있다면 remrke란에 그 사실을 기재해야 한다.

(4) 해난보고서(Sea Protest)

해난보고서는 Marine Note of Protest라고도 부르며, 악천후로 선박. 화물 등이 피해를 입은 경우 입항 후 선장이 일정 기간 내에 공증인 또는 선박소속국의 영사공중을 거친 후 항만당국에 제출하는 간이 해난관련 보고서이다. 오늘날에는 해난에 관계없이 선박회사들이 의례적으로 이 보고서를 제출한다.

(5) 입고협정서(Warehouse Convention)

화물이 하역 된 후 부두내의 창고나 보세창고에 입고될 때 인도 된 화물의 수량 및 포장상태를 기록한 서류이며, 손상이 발견되었을 때는 그 사실을 remark란에 기재한다.

(6) 화물적부도(Stowage Plan)

선적완료 후 양하항 또는 선창별로 적재 화물의 품명 · 수량 · 중량 등을 기재한 서류이며, 선주는 적부 불량으로 인한 손해에 대해 책임을 져야 한다.

4. 보험금의 지급

피보험자가 보험자에게 구상을 청구하였을 때 보험자는 증권상으로 담보되지 않는 위험임을 증명할 수 없는 한 지체없이 보험금을 지급하여야 한다. 그러나 보험자측과 피보험자측의 의견이 상반될 때 '여타보험에 영향을 주지 않는(without prejudice)'조건하에, 또한 장차 이와 유사한 클레임을 제기하지 않을 것을 조건으로 클레임의 전부 또는 일부가 지급되기도 한다. 이를 특례지급(Without Prejudice Settlement)이라 한다.

한편, 물품이 해상운송 도중에 손상이 발생하였을 때 중간항에서 매각처분한 다음 손상품에 해당하는 보험금에서 순판매대금을 공제한 후의 금액을 보험금으로 지급하는 경우도 있다. 이를 구조물(救助物)차감 보상방식(Salvage Loss Settlement)이라 한다. 그 외에 보험금이 확정되었을 때 보험금이 아니라 보험자가 피보험자에게 대부금을 지급하는 방식으로 지급되기도 한다. 이를 대부금형식 보상방식(Loan Form Payment)이라 한다. 대부금형식으로 보상하는 것은 보험금을 지급한 후 보험자가 직접 그 화물손해에 대한 귀책사유가 있는 선주나 기타 수탁자에게 대위(代位)에 의해 구상청구를 하게 되면 수탁자와 보험자간의 거래관계가 곤란해지고 또한 피보험자가 직접 수탁자에게 손해배상을 청구하면 당연히 변상되어야 하는 경우도 보험자가 개입하면 감액될 가능성이 있기 때문에 이를 회피하기 위한 것이다.

5. 적하보험증권상의 "중요조항(Important Clause)"

우리 나라 적하보험증권상에는 "중요조항"이란 약관이 삽입되어 있는데, 이는 Claim 발생시 피보험자 혹은 그 대리인이 취해야할 조치 및 의무 등을 명기하고 있다. 이 조항에 명기된 조치나 의무를 게을리 할 경우 피보험자 혹은 그 대리인은 불이익을 당할 수 있으므로 주의해야 한다.

1) Important Clause의 취지

Important Clause는 보험자가 부담하는 손해의 발생시 피보험자와 그 대리인의 의무와 피보험자 등이 취하여야 할 구비서류나 절차 및 클레임 등을 규정하고 있는 약관조항으로, 영국이나 우리 나라의 실무에 있어서 일반적으로 "Important Clause" 혹은 "Red Line Clause"라고도 불린다.

Important Clause에는 운송인 등에 대한 클레임은 지체없이 서면으로, 그리고 반드시 법정기한 내에 이루어져야 한다고 명기되었으며, 손해 발생시 보험자의 대리인(보통 Lloyd's의 지역대리점이나 ILU의 특정한 대리점, 우리 나라의 경우는 회사의 지점이나 대리점)에게 통지할 것을 지시하는 "Survey Clause"가 포함되어 있다. 또한, Important Clause에는 클레임을 입증하는데 필요한 구비서류의 목록을 포함하고 있다.

2) 손해의 통지와 증명

우리 나라 상법 제657조는 피보험자 등이 보험사고의 발생을 안 때에는 지체없이 보험자에게 그 통지를 발송하여야 한다고 규정하고 있으나, 영법에는 손해의 통지에 관한 규정은 없다.

따라서 구증권양식에서는 난외약관조항으로 손해통지조항(Claim Notice Clause)을 규정하고 있었고, 신증권양식에는 Important Clause에 구 증권과 동일한 취지의 내용을 "손해검정을 위한 지침(Instructions for Survey)"부분과 동조항의 끝부분에 나누어 규정하고 있다.

손해통지조항(Claim Notice Clause)에서는 보험회사가 부담하는 손해가 발생한 경우 보험증권에 기재된 보험회사의 사무소나 대리점에 지체없이 통지할 것과 거기에서 Survey Report를 확보할 것을 규정하고 있다.

손해검정을 위한 지침(Instructions for Survey)에서는 손해검정이 그러한 사무소나 대리점의 승인 없이 실시되는 경우 어떠한 클레임도 인정하지 않는다고 규정하고 있다.

이 경우 손해의 통지는 구두든 서면이든 제3자에 대한 손해배상청구권의 보전을 위한 보험자와의 협의를 위해 지체없이 이루어지면 관계없으며, 피보험자는 손해의 원인과 손해의 정도를 확인하기 위하여 보험회사 또는 그 대리점이 지정하는 손해검정인(Surveyor)에게 손해검정을 의뢰하고 보험사고일시와 장소, 사고발생상황, 손해의 범위와 정도(또는 감가율) 및 손해의 원인에 대한 의견 등을 포함하고 있는 손해검정보고서(Survey Report)와 그에 따른 기타 증거서류 등을 입수하여 보험회사에 제출하여야 한다.

이러한 손해검정보고서를 기초로 하여 보험회사의 클레임정산인(Claim Adjuster) 또는 외부의 전문적인 해손정산인(Average Adjuster)이 당해 보험약관과 관련법률의 규정에 따라 정산한 보험금을 피보험자에게 지급하게 된다. 이와 같은 손해검정비용(Survey Fee) 등 손해조사에 소요되는 비용은 그 손해가 보험자에게 보상책임이 있는 경우에는 피보험자가 지급한다.

IMPORTANT

PROCEDURE IN THE EVENT OF LOSS OR DAMAGE FOR WHICH UNDERWRITERS MAY BE LIABLE :

LIABILITY OF CARRIERS, BAILEES OR OTHER THIRD PARTIES

It is the duty of the Assured and their Agent, in all cases, to take such measures as may be reasonable for the puirpose of averting or minimising a loss and to ensure that all rights against carriers, Bailees or other third parties are properly preserved and exercised. In particular, the Assured or their Agents are required;

1. To claim immediately on the carriers, Port Authorities or other Bailees for any missing packages.
2. In no circumstances, except under written protest, to give clean receipts where goods are in doubtful condition.
3. When delivery is made by container, to ensure that the container and its seals are examined immediately by their responsible official. If the container is delivered damaged or with seals broken or missing or with seals other than as stated in the shipping documents, to clause the delivery receipt accordingly and retain all def-ective or irregular seals for subsequent identification.
4. To apply immediately for survey by carriers' or other Bailees' representatives if any loss or damage be apparent and claim on the carriers or other Baiees for any actual loss or damage found at such survey.
5. To give notice in writing to the carriers or other Bailees within 3 days of delivery if the loss or damage found at such survey.

NOTE : The Consignees or their Agents are recommended to make themselves familiar with the Regulations of the Port Authorities at the port of discharge.

INSTRUCTIONS FOR SURVEY

In the event of loss or damage which may involve a claim under this insurance, immediate notice of such loss or damage should be given to and a survey report obtained from this Company's Office or Agents specified in this Policy or Certificate.

DOCUMENTATION OF CLAIMS

To enable claims to be dealt with promptly, the Assured or their Agents are advised to submit all available supporting documents without delay, including when applicable;

1. Original policy or certificate of insurance
2. Original or certified copy of shipping invoices, together with shipping specifi- cation and/or weight notes.
3. Original or certified copy of Bill of Lading and/or other contract of carriage.
4. Survey report or other documentary evidence to show the extent of the loss or damage.
5. Landing account and weight notes at port of discharge and final destination.
6. Correspondence exchanged with the carriers and other parties regarding their liability of the loss or damage.

In the event of loss or damage arising under this policy, no claims will be admitted unless a survey has been held with the approval of this company's office or Agents specified in the policy.

중요절차

보험자가 보상책임을 질 수 있는 멸실 또는 손상의 경우에 있어서의 중요절차

운송인, 수탁인 또는 기타 제3자의 책임

모든 경우에 있어서 손해의 방지와 경감을 위하여 합리적인 조치를 취하고 또한 운송인, 수탁인 또는 기타 제3자를 상대로 한 모든 권리가 적절히 보존되고 행사되도록 확실히 하는 것은 피보험자와 그 대리인의 의무이다. 특히 피보험자 또는 그 대리인은 다음과 같은 사항을 이행하여야 한다.;

1. 행방불명된 여하한 포장물품에 대하여 운송인, 항만당국 또는 수탁인에게 즉시 클레임을 청구할 것.
2. 서면의 해난보고서에 의한 경우를 제외하고, 화물이 불명한 상태에 있으면 어느 경우에도 무사고수취증을 교부하지 않을 것.
3. 컨테이너에 의하여 화물이 인도되는 경우, 컨테이너 및 그 봉인이 파손되거나 없어진 채로 컨테이너가 인도되거나 또는 선적서류에 기재된 것과 다른 봉인으로 컨테이너가 인도되는 경우에는 그에 따라 화물수취증에 사고를 기재할 것. 그리고 결함이 있거나 규격이 다른 모든 봉인은 추후 확인을 위하여 보존할 것.
4. 멸실이나 손상이 분명한 경우 운송인이나 기타 수탁인의 대리인들에게 즉시 손해사정을 의뢰할 것. 그리고 그러한 검정에서 발견된 실제 멸실이나 손상에 대하여 운송인 또는 기타 수탁인에게 클레임을 청구할 것.

5. 화물의 인수시 멸실이나 손상이 분명하지 않을 경우 인수후 3일이내에 운송인 또는 기타 수탁인에게 서면으로 통지할 것.

주의 : 수하인 또는 그 대리인에게 양하항에서의 항만당국 제규정을 숙지할 것을 권고한다.

손해조사를 위한 지침

이 보험하의 클레임에 포함될 수 있는 멸실이나 손상이 있는 경우에는 이 보험증권이나 보험증명서에 기재된 당회사의 사무소 또는 대리점에게 그러한 멸실이나 손상에 관하여 즉시 통지하여야 하고 그 사무소 또는 대리점으로부터 손해사정보고서를 확보하여야 한다.

클레임의 서류

클레임이 신속하게 처리될 수 있도록 피보험자나 그 대리인들이 적용 가능한 경우를 포함하여 다음과 같은 유효한 모든 구비서류들을 지체없이 제출할 것을 권고한다.

1. 보험증권의 원본 또는 보험증명서의 원본
2. 선적명세서 또는 중량증명서와 함께 선적송장의 원본 또는 인정사본
3. 선하증권이나 기타 운송계약서의 원본 또는 인정사본
4. 멸실이나 손상의 정도를 입증하는 손해검정보고서 또는 기타 증거서류
5. 양하항과 최종목적지에서의 양육보고서 및 중량증명서
6. 멸실이나 손상에 대한 운송인과 기타 관계자들의 책임에 관하여 그들과 교환한 서신

이 보험증권하에서 발생하는 멸실이나 손상의 경우, 이 보험증권에 기재된 당회사의 사무소 또는 대리점의 승인을 얻어 손해검정이 이루어지지 않는 한 어떠한 클레임도 인정되지 않는다.

제**5**장

피보험이익

제1절 피보험이익의 의의

1. 피보험이익의 의의

피보험이익은 손해보험계약의 특유한 요소로서, 이익 없으면 보험도 없다는 원칙과도 관련이 있는 개념이다. 우리 나라 상법(제888조)에서는 이를 '보험계약의 목적'이라 표현하고 금전으로 산정할 수 있는 이익으로 한정한다.

1806년 Lucena v. Craufurd에서 Lawrence 판사는 "물건의 멸실로 손해를 입게 되는 사람은 그 물건에 대하여 피보험이익을 가진다"라고 판시하였다. 그 후 보험계약에서 피보험이익의 개념을 인정하게 되었는데, 이것은 관계설과 이익설로 구분할 수 있다.

관계설이란 피보험이익을 "보험의 목적에 대하여 보험사고가 발생함으로써 피보험자가 손해를 입게 되는 경우에 그 목적에 대하여 피보험자가 가지는 경제적 이해관계"라고 하거나, "피보험자가 일정한 목적에 대하여 보험사고가 발생하면 손해를 입게 되는 경우에 피보험자와 그 목적과의 관계"라고 한다.

반면에, 이익설이란 피보험이익을 "보험사고가 발생하면 피보험자에게 재산적 손해를 일으키는 관계가 있기 때문에 사고가 발생하지 아니하는 동안에 그 피보험자는 경제적 이익을 가진다고 할 수 있으며, 피보험이익은 바로 이 경우에 피보험자가 보험의 목적에 대해 가지는 이익 또는 가치이다"라고 한다. 또 "피보험이익이란 객관적으로는 사고가 생기지 않는 경우의 재화의 속성으로서의 이익이고, 주관적으로는 구체적인 재화의 가치"라고 한다.

알아봅시다

◉ 영국해상보험법 제5조의 피보험이익 정의

Subject to the provisions of this Act, every person has an insurable interest who is interested in a marine adventure.

『이 법의 규정이 있는 경우를 제외하고, 해상사업에 이해관계가 있는 자는 모두 피보험이익을 갖는다.』

즉, 보험계약의 대상이 선박이나 적하와 같은 피보험목적물이지만, 보험계약의 목적은 이러한 보험목적물에 대한 특정인이 갖는 이해관계이다. 따라서 피보험이익은 보험계약의 목적이라 할 수 있으며 보험의 목적과는 그 개념이 전혀 다르다. 왜냐하면 보험의 목적은 보험사고 발생의 대상인 물건 또는 재산으로서 부보되는 경제상의 재화를 의미하기 때문이다.

2. 피보험이익의 대상

1) 화물(Goods)

일반상품, 수하물, 가재, 금, 은, 통화, 유가증권, 생물, 동물 등 운송의 대상이 되는 유체물(소유자로서의 피보험이익)을 말한다.

2) 제비용(Charges)

물품의 매입 수수료(Commission), 포장비(Packing Charges), 창고료(Storage), 검사료(Inspection Fee), 하역비(Stevedorage), 선적양육부선비(Lighterage), 운임(Freight), 해상보험료(Insurance Premium), 수출세(Export Duty), 영사증명료(Consular Fee)등 화물에 부수해서 지불되는 모든 비용, 이것들의 제비용은 화물의 가격(Prime Cost)에 가산해서 부보된다.

3) 희망이익(Expect Profit)

화물이 목적지에 무사히 도착하는 것에 의해 얻어지는 이익을 희망이익이라고 한다. 화물이 항해의 도중에 멸실 또는 손상을 입은 경우에 매수인은 희망이익의 전부 또는 일부를 잃게 되기 때문에 통상 화물의 원가에 상기 제비용과 함께 희망이익을 합산해서 적하보험으로 부보하지만 희망이익보험을 별도로 부보할 수도 있다. 예를 들면, 착선인도조건(Ex Ship)에 의한 화물의 매수인이 화물을 전매해서 이익을 얻으려고 하는 경우, 만일 항해 도중에 화물이 멸실된다든가 일부손상을 입으면 전매이익의 전부 또는 일부를 잃게 되기 때문에 그 이익금에 대해서 단독으로 부보할 수가 있다. 또한 매매계약의 중개대상 물건의 중개수수료에 대해서도 희망이익보험으로서 부보할 수 있다.

4) 증액(Increased Value)

화물이 도착지에 도착하기 전에 화물의 시가가 현저히 등귀한 경우에는 피보험자는 시가의 증액분에 대해서도 손해보상을 받을수 있도록 그 가격인상분을 증액보험으로서 별도로 부보할 수가 있다.

5) 수입세(Import Duty)

수입세는 화물이 수입지에 양하된 후에 부과되는 것이기 때문에 화물이 도중에 멸실한 경우는 원칙상으로는 이것을 지불할 의무가 없다. 그러나 해난 때문에 손해를 입고 수입지에 도착했을 때 종가세(Ad Valorem Duty)라면 문제가 없지만, 종량세(Specific Duty)를 물게 되는 화물에 대해서는 손상액 상당의 감세를 받지 못하게 되거나 때로는 아예 감세되지 않는 경우도 적지 않다.

또 종량세의 경우나 종가세의 경우 공히 수입신고전에 손상의 사실을 발견할 수 없을 때는 정품으로서 과세된다. 이러한 경우을 대비해서 수입세에 대해서도 보험에 가입하는 것이 필요하다.

수입세는 화물에 가산해서 부보할 수도 있는데 별개로 부보하는 것이 일반적이다.

6) 운임(Freight)

선불운임(Advanced Freight)은 원칙적으로 화물의 상업송장가액에 포함되어 있기 때문에 화물의 보험과 별개로 부보할 필요는 없다. 후불운임(Collectible Freight)의 경우에는 일견 부보할 필요가 없을 것 같이 생각되나 후불 운임에 관한 각국의 법률은 일정하지 않아, 운송 도중 화물이 멸실한 경우에 전혀 지불하지 않아도 되는 경우도 있지마는 운송거리에 따라 운임을 지불해야만 하는 때가 있을 뿐만 아니라 화물이 손상을 입어 목적지에 도착하는 경우는 가격이 감소했음에도 불구하고 운임을 전액 지불해야만 하는 수도 있다. 이러한 손해에 대비해서 적하보험과는 별개로 미필운임보험(Contingency Freight Insurance)을 부보하면 된다.

3. 피보험이익의 당사자

1) 보험목적물의 소유자

선박 · 적하 · 운임 등과 같은 보험목적물을 소유하거나 취득한 자는 그에 대한 피보험이익을 갖는다.

선주는 선박을 소유함으로써 선박, 운임, 선박보험료, 선비 등과 같은 선박이익(Hull interest)을 가진다.

하주는 화물에 대하여 소유이익을 가지는 당사자이다. 하주는 화물의 순가액, 적하보험료, 운임, 희망이익, 소멸가능이익과 불확정이익, 계반비용 등의 적하이익을 가진다.

용선자는 일반용선, 나용선, 용선료 등에 대해서 피보험이익을 가진다.

2) 보험목적물의 담보권자

보험목적물의 담보권자는 저당권자와 선취특권자가 있다. 선주가 자신의 선박을 저당잡히고 은행으로부터 융자를 받게 되면 은행은 선박에 대한 저당권자가 되고, 선취특권자는 법률이 정하는 특수한 채권을 가지는 자가 채무자의 재산에 관해 일반 채권자에 우선하여 채권을 변제받을 수 있는 자를 말한다.

3) 기타의 피보험이익 당사자

기타의 피보험이익 당사자로는 선장, 선원, 대리인, 운송인, 포획자, 압류자, 보험자 등이 있다.

4. 피보험이익의 기능

1) 경제적 기능

(1) 보험가액의 평가

보험가액이란 피보험이익을 경제적으로 평가한 가치를 말하며 그것은 보험계약자가 보험에 가입할 수 있는 보험목적물의 최고한도액을 말한다.

(2) 보험금액의 제한

보험금액은 피보험자가 보험가액의 범위 내에서 보험에 가입하는 금액을 말한다. 즉 보험금액은 피보험자가 가지고 있는 피보험이익(보험가액)을 초과하여 보험에 가입할 수 없는 것이다. 따라서 초과보험이나 중복보험은 배제된다.

(3) 보험금 산정의 기초

보험금은 보험의 목적물에 손해가 발생한 경우 보험자가 피보험자에게 지급하는 금액으로서 손해보상액을 의미한다. 보험금 지급방법에는 가액보상법보다는 비례보상의 원칙에 따르는 것이 일반적이다. 일부보험의 경우 보험자의 보상액은 "보험금액의 보험가액에 대한 비율"에 따라 결정된다.

2) 법적 기능

(1) 보험계약의 성립 및 효력발생

피보험이익이 없으면 보험 또한 존재하지 않는다. 피보험이익이 존재하므로 보험계약이 성립될 수 있고 그 효력 또한 발생할 수 있는 것이다.

(2) 도덕적 위험초래의 방지

보험계약자 혹은 피보험자가 고의적인 사고를 발생시킨다면 보험은 악용되고 범죄를 유발하는 사회악마저도 생길 수 있다. 그러므로 피보험이익의 존재는 보험의 도박화를 방지할 수 있다. 즉, 피보험자는 보험계약상 피보험이익을 가지고 보험자로부터 그 자신이 입은 손해액 이상으로는 보상받을 수 없으므로 인위적인 위험초래를 방지할 수 있다.

(3) 보험자의 책임범위의 결정

보험자는 피보험자가 보험계약상 가지는 피보험이익의 범위안에서 입증할 수 있는 손실을 한계로 하여 책임을 진다. 그러므로 피보험이익은 보험자의 책임범위를 정하는 표준이 되며 동시에 이 피보험이익이 결여될 때는 보험계약에 있어서의 손해보상청구권이 발생되지 않는다.

(4) 보험계약 동일성의 구별

보험계약의 동일성을 구별하는 표준은 보험을 붙인 재산 자체가 아닌, 그 피보험이익이다. 그러므로 동일한 목적물에 대하여도 동일인 또는 다수인이 그 경제적 이해관계가 다름에 따라 각각 독립한 보험계약을 체결할 수 있다. 그리고 보험계약이 동일하다고 하는 것은 동일한 목적물에 관하여 피보험이익과 보험사고가 동일한 경우에 그 당사자가 동일한 것을 말한다. 따라서 가령 다른 요건은 모두 동일하다 하더라도 피보험이익이 다르면 그 보험계약은 별개의 것이 된다.

5. 피보험이익의 존재시기

1) 일반적 시기(손해발생시 : at the time of loss)

영국해상보험법 제6조 1항에서는 피보험이익은 보험계약체결 당시에는 존재하지 않아도 좋으나 손해발생시에는 반드시 존재하여야 한다.

알아봅시다

◉ **When interest must attach**

(1) The assured must be interested in the subject-matter insured at the time of the loss though he need not be interested when the insurance is effected: Provided that where the subject-matter is insured 'lost or not lost,' the assured may recover although he may not have acquired his interest until after the loss, unless at the time of effecting the contract of insurance the assured was aware of the loss, and the insurer was not.

(2) Where the assured has no interest at the time of the loss, he cannot acquire interest by any act or election after he is aware of the loss.

(1) 피보험자는 보험계약 체결시에 보험의 목적에 대하여 이해관계를 가질 필요는 없으나 손해 발생시에는 보험의 목적에 대하여 이해관계를 가져야 한다.

다만 보험의 목적이 "멸실 여부에 불문하고(lost or not lost)" 라는 조건으로 부보된 경우에는 피보험자가 손해발생 이후에 피보험이익을 취득했다 하더라도 피보험자는 손해를 보험자로부터 보상받을 수 있다. 다만, 보험계약 체결시 피보험자가 손해 발생의 사실을 알고, 보험자가 이를 몰랐을 경우에는 보상받지 못한다.

(2) 피보험자가 손해발생시에 피보험이익을 갖지 못한 때에는 피보험자는 손해발생의 사실을 알고 난 후에 어떠한 행위나 선택에 의해서도 피보험이익을 취득할 수 없다.

2) 소급보상 경우의 시기(멸실여하를 불문한다 : lost or not lost)

일반적 시기의 예외 경우는 소급보상은 보험계약이 체결되기 전에 발생한 손해까지도 소급하여 보험자가 보상한다는 원칙이다.

보험계약체결시 보험목적물에 대한 확인이 어려울 경우 이 조건이 적합하다(FOB, CFR 조건일 경우, 보험목적물인 화물은 수출항의 창고나 본선상에 있지만 수입업자가 수입지 보험자와 계약체결을 한다). 그러나 피보험자에 의해 악용될 우려가 있으므로 보험계약 당사자 모두가 보험사고발생사실을 모르고 있는 경우에만 적용된다.

적하보험에 한해서는 소급보상의 원칙이 적용되기 때문에 보험사고 발생시 피보험이익이 없어도 보상받는다.

따라서 적하보험의 경우 피보험이익의 존재시기는 별 문제되지 않는다. 원칙적으로 피보험이익의 존재를 증명하는 시기는 보험사고가 발생한 때이다. 그러나 소급보상의 조건으로 계약체결된 경우 그러한 원칙이 적용되지 않는다.

6. 피보험이익의 분류

해상피보험이익은 선박·적하 등 특정한 보험의 목적이 해상사고로 인하여 경제적 손해를 입을 우려가 있는 보험의 목적과 피보험자 사이의 이해관계이므로 피보험자와 보험의 목적과의 이해관계의 발생이유 및 참여관계 여하에 따라 여러 가지로 분류할 수 있다. 그 중 일반적으로 분류되는 재산의 측면에서 대별하면, 적극적 재산에 관한 이익과 소극적 재산에 관한 이익으로 구분할 수 있다.

원래 적극적 재산 및 소극적 재산이라고 하는 개념은 부기학에서 사용되는 것인데, 부기학에서 자산과 관계되는 것은 적극적 재산이라고 하고, 부채와 관계되는 것은 소극적 재산이라고 하고 있다. 이러한 개념에 의해 해상보험에서 피보험이익의 분류를 시도한 것이 적극적 재산에 관한 이익과 소극적 재산에 관한 이익이다.

적극적 재산에 관한 피보험이익은 재산을 대상으로 하는 것이지만, 그 손해는 현재 소유하는 재산이 해상위험으로 인하여 멸실 또는 감소되거나 또는 장래에 재산을 취득할 기대 가능성이 해상위험으로 인하여 저지되는 것으로써 이해관계 발생이유에 따라 소유이익, 담보이익, 대상이익, 수익이익 등이 있다.

소극적 재산에 관한 피보험이익은 해상보험의 목적에는 참여하지 않고 해상위험의 발생 결과, 피보험자의 전재산으로부터 실제상 또는 법률상 불가피하게 지출되는 피보험자의 부채로서 손해배상책임부담 또는 비용지출의 형태로 나타나는 책임이익, 비용이익 등이 있다.

1) 적극적 재산에 관한 이익

(1) 소유이익

소유이익이란 보험의 소유권을 가지는 자의 이익을 말한다. 예를 들어 선주가 선박, 속구에 관하여 또 화주가 적하에 관해서 가지는 이익을 의미한다. 다만, 이러한 경우의 소유권은 사용, 수익, 처분권을 모두 포함하는 것은 아니고, 실질적으로 유체물을 처분하여 그 교환가치를 실현하는 처분권을 가리키는 것이기 때문에 소유이익을 처분이익이라고도 한다.

보험의 목적이 다른 물권 또는 채권에 의해 제한을 받지 않는 경우에 소유이익은 가장 명백하지만 만일 이러한 물권 또는 채권에 의해 제한을 받는 경우가 있더라도 소유권자가 소유이익을 잃는 것은 아니다. 예를 들면 보험의 목적인 선박에 저당권이 설정되어 있을 때 선주가 저당권에 의해 법률상 제한을 받고 있더라도 선주가 선박에 대하여 소유이익을 가지는 것은 전혀 문제가 되지 않는다. 이 경우 선주와 저당권자는 각각 고유의 피보험이익이 인정되며 하나의 보험의 목적에 서로 다른 이익이 병존하게 된다.

그러나, 보험의 목적의 소유자에게는 원칙적으로 소유이익이 인정되지만 소유자가 반드시 해당 보험의 목적에 소유이익을 가진다고 말할 수 없다. 보험의 목적의 위험부담은 그 소유자에게 귀속하는 것을 원칙으로 하지만 소유권이 위험부담과 동시에 이전되지 않는 경우가 있다.

FOB 조건과 CFR 조건의 경우 위험부담은 적하가 본선에 선적될 때 수출상으로부터 수입상에게 이전되는 것에 반해, 소유권은 선하증권을 포함한 선적서류와 교환하여 대금이 결제된 후에 이전되는 것으로 위험부담과 소유권은 동시에 이전되지 않는다. 이 경우에 위험부담자인 수입상이 그 적하에 대해서 가지는 피보험이익을 위험부담이익이라고 한다.

적하의 본선선적 이후 위험부담은 수입상에게 이전하는 것이지만 수입상의 운송화물 인수거절이나 대금지급불능 또는 대금지급거절에 대비하여 수출상은 미필이익보험(contingency insurance)을 이용하게 된다.

미필이익보험이라 함은 수입상이 어음의 인수·지급을 이행할 때까지 일단 수입상에게 이전되어 있던 적하의 위험부담을 다시 수출상에게 이전하여 수출상이 보험에 가입함으로써 이 기간 중에 발생하는 위험에 의한 손해를 보험자로부터 보상받는 것이다.

(2) 담보이익

담보이익이란 보험의 목적에 대해 질권, 저당권 등의 담보물권을 가지는 자가 채권의 변제를 확보하기 위하여 채무자의 선박·적하 기타 재산을 담보로 할 때에 담보권자가 이들 재산에 대하여 가지는 이익을 말한다. 예를 들면 선박을 담보로 하여 자금을 대부하여 준 금융기관은 채권액을 한도로 담보이익을 가지는 것이다.

담보권자의 채권이 물적 유한책임의 채무에 관한 담보이익을 가지는 경우, 예를 들면 항해 중에 공동해손손해나 해난구조가 행해졌을 경우에 화주 등은 구조된 적하를 근거로 공동해손분담금이나 구조분담액을 지급할 의무가 있다. 따라서 이 경우 화주는 물적 유한책임을 지는데 불과함으로 공동해손분담금 또는 구조료 분담액을 화주로부터 회수할 수 없는 위험에 대해서 손해를 입은 채권자는 이들의 채권액을 한도로 하여 담보이익을 가진다.

담보권자는 담보이익에 대하여 채권액을 한도로 단독으로 보험에 가입할 수 있지만 일반적으로 채무자인 보험의 목적의 소유권자가 가지는 보험금 청구권을 보험자의 동의를 구하여 담보권자에게 양도하는 방식을 취한다. 이런 방법으로 담보권자는 보험료의 지급을 면하기 때문에 그만큼 보험료를 절약할 수 있다. 그러나, 소유권자가 체결한 보험계약에 있어서 고지의무 위반 또는 보험료 지급 불이행으로 인하여 보험계약이 해지되는 경우가 있을 수 있기 때문에 이런 위험을 회피하기 위하여 담보권자가 직접 계약체결에 의해 보험적 보호를 받을 수 있다.

MIA에서도 '저당권자 또는 보험의 목적에 피보험이익을 가지는 기타의 자는 자신을 위하여 또는 이해관계를 가지는 타인을 위하여 피보험이익을 보험에 가입할 수 있다.' 라고 규정하고 있다.

(3) 사용이익

사용이익은 보험의 목적을 사용하는 자가 그 목적물을 사용함으로 생기는 경제적 이익에 관한 피보험이익을 말한다. 이것은 보험의 목적의 소유권이 사용자에게 귀속하는지 여부와 그 사용이 법률적 관계인가, 아니면 사실관계인가를 문제삼지 않는다. 보험의 목적에 소유자가 사용이익을 가지는 경우도 있을 수 있으나, 대개는 타인의 소유물을 사용하는 자의 이익을 말한다. 예를 들면 해상보험에서 선박임차인이 그 사용선박에 대하여 가지는 임차권의 이익이 가장 전형적인 사용이익이다.

(4) 수익이익

수익이익이란 보험의 목적으로부터 기대할 수 있는 수익을 대상으로 하는 이익이다. 수익이익은 보험의 목적의 소유자가 스스로 기대할 수 있는 경우와 타인의 소유물로부터 기대할 수 있는 경우로 두 가지가 있다.

예를 들면 전자에 속하는 수익이익으로는 선박소유자가 항해 완료 후 취득하는 운임이나 선박을 제3자에게 임대하고 그 대가로 받는 임대료, 또는 화주가 적하를 판매함으로써 기대할 수 있는 희망이익 등이다.

후자의 경우는 선박임차인, 하역업자, 중개인 등 타인의 소유물을 통해서 수익을 기대할 수 있는 것으로, 즉 선박임차인은 재운송계약에 의해 취득하는 운임, 하역업자는 적하의 하역완료 후 기대할 수 있는 하역운임, 중개인은 적하가 무사히 도달하는 것을 전제조건으로 하여 취득할 수 있는 보수수수료에 대하여 각각 수익이익을 가진다.

따라서 수익이익의 피보험자는 보험의 목적에 대하여 운송, 임대, 매매, 중개 등의 이해관계에 따라 운송임, 임대료, 희망이익, 보수수수료 등의 이익을 가질 수 있다.

(5) 대상이익

대상(代償)이익이란 투자적 지출로서 비용을 투입했음에도 불구하고 대상을 얻지 못한 일정비용에 대한 이익이다. 예를 들면 선주가 연료, 식료, 소모품의 구입비용, 선원의 급료, 선박보험료 등 선비를 지급했음에도 불구하고 해상위험의 발생으로 착불운임을 취득할 수 없었던 경우 또는 화주가 결정적 선불운임을 지출했음에도 불구하고 해상위험의 발생으로 희망이익을 얻을 수 없었던 경우에 이러한 선비와 선불운임에 대해 가지는 피보험이익이 대상이익이다.

그러나, 선비 및 결정적 선불운임은 대상이익으로서 별도로 보험에 부보할 수도 있지만, 실무적으로는 선박보험과 적하보험에 각각 포함되어 있다. 다만, 이러한 비용들은 사전에 결정되어 미리 지급되고 또 사고의 발생여부를 불문하고 지급된다는 점에서 해상위험의 발생에 의해서 사후적으로 지출되는 비용을 대상으로 하는 비용이익과는 구별된다.

2) 소극적 재산에 관한 이익

(1) 비용이익

비용이익이란 보험의 목적에 해상위험이 발생함으로써 피보험자가 지출하게 되는 비용에 대한 피보험이익을 말한다. 예를 들면 해난으로 인하여 불가피하게 지급하는 손해방지비용, 구조료, 손해조사비용, 환적을 필요로 하는 경우의 환적 제비용, 항해의 지연으로 추가로 지출되는 선원의 급료, 식료품, 연료 또는 전쟁이나 스트라이크 발생에 의해 추가로 지급해야 하는 항해비용 등의 피보험이익이 비용이익이다.

(2) 책임이익

책임이익이란 해상위험의 발생으로 인하여 피보험자가 제3자에게 손해를 가한 경우에 손해배상 및 일정한 급부를 부담해야 할 책임의 피보험이익을 말한다. 그 책임의 부담은 법률상의 책임인가, 계약상의 책임인가를 불문한다. 예를 들면 선박이 충돌한 경우 타선박의 선주 또는 화주에 대한 손해배상책임, 공동해손분담 책임의 피보험이익이 책임이익이다.

제2절 피보험이익의 요건

1. 합법성(적법성)

피보험이익은 위법한 것이어야 한다. 그러므로 선량한 풍속이나 그 밖의 사회질서에 어긋나는 사항을 내용으로 하는 것이라든가, 특정한 법률에 의하여 자유로운 사용이나 유통을 금지하고 있는 이익을 피보험이익으로 하였을 때에는 그 보험계약은 무효이다.

따라서 이러한 이익을 피보험이익으로 하여 보험계약을 체결하였을 때에는 보험료를 청구할 수 없으며, 또 일단 수령한 보험료는 가령 반대의 특약이 있는 경우라 하더라도 이를 반환할 필요가 없다.

피보험이익의 적법성은 당사자의 선의·악의를 묻지 않고 객관적인 표준에 따라 결정하여야 하고, 피보험자의 인적상태(능력·신분관계)와는 관계가 없다. 그러므로 피보험자가 전쟁개시로 적국인이 되더라도 사법관계에 속하는 범위에서는 보험계약의 효력에 영향을 미치지 않는다.

예를 들어 밀수품, 절도품, 수출금지품목은 적하보험 대상이 될 수 없다.

알아봅시다

◉ **MIA 제4조 제1항**

Avoidance of wagering or gaming contracts

『도박 또는 사행계약은 무효이다.』

Every contract of marine insurance by way of gaming or wagering is void.

『사행 또는 도박을 목적으로 하는 모든 해상보험계약은 무효이다.』

2. 경제성(산정이 가능한 경제적 이익)

피보험이익은 객관적으로 재산상의 가치를 가지고 있어야 하며 금전적으로 평가될 수 있는 경제적 이익이어야 한다. 여기서 경제적 이익이라 함은 법률상의 권리관계이든 사실상의 이해관계이든, 적극적 이해관계이든, 소극적 이해관계이든, 현재의 이익이든, 장래의 이익(희망이익)이든, 현실적으로 입은 손해이든, 상실한 이익이든 묻지 않는다.

알아봅시다

◉ 상법 제668조

『보험계약은 객관적 재산의 가치를 가지고 금전적으로 평가할 수 있는 이익에 한하여 보험계약의 목적으로 할 수 있다.』

1) 금전으로 산정할 수 있는 이익

"금전으로 산정할 수 있는 이익"이란 물건보험에 국한되는 것으로 보이나, 책임보험에 있어서도 피보험자의 제3자에 대한 손해배상책임과 관련하여 경제적인 이해관계가 있으므로 경제적인 이익을 물건보험의 피보험이익으로 국한시킬 것은 아니다. 따라서 보험사고가 발생하였을 때에 보험자가 지는 책임은 확실히 경제적인 가치가 있어야 하므로 그 책임을 통해서 충족되는 피보험이익도 경제적으로 평가할 수 있는 것이어야 함은 당연한 일이다. 그러므로 종교적·도덕적·정신적 이익 등은 피보험이익이 될 수 없다.

2) 사실상 이해관계의 경제성

보험의 목적에 대해 법률상의 관계를 가져야 하는 것은 아니므로 보험의 목적에 대해 소유권, 채권 등을 가진 자 뿐만 아니라 사실상의 이익을 가진 자도 피보험이익이 될 수 있다. 따라서 보험의 목적에 대해 소유권·채권·물권과 같은 법률상의 관계뿐만 아니라 화재로 인하여 영업불능으로 된 기간동안에 얻으리라는 희망이익과 같은 사실상의 관계도 경제상의 이익이 있으면 그것은 피보험이익으로 될 수 있다. 그러나 이러한 이익은 피보험자가 보험의 목적에 대하여 직접적으로 가지는 것이어야 하며, 간접적인 것은 포함되지 않는다고 풀이한다.

3) 객관적인 경제성

이익이 경제성을 가지면 주관적인 이익은 물론, 그것이 반드시 경제적인 용도에 사용되지 아니하는 것이라도 보험계약의 목적으로 할 수 있으며 또 그 이익이 적극·소극적인 것이든 상관없다. 즉, 보상하여야 할 손해가 현실적으로 생긴 것이든, 상실이익이든 묻지 않는다.

3. 확정성(확정하거나 또는 확정할 수 있는 이익)

피보험이익은 보험계약체결 당시에 그 존재가 사회통념상 객관적으로 "확정되어 있거나, 적어도 보험사고발생시까지는 객관적으로 확정될 수 있는 것"이어야 한다. 왜냐하면 보험사고발생시까지 피보험이익이 확정되지 않으면, 손해도 확정되지 않고 또한 보험자가 보상할 보험금도 확정될 수 없기 때문이다. 객관적으로 확정될 수 있는 이익도 피보험이익이 될 수 있다는 의미에서, 장래 창고에 입고할 물건을 위하여도 포괄적인 보험계약을 체결할 수도 있고(포괄보험), 또한 장래의 희망이익에 대하여도 보험계약을 체결할 수 있다. 또 수 개의 피보험이익 중에서 그 어느 하나에 대하여 선택적으로 또는 그 피보험이익의 귀속 주체가 미 확정인 채로 보험계약을 체결할 수도 있다. 이 경우에도 사고발생시 까지는 그것을 확정할 수 있어야 한다.

알아봅시다

◉ **영국해상보험법 제6조**

When interest must attach.

The assured must be interested in the subject-matter insured at the time of the loss though he need not be interested when the insurance is effected ; Where the assured has no interest at the time of the loss, he cannot acquire interest by any act or election after he is aware of the loss.

『이익이 귀속되어야 할 시기』

피보험자는 보험계약이 체결될 때 보험의 목적에 이해관계를 가질 필요는 없지만, 손해발생시에는 반드시 보험의 목적에 이해관계를 가져야 한다. 피보험자가 손해발생시 이익을 가지고 있지 않는 경우, 피보험자는 손해발생을 알고 난 후에는 어떠한 행위 또는 선택에 의해서도 이익을 취득할 수 없다.

제3절 피보험이익의 평가

1. 보험가액(insured amount)

보험가액(insured amount)은 보험사고가 발생하여 보험회사가 그 손해를 보상하기 위하여 피보험자에게 지급할 금액의 최고한도로서 보험계약을 체결할 때에 보험계약 당사자간에 합의하여 보험증권에 정하여 놓은 금액이다.

보험가액은 전보험기간을 통하여 보험자가 보상할 금액의 한도를 의미하는 경우와, 1회의 보험사고에 대하여 보험회사가 보상할 금액의 한도를 의미하는 두 가지 경우가 있다. 어느 경우에나 보험가입금액은 보험가액을 넘지 않는 범위 내에서 정하는 것이 원칙이다.

따라서 전부보험과 같이 보험가입금액이 보험가액과 동액으로 부보되는 경우에는 손해액에 대해 전액 보상된다. 일부보험과 같이 보험가입금액이 보험가액보다 낮은 경우에는 손해액에 대해 보험가입금액의 보험가액에 대한 비율로 보상된다. 그러나 초과보험과 같이 보험가입금액이 보험가액을 초과한 경우에는 초과부분에 대한 손해는 무효가 된다.

적하보험에서는 보험증권에 보험가액은 보험가입금액과 동액으로 협정한다라는 문언이 있다고 하더라도 CIF 가격조건에서는 희망이익 10%를 가산하여 보험가입금액으로서 청약하면 보험가액을 보험가입금액과 동액으로 인정하고 전부보험으로 인수하게 된다.

2. 보험금액(sum insured, insurance money)

보험금액(sum insured, insurance money)은 보험사고가 발생한 경우에 보험자가 책임을 부담하는 최고한도액으로서 보험계약에서 약정한 금액이다.

보험금액은 보험계약자가 보험계약을 체결할 때에 보험가액의 범위 내에서 임의로 설정할 수 있다. 그러므로 보험가액과 보험금액은 일치할 경우도 있고 일치하지 않을 경우도 있다.

보험사고가 발생한 경우에 보험자가 피보험자 내지는 보험수익자에 대하여 지급하는 실제의 금액을 보험금이라고 하고 있다. 보험금액과 보험금의 개념은 항상 동일하게 사용되기 때문에 구별하여야 할 이유는 없지만 부보금액과 확정금액의 차이를 나타내는 의미에서는 구별을 할 수 있다.

3. 보험가액과 보험금액의 평가

1) 전부보험(full insurance)

보험가액과 보험금액이 일치하는 경우로서 실손보상의 원칙이 적용된다. 이것이 일반적인 해상보험의 계약체결 방식이다.

계약을 체결할 때는 전부보험이었는데 물가의 등귀로 자연적으로 일부보험이 되는 경우도 있다. 당사자간에 보험가액이 협정되고 협정보험가액을 보험금액으로 하여 보험계약을 체결하면 전부보험이 된다.

전부보험에서는 보험자가 발생한 손해액을 보험가액의 범위내에서 전액 보상하기 때문에 이상적인 보험의 형태이다.

2) 일부보험(under insurance)

보험금액이 보험가액에 미달하는 경우를 의미하는데. 일부보험에서의 손해보상방법에는 두가지가 있다. 그 하나는 비례보상방법이며, 다른 하나는 일차위험담보(first loss insurance)이다.

비례보상의 원칙(principle of average)이 적용되는 실손보상방법은 전손인 경우에는 보험금액 전액을 지급하지만, 분손인 경우에는 아래 공식과 같이 보험금액의 보험가액에 대한 비율만큼 보상된다.

한편, 비례보상원칙을 적용하지 않고 특약에 의해 보험금액을 한도로 손해액을 보상하는 방식을 실손보상방식 또는 일차위험담보라고 한다. 이 경우 보험료는 비례보상방식보다 비싸다. 해상보험에서 일부보험으로 부보한 경우 보험목적물이 적하인 경우에는 비례보상방식이 적용되지 않지만 공동해손분담금, 구조비, 충돌배상책임손해 등에는 비례보상원칙이 적용된다.

3) 초과보험(over insurance)

초과보험이 성립되기 위해서는 첫째, 보험금액이 보험목적물의 평가액(보험가액)을 초과해야 하는데 계약기간동안 보험목적물의 평가액은 항상 변동하여야 한다. 둘째, 보험계약자에게 사기성이 없어야 한다.

즉, 초과보험이 피보험자의 악의 또는 중대한 과실에 의한 경우에는 보험계약 자체가 무효가 된다. 초과보험의 경우 계약당사자의 선의 또는 악의를 불문하고 초과부분에 대해서는 당연히 무효로 하고 있다. 그 이유는 보험의 도박화와 고의적인 보험사고를 방지하기 위해서이다.

4. 중복보험과 공동보험

1) 중복보험(double insurance)

보험은 항상 단일 보험자와 계약되는 것만은 아니다. 특히 선박보험의 경우에서는 선박의 가액이 크기 때문에 복수의 보험자가 서로 위험을 분담하는 경우가 많게 된다. 보험자가 복수인 경우를 공동보험(coinsurance)이라고 하나 동일 피보험이익에 대하여 복수의 보험계약이 존재하며 그 보험금액의 합계가 보험가액을 초과하는 경우에 이를 중복보험(double insurance)이라 한다.

중복보험은 복수의 계약이 피보험목적에 대하여 전반적으로 중복되어야 할 필요는 없으며 일부만 중복되어도 중복보험이 성립한다.

2) 공동보험(Co-insurance)

동일보험의 목적에 대하여 복수의 보험계약이 체결될 때 이들 합계 보험금액이 전부보험 내지 일부보험으로 되는 경우를 공동보험(co-insurance)이라고 한다. 즉 둘 이상의 보험자가 하나의 피보험이익의 일부를 담보할 때를 공동보험이라고 한다.

공동보험에서 각 보험자는 피보험자와 독립된 계약을 체결하고 자신이 인수한 금액에 대해서만 책임을 진다.

보험중개인이 보험을 인수하게 되면 동일한 피보험이익에 대하여 국내에서 많은 부분을 인수하도록 하고 나머지 부분에 대하여는 동일한 조건으로 해외보험시장에서 부보하게 한다. 이러한 때는 재보험과 유사한 형태를 가지지만 재보험과 공동보험은 근본적으로 차이가 있다. 즉 재보험자는 원보험자에게만 책임을 진다.

따라서 원보험자가 원피보험자에게 보상을 하지 않는 경우 원피보험자가 직접 재보험자에게 보상을 청구할 수 없다. 그런데 공동보험에서는 공동보험자가 피보험자로부터 직접 보상청구를 받는다. 따라서 공동보험자가 원보험자와 같은 입장이 된다.

제6장

해상보험료

제1절 해상보험료의 의의

1. 보험료의 의의

보험료(premium)는 보험자의 위험부담에 대한 대가로서 보험계약자가 보험자에게 지급하는 금전을 말한다. 보험료는 보통 보험계약체결시 확정되지만, 경우에 따라서는 계약체결 후에 협정되기도 한다. 또 당사자는 일정한 경우, 예를 들면 항해가 변경될 경우 추가보험료를 지급할 것을 협정하는 경우가 있다.

그 예로서 신ICC 제10조(항해변경약관)는 다음과 같이 규정하고 있다.

"이 보험의 개시후 목적지가 피보험자에 의하여 변경될 경우에는 보험자에게 지체없이 통지할 것을 조건으로 추후에 협정되어야 할 보험료 및 보험조건에 의하여 담보가 계속 된다."

그리고 피보험자가 보험료를 지급하여야 할 의무와 보험자가 보험증권을 발행 할 의무는 동시조건(同視條件)이므로 보험자가 보험료를 지급될 때까지는 보험증원을 발행할 의무가 없다.

한편 보험료의 보험금액에 대한 비율을 보험료율이라 하는데, 보험료율은 보통 보험금액에 대한 백분비(%)로 표시된다. 따라서, 예컨대 보험긍액이 US$ 5,000이고 보험료율이 0.64%라고 하면 보험료는 US$ 32(5,000×0.0064)가 된다.

2. 보험료의 구성

보험료는 순 보험료(net premium)와 부가보험료(loading premium)로 구성되며, 이를 합하여 영업보험료(office premium)또는 총 보험료(gross premium)라고 한다. 순 보험료는 장래의 보험금 지급에 충당할 금액이며, 보험 본래의 사명을 다하기 위하여 직접 필요한 금액이다. 따라서 이것은 확률을 기초로 해서 과학적으로 산정하지 않으면 안 된다.

한편 부가보험료는 보험사업을 경영하기 위한 사업비에 충당하는 금액으로서 순 보험료에 부가하여 보험계약자에게 부담시키기 때문에 "부가보험료"라고 한다.

제2절 보험료율의 종류

1. 자유요율과 협정요율

1) 자유요율

자유요율이란 보험자별로 독자적인 재량과 판단에 의해 보험계약자와 교섭하여 정해지는 요율을 말한다. 자유요율제도를 채택하고 있는 경우에는 보험회사에 보험료율을 조회하여 요율이 낮고 신용이 있는 회사와 보험계약을 체결하는 것이 바람직하다.

2) 협정요율

협정요율이란 보험회사 상호간에 자발적인 협약에 의해 협정된 요율(사적 협정요율) 또는 법령에 따라 소정의 방식으로 산정하여 정부로부터 인가받은 요율(공적 협정요율)을 말한다.

우리 나라의 경우는 종래 오랫동안 협정요율체제를 유지하여 왔으나, 보험산업의 효율적인 경영과 경쟁력강화를 통해 보험계약자를 위한 서비스를 확충하고자 보험요율의 자유화를 추진해 왔다.

그 결과 선박보험은 1996년 4월 1일부터, 그리고 적하보험은 1997년 4월 1일부터 제한적이긴 하지만 자유요율제도를 채택하고 있다.

2. 전쟁 및 동맹파업위험의 보험요율

영문 해상적하보험에 의한 담보위험은 해상위험과 전쟁위험(동맹파업위험 포함)으로 대별할 수가 있는데, 해상위험과 전쟁위험의 보험료율은 별도의 관점에서 산정되고 있다. 전쟁위험은 인위적·돌발적으로 발생하고, 또 일단 발생하면 손해가 거대하게 될 가능성이 있어 세계적인 규모에서 파악하여야 한다.

따라서 전쟁위험의 보험료율은 각국에서 개별적으로 산정하지 않고, 세계 각국 모두 영국의 전쟁위험보험요율위원회가 작성·공표하는 전쟁 및 동맹파업위험요율표를 그대로 적용하고 있다.

3. 선박의 보험요율

선박보험의 보험요율을 결정할 때에 기본적으로 어려운 점은 첫째, 선박보험은 화재보험 또는 적하보험과 비교할 때 계약건수가 적은 반면에 1건당 보험가액은 매우 크며, 둘째, 보험금액의 대소가 보험요율에 영향을 미친다는 점으로서 선박보험에 있어서는 특히 큰 영향을 미친다.

따라서 보험요율산출에 있어서 기본원칙이 되는 "대수의 법칙(大數의 法則)이 적용되기 어려우며 그 결과 선박보험의 손해율이 불안정하게 되고, 보험회사의 수익성을 불안하게 만든다.

4. 최저보험료

보험료는 보험금액에 대한 비율로 계산되지만, 이렇게 산출된 보험료가 지나치게 적은 경우에는 보험증권의 발행 등에 소요되는 계약 1건당 최소한의 필요경비를 충당할 수 없다. 따라서 계약 건당 최저보험료를 정해 두고, 만약 산출된 실제 보험료가 최저보험료에 미달하는 경우에는 최저보험료가 적용된다.

제3절 해상보험료율의 산정

1. 보험요율의 의의

보험금을 지불하는 보험사고의 발생율 및 사고가 일어난 경우에 지불되는 보험금이 증대하는 만큼 보험요율은 높아진다.

보험자는 이 보험요율을 적절하게 산출하기 위해 과거의 자료에 비추어 보아 계약의 위험도를 측정하는데, 다음과 같은 요소를 감안하여 보험요율을 결정한다.

2. 보험요율의 산정 원칙

1) 적정성

보험요율은 보험자가 손해보상을 할 수 있고, 보험사업을 운영할 수 있을 만큼 충분해야 하나 지나치게 과도해서는 안 된다.

보험료는 손해보상을 위한 기금이면서 보험사업의 경비이므로 보험자가 자신이 약속한 손해보상을 이행할 수 있을 만큼 충분해야 하며, 보험료는 보험자가 보험계약을 인수하고 이를 관리하는데 필요한 경비로 지출할 수 있을 만큼 충분해야 한다. 또한 영리보험일 경우에는 보험자에게 적정한 이윤도 보장해야 한다.

하지만 충분성을 고려한 나머지 보험요율이 지나치게 높게 책정되면 보험사업의 경쟁력이 떨어진다.

2) 안정성

보험요율이 자주 변동하게 되면 피보험자들은 보험요율이 낮을 때 집중적으로 보험계약을 체결하고, 보험요율이 오를 것으로 예상되면 보험계약의 체결을 미루게 되어 무보험상태가 되므로 보험요율은 산정되면 일정기간 변경되어서는 안 된다.

3) 공평성

보험자는 보험요율을 산정할 때 위험을 여러 가지 기준으로 분류하여 구분한다. 동일집단에 속하는 위험이면 같은 수준의 보험요율이 부과되어야 하고, 위험의 정도가 뚜렷하게 다르다면 보험요율도 차별적으로 부과되어야 한다.

3. 보험요율의 산정 요소

1) 보험조건

보험조건(담보위험과 보상의 범위)을 확대하면 그 만큼 보험자가 부담하는 위험도는 증가하기 때문에 보험요율도 거기에 비례해 높아진다.

따라서, 이 보험조건과 보험요율의 관계를 고려한 후 화물의 성질에 합치한 조건이면서도 채산이 맞는 조건으로 하는 것이 필요하다.

더구나 화물의 종류에 따라서는 인수할 수 없는 보험조건도 있고 설령 인수했더라도 극히 높은 보험요율이 되는 경우도 있기 때문에 주의해야 한다.

2) 화물의 종류와 성질

적하보험의 대상이 되는 화물은 다양하기 때문에 어느 특정한 손해가 발생하는 위험도 일률적으로는 예측되지 않고 그 화물의 종류 · 성질에 따라 달라지게 된다. 예를 들면 유리제품이나 정밀기계등은 일반화물에 비해 수송중의 충격에 약하기 때문에 파손이 일어날 가능성이 크다고 할 수 있고, 철광석은 비에 젖어도 거기에 따른 손해는 거의 없는데 비해 설탕이 비에 젖으면 큰 손해를 입게 된다.

3) 화물의 포장상태

산적된 화학비료는 밀봉된 경우에 비해 부족손해가 생기기 쉽고 같은 밀봉화물이라도 2~3중의 종이봉지에 넣은 것과, 5~6중의 종이 봉지에 넣은 다음 다시 폴리에치렌 포장을 하는 것은 포장의 파손에 의한 부족손의 정도가 상당히 달라지기 때문에 포장상태의 좋고 나쁨도 중대한 요율산정요소가 된다.

4) 화물의 적부방법

갑판적된 화학약품이나 목재등의 화물은 악천후 조우시에 파도에 휩쓸릴 위험이 있고 항상 풍우에 노출되어 있기 때문에 일반적으로 선창내에 선저고딘 하물보다도 인수조건이 좁고 요율도 높게 된다. 선창내에 선적된 경우라도 적부방법이 부적절하면 무너지기 쉽고 인접한 적부화물이 새기쉬운 액체화물인 경우에는 오손을 입을 염려가 커진다.

5) 운송용구(적재선박)

하주의 귀중한 화물을 운송하는 선박의 상태는 요율산정에 있어 가장 중요한 요소가 된다. 즉, 노령선박에 화물을 선적하여 충돌이나 좌초사고가 발생하면 전손이 될 위험성이 극히 커진다. 한편, 신조선박으로 정평이 있는 일류선박회사가 운항하는 선박일 경우 선박의 보수·관리가 확실하기 때문에 화물의 운송이 안전하게 행해지게 된다.

따라서 적하보험인수에 있어서는 통상 선령, 선급, 선적, 총톤수에 따라 위험도를 측정하고 경우에 따라 할증보험료를 받는 경우도 있다. 즉, 보험자가 보험요율을 산정할 경우 운송선박이 협회선급약관(Institute Classification Clause)에 규정된 적격선박 "Approved Vessel"인 것을 전제로 하고 있기 때문에 이 이외의 선박 선적에 대해서는 할증보험료를 받게 된다.

협회선급약관에 규정된 "Approved Vessel"이라는 것은 ① 기계력에 의한 자항능력을 지니는 철선일 것, ② Lloyd's Register … 100Al or B, S.,, Korean Register …KRS 1, Nippon Kaiji Kyokai …NS*등의 10대 선급가운데 하나를 취득할 것, ③ 선령이 15년 이하인 것, ④ Liner(약관에 인정기준이 있음)의 경우는 선령 15년을 넘어도 좋지만 25년 이하의 요건을 충족시키는 선박을 말한다.

다만, ① 용선된 선박(Chartered Vessel), ② 총톤수 1,000톤 미만의 선박은 정기선(Liner)이라도 선령 15년 이하가 아니면 "Approved Vessel"로서 인정되지 않는다.

적재선박에 관한 할증보험료에는 통상 다음과 같은 것이 있지만 이들에 대한 추가 보험료(A.P.)는 원칙적으로 런던보험시장의 규정에 준해서 결정되고 있다.

① 노령선 할증(선령 16년이상의 선박에 대한 A.P.)

② 무선급선 할증(소정의 선급을 취득하지 않은 선박에 대한 A.P.)

③ 소형선 할증(총통수 1,000톤 미만의 선박에 대한 A.P.)

④ 특수선 할증("기계력에 의한 자항능력을 지닌 강철선"이외의 선박에 대한 A.P.)

6) 운송구간, 계절

태풍, 싸이클론의 진로에 해당하는 해역이나 몬순 등에 의해 악천후 조우가 예상되는 해역, 또는 좌초가 빈발하는 해역을 항해할 경우에는 해상 사고가 발생하기 쉽고, 태풍 등은 계절에 따라 발생정도가 다르기 때문에 운송구간, 계절, 출항일도 위험측정의 요소가 된다.

그 밖의 일반적으로 출발항 · 도착항의 항만상태, 환적의 횟수 · 방법, 도착지의 제사정(정치 · 사회정세, 도난위험의 정도, 접속육상운송의 방법, 기상조건 등)을 고려하여 보험을 인수한다.

7) 손해율(Loss Ratio)

과거에 해당계약과 동종의 하물, 동지역 도착지, 동종의 적재선박을 실제로 어느 정도의 사고가 발생했는가를 아는것이 요율산정에 불가결한 요소의 하나이다.

지급보험금의 수입보험료에 댛나 비율을 손해율(Loss Ratio)이라고 하는데, 보험회사는 이 손해율을 근거로 현재의 제사정의 변화를 감안하여 해당계약의 위험도를 측정한다.

8) 환적 여부

운송 도중 다른 선박에 환적(transhipment: T/S)을 하면 파손 등의 위험이 따르게 되므로 할증보험료를 부가한다.

제7장

고지의 의무

제1절 고지의 의무 개요

1. 고지의무의 의의

고지의무란 보험계약자 또는 피보험자가 보험계약 체결당시에 보험자에 대하여 중요한 사실을 고지하고 그 중요한 사실에 대하여 부실고지를 하지 아니할 의무를 말한다.

보험계약의 체결시 보험자는 위험을 인수할 것이냐, 또 인수한다면 그 보험료율을 어떻게 정할 것이냐를 결정하기 위하여 위험(risk)에 대한 정확한 평가를 하여야 한다.

이를 위하여 보험계약자 또는 피보험자는 보험자에게 보험사고발생의 가능성(위험)을 측정하는데 중요한 사항(예컨대 화재보험의 경우는 가옥의 구조, 소재 등, 생명보험의 경우는 피보험자의 기왕병, 현재병의 유무, 건강의 정도 등, 자동차책임보험의 경우는 자동차의 사용목적, 성상 등)에 관하여 완전하고 올바르게 진실을 알릴 것이 요구된다.

위와 같이 보험계약자나 피보험자가 보험자에게 보험사고 발생의 가능성을 측정하는데 중요한 사항을 완전하고 정확하게 알리는 것이 고지주의이다.

MIA 제18조 (1)에서도 피보험자는 보험계약이 체결되기 이전에 자기가 알고 있는 '모든 중요한 사항'을 보험자에게 고지할 것을 피보험자의 의무로 규정하고 있다.

2. 고지의무의 성질

고지의무는 보험단체 내지는 위험단체의 이익을 위하여 보험자가 선택할 위험의 판정에 협력할 의무이므로 보험계약자는 보험계약의 당시에 중요한 사항을 고지하여야 하며, 그리고 보험자는 이 고지에 기하여 혹은 계약의 내용을 정하고 또는 계약을 체결할 것인가 아닌가를 결정하는 것이므로 이 의무 자체는 계약체결전의 것이고 계약상의 의무는 아니며, 보험자의 위험측정상의 편의를 고려한 법률의 규정(상법 제651조)에 근거한다.

그런데 상법 제651조는 직접적으로 고지의무의 존재를 규정하고 있는 것이 아니라, 다만 보험계약자가 고지의무에 위반하면 보험자는 계약을 해지할 수 있다고만 규정할 뿐이므로 보험계약자가 이 의무를 위반하는 때에는 단지 계약이 해지된다고 하는 불이익을 받을 뿐 보험계약자에게 중요한 사항을 고지할 법률상의 의무가 있는 것은 아니다. 환언하면, 중요사항을 고지한다는 것은 의무의 대상은 아니며, 보험계약자 형식적 직접적으로는 그러한 의무를 부담하고 있지 아니하다.

따라서 보험자의 (취소권)해지권의 행사에 대하여 자기의 계약을 완전히 하려고 한다면 중요사항을 고지하지 않으면 아니된다고 하는 관계에 있을 뿐이다.

그리고 고지의무는 보험계약성립전에 특히 보험계약자 등이 지는 것이므로 계약성립 후 계약의 효과로서 발생하는 위험변경·증가의 통지의무(상법 제652조)와는 구별하여야 한다.

3. 고지의무의 당사자

고지의무의 당사자는 피보험자, 보험계약자 또는 피보험자의 대리인이 된다. 피보험자와 보험계약자는 대부분의 경우 동일인이지만, 제3자를 위한 보험(insurance for the third party)과 같이 동일인이 아닌 경우에는 보험계약자가 고지의무의 당사자가 된다. 만약 보험계약이 피보험자의 대리인에 의해 체결될 경우에는 그 대리인이 고지의무의 당사자이다.

우리 나라 상법 제651조에서는 고지의무자로 보험계약자와 피보험자를 규정하고 있으며, 보험계약자가 복수인 경우에는 모두 고지의무자가 되나, 동일의 고지사항에 대하여는 그 중의 한 사람이 고지하면 타보험계약자가 중복해서 고지할 필요는 없다.

대리인에 의해서 보험계약을 체결하는 경우에는 그 대리인도 보험계약자와 동일한 정도로 고지의무를 부담한다.

MIA는 고지의무자를 피보험자에 한정시키고 있다. 즉, 영법의 경우는 타인을 위한 보험계약을 인정하지 않고 있어 보험계약자의 개념이 존재하지 않기 때문에 고지의무자를 피보험자로 한정시키고 있는 것이다.

또한 MIA에서는 해상보험계약은 최대선의의 계약이고, 이 신의칙은 단순히 피보험자에게만 요구되는 것은 아니고 보험자에게도 요구되어야 한다는 근거에서 보험자에게도 고지의무를 부담시키고 있다.

제2절 고지사항

1. 고지사항

위험측정에 대하여 중요한 사실을 고지해야 하는 보험계약자측의 의무는 보험계약의 목적에 직접적인 관계가 있는 사실에만 한정되지 않는다. 실무상 보험자들이 위험의 인수여부 및 인수조건을 결정하는데 있어서 신중한 보험자의 판단에 영향을 미칠 것으로 추정되는 일체의 사실은 중요한 사실이다.

중요한 사실에 대해 MIA 제18조 2항에서는 “신중한 보험자가 보험료를 정하거나 위험의 인수여부를 결정하는데 있어서 그 판단에 영향을 미치는 모든 사항은 중요한 사실이다.” 라고 규정하고 있다.

또한 Ivamy는 보험자의 판단에 중요한 영향을 미치는 사실로, ① 보험의 목적이 담보위험에 의해 통상 수준 이상의 위험에 노출되어 있음을 암시하는 모든 사실, ② 피보험자가 어떤 특별한 동기에 의해 청약했음을 암시하는 모든 사실, ③ 보험자의 책임이 예상보다 클 것으로 보여지는 모든 사실, ④ 도덕적 위험에 관한 모든 사실 및 보험자가 중요한 사실이라고 간주할 것으로 피보험자가 생각하는 모든 사실이라고 규정한 바 있다.

예를 들면 선적할 선박의 명칭 및 결함내용, 출항일자, 항로, 선창 혹은 갑판적재, 환적여부, 적하의 포장상태, 위험시기, 위험지역, 화물의 취급시 주의를 요하는 사항 즉 휘발성물질, 폭약, 도자기 및 유리제품, 채소 · 과일 등 부패하기 쉬운 물품 등 위험의 정도나 성질에 영향을 미칠 수 있는 사실은 중요사실이다.

이러한 사실은 보험계약자가 보험청약서를 통하여 고지하는 것이 일반적이며 청약서에 질문되지 않는 사항이라도 보험계약자가 중요하다고 판단되는 사항은 청약서 여백에 기재하여야 한다.

MIA에 의하면 피보험자는 계약체결에 즈음하여 자기가 알고 있는 모든 중요한 사실 및 통상의 업무 수행상 당연히 알고 있을 것으로 추정되는 모든 중요한 사실을 고지할 의무가 있다.

1) 피보험자가 알고 있는 사실

피보험자는 자기가 실제로 알고 있는 모든 중요한 사실을 보험자에게 고지할 의무가 있다. 청약된 보험계약에 대하여 특수한 사실은 통상적으로 그 사실을 확인할 위치에 있지 않은 보험자로서는 알 수가 없으며, 이들 사실의 대부분은 단지 보험청약자만이 알고 있다. 따라서 청약자는 은폐에 의하여 보험자를 오도해서는 안되며, 보험자가 그 위험을 정당하게 평가할 수 있도록 협조해야 한다.

2) 피보험자가 알고 있을 것으로 추정되는 사실

고지의무는 피보험자가 실제로 알고 있는 사실에만 한정하여 적용되는 것은 아니다. 그것은 피보험자가 통상적인 업무수행상 알아야 할 모든 중요한 사실에도 적용되기 때문에 이런 사실을 피보험자가 몰랐다는 점을 이유로 하여 불고지가 허용되지 않는다. 물론 피보험자가 어떤 결정적인 시점에 있어서 몰랐던 사실 또는 알고 있었을 것으로 추정할 수 없는 사실에 대해서까지 피보험자가 고지할 필요는 없다. 그러나, 피보험자가 상당한 조사를 했더라면 그 사실을 발견할 수 있었을 경우에는 이러한 조사를 게을리 하여 불고지가 행해졌다면 고지의무의 위반이 성립된다.

3) 해상보험에 있어서 고지해야 할 중요한 사항

(1) 적하보험

① 갑판적재(단, 상관습에 따라 화물의 갑판적재가 용인되고 있는 경우에는 고지할 필요가 없다. 또한 갑판적재 화물에 대해 보험자가 면책되는 경우에는 고지할 필요는 없다)
② 화물이 보험자 책임개시 전에 이미 손상을 입을 가능성이 있는 여러 가지 사실
③ 화물이 본선에 적재될 때 부선을 사용한 사실

(2) 선박보험

① 선박의 성질
② 선급 및 선령
③ 선박이 손상을 입은 사실(단, 보험계약 체결 전에 입은 손상의 수선을 완

료할 때에는 손상으로 입은 수선을 완료했다는 사실은 중요한 사항은 아니다)

④ 선박의 국적

⑤ 항해개시의 시기(항해개시 시기는 보험청약서의 기재사항이고, 중요사실로 간주되기 때문에 만약 보험계약체결 후 상당기간이 지나 항해개시가 예정되고 있는 경우에는 그 시기를 고지하여야 한다).

2. 고지가 필요 없는 사항

MIA 제18조 3항에 의하면 고지할 필요가 없는 사실을 다음과 같이 규정하고 있다.

1) 위험을 감소시키는 일체의 사항

위험을 감소시키는 일체의 사항은 고지할 필요가 없는데, 이는 피보험자측이 부담하는 고지의 의무는 보험자의 보호를 목적으로 하기 때문에 위험을 감소시키는 사실을 고지하지 않았다는 이유로 그 보험계약을 취소할 권리를 보험자에게 주는 것은 불합리하기 때문이다.

예를 들면 해난에 대비하여 어떤 설비가 되어 있다는 사실, 또는 장래에 보다 위험이 적은 항로를 취항할 예정 등의 사실이다.

2) 보험자가 알고 있거나 또는 알고 있는 것으로 추정되는 일체의 사항

보험자가 알고 있거나 또는 알고 있는 것으로 추정되는 일체의 사항으로 특정국의 통상규칙, 계약상 통상적 약관, 일반 상관습에 포함되는 사실은 보험자에게 고지할 필요가 없다. 예를 들면 보험증권에 기재된 선적항에서의 적하 적재방식, 목적항에서의 적하 양륙방식, 갑판적재시의 무역관습, 거래분야의 일반적 성질 및 사정 등이다.

3) 보험자가 그 사실에 관하여 알아야 할 권리를 포기한 일체의 사항

보험자가 그 사실에 관하여 알아야 할 권리를 포기한 사항으로, 예를 들면 선박이 소급약관(lost or not lost clause)으로 " -에 있어 및 그 곳으로부터 (at and from)"의 조건으로 부보된 경우 보험계약이 체결되기 전에 선박이 실제로 출항한 사실을 고지할 필요가 없다.

4) 명시담보 또는 묵시담보가 있기 때문에 고지할 필요가 없는 일체의 사항

담보에 의해 고지할 필요가 없는 일체의 사항으로 선박의 항해보험에는 내항성에 대한 사항은 묵시담보조건이기 때문에 선박의 불내항성에 대하여 고지할 필요가 없다. 왜냐하면 이러한 불내항성은 고지의 유무를 불문하고 그로 인한 손해에 대해서는 묵시담보 위반으로 보험자의 면책이 되기 때문이다. 즉, MIA 제39조 1항에는 "항해보험에서는 항해 개시시 부보된 특정 해상사업의 수행을 위하여 선박의 내항성에 대한 묵시담보가 있다."라고 규정하고 있다. 그러나 선박의 기간보험의 경우에는 선박의 내항성에 대한 묵시담보가 없다. 따라서, 보험계약의 효력 시점에 반드시 선박에 관한 중요한 사항을 고지하여야 한다.

적하보험에서는 구약관 ICC 제8조 내항성 담보약관 및 신약관 제5조 불내항과 부적합 면책약관에 선박의 내항성이 담보된 것으로 전제하기 때문에 고지할 필요가 없다.

3. 부실고지(Misrepresentation)

영국해상보험법(MIA ; 1906) 제20조 1항에는 "보험계약이 체결되기 이전이나 계약의 교섭중에 피보험자나 그 대리인이 보험자에 한 일체의 중요한 고지는 진실한 것이어야 한다. 만일 그것이 부실한 것이라면 보험자는 계약을 취소할 수 있다"라는 규정이 있다.

고지는 피보험자에 의하여 자발적으로 행해지거나 또는 보험자가 피보험자에 대하여 질문에 답하는 것으로 이루어지지만, 피보험자가 중요한 사항을 고의적으로 알리지 않는 경우에는 은폐(Concealment)라고 하고, 실수로 알리지 않는 때를 불고지(Non-disclousure)라고 한다.

은폐이든 불고지이든 그 결과는 피보자가 중요한 사실을 알리지 않은 것이므로 모두 고지의무 위반에 해당된다. 그리고 고지는 진실성 있게 표시되어야 하는데 그렇지 못한 경우를 부실고지라 한다. 즉, 부실고지는 피보험자가 중요한 사실을 알릴 때 허위로 알리는 경우를 말하며 고지의무 위반에 해당된다.

제3절 고지의 시기와 방법

1. 고지의 시기

고지의무는 계약체결의 교섭 중이나 계약의 성립 전까지 계속되고 계약의 성립시점에서 종료된다. 계약의 성립시기에 대하여는 피보험자측의 청약이 보험자에 의하여 승낙된 시점에서 성립된 것으로 추정되고, 이 시점에서 보험증권이 정식으로 발행되었는지의 여부는 불문한다. 청약이 승낙된 시점을 증명하기 위하여는 보험청약서, 보험인수증 및 기타의 관습적인 계약각서 등을 인용할 수 있다.

소급보험(retrospective insurance)에 있어서 고지의무는 계약의 효력발생시점에서 뿐만 아니라 실제로 계약이 체결된 시점에서도 발생한다.

또한 재보험계약을 체결하는 경우의 고지의무의 시기는 원수보험계약의 체결시점이 아니고 재보험계약을 체결하는 시점이 된다.

이와 같이 고지의무는 보험계약의 체결에 즈음하여 발생되기 때문에 계약체결 후에 발생되는 사건에 대해서는 영향을 받지 않는다.

하지만 고지의무의 시기가 확장되는 경우가 있다. 당사자가 보험증권이 실제로 피보험자에게 교부될 때까지는 보험회사의 책임이 개시하지 않는다는 취지의 합의를 하는 경우에는 보험자의 책임이 개시되기 전, 즉 보험증권이 교부되기 전까지, 보험증권에 보험회사의 책임이 1차보험료의 수령시까지는 개시되지 않는다는 조항이 포함되어 있는 경우에는 1차보험료의 지급시까지 보험계약자가 고지의무를 부담한다.

2. 고지의 방법

고지의 방법에 대해서는 MIA에서 별다른 제한을 두지 않고 있다. 그러나 고지는 정확하게 표시되어야 하기 때문에 피보험자는 자기가 알고 있는 사항을 구두나 서면으로 진실되게 표시해야 한다.

현재는 보험계약청약서를 이용하여 중요한 사실을 고지한다. 보험계약청약서에는 보험자가 알고 싶어하는 내용이 질문형식으로 인쇄되어 있기 때문에 그 질문에 답하는 것이 고지하는 결과가 된다.

제4절 고지의무의 이행과 보험계약

1. 보험계약체결전의 고지의무

허위로 내용을 고지한 경우에는 보험계약의 효력에 두 가지의 영향을 준다. 허위로 고지한 내용이 보험계약내용에 중대한 영향을 주는 것이라면 보험자가 계약을 해제 또는 해지 할 수 있다. 그런데 허위로 고지한 내용이 보험계약내용에 중대한 영향을 주지 않는 것이라면 계약은 유효하다. 사실의 표시를 한 경우나 의견의 표시를 한 경우에도 이와 동일한 법적 효력을 갖는다.

보험계약을 체결할 당시에 보험계약자 또는 피보험자가 고의 또는 중대한 과실로 인하여 중요한 사항을 고지하지 아니하거나 부실의 고지를 한 때에는 보험자는 그 사실을 안 날로부터 1월 내에, 계약을 체결한 날로부터 3년 내에 한하여 계약을 해지할 수 있다. 이 기간을 가쟁기간(可爭期間)이라고 한다. 가쟁기간이 지나면 보험자는 임의로 계약을 해지할 수 없다. 그러나 보험자가 보험계약을 체결할 당시에 그 사실을 알았거나 중대한 과실로 인하여 알지 못한 때에는 그러하지 아니하다. 보험자가 서면으로 질문한 사항은 중요한 사항으로 추정한다.

2. 보험계약체결후의 고지의무

보험계약을 체결한 후에 보험계약자 또는 피보험자가 사고발생의 위험이 현저하게 변경 또는 증가된 사실을 안 때에는 지체없이 보험자에게 통지하여야 한다. 이를 해태한 때에는 보험자는 그 사실을 안 날로부터 1월 내에 한하여 계약을 해지할 수 있다. 보험자가 위험의 변경 또는 증가의 통지를 받은 때에는 1월내에 보험료의 증액을 청구하거나 계약을 해지할 수 있다.

보험기간중에 보험계약자, 피보험자 또는 보험수익자의 고의 또는 중대한 과실로 인하여 사고발생의 위험이 현저하게 감소 또는 증가된 때에는 보험자는 그 사실을 안 날부터 1월내에 보험료의 증액을 청구하거나 계약을 해지할 수 있다. 보험자가 파산선고를 받은 때에는 보험계약자는 계약을 해지할 수 있다. 해지하지 아니한 보험계약은 파산선고 후 3월을 경과한 때에는 그 효력을 잃는다.

제5절 고지의 위반과 효과

1. 고지의무의 위반 요건

고지의무의 위반 요건에 대해서는 MIA에서는 객관적 요건만 충족되면 고지의무 위반이 성립되지만, 우리 나라 상법에서는 객관적 요건과 아울러 주관적 요건도 함께 충족되어야만 고지의무 위반이 성립된다. 피보험자측의 불고지 또는 부실고지에 대한 입증책임은 1차적으로 고지의무의 위반을 주장하는 보험자측에 있다.

1) 객관적 요건

중요한 사실에 관한 고지의무자의 불고지 또는 부실고지가 있어야 한다. 불고지(Non-disclosure)란 중요한 사실을 알고 있으면서 알리지 않은 것(묵비한 것)을 말하며 부실고지(Misrepresentation)란 사실과 달리 진술한 것(허위진술)을 말한다.

예를 들어 통상 화물이 나무상자에 포장되어 운송되었는데 만약 이번에는 마분지상자에 포장하고 이러한 사실을 알리지 않았다면 이것은 불고지에 해당된다. 그리고 얇은 마분지상자의 포장을 튼튼한 수출용 상자에 포장했다고 진술하는 것은 부실고지에 해당된다.

2) 주관적 요건

불고지 또는 부실고지가 고지의무자의 고의 또는 중대한 과실로 인해 이루어져야 한다. 여기서 고의란 해를 끼칠 의도가 아니라 고지사실에 대해 알고 있음을 의미한다.

따라서 '고의'로 인한 위반이란 ① 어떤 사실의 존재뿐만 아니라 ② 그 사실의 중요성과 고지하여야 한다는 당위성에 관한 인식을 하면서 묵비를 하거나 허위진술을 한 것을 말한다.

'중대한 과실'이란 고지의무자가 조금만 주의하였더라면 그 사실의 중요성과 고지의 당위성에 관하여 알았을 것인데 부주의로 묵비 또는 허위진술한 것을 말하며 사실의 존재자체에 대해서 알지 못함은 중과실이 될 수 없다고 본다.

왜냐하면 중과실로 인한 "사실의 부지(不知)"의 경우도 고지의무위반이 된다면 보험계약자에게 알고 있는 사실에 관한 고지의무뿐만 아니라 사실의 탐지의무까지 부담시키는 가혹한 결과가 되기 때문이다.

2. 고지의무 위반의 효과

1) 영법상의 효과

피보험자측이 중요사실을 고지하지 않거나 부실로 고지하는 경우 보험자에게 보험계약의 취소권이 부여된다. 보험자의 계약취소권은 포기될 수 있으며, 계약이 취소되면 보험계약은 처음부터 무효로 된다.

따라서 계약성립 후 피보험자가 지급한 보험료는 사기의 경우를 제외하고는 반환 받을 수 있으며 보험자가 이미 지급한 보험금에 대하여도 반환청구를 할 수 있음은 물론, 고지의무 위반 이전에 발생된 손해에 대하여도 보험금을 지급할 필요가 없다.

2) 상법상의 효과

고지의무의 위반이 있을 때는 보험사고의 발생 전후를 불문하고 보험자는 보험계약을 해지할 수 있다. 해지의 효력은 장래에 대하여 발생하고 소급효과가 인정되지 않기 때문에 보험자는 이미 수령한 보험료를 반환할 필요가 없을 뿐만 아니라 오히려 미수보험료까지도 보험료불가분의 원칙에 의하여 청구할 수 있다.

그리고 보험사고가 발생한 후에 계약을 해지한 때에는 보험자는 보험금을 지급할 책임이 없고 이미 지급한 보험금은 그 반환을 청구할 수 있지만, 보험계약자가 중요 사실이 위험의 발생과 인과관계가 없다는 것을 증명한 때에는 보험금을 청구할 수 있고 또 이미 지급 받은 보험금의 반환을 거절할 수 있다.

3) 손해배상

1967년 부실고지법(Misrepresentation Act, 1967)에서는 보통법상의 사기적 부실고지에 대한 손해배상책임의 부과와 마찬가지로 계약체결 이전에 이루어진 과실에 의한 부실고지에 대한 손해배상책임을 부과하면서 과실이 없었음에 대한 입증책임을 고지자에게 부과시키고 있다.

원래 보통법상 일반적으로는 당사자의 사기 또는 선의의 부실고지에 의해 계약을 체결하게 된 상대방은 계약을 취소할 수 있고 사기의 경우는 또 불법행위법상의 손해배상을 청구할 수 있으나 선의의 부실고지는 전통적으로 불법행위를 구성하지 않는 것으로 보았기 때문에 손해배상청구의 대상이 되지 않았다.

그러나, 시대의 경과와 함께 선의의 부실고지의 경우라도 손해배상청구권은 없으나 손실보상청구권의 행사에 의한 피해자의 원상회복, 즉 손실보상에 의한 금전적 회복은 가능한 것으로 발전되었다.

제8장

담보(Warranty)

제1절 담보(Warranty)의 의의

1. 담보의 의의

보험에서 담보(warranty)란 피보험자가 특정한 일을 행하거나 행하지 않을 것, 또는 특정한 조건을 구비하거나 특정한 사실 상태의 존재를 긍정, 부정하는 약속사항을 말하며 보험인수의 조건을 가리킨다.

담보에 있어서 보험계약자나 피보험자의 진술사항은 절대적인 것이어야 하며, 담보되어진 사항은 문자 그대로 위험 측정상 중요한 것이냐 그렇지 않느냐 또는 보험계약자의 진술이 선의의 것이냐 그렇지 않느냐를 불문하고 충족되어야 한다.

2. 담보의 필요성

담보는 보험자에게 있어서 보험계약이 지니고 있는 특징을 확실히 하기 위한 안전장치(safety valve)로서, 중요한 진술사항이 보험자에게 고지되는 경우 중요한 진술사항의 기록으로서 담보의 형태로 계약에 삽입되는 것이다.

즉, 보험계약이 최대선의에 기초한 계약이며, 피보험자는 고지의무에 따라 중요한 모든 사항을 고려하여 진술하게 되지만, 실제로 보험자측에서 고지의무위반 또는 부실고지가 있었다는 것을 증명하기란 대단히 어려운 것이다.

따라서 보험자는 피보험자가 반드시 이행하거나 충족하여야 할 사항을 명시담보로서 명시하여 안전장치를 마련할 필요성이 있다.

제2절 담보의 종류

담보는 보험증권에 명시되는지의 여부에 따라서 명시담보(express warranty)와 묵시담보(implied warranty)로 분류된다.

명시담보는 당사자의 합의에 의하여 보험증권에 명시하는 약정으로서 계약은 그 약정의 문자대로 반드시 지켜졌을 때에 비로소 유효하게 되는 조건이며, 묵시담보는 보험증권에 명시되지는 않지만 당사자에 의하여 양해된 보험계약상의 묵시적 조건으로 보험계약의 성질상 필연적으로 내재하는 요소로서 해상보험계약 전반에 걸쳐 절대적으로 계약을 지배하는 효력을 가진다.

MIA에서는 명시담보와 묵시담보의 분류를 엄격히 구분하여 규정하고 있다.

1. 명시담보(Express Warranty)

1) 명시담보의 의의

명시담보는 보험증권의 본문(body), 난외(margin), 혹은 여백(foot)을 불문하고 보험증권면에 기입하든가 또는 보험증권에 결합된 형태의 특정서류에 피보험자가 특정의 일을 행하거나 혹은 행하지 않거나 또는 특정의 조건을 구비하는 것을 보증하거나 또는 특정의 사실의 존재 · 부존재를 확약하는 진술 또는 약속으로 보험증권에 명시되어진 담보를 말한다. 명시담보에는 다음과 같다.

2) 명시담보의 종류

(1) 협회담보(Institute Warranty)

기간보험의 경우는 전보험기간 또는 일정기간, 일정한 지리적 범위 내로 선박운항을 제한하거나 일정한 항해 또는 해역을 제외시키는 담보가 설정되는 것이 일반적이다. 항해를 제한하는 대부분의 조항은 협회담보(Institute Warranty)에 속하는데, 그 내용은 주로 연중 내내 또는 일정기간 동안에 일정한 지역의 항해를 금지하고 있다. 이러한 협회담보가 엄격한 의미에서 담보인가의 여부는 보험증권의 해석문제라고 할 수 있다.

(2) 중립담보(warranty of neutrality)

중립담보란 선박과 적하를 불문하고 보험의 목적이 보험자가 인수한 위험이 개시되었을 때에 중립성을 가지는 것을 명시의 보험조건으로 하는 담보이다. 즉, 선박이 전시에 교전국 소속의 것이 아니라는 것, 또는 봉쇄지역을 운행하거나 그곳을 침입하지 않을 것, 또는 적하가 전시금지품이 아닐 것 등을 담보하는 것이다.

(3) 안전담보(warranty or good safety)

안전담보란 보험의 목적이 특정일에 무사하거나 안전할 것(well or in good safety)을 명시의 보험조건으로 하는 담보를 말한다. MIA에서는 안전담보에 관하여 보험의 목적이 특정일에 무사 또는 안전하다는 사실이 담보된 경우에는 특정일 중의 특정시각에 보험의 목적이 안전하면 충분한 것으로 규정하고 있다.

(4) 선비담보(Disbursement Warranty)

선비담보는 선박보험에 추가하여 선비를 부보할 때 선비의 부보금액을 선박보험금액의 일정비율(25%) 이상을 넘지 못하도록 정한 담보를 말한다.

(5) 항해담보(Institute Warranty)

항해담보는 선박이 운항을 할 수 없는 지역을 명시한 담보를 말한다.

2. 묵시담보(Implied Warranty)

1) 묵시담보의 의의

묵시담보란 명시적인 형식을 취하지 않더라도 해상보험계약 체결의 행위 자체로부터 묵시적으로 보증된 담보를 말한다. 즉, 묵시담보는 엄격하게 충족되어야 할 성질의 계약내용으로서 그 위반으로 인하여 보험자가 손해를 입었든, 입지 않았든 또는 담보의 대상이 위험과 중요한 관계를 가지고 있든, 아니하든 일단 묵시담보의 위반이 발생하면 보험자는 선택에 의해 보험계약을 취소할 수 있다. 또한 묵시담보는 명시담보와 동일한 효력을 가진다.

묵시담보는 계약당사자가 현실적으로 합의한 것이 아니며, 또한 그렇게 할 필요도 없으며, 합의하였다고 추정될 필요도 없다. 또한, 묵시담보는 보험증권에 명시된 것도 아니며 계약체결의 행위 그 자체로부터 계약내용의 하나라는 법률의 일반원칙에 기인하여 창조되고 계약에 삽입되어 있다는 점에서 명시담보와 구별된다. 묵시담보의 종류는 다음과 같다.

2) 묵시담보의 종류

(1) 내항능력담보(warranty of seaworthiness; 감항능력담보)

내항능력담보(warranty of seaworthiness)란 선박보험이나 적하보험을 불문하고 일체의 항해보험에 대하여 선박이 위험 개시시에 항해 또는 항구 내의 위험에 견딜 수 있는 담보를 말한다.

MIA에서는 피보험항해에서 우연히 조우하는 통상의 해상위험에 대하여 모든 면에서 견딜 수 있는 능력으로 정의하고 있다. 즉 내항능력에 관한 일반적인 요건으로서 Gow는 ① 선박의 구조가 동질의 선박과 동일한 정도로 견고할 것 ② 선박의 속구가 품질 및 수량면에서 완전히 갖추어져 있을 것 ③ 적격의 선장 및 승무원을 충분히 승선시킬 것 ④ 충분한 식량을 구비할 것 ⑤ 적하를 과적하지 않을 것 ⑥ 충분한 연료를 갖출 것 등을 들고 있다.

(2) 적법담보(warranty of legality)

적법담보(warranty of legality)란 위험 개시시에 항해사업이 적법해야 하며 피보험자가 사정을 지배할 수 있는 한 보험기간을 통해 적법 상태가 지속되어야 한다는 담보를 말한다. MIA 제41조에서는 적법담보를 다음과 같이 규정하고 있다. 즉, "보험에 부보된 항해사업이 적법한 항해사업이고 또 피보험자가 사정을 지배할 수 있는 한 그 항해사업이 적법한 방법으로 수행되어야 한다고 하는 묵시담보가 있다."

적법담보의 내용은 두 가지로서, 하나는 피보험항해가 위법이 아닐 것, 즉 밀무역 또는 교전국에 대한 통상이 아니어야 하며 또 하나는 피보험항해를 적법하게 수행할 것, 즉 항해금지구역을 항해하지 않아야 하며 출항전에 반드시 출항허가를 받아야 한다는 것이다.

제3절 담보의 위반

1. 담보의 위반

1) 담보위반의 의의

담보는 중요성 불문의 원칙(principle of non-materiality)에 따라 위험에 대하여 중요하든 중요하지 아니하든 정확하게 충족되어야 하며 이것이 정확하게 충족되지 않으면 보험증권에 별도의 규정이 없는 한 보험자는 담보위반의 시점으로부터 책임이 면제된다.

피보험자가 담보를 위반하게 되면 그 시점부터 보험계약은 무효가 되기 때문에 그 이후에 발생하는 손해에 대해서는 보험자는 아무런 책임이 없다. 즉, 담보위반시점부터 보험자의 위험부담책임이 면제되는 것을 의미한다. 만약에 담보를 위반한 사실과 손해와의 사이에 전혀 인과관계가 없다 하더라도 담보위반 이후에 발생하는 손해에 대해서 보험자는 면책이 된다.

그러나 담보위반이 발생한 경우 자동적으로 그 계약이 종료하는 것은 아니다. 위반의 결과에 대하여 법률적 효력을 부여할 것이냐 안 할 것이냐의 여부는 보험자의 선택에 달려 있고, 보험자는 담보위반에 대한 권리를 포기할 수도 있다.

즉, 담보위반에 대하여 영국해상보험법(MIA; 1906)에서는 보험자는 담보위반의 시점부터 책임을 면제하는 것으로 규정하고 있어 보험자에게 보험계약의 해지권을 인정하고 있다는 것이다. 보험계약의 해지권은 미래의 계약부분에 대해서 효력이 발생하는 것이기 때문에 해지권을 행사하기 전의 계약은 유효하다.

2) 담보위반의 효력

보험자는 담보위반시점 이후의 보험사고에 대해서는 면책이 되지만 그 이전에 발생한 손해에 대해서는 책임이 잇다. 그리고 담보위반시점까지의 보험료는 계약의 유효성에 따라 피보험자에게 반환되지 않는다.

또한 담보위반에 대한 입증책임은 원칙적으로 그것을 주장하는 보험자측에 있다. 보험자는 피보험자가 담보를 위반했다는 사실을 입증해야만 자신의 책임을 면할 수 있다.

2. 담보위반의 허용

해상보험 실무상 낮은 보험요율을 유지하기 위하여 담보가 보험증권에 삽입되어 있는 경우에 보험자는 담보위반에 대하여 적절한 추가보험료를 징수하고 보험자의 책임을 계속 유지하는 것이 보편적으로 인정되고 있다.

그러나 담보위반이 발생하였음에도 계속 허용되는 경우도 있는데 영국해상보험법(MIA; 1906)에서는 ① 사정의 변경으로 담보가 계약에 적합하지 않을 경우, ② 담보를 충족하는 것이 그 이후의 법률에 의하여 위법이 될 경우, ③ 담보위반이 보험자에 의하여 묵인될 경우에는 예외로 담보위반을 허용하고 있다.

또한, MIA에서는 "선의의 당사자가 알 수 없는 담보위반이 있었던 경우에는 보험자는 그 선의의 당사자에 대하여 권리를 행사하지 않을 것을 보험계약으로 합의할 수 있다"라고 규정하고 있다.

제4절 담보와 고지와의 관계

1. 담보와 고지의 차이점

담보와 고지는 보험자의 위험측정과 관련한 법적인 기능면에서 유사하지만 그 효과면에서 명확하게 구별된다.

1) 담보와 고지에 대한 법적인 차이점

담보는 위험측정을 용이하게 하는 하나의 안전장치로서 피보험자에게 특정사항의 존부 또는 피보험자가 이행하거나 충족시켜야 할 사항을 명시하여 담보시킨 것이다. 이에 반하여 고지는 위험측정의 기초가 되는 중요한 사실 또는 사정에 관하여 보험계약체결에 즈음하여 고지의무에 의하여 보험자에게 행하는 구두 또는 서면에 의한 진술이다.

즉, 담보와 고지는 보험자의 보험계약체결의 여부 또는 위험측정의 판단에 관련하는 것으로서, 그 중 담보는 계약의 요소로 당사자가 합의한 계약의 일부를 구성하지만 고지는 계약성립시 또는 그 이전에 이루어진 진술로서 계약의 일부를 구성하지 않는다.

2) 담보와 고지에 대한 형식상의 차이점

고지로서의 효과를 갖기 위해서는 계약의 체결에 즈음하여 행해질 것을 요하며 별도의 합의가 없는 한 고지내용은 보험증권상의 조항으로 기입되지 않는다. 이 점에 있어 고지와 담보는 형식상의 차이점을 가진다.

즉, 고지는 구두나 서면에 의하여 할 수 있으며 보험증권상에 기재할 필요가 없는데 비하여, 담보는 항상 서면에 의해 행해지고 또는 보험증권에 기재되든가 또는 인용에 의하여 보험증권에 포함되어야 한다.

3) 담보와 고지에 대한 효과상의 차이점

담보는 문자대로 엄격하게 충족되지 않는 한, 보험자는 계약상의 책임을 부담하지 않는다. 왜냐하면 담보의 내용이 이와 같이 충족되지 않는 경우에는 명시적 약속에 대한 위반이 성립되기 때문이다.

만일, 고지가 없었더라면 보험자가 위험을 낮게 평가함으로써 보험자가 훨씬 용이하게 위험을 인수했을 것으로 예상되는 어떤 사실의 존재 및 상태에 대한 진술이라는 정의로부터 다음의 결론이 도출된다. 즉, 고지가 신중한 보험자의 판단에 영향을 미칠 것이라고 합리적으로 추정되는 사실은 중요한 사실이며, 이러한 사실을 고지하여야 한다.

그러나 고지내용은 보험증권상에 기입되지 않기 때문에 담보의 경우처럼 고지내용은 엄격하고 문자대로 충족될 필요는 없다. 즉, 고지내용은 실질적으로만(substantially) 충족되면 충분하기 때문에 피보험자가 진실이라고 고지한 내용을 보험증권면에 기재하지 않았다는 사실은 피보험자가 이에 엄격하게 구속될 의사가 없다는 것이다.

따라서 사기가 없는 경우에 보험계약을 취소할 수 있는 효과를 갖는 것은 중요한 사실에 대한 부실고지뿐이다. 이 점에 있어서 고지와 명시적 담보와는 구별된다. 즉, 담보의 경우는 담보된 사실의 중요성 여부와는 관계없이 어떤 사실이 현재 또는 장래에 담보되어 있느냐가 중요한 문제이다. 만일 그것이 담보되어 있다면 그 사실이 위험에 대하여 아무리 중요하지 않더라도, 그리고 그 사실의 존재 또는 부존재가 보험요율의 산정과 관련하여 보험자의 판단에 영향을 미치는 바가 아무리 사소하다 하더라도 담보에 관한 중요성 불문의 원칙(principle of non-materiality)에 따라 담보된 사실은 문자대로 엄격하게 충족되어야 한다.

이에 비하여 고지의 부실은 그 부실하게 고지된 사실이 중요하지 않는 한 보험계약의 효력에 대하여 하등의 영향을 미치지 않는다.

2. 담보위반과 고지의무위반의 차이점

담보위반은 그 내용이 중요하든 그렇지 않든 간에 무조건 보험계약이 해지될 수 있지만, 고지의무 위반은 위반한 사실이 반드시 중요한 사항이어야 보험계약이 취소된다.

담보위반에 따라 보험계약은 무효가 될 수 있지만 해지시점 이후부터이다. 이에 반하여 고지의무의 위반은 전보험계약이 무효가 된다. 따라서 담보를 위반 했을 경우에는 보험료는 일부 반환이 될 수 있지만, 고지의무를 위반했을 경우에는 전보험계약이 무효가 되기 때문에 보험료는 전부 반환되어야 하는 차이점이 있다.

제 III 편

해상위험과 해상손해의 이해

제9장

해상위험

제1절 해상위험의 개념

1. 해상위험의 의의

해상보험의 대상이 되는 위험(피보험위험)은 해상위험이다. 해상보험계약은 보험자가 피보험자에게 계약에 의하여 합의된 방법과 범위 내에서 해상손해 즉, 항해사업과 관련하여 발생하는 손해를 보상할 것을 확약하는 손해보험계약이다. 따라서 위험이 없으면 손해도 있을 수 없으며 보상도 있을 수 없다. 그러므로 해상보험은 결국 운송 중에 발생 가능한 위험을 전제로 한 것이다.

우리 나라 상법 제693조는 해상보험계약은 '해상사업에 관한 사고'로 인하여 생길 손해의 보상을 목적으로 한다는 뜻을 규정하고 있다.

알아봅시다

◉ 영국 해상보험법 제3조

Maritime perils Means the perils consequent on, or incidental to, the navigation of the sea, that is to say, perils of the seas, fire, war perils, pirates, roves, thieves, captures, seizures, restraints, and detainments of princes and peoples, jettisons, barratry, and any other perils, either of the like kind or which may be designated by the policy.

『해상위험이란 해상의 항해에 기인하거나 부수 하는 위험, 즉 해상고유의 위험, 화재, 전쟁위험, 해적, 표도, 강도, 포획, 나포, 군주 및 인민의 억류 또는 억지, 투하, 선원의 악행 및 상기와 동일종류의 위험 또는 보험증권에 기재된 기타 일체의 위험을 의미한다.』

따라서 우리 나라 상법이나 영국 해상보험법은 해상보험에 있어서 보험사고는 해상사업에 관한 모든 사고로서 침몰·좌초 등 해상 고유의 사고뿐 아니라 화재·폭발·도난 등도 포함하며, 더 나아가 해상사업에 부수하는 육상이나 내수로 항해에 관한 사고도 포함하고 있다.

한편, 해상보험계약상 위험의 의미는 첫째, 해상사고발생의 가능성으로서의 위험, 둘째, 손해의 원인인 보험사고로서의 위험, 셋째, 보험사정 또는 위험상태로서의 위험, 넷째, 보험책임으로서의 위험 등으로 사용되고 있다.

2. 해상위험의 요건

보험자가 보상하기 위해서는 위험은 다음의 요건을 갖추어야 한다.

1) 위험의 손해성

보험자는 담보위험에 의한 손해를 보상함으로 위험은 손해의 위험이어야 한다.

2) 위험발생의 우연성

즉, 불가피하거나, 필연적이거나, 이미 발생한 위험, 고의적 위험은 보험대상이 되지 않는다. 여기서 우연적 사고란 첫째, 사고의 발생여부가 불확실하고, 둘째, 사고의 발생시기가 불확실하고, 셋째, 사고의 발생형태가 불확실한 사고를 말한다.

3) 위험의 비장래성

과거의 사고라도 보험계약체결시 그 발생이 확정되어 있는 사실 또는 이미 발생하고 있는 사실을 계약당사자가 모르고 있는 한 사고는 위험이다. 소급보험에서 보험자의 책임이 과거로 소급하기 때문에 과거의 사고가 위험이 될 수 있음은 중요한 사실이며 과거의 사고가 위험일 수 있다는 전제에서만이 소급보험의 필요가 발생한다.

4) 위험의 비불가항력성

위험은 반드시 불가항력적인 사건이어야 할 필요성은 없다.

3. 해상위험의 범위

해상위험은 해상구간에서 발생하는 위험만을 지칭하는 것이 아니라 항해사업에 부수하여 발생하는 위험이다. 따라서 해상위험의 범위는 해상고유의 위험에다 항해와 관련되는 내수 및 육상위험도 포함된다.

일반적으로 보험자가 담보되는 해상위험의 범위는 보험계약을 체결시에 확정되어 보험증권상에 나타나며 보험증권상에 기재된 항로나 기간이외의 구간에서 발생한 위험(예 : 이로나 항해변경)은 그 보험에서 해상위험이 될 수 없다.

제2절 해상위험의 종류와 원칙

1. 해상위험의 종류

1) 해상고유의 위험(perils of the seas)

해상고유의 위험은 바다의 작용을 원인으로 해서 해상에서 발생하는 우발적인 사고의 원인을 말한다. 대표적인 해상고유의 위험은 침몰(sinking), 좌초(stranding), 충돌(collision)이 있는데, 이를 “SSC 위험” 이라고 한다.

(1) 침몰(sinking) 및 전복

침몰은 선박이 부력을 상실하고 수중에 가라앉아 항해가 불가능한 상태를 말하는데, 이는 우연적으로 발생한 것이어야 하며 초과적재나 선박의 불내항 등에 의한 침몰은 제외된다.

한편, 침몰은 심해에서 구조불능의 침몰인 심몰(foundering: 전실전손으로 인정)과 천해에서 구조 가능한 침몰인 천몰(submersion : 추정전손으로 인정되며 위부행사가능)로 구분된다. 또한 전복은 해상에서 선박이 뒤집히는 위험을 말한다.

(2) 좌초(stranding) 및 교사(grounding)

좌초는 선박이 암초나 그 밖의 견고한 물체에 얹혀 일정기간 진퇴가 불가능한 상태를 말하며, 교사는 모래나 진흙 등과 같이 견고치 않은 물체에 걸쳐 일정기간 진퇴가 불능인 상태를 말하는데, 영미법에서는 이를 구분하지 않고 혼용하여 사용하고 있다.

한편, 좌초와 비슷한 의미로 촉초(touch and go)가 있는데, 이는 선박이 암초 등의 물체에 얹혔다가 항진하는 힘에 의하여 저절로 이초(refloating)하는 것으로 해상고유의 위험에는 속하지 않는다.

촉초가 좌초로 되기 위한 조건은 15~20분 이상 정지된 상태로 있어야 한다.

(3) 충돌(collision, running down)

해상위험에서의 충돌은 협의의 개념과 광의의 개념으로 구분된다. 협의의 충돌은 선박과 타 선박간의 충돌만을 의미하는 것으로 로이즈 보험증권상의 충돌을 지칭한다. 광의의 충돌은 선박과 타 선박간의 충돌 뿐 아니라 난파물, 암벽 등의 일체의 다른 물체(물은 제외, 얼음은 포함)와 직접적으로 접촉하는 것을 말한다.

한편, 충돌은 그 원인에 따라 과실에 기인하는 충돌과 무과실에 기인하는 충돌로 구분되는데, 전자는 일방과실에 의한 충돌과 쌍방과실에 의한 충돌로 구분되며, 후자는 불가항력에 의한 충돌, 원인불명의 충돌로 구분된다.

(4) 풍파의 이례적인 작용과 악천후(heavy weather)

해상고유의 위험에는 해상에서 발생하는 풍파의 이례적인 작용(extraordinary actions of winds and waves)이 속하며, 황천인 악천후도 속한다. 특히, 악천후는 화물의 해수침손이나 갑판적화물의 풍랑유실 및 악천후에 의한 곰팡이 손해 등이 속하며, ICC(A)나 ICC(B)는 보상되지만, ICC(C)조건은 담보되지 않는다.

그러나 피보험목적물의 고유의 하자 또는 성질을 근인으로 하는 멸실이나 손상은 보상되지 않는다. 여기에는 ① 야채나 과실의 부패, 곡물의 변질 ② 곡물의 곰팡이(mildew)나 금속의 녹(rust) ③ 동물의 자연사 ④ 자연발화 및 자연폭발 ⑤ 쥐 및 벌레에 의한 손해 등이 해당한다.

2) 해상위험

(1) 화재(fire)

화재는 로이즈증권이든 ICC 협회적하약관 이든 모두 보상되는 위험이다. 다만, 화재의 원인이 자연발화나 피보험목적물의 고유의 하자 또는 성질을 근인으로 하는 멸실 혹은 손상의 경우에는 보상되지 아니한다. 그러나 화염에 의한 소실, 화재에 의한 연기나 열에 의한 손해 및 소화주 수에 의한 손해와 폭발과 낙뢰도 동종제한의 원칙에 따라 담보된다.

(2) 투하(jettisons)

투하는 선장이 다수의 이익을 위하여 현실적으로 공동의 중대한 위험에 직면하여 임의로 화물을 바다에 던지는 행위로 가장 전형적인 공동해손에 속한다. 그러나 투하라 하더라도 화물이 부패하거나 화물고유의 하자로 인한 투하는 로이즈증권에서 보상되지 않는다.

(3) 선장 또는 선원의 악행(barratry of master or mariner)

여기에는 선장 또는 선원이 고의적으로(wilfully), 의도적으로(intentionally) 선주 또는 용선자에게 행하는 모든 비행이 속한다.

예를 들어 선박을 밀수목적으로 사용하거나 방화, 고의적인 좌초, 침몰, 천공, 고의적인 이로, 선박을 갖고 도주하는 행위, 사기의 목적을 가지고 화물을 매각 처분이 해당한다. 물론 고의가 아닌 단순과실은 악행으로 인정되지 않으며, 주로 선박보험의 경우에 발생한다.

(4) 해적행위(pirates)나 표도(rovers)

해적행위는 법률상 권한이 없이 자기 이익을 위해 해상에서 타인의 선박을 탈취하는 것을 말하며, 표도는 약탈물을 구하려고 해상을 배회하는 자로 해적행위와 동의어이다. 이 위험은 ICC(A)에서는 담보되지만 ICC(B)나 ICC(C)에서는 담보되지 않는다.

옛날에는 이러한 위험들이 해상운송 중 만날 수 있는 가장 중요한 위험이었으나, 오늘날에는 선박이 대형화되어 극동해안을 제외하고는 거의 보기 힘든 위험이 되었다.

(5) 강도(thieves)

강도는 화물감독자가 습격을 받아 화물을 강탈당하는 것으로 폭력을 동반한 습격을 의미한다. 따라서 은밀한 절도나 승선자의 절도는 여기에 해당하지 않는다. 이 위험은 ICC(A)에서는 담보되지만 ICC(B)나 ICC(C)에서는 담보되지 않는다. 따라서 보험자로부터 이를 담보받기 위해서는 부보시에 도난, 발하, 불착약관(TPND:theft, pilferage and non-delivery clause)을 특약해야 한다.

3) 전쟁위험(war perils)

전쟁위험에는 군함(men-of war), 외적(enemies), 습격 및 해상탈취(surprisals and taking at sea), 군왕, 군주, 인민의 강류, 억지, 억류(arrest, restraints and detainment of king, princes and people) 등이 있다.

이 위험은 ICC(A)에서 뿐 아니라 ICC(B)나 ICC(C)에서도 담보되지 않기 때문에 이 위험을 보상받기 위해서는 협회전쟁약관(institute war clause)에 특약으로 가입해야 한다.

4) 기타 일체의 위험(all other perils)

영국해상보험법(MIA, 1906)의 제1부칙 제12조에서도 “기타 일체의 위험은 보험증권에 특별히 기재한 위험과 같은 종류의 위험만을 포함한다”고 규정하고 있는 것처럼 해상위험에서는 이상에서 열거한 위험의 종류이외에도 동종제한의 원칙에 따라 이와 유사한 기타의 위험들이 포함된다.

2. 해상위험부담의 원칙

해상보험계약에 있어서 보험자가 부담할 수 있거나 또는 통상 부담하는 위험은 다양하다. 해상보험에서 보험자가 위험을 부담하는 방식은 포괄책임주의와 열거책임주의 두 가지로 구분할 수 있다.

보통 다수의 위험을 포괄적으로 특정하지만 이 방법에도 일체의 해상위험을 부담하는 포괄책임주의방법과 보험증권에 보험자가 부담하는 위험을 열거하고 열거되지 아니한 위험은 부담치 않는 열거책임주의 방법이 있다.

1) 포괄책임주의

포괄책임주의는 해상보험계약에서 보험자가 부담하는 위험을 일체의 해상위험 또는 항해에 관한 일체의 사고로 하는 방식이며 일반책임주의라고도 한다.

예를 들어 제 몇조 몇조의 위험을 제외하고는 모든 위험을 담보한다. 거증 혹은 입증책임자는 보험자이며, 보험자는 면책임을 입증하여야 한다.

그러나 포괄책임주의라 하더라도 일정한 위험에 대해서는 면책약관에 의하여 보험자가 위험을 담보하지 않는 경우가 있으며, 구 ICC(A/R) 및 신 ICC(A)는 포괄책임주의 채택하고 있다.

포괄책임주의 하에서는 피보험자는 보험기간 중 손해를 입었다는 사실을 입증하면 그것으로 충분하며, 그 손해가 특정의 담보위험에 의해서 생긴 것까지 입증할 필요는 없다.

우리 나라 상법 제693조는 “해상보험계약의 보험자는 해상사업에 관한 사고로 인하여 생길 손해를 보상할 책임이 있다.”고 규정하여 독일 및 프랑스 등과 같이 모든 해상위험을 보험자가 포괄적으로 부담하는 이른바 포괄책임주의를 채택하고 있다.

2) 열거책임주의

해상보험계약에서 보험자가 부담하는 위험을 구체적으로 열거하고, 열거되지 않은 위험에 대해서는 보험자가 이를 부담하지 않는 방식을 열거책임주의라고 하며, 제한책임주의 또는 개별책임주의라고도 한다.

다만, 이 경우에도 특별약관에 의하여 열거위험 이외의 위험도 담보할 수 있으며 구 ICC(FPA), ICC(WA)와 신 ICC(B), ICC(C)는 열거책임주의 채택하고 있다.

거증 혹은 입증책임자은 피보험자에게 있다. 따라서 피보험자는 보험목적물의 손상과 멸실이 열거되어 있는 위험중의 하나에 의하여 야기되었다고 인과관계를 입증하여야 한다. 이 경우에도 특별약관에 의하여 열거위험 이외의 위험도 담보할 수 있다.

열거책임주의하에서는 보험증권상에 열거된 위험만 담보되고, 열거되지 않은 위험은 담보되지 않으므로, 열거되지 않은 위험에 대하여 보험의 보호를 받기 위해서는 특약이 필요하다. 즉, 열거책임주의하에서는 피보험자측이 사전에 예상하지 못한 위험으로서 보험증권상에 열거되지 않은 위험이 발생하면 그 위험은 당연히 피보험자가 부담하게 된다.

따라서 피보험자는 화물의 종류, 성질, 포장, 항로 등을 감안하여 필요한 경우 열거위험 이외의 위험에 대하여 추가담보를 특약하는 것은 번잡하기 때문에 현재는 보험증권의 열거책임주의를 포괄책임주의로 변경하는 특약이 나타났다.

또한 열거책임주의하에서 피보험자가 보험금을 청구하기 위해서는 다음의 사실을 입증해야 하는데, 하나는 부보된 피보험이익에 손해가 발생하였다는 것이고, 또 하나는 손해가 열거위험으로 인하여 발생하였다는 것이다.

현재 영국은 보험자가 포괄적 개념인 해상위험 중에서 특정 위험만 부담하는 열거책임주의를 취하고 있는데, 영국도 초기에는 포괄책임주의를 채택하였으나 1816년의 Cullen v. Butler사건에서 '기타 일체의 위험'이라는 총괄적 문언을 해석함에 있어 동종제한의 원칙이 적용됨에 따라 열거책임주의로 바뀠다.

3) 포괄책임주의와 열거책임주의의 비교

포괄책임주의하에서는 보험자가 담보하는 위험의 범위가 열거책임주의와 비교하여 훨씬 넓고 법정면책사유를 제외하고는 일체의 해상위험이 일단 보험자의 부담에 속하기 때문에 피보험자에게 있어서 편리하다. 즉, 사전에 예상되지 않았던 위험이 발생하여도 그것이 면책사유가 아닌 한, 보호를 받을 수 있기 때문이다.

반면에 열거책임주의에서는 보험자의 위험부담의 책임범위가 좁고 개개의 위험의 의의가 대체로 확정되어 있기 때문에 보험자로서는 편리하다. 그러나 피보험자측에서 본다면, 사전에 예상되지 않았던 위험이 발생하여도 그 보호를 받을 수 없는 경우도 있고 또한 손해보상을 청구할 때에 그것이 보험자가 부담한 위험에 의해서 발생한 사실을 증명해야 하기 때문에서 열거책임주의는 불편하다.

따라서 포괄책임주의는 피보험자에게 있어서는 편리하지만, 보험자에게 있어서는 불편하다고 볼 수 있다. 즉, 보험자측에서는 열거책임주의가 유리하고, 피보험자측에서는 포괄책임주의가 유리하다는 것이다.

그러나 실제의 해상보험거래에서는 큰 차이가 없는데, 이는 포괄책임주의하에서도 다수의 면책약관을 삽입하여 담보험을 제한하고 열거책임주의와 전혀 차이가 없는 계약내용에 합의하는 경우도 있기 때문이다. 실제로 ICC(A)에서 보험자는 일체의 위험을 담보하지만, 일반면책조항에 의한 면책사유, 전쟁면책약관, 동맹파업약관, 영국해상보험법(MIA, 1906) 제55조의 면책규정에 의해서 담보범위가 제한되고 있다.

제3절 담보위험(Risks Covered)

1. 담보위험의 의의

담보위험이란 보험자가 그 위험에 의해서 발생한 손해를 보상할 것을 약속한 위험이다. 즉, 그 위험으로 인하여 생긴 손해를 보험자가 보상책임이 있는 위험을 피보험위험 또는 담보위험이라 한다.

담보위험은 그 위험의 원인 및 결과가 되는 위험을 면책하지 않는 한, 보험자가 그 위험으로 인하여 생길 손해를 보상한다. 담보위험에는 당해보험에서 보통약관으로 당연히 담보되는 위험도 있고, 또 보통 담보되지 않지만 특정계약에서 특약을 통해 특별약관으로 담보되는 위험도 있다. 그리고 약관에 명시되지 않아도 원래 담보되는 위험이지만, 이를 명확히 하기 위하여 약관 등에 명시해 두는 경우도 있다.

담보위험은 그로 인하여 생긴 손해를 보험자가 보상할 책임이 있다고 하는 점에서 보험사고라고 한다. 보험자는 담보위험으로 인하여 생긴 손해를 보상하기 때문에, 특히 열거책임주의하에서는 담보위험 하나하나에 대한 의의를 명확히 이해해 둘 필요가 있다.

그러나 해상보험에서는 담보위험이 반드시 보험사고가 되지 않는 점에 유의할 필요가 있다. 예를 들면, 폭풍우에 의한 조수누손은 물론 해상위험이고 해상보험자의 담보위험이다. 그러나 조수누손에 의한 분손은 구 ICC(FPA)에서는 보상되지 않는다. 왜냐 하면 이는 구 ICC(FPA)에서 담보하는 보험사고에 의해서 발생한 손해가 아니기 때문이다.

2. Lloyd's S.G. 보험증권하의 담보위험

Lloyd's S.G. Policy상의 위험약관(Peril Clause)에는 14가지 담보위험이 명시되어 있는데 보험자는 열거된 위험만을 부담하고 기타 위험에 의해서 발생한 손해에 대해서는 열거책임주의를 채택하고 있다.

보험자는 열거된 위험의 대부분을 원칙적으로 담보하지만, 보험증권상의 이탤릭서체약관과 구 ICC 제12조의 F.C. & S. Clause와 제13조의 F.S.R. & C.C.

Clause에 의해서 전쟁위험 및 동맹파업위험이 면책되고 있다.

이에 보험자의 담보위험은 해상고유의 위험, 화재, 강도, 투하, 선원의 악행 등의 위험과 동종의 위험(similar risks) 6가지 종류로 한정되어 있다. 이중에서 주 담보위험은 해상고유의 위험이다. 해상고유의 위험은 해상의 우발적인 사고나 재해를 의미하며 바람, 파도 등의 통상적인 작용은 포함하지 않는다. 즉, 바다의 작용을 원인으로 하는 우발적 사고를 말하며 구체적으로 침몰; 좌초, 충돌, 악천후 등의 위험을 들 수 있으며 대표적인 판례는 Magus v. Buttemer이다.

알아봅시다

◉ **Magus v. Butteme 판례**

동 사건에서 선박은 통상적인 항해과정에서 조석간만의 차가 심한 항구에 정박하였다. 그런데 이 정박지는 화물을 하역하는데 적합한 장소였지만 연속적인 썰물로 선박이 모래밭에 얹혀서 선박손상을 입었다. 이에 재판부는 동 사건에서 우연성이 결여되었기 때문에 선박손상은 해상고유의 위험에 기인하는 것으로 볼 수 없다고 판시하였다.

3. 구협회적하약관상의 담보위험

구ICC(All Risks)는 포괄책임주의의 위험부담으로 채택하고 있다. 구ICC (FPA)나 ICC(WA)는 본래 위험부담에 관한 조항이 아니고 손해보상에 관한 조항이다. 즉, ICC(FPA)는 원칙적으로 단독해손을, ICC(WA)는 면책비율에 달하지 않은 소손해를 각각 보상하지 않는다.

그러나 특정위험이 발생한 경우 또는 특정위험에 의해서 발생한 경우에는 예외로서 단독해손 혹은 소손해가 보상된다. 이 특정위험은 ICC(FPA)나 ICC(WA)에 명기되어 있지만 그 위험 중에는 Lloyd's S. G. Policy 위험약관에서 담보되고 있지 않는 것을 포함하고 있다. 따라서 ICC(FPA)나 ICC(WA)는 위험을 추가 담보하는 기능을 가지고 있다.

구 ICC(FPA)나 ICC(WA)에 규정되었던 위험은 두 가지 구분되어 지는데, 첫째는 좌초, 침몰, 대화재(burning)이고, 둘째는 ㉮ 선적, 환적, 양륙 중에 화물이 전손이 되는 위험, ㉯ 화재, ㉰ 폭발, ㉱ 충돌과 접촉, ㉲ 피난항에서의 화물의 양륙위험 등 이다.

첫째와 같은 위험이 발생한다면, 단독해손부담보나 소손해부담보의 적용을 받지 않는다. 즉, 단독해손 혹은 소손해 사이에 인과관계를 필요로 하지 않는 조건주의가 채택되고 있다.

그러나 둘째는 위험과 단독해손 또는 소손해간에는 인과관계를 요하는 원인주의가 채택되고 있다.

둘째 위험 중, ㉯ 화재 ㉱ 충돌 또는 접촉은 위험약관상의 위험이고, ㉮ 선적, 환적, 양륙 중에 화물이 전손이 되는 위험, ㉰ 폭발, ㉲ 피난항에서의 화물의 양륙위험은 위험약관에서 담보되지 않는 위험이다. 그 결과 ICC(FPA) 및 ICC (WA)에서 추가 담보위험은 ㉮ 선적, 환적, 양하중에 화물이 전손이 되는 위험과 ㉰ 폭발 ㉲ 피난항에서의 화물의 양하위험이 된다.

〈표 8-3〉 구협회적관약관상 담보되는 손해

구 분 / 담보되는 손해	FPA	WA	A/R
① 화물의 전손(현실전손 및 추정전손)	○	○	○
② 공동해손	○	○	○
③ 비용손해(구조비용, 특별비용 등)	○	○	○
④ 본선·부선의 침몰, 좌초, 충돌, 화재로 인하여 발생한 단독해손	○	○	○
⑤ 선적·환적·양하작업중 추락으로 인하여 발생한 포장단위당 전손	○	○	○
⑥ 피난항에서의 양하로 인한 손해	○	○	○
⑦ 상기 ④~⑥ 이외의 단독해손	×	○	○
⑧ 악천후에 의한 해수손	×	○	○
⑨ 아래 면책사항 이외의 모든 외부적, 우발적에 의한 손해	×	×	○

4. 신협회적하약관상의 담보위험

1) ICC(A) 약관상의 위험약관

알아봅시다

◉ **ICC(A) 약관상의 담보위험**

This insurance covers all risk of loss of or damage to the subject-matter insured except as provided in clauses 4. 5. 6. 7.

"본 보험은 다음의 제4, 5, 6, 7조에서 규정된 면책위험을 제외하고 피보험목적물에 발생한 멸실, 손상의 일체의 위험을 담보한다."

협회화물약관 ICC(A)는 보험자가 부담하는 위험의 내용면에서는 전위험 담보약관과 비슷하다. 전위험 담보약관에 의하면 보험자는 법률 또는 약관에 의해 면책되는 위험 이외의 일체의 위험을 담보하는 조건이지만, 말 그대로 모든 손해를 보상하는 것은 아니다.

즉 전쟁위험, 동맹파업위험, 선박의 불내항에 기인하는 손해, 항해의 지연에 기인하는 부패의 손해, 쥐, 벌레에 의한 손해, 절도·불착의 손해, 피보험자의 고의적인 불법행위, 보험목적물의 고유의 하자나 성질에 기인하는 손해 등의 경우에는 보험자의 면책이다. 이러한 점은 협회적하약관 ICC(A)의 경우에서도 마찬가지이다.

2) ICC(B) 약관상의 위험약관

협회적하약관 ICC(B)는 제1조에서 보험자가 부담하는 위험을 세 가지 항목으로 열거하고 있다.

첫째는 위험과 손해간에 상당인과관계가 요구되는 위험으로 ① 화재 또는 폭발 ② 본선 또는 부선의 좌초, 교사, 침몰 또는 전복 ③ 육상운송용구의 전복 또는 탈선 ④ 본선, 부선 또는 운송용구와 물 이외의 타 물체와의 충돌 또는 접촉 ⑤ 피난항에서의 화물의 양하 ⑥ 지진, 화산의 분화 또는 낙뢰 등 여섯 가지의 세목으로 규정하고 있다.

둘째는 단순한 인과관계만을 요구하는 위험으로 ① 공동해손, 희생손해 ② 투하 또는 갑판유실 ③ 본선, 부선, 선창, 운송용구, 컨테이너, 지게자동차 또는 보관장소에 해수, 호수, 하천수의 유입 등 세 가지의 세목으로 규정하고 있다.

셋째는 인과관계가 필요 없는 본선, 부선에 선적 또는 양하작업 중 바다 또는 갑판에 추락한 포장단위당 전손이다. 그리고 제4조 내지 제7조상의 면책조항은 협회화물약관 A와 동일하나 제4조 제7항의 보험목적물 또는 그 일부에 대한 어떤 자나 어떤 자들의 불법행위에 의한 의도적인 손상 또는 파괴는 추가로 면책된다.

협회적하약관 ICC(B)와 (C)가 구약관의 WA와 FPA에 각각 대응한 것이라고 하지만, 그것은 편의상 신·구약관을 대비한 것에 불과하고 부담위험에 관한 접근방법과 그 내용에 있어서는 서로 상이한 새로운 약관이라고 할 수 있다.

3) ICC(C) 약관상의 위험약관

협회적하약관 ICC(C)는 제1조에서 보험자가 부담하는 위험을 두 가지 항목으로 열거하고 있다.

첫째는 위험과 손해간에 상당인과관계가 요구되는 위험으로 ① 화재 또는 폭발, ② 본선 또는 부선의 좌초, 교사, 침몰 또는 전복, ③ 육상운송용구의 전복 또는 탈선, ④ 본선, 부선 또는 운송용구와 물 이외의 타 물체와의 충돌 또는 접촉, ⑤ 피난항에서의 화물의 양하 등 다섯 가지의 세목으로 규정하고 있다.

둘째는 단순한 인과관계만을 요구하는 위험으로 공동해손 희생손해와 투하를 규정하고 있다. 면책조항에 관해서는 협회적하약관 (B)와 같다.

구약관에서는 선박이나 부선이 침몰 또는 큰 화재를 입은 경우를 제외하고는 화물의 단독해손은 부담하지 않았으나, 신약관에서는 좌초나 침몰 등 위험조항에서 열거된 부담위험으로 인한 화물의 멸실이나 손상은 단독해손을 포함한 분손이나 전손을 불문하고 모두 부담하고 있다. FPA와 대비한 협회적하약관 ICC (C)의 기타의 특징은 협회적하약관 ICC(B)에서 설명한 바와 같다.

4) 공동해손

ICC(A), ICC(B), ICC(C)에서는 면책위험에 의한 손해를 제외하고 선박과 적하의 공동의 안전을 위하여 손실을 회피하는 과정중에 발생한 공동해손 및 구조비를 담보한다. 공동해손 및 구조비의 정산 또는 결정은 해상운송계약이나 YAR 등에 따른다.

5) 쌍방과실충돌약관

ICC(A), ICC(B), ICC(C)에서는 손해보상의 범위를 확장하여 해상화물운송계약의 쌍방과실충돌약관에 의하여 피보험자가 부담하여야 할 손해액 중 해상보험증권에서 명시한 보상을 받을 수 있는 손해에 대해서는 지급을 한다. 쌍방과실충돌약관에 의하여 선주로부터 손해보상액을 청구받았을 경우에는 피보험자가 그러한 사실을 보험자에게 통지하여야 한다.

이에 의하여 보험자는 자기의 비용으로 선주의 손해보상청구액에 대하여 대항함으로써 피보험자를 보호하게 된다. 즉 피보험자를 대신하여 선박회사에 대하여 대위권을 행사하게 되는 것이다.

〈표 9-1〉 신 약관상의 담보위험

조항	담 보 위 험	A	B	C
제1조	1. 화재·폭발	○	○	○
	2. 선박·부선의 좌초·교사·침몰·전복	○	○	○
	3. 육상운송용구의 전복·탈선	○	○	○
	4. 선박·부선·운송용구의 타물과의 충돌·접촉	○	○	○
	5. 조난항에서의 화물의 양화	○	○	○
	6. 지진·분화·낙뢰	○	○	×
	7. 공동해손의 희생	○	○	○
	8. 투 하	○	○	○
	9. 갑판유실	○	○	×
	10. 해수·조수·하천수의 운송용구·컨테이너·지게자동차·보관장소에의 침수	○	○	×
	11. 적재·양화 중의 수몰·낙하에 의한 짐꾸림 1개당의 전손	○	○	×
	12. 상기 이외의 일체의 위험	○	×	×
제2조	공동해손조항	○	○	○
제3조	쌍방과실충돌조항	○	○	○

※ ○는 보상되는 담보위험, ×는 보상되지 않는 담보위험의 표시임.

6) 구약관과 신약관의 비교

구약관과 신약관은 내용면에서는 차이가 없다. 구약관 ICC(FPA), ICC(WA), ICC(All Risk)는 신약관 ICC(C). ICC(B). ICC(A)와 대별될 수 있으며, 차이점은 다음과 같다.

〈표 9-2〉 신 · 구 ICC약관의 비교

구 분	약관 번호	I.C.C.(A)(신약관) 약 관 명	I.C.C.(A/R)(구약관) 약관 번호	동일 표현	표현 변경	신설
담보위험	1	Risks Clause	5		○	
	2	General Average Clause	5		○	
	3	"Both to Blame Collision" Clause	11	○		
면책위험	4	General Exclusion Clause	5		○	
	5	Unseaworthiness & Unifitness Exclusion Clause	8		○	
	6	War Exclusion Clause	12		○	
	7	Strikes Exclusion Clause	13		○	
보험기간	8	Transit Clause	1	○		
	9	Termination of Contract of Carriage Clause	2		○	
	10	Change of Voyage clause	4		○	
손해사정	11	Insurable Interest Clause				○
	12	Forwarding Charges Clause				○
	13	Constructive total Loss clause	6	○		
	14	Increased Value Clause				○
보험이익	15	Not Insure Clause	10	○		
손해경감	16	Duty to Assured Clause	9		○	
	17	Waiver Clause				○
미연방지	18	Reasonable Despatch Clause	14	○		
법률관습	19	English Law & Practice				○

5. 협회기간약관상의 담보위험

1983년 선박보험의 신 증권(New Marine Hull Policy)과 신 약관(ITC-Hull, 1983)이 제정되기 전에는 선박보험의 담보위험은 S.G. 보험증권과 구 ITC-Hulls에 분산되어 기재되어 있었다. 그러나, 1983년에 시행된 신 선박보험증권 및 약관 하에서는 담보위험은 신 선박보험약관(신 ITC 또는 신 IVC)에만 포함되게 되었다.

구 선박보험증권 및 약관을 개정하게된 배경은 다음과 같다. 첫째, 로이즈 보험증권의 위험조항은 해상위험(marine risks)과 전쟁위험이 혼재하고 있는데다 표현이 진부하고 난해하였다.

둘째, 담보위험에 관해서는 S.G. 보험증권의 위험조항과 구 약관의 위험조항이 함께 쓰이고 있었기 때문에 혼란스러웠다. 신 약관에서는 S.G 보험증권의 개정에 수반하여 위험조항 중 해상위험을 발췌하여 이것과 구 약관 제7조를 합하였다.

ITC-Hull상의 제6조 담보위험(Peril Clause)의 내용은 다음과 같다.

알아봅시다

6. PERILS

6.1. This insurance covers loss of or damage to the subject-matter insured caused by

6.1.1 perils of the seas rivers lakes or other navigable waters

6.1.2 fire, explosion

6.1.3 violent theft by persons from outside the Vessel

6.1.4 jettison

6.1.5 piracy

6.1.6 contact with land conveyance, dock or harbour equipment or installation

6.1.7 earthquake volcanic eruption or lighting.

6.1.8 accidents in loading discharging or shifting cargo or fuel

6.2. This insurance covers loss of or damage to the subject-matter insured caused by

6.2.1 bursting of boilers breakage of shafts or any latent defect the machinery or hull

6.2.2 negligence of Master Officers Crew or Pilots

6.2.3 negligence of repairers or charterers provided such repairers or charterers are not an Assured hereunder

6.2.4 barratry of Master Officers or Crew,

6.2.5 contact with aircraft, helicopters or similar objects, or objects falling therefrom provided such loss or damage has not resulted from want of due diligence by the Assured, Owners or Managers or Superintendents or any of their Onshore Managements.

6.3 Master Officers Crew or Pilots not to be considered Owners within the meaning of this Clause 6 should they hold shares in the Vessel.

6. 담보위험

6.1 이 보험은 다음의 위험으로 인한 보험목적의 멸실 또는 손상을 담보한다.

6.1.1 해상, 강, 호수 또는 기타 항해 가능한 수면에서의 고유위험

6.1.2 화재, 폭발

6.1.3 선박 외부로부터 침입한 자에 의한 폭력을 수반한 도난

6.1.4 투하

6.1.5 해적행위

6.1.6 육상운송용구, 도크 또는 항만 시설이나 장비와의 접촉

6.1.7 지진 화산의 분화 또는 낙뢰.

6.1.8 적하 또는 연료의 선적양하 또는 이동중의 사고

6.2 이 보험은 다음의 위험으로 인한 보험목적의 멸실 또는 손상을 담보한다.

6.2.1 기관(汽罐)의 파열, 자축의 파손, 또는 기관(機關)이나 선체의 잠재적 하자

6.2.2 선장, 고급선원, 보통선원, 또는 도선사의 과실

6.2.3 수리자, 또는 용선자의 과실, 다만 수리자 또는 용선자가 이 계약의 피보험자인 경우는 제외

6.2.4 선장, 고급선원, 보통선원의 악행.

6.2.5 항공기, 헬리콥터 또는 이와 유사한 물체. 또는 그로부터 추락하는 물체와의 접촉, 다만 피보험자, 선주 또는 선박관리자가 상당한 주의를 결여하고 있었던 결과로 위의 멸실 또는 손상이 생긴 경우에는 그러하지 아니하다.

6.3 선장, 고급선원, 보통선원, 또는 도선사는 이 선박에 지분이 있어도 이 약관 6의 해석상 선주로 간주하지 아니한다.

담보위험약관(Peril Clause)은 보험자가 담보하는 내용을 규정하고 있다. Llyod's S.G. 보험증권과 구약관의 제7조 인치마리약관(Inchmaree Clause)을 합한 것이다. ITC Hulls상에서 보상하는 손해는 전손, 단독해손, 공동해손분담금, 충돌손해배상금의 3/4, 손해방지비용 등이다.

제4절
면책위험

1. 면책위험의 의의

면책위험은 보험자가 그 위험으로 인하여 생긴 손해에 대하여 보상책임을 지지 않는 위험이다. 보험자의 면책위험에는 여러 가지가 있지만, 이를 면책의 근거가 되는 형식에서 보면 크게 두 가지로 구분할 수 있다.

첫째는 면책약관에 의한 것이고, 둘째는 법률상의 면책규정에 의한 것이다.

우리 나라의 경우 보험자는 원칙적으로 모든 해상위험을 부담하지만, 실제로는 법률 또는 약관에서 특정위험을 보험자의 면책으로 하고 있다.

면책이라 하면 보통 보험자의 면책을 의미하며 이는 특정의 사유를 원인으로 하는 사고에 대하여 보험자의 책임이 면제되는 것을 의미한다.

이에 대해 우리 상법에서는 해상사업에 관한 사고로 인하여 생긴 손해라 할지라도 보험사고가 보험계약자나 피보험자의 고의 또는 중대한 과실로 인하여 생긴 경우(제659조 제1항), 전쟁 기타 변란으로 보험사고가 발생한 경우(제678조), 선박보험 또는 운임보험의 경우에 선박의 불감항(제706조 제1호), 적하보험의 경우에 용선자 · 송하인 또는 수하인의 고의 또는 중대한 과실로 인하여 생긴 손해(제706조 제2호) 등에 대하여 보험자의 면책으로 하고 있다.

보험자가 위험을 면책하는 이유는 ① 위험을 일반 보험료로 부담하기에는 위험의 규모가 지나치게 큰 경우(예 : 전쟁, 파업, 지진) ② 보험의 목적의 성질 또는 하자로 인하여 발생하였거나 또는 우연성이 결여되어 있는 경우 ③ 위험을 부담하는 것이 공공질서에 위배되는 경우 ④ 보험계약자 또는 피보험자의 고의 또는 중대한 과실, ⑤ 위험률이 지나치게 다른 경우 등이다.

2. Lloyd's S.G. 보험증권하의 면책위험

Lloyd's S.G. Policy에서 면책을 규정한 것은 본문에 있는 이탤릭서체약관인 포획, 나포 부담보약관, 항해중단 부담보약관, 동맹파업, 소요, 폭동 부담보약관 세 가지이다. 이들 약관에 의한 면책위험을 설명하면 다음과 같다.

① 포획, 나포 부담보약관의 면책위험 : 포획, 나포, 억지, 적대행위 또는 군사적 행동, 혁명, 내란, 반란, 국내투쟁, 해적.

② 항해중단 부담보약관의 면책위험 : 억지 등에 의해서 발생하는 항해의 중단.

③ 동맹파업, 소요, 폭동 부담보약관의 면책위험 : 동맹파업자, 직장폐쇄노동자, 폭동, 노동소요 등에 가담한 자에 의한 사고.

이탤릭서체약관은 본문약관보다 우선하므로, 본문약관의 위험약관에서 담보위험으로 열거되고 있는 습격 및 해상탈취, 기타의 전쟁위험은 이탤릭서체약관에 의해서 담보되지 않게 되었다. 이들 위험은 구 ICC에서도 제외하고 있으므로 이들 위험을 담보하기 위해서는 추가보험료를 내고 ICC를 특약해야 한다. 한편, 항해중단 부담보약관은 포획, 나포 부담보약관을 삭제시킬 경우에 한하여 약관으로서 효력을 갖게 된다.

3. 구협회적하약관상의 면책위험

협회적하약관에서 면책을 규정한 것은 제12조의 포획, 나포 부담보약관과 제13조의 동맹파업, 소요, 폭동 부담보약관 두 가지다.

이 두 가지 약관의 내용은 Lloyd's S.G. Policy 본문에 규정된 이탤릭서체 약관의 내용과 거의 동일하다. 결국 협회적하약관에서 면책되는 위험은 전쟁위험과 동맹파업위험이라고 할 수 있다.

그런데 동맹파업, 소요, 폭동 부담보약관의 경우에 있어서 협회적하약관의 내용과 보험증권상의 이탤릭서체약관의 내용은 규정하는 방식에 있어서 약간의 차이가 존재한다.

즉, 협회적하약관 내용의 경우 (a)호 및 (b)호의 규정이 있고, (a)호는 동맹파업에 참가하는 사람의 측면에서 규정하고 있는 반면, (b)호는 동맹파업의 현상의 측면에서 규정하고 있다. 따라서, (a)호의 면책은 동맹파업에 참가하는 사람에 의해서 행해진 재산의 파괴, 방화, 절도 등의 가해행위에 의한 물적손해이고, (b)호의 면책은 동맹파업의 현상에서 발생하는 운송의 지연, 기타 간접행위이다.

4. 신협회적하약관상의 면책위험

1) 일반면책약관

협회적하약관 ICC (A), (B), (C)는 각각 제4조에서 일반 면책보험을 규정하고 있다.

제4조 제1항은 "피보험자의 고의적인 불법행위에 기인하는 멸실, 손상 또는 비용"을 면책으로 규정하고 있다. 즉, "보험자는 피보험자의 고의의 불법행위에 기인하는 일체의 손해에 대하여 책임을 지지 않는다".

제4조 제2항은 "보험목적물의 통상의 누손, 중량 또는 용적의 통상적인 멸실, 또는 통상적인 소모 또는 마모"를 면책시키고 있다. 통상적이란 말은 물품의 성질 또는 물품의 적재와 같은 다양한 원인으로 발생할 수 있는 통상적인 운송상의 손해를 의미한다.

제4조 제3항은 "보험목적물의 포장이나 준비의 불충분 또는 부적절함에 기인한 멸실, 손상 또는 비용"을 면책시키고 있다. 포장이 적절한가 또는 충분한가에 관한 문제는 통상 특정거래에 있어서의 관습에 따라 결정된다.

제4조 제4항은 "보험목적물의 고유의 하자나 성질로 인한 멸실, 손상 또는 비용"을 면책시키고 있다. 이 면책조항은 보험목적물이 그 내재적 하자나 성질에 의해 손상되거나 또는 파손된 경우에 해당된다.

제4조 제5항은"지연이 피보험위험으로 인하여 발생한 경우에도 지연에 근인하여 발생한 멸실, 손상 또는 비용(공동해손조항에 의해 지급되는 비용은 제외함)"을 면책시키고 있다. 따라서 제8조 운송조항에 의해 비록 보험의 효력이 지속되더라도, 지연이 피보험자의 통제를 벗어나는 것이라면 피보험자는 그 지연에 근인해서 발생된 어떠한 손해도 보상받을 수 없다.

제4조 제6항은 "선박의 소유권, 관리자, 용선자 또는 운항자의 도산이나 금전상의 채무불이행으로 인하여 발생한 멸실, 손상 또는 비용"을 면책시키고 있다.

제4조 제7항은 "어떤 자 또는 어떤 자들의 불법행위에 의한 보험목적물 또는 그 일부의 의도적인 손상이나 파괴"를 면책시키고 있다. 이 조항은 (B)와 (C)의 경우에 적용이 되고 (A)의 경우에는 그 적용이 없다.

제4조 제8항(A에서는 제7항)에서 "원자핵분열 및/또는 원자핵융합, 또는 기타 유사한 반응, 또는 방사능이나 방사성 물질을 이용한 일체의 무기의 사용으로 인하여 발생한 멸실, 손상 또는 비용"을 면책시키고 있다.

2) 불내항 및 불적합 면책약관

선박은 통상적인 항해과정에서 발생하는 위험을 견딜 수 있는 내항성 또는 감항성(seaworthiness)과 선박이 화물의 운송에 사용되는 경우에는 화물운송을 위한 적합성(fitness)을 갖추어야 한다.

화물보험의 경우 피보험자는 선박의 내항성이나 적합성을 통제할 수 있는 입장에 있지 않기 때문에, 비록 선박이 내항성을 상실하여 화물에 손해를 입혔다고 하더라도, 피보험자가 그러한 불내항성을 알고 있지 않는 한 보험자는 내항성에 대한 묵시담보를 위반을 이유로 보상을 거절할 권리를 포기하여야 하는 것은 당연하다.

3) 전쟁위험면책약관

협회화물약관 ICC (A), (B) 및 (C)의 제6조는 보험자에게 전쟁위험을 면책시키고 있다. 만약 제6조를 삭제한다면 (A)의 경우에 보험자는 전쟁위험을 부담하며, (B)와 (C)의 경우에는 위험조항에 전쟁위험이 열거되어 있지 않기 때문에 보험자는 전쟁위험을 부담하지 않는 결과가 된다. 따라서 피보험자가 전쟁위험을 담보하려면 그는 추가로 협회전쟁위험약관(Institute War Clauses [Cargo])에 부보해야 한다.

4) 동맹파업위험면책약관

협회화물약관 ICC (A), (B) 및 (C)의 제7조는 보험자에게 동맹파업위험을 면책시키고 있다. 만약 제7조를 삭제한다면 (A)의 경우에 보험자는 동맹파업위험을 부담하며, (B)와 (C)에 경우에는 위험조항에 동맹파업위험이 열거되어 있지 않기 때문에 보험자는 동맹파업위험을 부담하지 않는 결과가 된다.

따라서 피보험자가 동맹파업위험을 담보하려면 그는 추가로 협회동맹파업위험약관(Institute Strikes Clauses [Cargo])에 부보해야 한다.

〈표 9-3〉 신협회적하약관상의 면책위험

약관 조항	면 책 위 험	A	B	C
제4조	1. 피보험자의 고의적인 불법행위	×	×	×
	2. 통상의 누손, 중량 또는 용적의 통상의 감소, 자연소모	×	×	×
	3. 포장 또는 포장준비의 불완전 · 부적합	×	×	×
	4. 물품고유의 하자·성질	×	×	×
	5. 지 연	×	×	×
	6. 선박소유자·관리자·용선자 또는 운항자의 지급불능 또는 채무불이행	×	×	×
	7. 어떤자의 불법행위에 의한 의도적인 손상 또는 파괴	○	×	×
	8. 원자핵무기에 의한 손해	×	×	×
제5조	9. 피보험자 또는 그 사용인이 인지하는 선박의 내항성결여·부적합	×	×	×
제6조	10. 전쟁위험(War Exclusion)	×	×	×
제7조	11. 동맹파업(SRCC)	×	×	×

5. 협회기간약관상의 면책위험

1983년 제정된 ITC-Hull 상의 면책위험은 전쟁위험면책약관, 동맹파업면책약관, 악의행위면책약관 및 원자핵면책약관이며, 다른 어떤 약관보다 우선하여 적용되는 약관이다.

1) 전쟁면책약관(War Exclusion Clause)

ITC-Hull 상의 제23조 전쟁면책약관(War Exclusion Clause)의 내용은 다음과 같다.

알아봅시다

23 WAR EXCLUSION

In no case shall this insurance cover loss damage liability or expense caused by

23.1 war civil war revolution rebellion insurrection, or civil strife arising there from, or any hostile act by or against a belligerent power

23.2 capture seizure arrest restraint or detainment(barratry and piracy excepted), and the consequences thereof or any attempt thereat

23.3 derelict mines torpedoes bombs or other derelict weapons of war.

23. 전쟁위험면책

이 보험은 다음에 기인한 멸실, 손상, 배상책임 또는 비용은 어떠한 경우에도 담보하지 아니한다.

23.1 전쟁, 내란, 혁명, 모반, 반란 또는 이로 인하여 발생하는 국내투쟁 또는 교전국에 의하거나 교전국에 대한 적대행위

23.2 포획, 나포, 강류, 억지 또는 억류(악행 및 해적행위 제외) 및 이러한 행위의 결과 또는 이러한 행위를 하려고 기도한 결과

23.3 유기된 기뢰, 어뢰, 폭탄 또는 기타의 유기된 전쟁무기.

전쟁위험면책약관(War Exclusion Clause)은 보험자의 면책을 규정한 약관이다. 선원의 악행으로 인한 강류, 억지, 억류와 해적행위는 전쟁위험으로 분류되지 않고, 약관 제6조에 의하여 보험자가 보상한다. 전쟁위험면책약관은 최우선약관으로 선박보험약관의 어떠한 타약관 조항보다 우선적으로 적용된다.

2) 동맹파업면책약관(Strikes Exclusion Clause)

ITC-Hull 상의 제24조 동맹파업면책약관(Strikes Exclusion Clause)의 내용은 다음과 같다.

알아봅시다

24 STRIKES EXCLUSION

In no case shall this insurance cover loss damage liability or expense caused by

24.1 strikers, locked-out workmen, or persons taking part in labour disturbances, riots or civil commotions

24.2 any terrorist or any person acting from a political motive.

24. 동맹파업위험면책

이 보험은 다음에 기인한 멸실, 손상, 배상책임 또는 비용은 어떠한 경우에도 담보하지 아니한다.

24.1 동맹파업자, 직장폐쇄노동자, 또는 노동쟁의 폭동소요에 가담한 자.

24.2 폭력주의자 또는 정치적 동기에서 행동하는 자.

동맹파업위험에 대해서 보험자의 면책을 규정한 약관이다. 테러리스트 또는 정치적 동기에서 행동하는 자에 의한 손해에 대해서도 보험자는 면책이다.

3) 악의행위면책약관(Malicious Acts Exclusion Clause)

ITC-Hull 상의 제25조 악의행위면책약관(Malicious Acts Exclusion Clause)의 내용은 다음과 같다.

알아봅시다

25. MALICIOUS ACTS EXCLUSION

In no case shall this insurance cover loss damage liability or expense arising from

25.1 the detonation of an explosive

25.2 any weapon of war and caused by any person acting maliciously or from a political motive

25. 악의행위면책

이 보험은 다음에 의한 멸실, 손상, 배상책임, 또는 비용은 어떠한 경우에도 담보하지 아니한다.

25.1 폭발물의 폭발.

25.2 여하한 전쟁무기 그리고 악의적으로 행동하는 자에 의하거나, 혹은 정치적 동기로부터 발생된 것.

제25조 악의행위면책약관은 악의적으로 행동하는 자에 의해 발생된 손해와 정치적 동기를 목적으로 발생된 손해에 대해서 보험자의 면책을 규정한 약관이다.

4) 원자핵면책약관(Nuclear Exclusion Clause)

ITC-Hull 상의 제26조 원자핵면책약관(Nuclear Exclusion Clause)의 내용은 다음과 같다.

알아봅시다

26. NUCLEAR EXCLUSION

In no case shall this insurance cover loss damage liability or expense arising from any weapon of war employing atomic or nuclear fission and/or fusion or other like reaction or radioactive force or matter

26. 원자핵면책

이 보험은 원자 또는 핵의 분열/또는 결합 혹은 이와 비슷한 반응 또는 방사성의 힘 또는 물질을 사용하는 어떠한 전쟁무기로 인하여 발생하는 멸실·손상·배상책임 또는 비용을 어떠한 경우에도 담보하지 않는다.

원자핵·방사선 등에 의한 손해에 대해서 보험자의 면책을 규정한 것이다. 원자력 또는 핵병기에 의한 손해는 반드시 전쟁의 발발이나 적대행위를 동반할 필요는 없으며, 원자력 등의 실험에 기인하거나 우발적인 폭발에 의한 손해도 면책된다. 그러나 병기와 관련없는 원자로의 파괴 등에 의한 직접적인 손해는 보험자가 담보한다.

제5절
해상위험의 변동

보험자는 보험계약을 체결함에 있어서 보험사고발생의 확률을 고려한 후 보험인수의 유무를 결정하며 또한 이러한 확률에 기인하여 위험률 및 보험요율을 산출하여 보험계약을 체결한다. 따라서 보험자가 보험계약을 체결함에 있어서는 보험계약자에게 위험측정의 기준이 되는 중요사항을 알리게 하는 것이 절대적으로 필요하며, 이를 고지의무라 한다.

즉, 위험측정의 기초조건이 변하는 것을 위험의 변동이라 하며 위험의 변동에는 크게 위험의 변경과 위험의 변혁으로 분류한다.

1. 위험의 변경(variation of risk)

위험의 변경은 위험률 정도의 변경을 수반하는 위험사정의 변경을 의미하므로 위험 정도의 증감이 있어도 위험으로서의 동일성을 가지고 있는 경우의 위험사정을 말한다. 즉, 위험의 변경은 위험률의 정도의 변경을 발생시키는 위험사정의 변경이다.

1) 위험변경의 요건

① 계약성립 후 발생한다. 그 이전에는 보험자는 보험계약자의 고지의무에 의해서 보호되고 있다.

② 피보험자의 행위에 의한 것임을 요한다.

③ 보험자의 담보위험이 변경 또는 증가하는 것을 요한다. 여기서 위험이 변경 또는 증가한다고 함은 위험의 감소를 포함하지 않음을 의미한다.

④ 위험의 증가가 현저한 것임을 요한다. 여기서 현저한 위험의 증가란 고지의무의 경우와 같은 중요한 사항에 있어서와 같이, 만약 계약당시 이 같은 위험의 증가를 예상하고 있었다면 전연 계약을 체결치 않았거나 적어도 동일조건으로는 체결치 않았을 것이라고 인정되는 경우를 말한다.

2) 위험변경의 예

(1) 이로(deviation)

이로란 피보험항해의 발항항 및 도착항을 변경치 않고 단지 그 항로의 변경을 행함을 말한다. 발항항 및 도착항을 바꾸지 않는 점은 항로의 변경을 항해의 변경과 구별할 수 있는 중요한 하나의 표준이 된다.

항로의 변경은 단순히 항로 밖으로 나가는 경우와 정당치 않는 기항을 행하는 경우와 기항의 순서를 변경하는 경우로 나눌 수 있다.

항로가 보험계약으로 정해진 때는 이 항로에 따라서 항해함을 요한다. 또 이 같은 정함이 없는 경우, 소정의 확정된 관습적 항로가 존재할 때는 이것에 따라야 한다. 또 계약에 기항 항이 특별히 정해져 있는 때는 다른 항에 기항해서는 안 된다. 또 이 같은 정함이 없는 때는 기항해서는 안 된다. 다만 특정의 항에 기항해야 할 확실한 관습이 있을 때는 이 같은 항에 기항하여도 무방하다.

(2) 발항·항해의 지연(delay in commencement of voyage·delay in voyage)

발항의 지연은 항해보험에서는 상당기간내에 항해가 개시되어야 한다는 묵시조건이 있다. 만약 항해를 개시할 수 있음에도 불구하고 항해를 개시하지 않은 경우에는 항해개시의 지연이라는 위험의 변동이 발생한다. 항해개시는 선박의 발항을 의미할 뿐만 아니라, 항해에 필요한 준비, 즉 선박의 의장, 승무원의 승선, 출항허가서 확보, 적하의 선적 등을 준비하는 것도 포함된다.

항해개시의 지연은 이같은 발항준비를 하지 않거나, 준비가 완료되었음에도 발항하지 않는 경우에 발생한다.

항해의 지연은 항해보험에서 항해는 상당한 기간 내에 개시하고 이로해서는 안되지만, 더욱이 상당히 신속하게 수행되지 않으면 안 된다. 만약 항해가 적법한 이유 없이 상당히 신속하게 수행되지 않은 경우에는 항해의 지연이라는 위험의 변동이 발생한다. 이것은 항해의 지연이 피보험항해를 다른 성질의 항해로 만들어 버림으로 보험자가 계약을 체결할 당시에 의도한 위험과 다른 위험을 발생시키기 때문이다.

(3) 화물의 갑판적재·환적(cargo shipped on deck·transshipment)

화물의 갑판적재는 원칙적으로 위험의 변경을 발생한다. 왜냐 하면 갑판적재는 일반적으로 선창내 적재 보다 더 위험률이 높고 더구나 화물은 보통 갑판에 적재해서는 안되기 때문이다.

환적은 선박의 변경에 의해서 보험자의 책임이 소멸하지 않을 때에 문제가 된다. 영국해상보험법의 경우, 환적은 특별히 위험변경의 일례가 아닌 선박변경의 관념 속에 포함되는 것으로 해석되고 있다.

(4) 포장의 불완전 · 강제하역(defective packing · forced discharge)

포장의 불완전 사실이 계약체결 당시에 존재한다면 고지의무의 대상이 되고 계약성립 후 발생한다면 위험변경의 문제를 발생시킨다. 결국 피보험화물에 대해서 이 같은 사태가 존재한다면 보험사고의 발생에 의해 그 내용물을 손상시키는 원인이 되기 때문이다.

강제하역도 손해발생의 기회를 증가시키는 것이기 때문에 위험변경의 일례임에는 틀림없다. 그러나 대부분의 경우, 절박한 피보험위험을 피하기 위해 행해지는 것이므로 보험자의 책임에 영향을 주지 않는 것이 많다.

(5) 선박이 전쟁의 목적에 제공된 예

선박이 전쟁의 목적에 제공된 경우는 대개 전쟁의 위험을 증가시키게 되지만 반드시 그렇다고는 말할 수 없다. 때로는 일반적인 해상위험의 발생을 증가시킨다.

2. 위험의 변혁(alteration of risk)

위험의 변혁은 위험의 정도에 반드시 증감은 없어도 위험의 동일성이 상실되고 계약체결후의 위험사정이 소멸하여 그것과는 전혀 다른 종류의 위험사정이 발생함을 의미한다. 즉, 계약체결시의 내용이 전혀 다른 종류의 것으로 변경되는 위험사정을 의미한다.

1) 선박변경(change of vessel)

선박변경의 발생에는 선박이 계약으로 특정되어 있을 것이 요구된다. 보험계약상, 피보험화물을 운송해야 할 선박이 특정되어 있는 경우에는 타 선박에 선적해서는 안 된다. 또 항해도중 선박을 변경해서는 안 된다. 만약 이를 위반할 때에는 선박의 변경을 발생시킨다.

2) 항해변경(change of voyage)

항해변경이란 발항항이나 도착항 또는 그 양자를 변경함을 의미하고 이것은 선박, 화물 양보험을 통해서 제기되는 문제이다.

항해변경의 발생에는 그 전제로서 항해가 계약에 특정되어져 있을 것을 요한다. 항해의 특정은 발항항 또는 도착항의 특정에 의해서 행하여진다. 항해가 단축된 경우 또는 반대로 연장된 경우에도 도착항을 변경한 것으로 간주하여 항해의 변경을 발생시킨다.

제6절 해상위험에서의 인과관계와 근인주의

1. 인과관계(causation)

해상보험에서 보험자가 담보하는 위험으로 인하여 발생한 손해에 대하여서만 보상책임을 지며, 면책위험으로 발생한 손해의 경우는 보상하지 않는다. 즉 보험자가 손해를 보상하기 위해서는 담보위험과 손해와의 사이에 일정한 관계가 존재하여야 한다. 이러한 위험과 손해 사이의 관계를 인과관계라고 한다.

해상위험은 손해가 항상 단일위험으로 인하여 발생하는 것은 아니다. 손해의 원인이 된 위험이 하나뿐인 경우에는 별 문제가 없다. 그러나 손해의 원인이 되는 위험이 둘 이상인 경우, 특히 그 중 하나는 담보위험이고, 나머지는 면책위험이라고 하면 어느 위험을 손해의 원인으로 보느냐에 따라 손해의 보상여부가 결정된다.

환언하면 담보위험과 면책위험의 협력에 의해 손해가 발생한 경우, 즉 이종원인의 협력작용으로 인하여 손해가 발생한 경우 보험자의 책임문제를 둘러싸고 분쟁이 일어나기 쉽다.

예를 들어 전쟁위험 면책조건으로 부보된 선박이 기뢰에 부딪혀 상당한 손상을 입었으나 자력항해가 가능하여 인근 피난항으로 항해하고 있는 중 마침 태풍이 일어 선박이 침몰되고 말았다고 가정하자. 전자만 있었다면 이 선박은 피난항에 도착하여 수리한 후 항해를 계속할 수 있었을 것이고 후자(태풍)만 있었다고 해도 선박은 침몰을 면할 수 있었을 것이다.

그러나 이 경우는 양 위험에 의하여 침몰, 전손이 된 것이다. 이 같은 경우 손해의 원인은 촉뢰와 태풍으로 인한 침몰인데, 전자는 면책위험이고, 후자는 담보위험이다. 이 때 이 선박의 전손에 대하여 보험자의 보상책임 유무를 결정하기 위해서는 인과관계의 결정이 필요하게 된다.

인과관계의 이론에 대하여는 다양하나 그 중 주요한 몇 가지를 열거하기로 한다.

2. 근인주의(the doctrine of proximate cause)

근인주의는 손해의 원인이 다수 관련되어 발생한 경우에도 그 중 어느 하나의 원인을 취하여 근인, 즉 직접원인으로 규정하고 그 원인이 보험자가 부담하는 위험인가 아닌가에 따라서 보험자의 보상책임의 유무를 결정하는 주의이다.

즉, 해상보험에서는 해상위험에 직접원인이 된 손해만을 보상하고 간접원인이 된 손해는 해상위험에 의한 손해로 인정하지 않기 때문에 특히 별도의 규정이 없다면 그 손해는 보상되지 않는다.

예를 들면, 해난발생의 결과 화물이 입은 해수의 손해는 직접손해이지만, 그 손해 때문에 화물의 인도가 지연되고 시가하락으로 인하여 발생한 손해는 간접손해이므로 보상의 대상이 되지 않는다.

한편 여기서 근인이라 함은 시간적으로 가장 가까운 원인조건을 말하는 것이 아니라 그 효력에 있어서 결과에 가장 접근하는 것을 말한다. 그러나 이 학설은 주관에 다라 판단이 양립할 수 있다는 점에 그 약점이 있다.

영국해상보험에서는 근인주의를 채용하고 있는데 다음과 같이 규정하고 있다.

알아봅시다

◉ **MIA 제55조 1항**

Subject to the provisions fo this Act, and unless the policy otherwise provides, the insurer is liable for any loss proximately caused by a peril against, but subject as aforesaid, he is not liable for any loss which is not proximately caused by a peril insured against.

"이 법과 보험증권에 별도의 규정이 있는 경우를 제외하고, 보험자는 피보험위험에 근인하여 발생한 일체의 손해에 대하여 책임을 지지만 피보험위험에 근인하여 발생하지 아니한 일체의 손해에 대해서는 책임을 지지 아니한다."

그러나 영국해상보험법 제55조 제2항에서는 "(A) Wilful misconduct of the assured(피보험자의 고의), (B) Delay(지연), (C) Ordinary wear and tear(자연의 마손 혹은 감손) 등은 보험자가 보상하지 않는다"라고 규정하고 있다.

3. 인과관계의 기타 이론

1) 상당인과관계설

상당인과관계설은 어떤 손해의 발생시에 그 원인으로 된 사고가 특정의 경우뿐만 아니라 다른 일반적인 경우에도 동일한 결과를 발생시킬 가능성이 있는 조건을 적당조건으로 하고, 그 적당조건만을 결과의 원인으로 보는 견해로서, 적당조건설이라고도 한다.

다시 말하면 특정사실이 어떤 결과를 발생시키는 조건을 구성하는 경우, 우리의 일상경험에 비추어 볼 때 단순히 그 경우만이 아니고 일반적으로 동종의 결과를 발생시킬 가능성이 있다고 인정되어질 때에는 조건과 결과간에 인과관계의 존재를 인정하지만 그렇지 않는 경우에는 원인을 구성치 않는 것으로 해석하는 설이다.

즉, 상당인과관계설은 '일반적 가능성'을 기준으로 하여 조건을 선택하고 그 조건 전부를 원인으로 보는 것이다. 따라서 이 설을 취할 경우 손해의 원인이 둘 이상이 될 수 있다.

그러나 이 설은 해상보험과 같이 위험의 종류가 복잡하고 위험 상호간에 연쇄관계가 많고 위험에 대한 면책사유가 많은 경우에는 문제의 해결이 곤란하다는 점이 있다.

2) 최유력조건설

최유력조건설은 원인효력의 대소를 중요시한 설로 어떤 결과의 발생에 빠뜨릴 수 없는 조건 중 손해발생에 대해서 가장 유력하게 작용하는 하나의 조건을 손해의 유일한 원인으로 간주한다는 설이다.

어떤 조건이 손해발생에 의해서 가장 유력한 조건을 가지는가는 여러 가지 조건 중 손해발생에 대해서 거래상 필연적·불가피적 관계를 가진다고 합리적으로 간주되는 것에 의해서 결정된다.

최유력조건설의 장점은 여러가지 조건 중 최유력조건이 객관적으로 피보험자측에 의해서도, 보험자측에 의해서도 쉽게 받아 드려질 경우는 보험자가 부담하거나 면책되는 위험이 원인인지 아닌지를 용이하게 결정할 수 있다는 것이다.

그러나 여기에는 객관적 판단을 내려야 할 판단자가 자기의 주관적 판단에 기인하여 판결을 내리지 않을 수 없다. 판단자가 주관적 판단을 내린다고 한다면 판단자에 따라서 상이한 판단이 내려질 수 있다는 단점이 있다.

3) 최후조건설

최후조건설은 근인을 시간적 전후관계로 해석하여 손해에 최후로 작용한 위험조건을 손해의 원인으로 보고 기타의 원인을 고려하지 않는 설이다.

4) 자연성행설(caused in natural course)

자연성행설은 다수 위험이 시간적으로 전후 연계하여 손해를 발생시킨 경우, 일단 시간적으로 최후에 발생한 위험을 그 원인으로 하지만 손해를 더욱 소급하여 볼 때 다른 위험의 피하기 어려운 결과 또는 자연성행의 결과로 판단될 때에는 이 위험만을 손해의 원인으로 간주하는 설이다.

알아봅시다

◉ **Hamilton v. Pandorf 사건(1887년)**

쌀을 실은 선박이 Akyab에서 Bremen까지 항해하고 있었다. 욕실로 통하는 배수연관이 쥐 때문에 구멍이 뚫린 결과, 본선이 항해 중 선체가 동요할 때 해수가 이 구멍을 통하여 침입하여 화물에 손해를 주었기 때문에 화주는 보험회사에게 1,000달러의 손해배상을 청구하였다.

재판소는 손해의 원인은 해수의 침입이 아니고 쥐의 행위이므로 보험회사에게 보상책임이 없다고 판결하였다.

알아봅시다

◉ **Hamilton v. Pandorf 사건(1887년)**

쌀을 실은 선박이 Akyab에서 Bremen까지 항해하고 있었다. 욕실로 통하는 배수연관이 쥐 때문에 구멍이 뚫린 결과, 본선이 항해 중 선체가 동요할 때 해수가 이 구멍을 통하여 침입하여 화물에 손해를 주었기 때문에 화주는 보험회사에게 1,000달러의 손해배상을 청구하였다.

재판소는 손해의 원인은 해수의 침입이 아니고 쥐의 행위이므로 보험회사에게 보상책임이 없다고 판결하였다.

알아봅시다

◉ **Gergorios호 사건(1924년)**

Gregorios호가 철광석을 적재하고 Rhillipeville에서 Tyne를 향하여 항해하고 있던 중 평온한 날씨임에도 불구하고 스페인 앞 바다에서 침몰하여 전부 손해를 입었다. Gregorios호의 멸실은 선저에 구멍이 뚫려서 일어난 것으로 판명되었다. 즉, 선주가 보험금을 사취할 의도를 가지고 선원을 사주하여 선저에 구멍을 뚫고 침수시켜 결국에는 침몰된 것이었다. 이 선박은 이미 선주에 의해 저당되어져 있었다. 저당권자는 선주의 불법행위에 대해서는 완전히 선의 무과실이었다. 그래서 저당권자는 선주의 불법행위로 인하여 저당물건을 잃고 손해를 입었기 때문에 그 선박에 대해서 가지는 자기의 담보이익에 대해서 이미 체결되고 있던 보험계약에 의거하여 보험금 청구소송을 내었다. 저당권자는 본 손해의 근인은 수해의 현실적 침입이고 해수를 선박에 침입시킨 행위는 아니라고 주장하였다.

대법원은 본 건에 대해 선박의 손해는 해상고유의 위험으로 인하여 생긴 것이 아니고, 선주의 불법행위에 근인하는 것이므로 보험자는 선주의 불법행위를 담보치 않기 때문에 본 건의 손해에 대해서는 보상책임이 없다고 판결하였다.

알아봅시다

◉ **Pink v. Fleming사건(1890년)**

적하품(오렌지)이 "분손은 타선과의 충돌의 결과 발생한 것이 아닌 한 담보하지 않는다" 고 하는 조건으로 부보되었다. 오렌지를 적재한 선박이 항해 도중 다른 선박과 충돌하여 부득이 수리를 위해 수선항에 입항하였다. 수리하기 위해 적하를 양하하고 수리완료후 재선적하였는데, 목적항에 도착해 보니 오렌지가 많이 손상되어 있었다.

그 손해의 한 가지 원인은 수선항에서의 하역이고, 또 하나의 원인은 항해의 지연에 기인하는 오렌지의 부패하기 쉬운 성질로 인한 자연적인 부패였다. 문제는 오렌지의 손해가 보험증권에 규정된 충돌의 결과인가의 여부, 즉 충돌에 근인하여 발생한 것이냐의 여부였다. 법원은 이 사건의 손해에 대하여 충돌로 인하여 생긴 손해가 아니고, 따라서 보험자에게는 보상책임이 없다고 판결하였다. 이와 관련하여 Esher 경(卿)은 다음과 같이 말하고 있다.

"……어떤 결과가 두 가지 원인에 의하여 일어난 경우 해상보험에서는 '시간적으로 가장 가까운 원인' 만을 주시하지 않으면 안 된다. 가령 그 결과가 원인이 없었다면 생기지 아니하였을 경우에도 또한 마찬가지이다. ……본 건에서는 손해의 근인은 과일의 취급이었다. 결과에 관하여 세 가지 원인이 있지만 영국의 해상보험법에 의하면 보험자의 책임 유무를 결정하기 위해서는 세 가지 원인 중 '시간적으로 최후의 원인' 만을 주시하여야 한다." 이 판결은 근인을 시간적으로 근접한 원인으로 인정한 좋은 예이다.

제10장

해상손해

제1절 해상손해의 의의와 종류

1. 해상손해의 의의

해상손해(marine loss)란 항해사업(marine adventure)에 관련된 적하 · 선박 기타의 보험목적물이 해상위험으로 인하여 피보험이익의 전부 또는 일부가 멸실 또는 손상되어, 피보험자가 입게 되는 재산상의 불이익이나 경제상의 부담을 초래하는 것을 말한다.

광의의 해상손해는 피보험목적물의 손해, 물적손해와 비용손해 등을 포함한다. 또한 해상손해는 반드시 해상에서 발생한 손해만을 의미하지 않으며, 항해에 부수되는 육상이나 내수로 손해도 포함된다.

손해는 다양한 의미가 있지만, 피보험이익의 형태, 규모, 귀속의 차원에서 파악된다. 즉, 손해는 우연한 사고의 발생에 의해서 멸실 또는 훼손을 입고 이로 인하여 자산의 감소, 기대수익의 상실, 손해배상책임, 불필요한 비용지출 등 피보험자가 입게 되는 경제적 불이익으로 나타난다.

그러나 경제적 불이익이 발생하는 것은 보험의 목적에 위험이 작용한 결과이며, 그 작용의 단계에서도 손해라는 말이 사용된다. 영어로 "loss or damage"라는 용어가 이에 해당한다. 이 경우, loss는 "멸실"이라고 해석되고, damage는 "훼손 또는 손상"이라는 의미로 해석된다.

2. 해상손해의 종류

해상손해는 손해형태에 따라 물적손해와 비용손해로 구분하고, 물적손해는 다시 손해의 정도에 따라 전손과 분손, 손해의 성격에 따라 단독해손과 공동해손으로 구분된다.

〈그림 10-1〉 해상손해의 종류

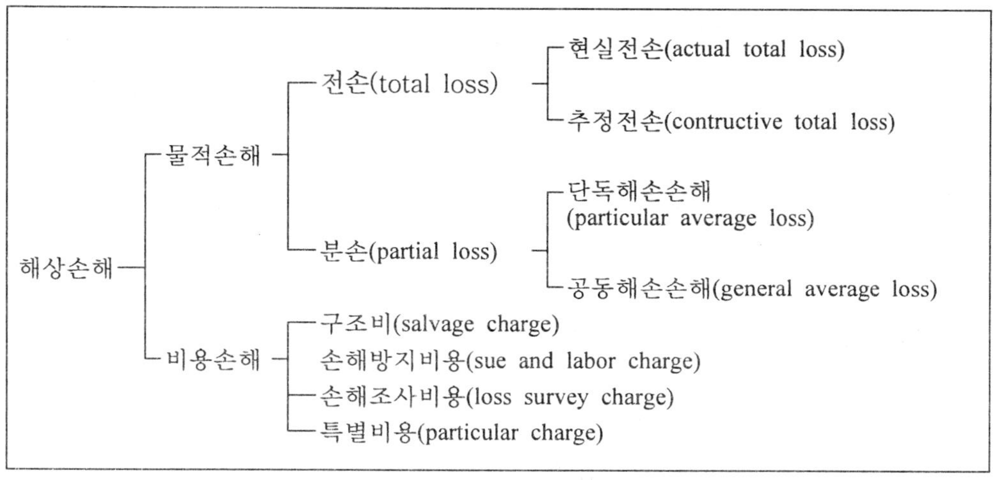

제2절 물적손해

물적손해는 보험목적이 멸실 또는 손상으로 인한 직접 손해를 말하여, 이를 실체적 손해라고도 한다. 여기에는 크게 전손과 분손으로 구분된다.

1. 전손(total loss)

피보험목적물 전부가 담보위험에 의해서 멸실되거나 손상정도가 심해서 구조나 수리비용이 부보된 금액보다 많은 경우로, 피보험자는 보험금 전액을 회수할 수 있다. 전손은 발생형태에 따라 현실전손과 추정전손으로 구분한다.

보험증권의 문언에서 다른 의도가 나타나 있지 않는 한, 전손에 대한 보험은 현실전손은 물론 추정전손을 포함한다(The Marine Insurance Act, 1906 제56조).

1) 현실전손(Actual Total Loss : ATL)

MIA에 의하면, 보험의 목적물이 파괴되거나 또는 부보된 종류의 물건으로 존재할 수 없을 정도로 심한 손상을 받은 경우, 또는 피보험자가 보험의 목적물을 박탈당하여 회복할 수 없는 경우에는 현실전손이 존재한다고 규정한다.

따라서 현실전손의 구체적인 형태로는 실질적인 멸실(physical destruction), 성질의 상실(alteration of species), 회복전망이 없는 박탈(irretrievable deprivation), 선박의 행방불명(missing ship) 등이 있다.

MIA 제57조는 Actual total loss(현실전손)을 다음과 같이 표현하고 있다.

알아봅시다

◉ **Actual total loss(MIA 제57조)**

Where the subject-matter insured is destroyed, or so damaged as to cease to be a thing of the kind insured, or where the assured is irretrievably deprived thereof, there is an actual total loss. In the case of an actual total loss no notice of abandonment need be given.

『 "보험의 목적이 파괴되거나 또는 보험에 가입된 종류의 물건으로서 존재할 수 없을 정도로 손상을 입은 경우, 또는 피보험자가 회복할 수 없도록 보험의 목적의 점유를 박탈당하는 경우에, 현실전손이 있다. 현실전손의 경우에는 위부의 통지가 필요없다." 』

또한 MIA(1906) 제58조에서는 Missing ship(행방불명선박)에 대하여 다음과 같이 표현하고 있다.

알아봅시다

◉ **Missing ship(MIA 제58조)**

Where the ship concerned in the adventure is missing, and after the lapse of a reasonable time no news of her has been received, an actual total loss may be presumed.

『 "해상사업에 종사하는 선박이 행방불명되고, 상당한 기간이 경과한 후에도 그 선박에 대한 소식을 수취하지 못하는 경우에는, 현실전손으로 추정할 수 있다." 』

2) 추정전손(constructive total loss)

추정전손은 전손의 한 형태이지만 현실적 전멸은 아닌 경우를 말한다. 즉, 손해정도가 심하여 현실전손과 경제적으로 동일시 할 수 밖에 없는 경우를 말한다.

영국해상보험법에 제60조 1항에서는 추정전손에 대해서 다음과 같이 규정하고 있다.

알아봅시다

◉ **Construct total loss(MIA 제60조)**

(1) Subject to any express provision in the policy, there is a constructive total where the subject-matter insured is reasonably abandoned on account of its actual total loss appearing to be unavoidable, or because it could not be preserved from actual total loss without an expenditure which would exceed

its value when the expenditure had been incurred.

"보험증권에 명시된 특약이 있는 경우를 제외하고 보험목적의 현실전손이 불가피하다고 생각되기 때문에, 또는 비용을 지출하지 않으면 현실전손을 면할 수 없기 때문에 보험의 목적을 정당하게 위부한 경우에는 추정전손이 있다."

선박 또는 화물의 점유를 박탈당하여 회복할 가망이 없거나 그것을 회복하는 비용이 회복한 후의 가액을 초과할 것이 예상되는 경우와 선박의 수리비가 수리 후의 선박가액을 초과할 것이 예상되는 경우 및 화물의 수리비와 목적지까지 운반비가 도착 후의 화물가액을 초과할 것이 예상되는 경우가 이에 해당된다.

추정전손이 현실전손과 같이 보험자에게 보험금전액을 청구하기 위해서는 위부(abandonment)행사를 해야하는데 추정전손의 경우에는 피보험자는 보험의 목적에 대해서 갖고 있는 일체의 권리(소유권 및 제3자에 대한 구상권)를 보험자에게 이전하고 보험금의 전액을 청구 할 수 있다. 이것이 해상보험특유의 제도이다.

적하보험약관상의 규정에도 구 협회적하약관 제6조 및 신 협회적하약관 제13조에서 전손이 불가피하거나 복구비용이 보험금액을 초과하는 때에 한해서 추정전손이 가능한 것으로 규정되어 있다.

2. 위부와 대위

1) 위부(abandonment)

(1) 위부의 의의

위부란 추정전손의 사유로 전손에 대한 보험금을 청구하기 위하여 피보험자가 보험목적물에 대해 갖는 일체의 권리 (소유권 및 제3자에 대한 구상권)를 보험자에게 이전하고 보험금의 전액을 청구하는 제도이다.

영국 해상보험법(MIA, 1906) 제61조에서는 추정전손의 효과를 다음과 같이 표현하고 있다.

알아봅시다

◉ **Effect of constructive total loss(MIA 第61조)**

Where there is a constructive total loss the assured may either treat the loss as a partial loss, or abandon the subject-matter insured to the insurer and treat the loss as if it were an actual total loss.

"추정전손이 존재하는 경우에, 피보험자는 그 손해를 분손으로 처리할 수도 있고, 보험의 목적을 보험자에게 위부하고 그 손해를 현실전손의 경우에 준하여 처리할 수도 있다."

(2) 보험위부의 성립요건

① 적재선박이 상당기간 행방불명인 경우

② 화물이 해난을 만나 전부 구조의 가망성이 없는 경우

③ 구조가망은 있으나 구조비용이 구조 또는 손질을 하여 복원하였을 때의 가격을 초과할 경우

④ 화물의 손상이 심하게 훼손, 변질, 부패되어 본래의 용도에는 적합하지 않게 되었을 경우

(3) 위부의 통지

① 피보험자가 보험의 목적을 보험자에게 위부할 것을 선택한 경우에는, 피보험자는 위부의 통지를 하여야 한다. 만약 피보험자가 위부의 통지를 하지 아니하면, 그 손해는 오로지 분손으로만 처리될 수 있다.

② 위부의 통지는 서면으로 하거나, 구두로도 할 수 있고, 또는 일부는 서면으로 일부는 구두로 할 수 있으며, 보험의 목적에 대한 피보험자의 보험이익을 보험자에게 무조건 위부한다는 피보험자의 의사를 나타내는 것이면 어떠한 용어로도 할 수 있다.

③ 위부의 승낙은 보험자의 행위에 의해 명시적 또는 묵시적으로 할 수 있다. 위부의 통지 후 보험자의 단순한 침묵은 승낙이 아니다.

④ 위부의 통지가 승낙되는 경우에는, 위부는 철회할 수 없다. 통지의 승낙은 손해에 대한 책임과 충분한 요건을 갖춘 통지임을 결정적으로 인정하

는 것이다.

(4) 위부목적

① 보험자로 하여금 보다 조속한 재산관리를 하기 위해서이다.

② 보험금이 지급되면 보험자의 임의대로 처분하게 될 재산을 피보험자가 계속 보관함으로써 손해가 확대되는 것을 방지하기 위해서이다.

피보험자의 입장에서 살펴보면 선박이 행방불명된 경우에 피보험자가 전손을 입증하기 어려울 경우 위부를 통하여 전손으로 인정받게 된다.

또한 보험자의 입장에서는 시간이 흐르면 현실전손이 불가피한 경우 위부를 통하여 보험자가 이를 조기에 관리하여 재산가치를 보존한다.

(5) 통지방법

구두, 문서, 일부서면, 일부구두로도 가능하다.

(6) 통지시기

영국법의 경우에는 손해사실을 안 후로부터 지체없이 통지해야 한다. 그러나 우리 나라 상법의 경우에는 위부 발생사실을 안 날로부터 상당한 기간내에 통지하여야 한다.

(7) 보험자의 위부 승낙

그 손해가 담보위험과 인과관계가 없더라도 보험금전액지급을 지급한다. 일반적으로 위부의 승락은 명시적, 묵시적으로도 가능하지만, 영국법의 경우 단순한 침묵에 의한 승낙은 인정하지 않는다.

(8) 위부의 효과

위부를 함으로써 피보험자는 보험금액전부를 지급청구할 수 있으며, 보험자는 피보험목적물에 잔존하는 이익과 소유권을 양도받을 수 있다.

한편, 영국법에서는 위부는 단독행위 아니기 때문에 보험자의 승인이 필요하지만, 상법에서는 위부의 승인을 기다리지 않고 피보험자의 의사표시만으로 성립되는 단독행위로 규정하고 있기 때문에 보험자의 승낙없이도 위부통지시에 즉시 위부의 효력이 발생한다.

알아봅시다

◉ **Effect of abandonment(MIA 第63조)**

(1) Where there is a valid abandonment the insurer is entitled to take over the interest of the assured in whatever may remain of the subject-matter insured, and a proprietary rights incidential thereto.

(2) Upon the abandonment of a ship, the insurer thereof is entitled to any freight course of being earned, and which is earned by her subsequent to the casualty cause the loss, less the expenses of earning it incurred after the casualty; and, where ship is carrying the owner's goods, the insurer is entitled to a reasonable remuneration for the carriage of them subsequent to the casualty causing the loss.

(1) 유효한 위부가 있는 경우에는, 보험자는 보험의 목적에 남아 있을 수 있는 것은 무엇이든 그것에 대한 피보험자의 이익과 그에 부수되는 소유권에 속하는 모든 권리를 양도받을 수 있는 권리가 있다.

(2) 선박의 위부시에, 그 선박의 보험자는 선박이 취득중에 있는 운임과 손해를 초래한 재난 이후에 취득되는 운임에서 그 재난 이후에 운임을 취득하기 위해 지출된 비용을 공제한 운임을 취득할 권리가 있다. 그리고 그 선박이 선주의 화물을 운송하고 있는 경우에는, 보험자는 손해를 초래한 재난 이후의 그 화물의 운송에 대해 합리적인 보수를 받을 권리가 있다.

2) 대위(subrogation)

(1) 대위의 의의

대위는 보험자가 피보험자에게 보험금을 지급한 경우에, 피보험목적물에 대한 일체의 권리와 손해발생에 과실이 있는 제3자에 대한 구상권 등을 피보험자를 대신하여 보험자가 취득하는 일체의 권리행위이다.

영국 해상보험법(MIA, 1906) 제79조는 다음과 같이 대위를 정의한다.

알아봅시다

◉ **Right of subrogation(MIA 제79조)**

Where the insurer pays for a total loss, either of the whole, or in the case of goods of any apportionable part, of the subject-matter insured, he thereupon becomes entitled to take over the interest of the assured in whatever may remain of the subject-matter so paid for, and he is thereby subrogated to all the rights and remedies of the assured in and in respect of that subject-matter as from the time of the casualty causing the loss.

"보험자가 보험의 목적의 전부의 전손 또는 화물의 경우에 가분할 수 있는 일부분의 전손에 대해 보험금을 지급한 경우에, 그 결과 보험자는 전손보험금이 지급된 보험의 목적의 잔존물에 대한 피보험자의 이익을 승계할 수 있는 권리를 갖게 된다. 그리고 전손보험금의 지급에 의해 보험자는 손해를 야기한 재난의 발생시부터 보험의 목적에 대한, 그리고 보험의 목적과 관련한 피보험자의 모든 권리와 구제수단을 대위한다."

(2) 대위의 목적

해상보험계약은 이득이 목적이 아닌 실손 보상원칙이 적용되기 때문에 실손 이상의 보상은 받을 수 없다. 실제로 피보험자가 보험자로부터 보상받고도 보험목적물을 소유하거나 제3자에 대한 손해배상청구권을 가지고 있다면 부당이득을 취득할 가능성이 있다.

따라서 대위는 손해를 입은 피보험자가 실손 이상의 보상을 받는 것을 방지하기 위함이다. 다만, 보험자가 가지는 대위권의 한계는 자신이 지급한 보험금 내에서 행사되어야 한다는 점이다. 따라서 대위를 통하여 자신이 지급한 보험금이상을 회수하게 된다면 그 차액은 피보험자에게 반환할 의무가 있다. 예를 들어 보험자가 대위권행사에서 자신이 지급한 보험금 이상을 회수하게 되면 그 차액은 피보험자에게 반환할 의무가 있다.

(3) 대위의 종류

대위는 보험자가 피보험자에게 보험금을 지급한 경우에 행사할 수 있는 권리로서, 잔존하는 피보험목적물에 대한 잔존물 대위권와 손해배상책임이 있는 제3자에 대한 손해배상청구권이 있다. 이들은 분손이나 전손의 어느 경우에도 행사할 수 있다.

(4) 대위의 효과

보험자는 대위를 통하여 피보험자가 피보험목적물에 대해 취득한 이해관계인 피보험이익을 취득할 수 있다. 즉, 대위의 효과는 보험자가 대위권을 행사할 권리가 보장되어 있다.

(5) 대위의 성립요건

대위의 성립은 보험자가 피보험자에게 보험금을 지급한 때 성립된다. 따라서, 피보험자가 잔존하는 피보험이익을 보험자에게 양도하는 행위로 선박의 경우에 등기 이전, 적하의 경우에 소유권 이전과 같은 절차를 필요로 하지 않는다.

(6) 보험자의 대위권 취득시기

우리 나라 상법 제681조, 제2조와 영국법에서 보험자의 대위권 취득시기에 관한 규정은 손해보상시로 규정하지 않고, 손해발생시로 규정하고 있다.

(7) 대위와 위부의 비교

위부는 전손 중 추정전손의 경우에만 해당되고, 대위는 전손과 분손에도 적용된다. 대위의 목적은 손해를 입은 피보험자가 실손이상의 보상을 받는 것을 방지하기 위함이고, 위부의 목적은 ① 보험자로 하여금 보다 조속한 재산관리를 하기 위해, ② 보험금이 지급되면 보험자의 임의대로 처분하게 될 재산을 피보험자가 계속 보관함으로써 손해가 확대되는 것을 방지하기 위함이다.

대위의 효과로 대위의 성립은 보험자가 피보험자에게 보험금을 지급한 때 성립하며 보험자가 위부를 승낙하든 안하든을 막론하고 이전된다.

위부의 효과로 피보험자가 위부로 보험금액전부를 지급청구 가능하며, 보험자는 피보험목적물에 잔존하는 이익과 소유권을 양도받을 수 있다.

3. 분손(partial loss)

분손이란 피보험목적물의 일부만이 손상을 입는 것을 말하며, 전손이 아닌 손해는 모두 분손으로 간주한다. 이는 손해를 단독으로 부담하는가 또는 이해관계자가 공동 부담하는가에 따라 단독해손과 공동해손으로 구분된다.

1) 단독해손(Particular Average : P/A)

분손 중 공동해손이 아닌 손해로서, 이것은 손해를 입은 자가 단독으로 부담하는 손해이다. 이러한 단독해손은 해손 정산인 협회에서 정해진 실무규칙에 따라 해손 정산인들에 의해 그 손해액이 사정된다.

적하의 경우 단독해손으로 인정될 수 있는 손해는 ① 악천후에 의한 선박에 해수의 유입 ② 선박의 장애물과 접촉 ③ 화재에 의한 화물의 분손 ④ 악천후에 의한 화물의 파손, 누손에 의한 손해 등이다.

선박의 경우 단독해손으로 인정될 수 있는 손해는 ① 악천후에 의해 해수가 유입되어 갑판이 유실되어 선체에 입힌 손해 ② 선내 화재로 선박장비의 멸실, 선체에 미친 손해 등이다.

한편, 피보험자가 단독해손에 의한 보상받기 위해서는 손해가 담보위험에 의해 우연적으로 발생하여야 하며, 인위적, 능동적인 손해라야 한다. 영국해상보험법 제64조 제1항에서는 단독해손 손해를 다음과 같이 설명하고 있다.

알아봅시다

◉ **Particular average loss(MIA 제64조)**

A particular average loss is a partial loss of the subject-matter insured, caused by a peril insured against, and which is not a general average loss.

"단독해손손해는 피보험위험으로 인하여 발생한 보험의 목적의 분손이며, 공동해손손해가 아닌 분손이다"

2) 공동해손(General Average : G/A)

본선이 폭풍우로 좌초되어 침몰위기에 있을 때 공동의 위험을 회피할 목적으로 선장이 고의로 적하의 일부를 투하시킴으로써 배를 가볍게 하거나 다른 위험탈출조치를 강구하는데 소요되는 비용을 지불함으로써 위험을 모면한 경우 그들이 받은 혜택의 정도에 따라 부담하는 희생적 공동손해 손해와 위험탈출조치에 소요된 공동해손 비용을 “공동해손” 이라 한다.

공동해손에 관한 요크-앤티워프규칙(The York-Antwerp Rules 2004)에서는 공동해손을 다음과 같이 설명하고 있다.

알아봅시다

◉ Rule A(The York-Antwerp Rules 2004)

There is a general average act when, and only when, any extraordinary sacrifice or expenditure is intentionally and reasonably made or incurred for the common safety for the purpose of preserving from peril the property involved in a common maritime adventure.

“공동해손행위는 공동의 항해사업에 관련된 재산을 위험으로부터 보존할 목적으로 공동의 안전을 위하여 고의적이고 합리적으로 이례적인 희생 또는 비용을 행하거나 지출한 경우에 한하여 성립한다.”

또한 영국 해상보험법 제64조 제1항에서는 다음과 같이 설명하고 있다.

알아봅시다

◉ General average loss(MIA 제66조)

A general average loss is a loss caused by or directly consequential on a general average act. It includes a general average expenditure as well as a general average sacrifice.

There is a general average act where any extraordinary sacrifice or expenditure is voluntarily and reasonably made or incurred in time of peril for the purpose of preserving the property imperilled in the common adventure.

Where there is a general average loss, the party on whom it falls is entitled, subject to the conditions imposed by maritime law, to a rateable contribution from the other parties interested, and such contribution is called a general average contribution.

"공동해손손해는 공동해손행위로 인한 손해 또는 공동해손행위의 직접적인 결과로서 발생하는 손해이다. 공동해손손해는 공동해손비용은 물론공동해손희생을 포함한다.

공동의 해상사업에 있어서 위험에 직면한 재산을 보존할 목적으로 위험의 시기에 어떠한 이례적인 희생 또는 비용이 임의로 그리고 합리적으로 초래되거나 지출되는 경우에, 공동해손행위가 있다.

공동해손손해가 존재하는 경우에, 그 손해를 입은 당사자는 해상법에 의해 부과되는 조건에 따라 다른 이해관계자들에 대하여 비례적인 분담금을 청구할 수 있는 권리가 있으며, 그러한 분담금을 공동해손분담금이라고 한다."

(1) 공동해손 행위의 성립요건

첫째는 위험의 공동성이다. 공동해손이 성립되기 위한 요건은 항해단체전원에게 위험이 존재하여야 한다. 따라서 한쪽 이해 당사자의 안전을 위한 비용지출은 공동해손비용이 아니다.

둘째, 처분의 자발성 혹은 임의성이다. 공동해손으로 인정되기 위해서는 손해의 발생이 우연이 아닌 의도적, 고의적이어야 한다. 다시 말해 그 처분이 우연성이 개입하지 않고 행위자의 고의적인 판단에 의하여야 한다.

셋째, 처분의 합리성이다. 공동해손으로 인정되기 위해서는 그 처분이 적정해야 함을 의미한다. 따라 선박이나 적하의 불합리한 희생이나 불합리한 과도한 경비지출은 공동해손으로 인정되지 않는다.

넷째, 이례적인 희생이나 비용이다. 공동해손의 행위는 재산손해나 비용지출에 있어 그 행위가 이례적이어야 한다.

(2) 공동해손 손해의 구성

공동해손은 공동해손 희생손해와 공동해손 비용손해로 구분된다.

① 공동해손 희생손해

공동해손 희생손해의 적하의 경우는 다음과 같다.

i. 투하 : 투하는 가장 전형적인 공동해손의 형태로서 위험을 발생할 시에 선체를 가볍게 하거나 구조할 목적으로, 적하나 선구를 바다에 던지거나 절단하여 바다에 버리는 행위이다. 갑판적화물은 상관행상 통상적으로 갑판적이 인정된 경우에 한하여 투하가 공동해손으로 인정된다. 통상의 갑판적재입증책임은 공동해손 청구자인 피보험자가 부담한다.

ii. 선박의 소화작업시 물에 의한 손해 : 공동안전을 위해 선박의 소화작업시 물이나 기타 행위에 의한 선박, 적하에 생긴 손해화재를 입은 선박을 해변에 교사, 천공시켜서 생기는 손해이다. 다만 열이나 연기에 의한 손해는 공동해손으로 인정되지 않는다. 실무에서는 화물의 검사시 열에 의한 손해인지, 물에 의한 손해인지 구분이 중요하다.

iii. 임의좌초에 의한 손해 : 공동의 안전을 위하여 선박을 임의로 좌초시킨 경우에 공동해손으로 인정된다. 다만 임의좌초가 아닌 우연한 좌초로 침수된 해수에 의한 손해는 공동해손으로 인정되지 않는다.

iv. 좌초된 선박의 중량을 경감하기 위한 투하와 이로 인한 손해 : 선박이 좌초한 경우에 선박을 가볍게 하기 위해서 공동해손행위로 화물과, 연료, 저장품을 양하할 때 발생하는 하역비, 부선의 사용료, 재적재비용으로 공동해손으로 인정된다.

공동해손 희생손해의 선박의 경우는 다음과 같다.

i. 난파물의 절제 : 통상적으로 사용되는 선박이나 선박기구에 발생한 손해로서 비록 과도한 사용이 있더라도 공동해손으로 인정되지 않는다. 위험에 직면하여 공동의 안전을 위해 선체일부를 의도적으로 파괴하거나, 부속품, 설비물을 원래목적 이외의 용도에 사용함으로써 야기된 손해는 공동해손으로 인정된다.

ii. 임의좌초 : 화재가 발생하여 진화를 위해 선박을 좌초시키거나 구멍을 뚫으므로 발생하는 손해이다.

iii. 선박의장의 손상 : 좌초가 되어 공동의 위험회피를 위해 부양하기 위해 추진기와 기관을 사용하던 중에 발생하는 기계 및 기관이 입은 손해이다. 다만 정상적인 선박의 운항 중에 발생한 기관이나 기계의 손해는 예외이다.

② 공동해손 비용손해

현실적인 공동위험을 회피하기 위해 지출되는 제비용으로 여기에는 구조비용, 피난항비용, 대체비용, 자금조달비용, 정산비용 등이 있다.

i. 구조비(salvage) : 공동의 위험이 발생할 시 구조를 위하여 지출한 비용

ii. 피난항비용(expenses at post of refuse) :선박이 운항도중 선체의 사고로 인해 발생하는 피난항 비용으로 항비, 도선료, 입항세, 적재비용, 출항비용, 정박비용 등이다. 여기서 항비(port charges)란 항세(port rates), 등대료(light dues), 항만(port dues), 부두, 사용료 등 기타 항구에서 발생하는 제비용을 말하며, 도선료(pilotage; 수료안내료)는 입항한 본선에서 도선사(수로안내인)에게 지급하는 요금으로 미국에서는 톤을 기준으로 하여 부과하고 있다.

iii. 대체비용(substituted expense) : 공동의 안전을 위해 선박의 수리에 드는 비용이다.

iv. 자금조달비용 : 공동해손으로 계상된 지급비용, 희생손해 및 인정액에 대하여는 공동해손 정산서의 작성일까지 연 7%의 이자를 공동해손비용으로 인정하며, 선장, 고급선원, 보통선원의 급료, 부양비, 항해중에 조급한 것이 아닌 연료 및 용품 이외는 2%의 수수료가 공동해손으로 인정된다.

v. 정산비용 : 공동해손을 정산하기 위해 발생하는 비용으로 관습적으로 공동해손비용으로 인정하고 있다.

우리 나라는 공동해손이 발생할 경우 선주의 요청에 따라 해외정산인(adjuster)에게 정산 의뢰하여 정산에 따른 비용이 공동해손비용의 15～20%가 된다. 주요 정산비용으로는 해난보고서작성비용, 공동해손손해감정비용, 정산인의 보수, 정산인의 여비 및 통신비 등이다. 여기서 해난보고서(master,s protest, sea reoprt)란 선박의 해난사고나 인명사고와 같은 중대사고가 발생한 경우에 선장이 최초의 도착항 또는 정박항의 항만당국에 제출하는 보고서를 말하며 해난보고서를 제출한 선장은 항만당국에 그 증명을 청구할 수 있으며 이는 해상손해의 증명으로 활용된다.

제3절 비용손해

비용손해는 사전에 명시될 수 없는 손해로서 보험금액을 초과해도 보상이 된다.

1. 구조비용(salvage charges)

구조비는 해난에 봉착한 재산에 발생할 가능성 있는 손해를 방지하기 위하여 계약에 의하지 아니하고 구조한 자에게 해상법에 의하여 지불하는 보수로서 이 비용은 보험자가 피보험자를 대신하여 구조자에게 지불하게 된다.

통신이 발달한 오늘날에 있어서 구조는 거의가 구조계약에 의해 행해지며 이 경우의 구조비는 여기서 말하는 구조비가 아니고 손해방지비용 또는 공동해손 비용으로 취급된다.

한편 영국해상보험법 제65조에서는 구조비를 다음과 같이 정의하고 있다.

알아봅시다

◉ **Salvage charges(MIA 제65조)**

Subject to any express provision in the policy, salvage charges incurred in preventing a loss by perils insured against may be recovered as a loss by those perils.

'Salvage charges' means the charges recoverable under maritime law by a salvor independently of contract. They do not include the expenses of services in the nature of salvage rendered by the assured or his agents, or any person employed for hire by them, for the purpose of averting a peril insured against. Such expenses, where properly incurred, may be recovered as particular charges or as a general average loss, according to the circumstances under which they were incurred.

"보험증권에 명시적인 규정이 있는 경우를 제외하고, 피보험위험에 의한 손해를 방지하기 위해 지출한 구조비용은 그러한 위험에 의한 손해로서 보상될 수 있다."

"구조비는 계약과 관계없이 해상법상 구조자가 보상받을 수 있는 비용을 의미한다. 구조비용에는 피보험위험을 피하기 위하여 피보험자나 그 대리인 또는 보수를 받고 그들에 의해 고용된 자가 행하는 구조의 성격을 띤 서비스의 비용은 포함하지 아니한다. 그와 같은 비용은, 정당하게 지출된 경우에, 지출되는 상황에 따라서 특별비용 또는 공동 해손손해로서 보상될 수 있다."

2. 특별비용(particular charges)

특별비용은 보험목적물의 안전 또는 보존을 위하여 피보험자에 의하여 또는 피보험자를 위하여 지출된 비용으로, 공동해손 비용 및 구조비용 이외의 비용을 말한다.

이는 손해방지비용과 거의 비슷한 성격을 띠고 있는데, 굳이 손해방지비용과 구분하는 것은 특별비용 중에서 양륙항에서 손해를 사정하기 위해 발생하는 검사비용(survey fee)이나 화물판매비용 등과 같이 손해방지 비용에 포함될 수 없는 순수한 특별비용이 포함되기 때문이다.

이러한 특별비용에는 손해조사비용(survey fee), 판매비용(sales charge), 재포장비용(repacking charge), 재조정비용(reconditioning) 등이 있다.

손해방지비용과 특별비용의 구별은 다음과 같이 할 수 있는데, 손해방지비용은 목적지 도착 이전에 피보험자, 대리인, 사용인 및 양수인에 의해서 지출된 비용이고, 특별비용은 목적지에서 피보험자에 의해 또는 피보험자를 위하여 지출된 보험의 목적의 안전 또는 보존의 비용이다.

따라서 손해방지비용이 사전적 성격의 비용손해임에 반하여, 특별비용은 오히려 보험사고 때문에 지출하지 않을 수 없는 사후적 성격이 강하다.

한편, 영국 해상보험법 제64조 제2항에서는 특별비용을 다음과 같이 정의하고 있다.

알아봅시다

◉ **Particular average loss**

Expenses incurred by or on behalf of the assured for the safety or preservation of the subject-matter insured, other than general average and salvage charges, are called particular charges. Particular charges are not included in particular average.

"보험의 목적의 안전이나 보존을 위해 피보험자에 의하여 또는 피보험자를 대리하여 지출한 비용으로서 공동해손과 구조비용이 아닌 비용은 특별비용이라고 부른다. 특별비용은 단독해손에 포함되지 아니한다."

3. 손해방지비용(sue & labour charge)

피보험자나 그의 대리인이 손해방지 및 경감의무를 수행하기 위해서 지출한 비용을 손해방지비용이라 하며, 손해방지의무는 보험자를 위한 의무이므로, 이러한 비용은 당연히 보험자가 보상한다.

이러한 손해방지비용은 보험증권사의 손해방지약관에 따라서 보험자가 보험목 적물의 손해 이외에 추가로 보상하는 비용이다. 그런데 손해방지비용을 별도로 보상하게 되면 보험계약에서 보험자가 보상해 주기로 한 최고의 보상금액, 즉 보험금액을 초과하여 보상하는 결과가 나올 수 있다.

그러나 보험목적물에 대한 책임은 별개의 것이기 때문에 보험자는 보험금액을 초과하더라도 지급하게 되며, 손해방지행위가 시도되었는데도 불구하고 전손이 발생하게 되면 보험자는 보험목적물 자체의 손해액과 손해방지비용까지 피보험자에게 지급해야 한다.

〈표 9-2〉 구조비와 손해방지비용의 비교

	구조비	손해방지비용
공통점	비용손해	
행위의 주체자	피보험자 · 대리인 등을 제외한 제3자	피보험자 또는 그의 대리인
성립요건	구조행위가 성공해야 하며 구조자는 구조물의 일부 또는 전부를 취득해야만 해상법상의 구조비를 청구할 권한이 있다. 구조물이 전혀 있을 수 없는 전손이 발생한 경우에는 구조비가 성립되지 않는다.	피보험자의 손해방지행위가 실패하더라도 보상될 수 있다. 손해방지행위가 시도되었는데, 전손이 발생한 경우에는 보험자는 전손보험금과 손해방지비용을 모두 지불해야 한다.

제4절 배상책임손해(Liability Loss)

1. 배상책임손해의 의의

해상보험은 담보위험으로 인한 피보험목적물의 물적손해나 비용손해 이외에, 피보험선박이 타선과 충돌로 인하여 피보험선박자체가 입게 된 물적손해는 물론 그 충돌로 인한 상대선박의 선주 및 그 화물의 화주에 대하여 피보험자가 책임져야 하는 손해까지 보험자가 보상해주고 있는 바, 이를 충돌배상책임손해라 한다. 이는 ICC 제3조 쌍방과실충돌약관(Both to Blame Collision Clause) 등에서 규정하고 있다.

2. 배상책임손해의 약관

선박의 충돌에 의한 충돌배상책임손해에 대한 내용은 ICC 제3조 쌍방과실충돌약관(Both to Blame Collision Clause) 등에서 자세히 규정하고 있다.

쌍방과실충돌약관(Both to Blame Collision Clause)에서는 손해보상의 범위를 확대하여 해상운송계약의 "쌍방과실충돌약관"에 따른 피보험자의 부담액 가운데 이 보험증권에 따라 보상받을 수 있는 사항에 관하여 규정하고 있다. 즉, 선박의 쌍방과실충돌 해상사고가 발생하여 적하에 손해가 발생한 경우 피보험자는 보험자에게 구상을 하고 보험자가 선박회사에 대하여 구상권을 행사하도록 하는 것이다.

또한 피보험자가 해상운송계약서의 쌍방과실충돌약관에 따라 선주로부터 배상청구를 받은 경우에는 그러한 배상청구에 대하여 보험자에게 통고할 것을 약정하고 보험자는 자신의 비용부담으로 이에 대하여 보상을 함으로써 피보험자를 보호한다는 것이다.

제 IV 편

해상보험증권과 적하보험약관

제11장

해상보험증권

제1절 해상보험증권

1. 해상보험증권의 의의

해상보험증권(marine insurance policy)이란 피보험자, 보험자, 피보험목적물, 담보위험, 보험가액, 부보금액(보험금액), 위험의 시기와 종기, 피보험자에 대한 손해보상의 약속 등 보험계약의 내용을 상세하게 기재하고 보험자가 서명하여 보험계약자에게 교부하는 증권으로서, 보험계약의 내용 및 조건인 해상보험약관이 기재되어 있는 증서를 말한다.

보험증권은 보험계약 성립의 증거로서 보험자가 피보험자의 청구에 따라 발급하는 것으로서, 계약서도 유가증권도 아니고 단지 증거증권에 지나지 않지만, 보통 배서 및 인도에 의해서 양도된다.

또한 보험증권의 발행은 해상적하보험증권의 경우 통상 2통이 발행되며, 각각에 Original, Duplicate라고 인쇄되어 있다. 그리고 CIF조건 등과 같이 보험증권이 선적서류의 일부가 되는 경우로서, 특히 신용장거래의 경우에는 보험증권의 발행통수가 신용장에 지정되고 있는 것이 보통이다.

한편 영국해상보험법에 의하면 "보험계약은 보험증권에 구현되어야 한다(Contract must be embodied in policy)." 또한 해상보험증권은 보험자 또는 보험자의 대리인에 의하여 서명해야 한다고 명시되어 있다.

알아봅시다

◉ 영국해상보험법(MIA, 1906) 제22조

Subject to the provisions of any statute, a contract of marine insurance is inadmissible in evidence unless it is embodied in a marine policy in accordance with this Act. The policy may be executed and issued either at the time when the contract is concluded, or afterwards.

"어떠한 제정법의 규정이 있는 경우를 제외하고, 해상보험계약은 본 법에 따라 해상보험증권에 구현되지 않는 한 증거로서 인정되지 않는다. 보험증권은 계약이 성립된 때 또는 그 후에 작성되고 발행될 수 있다"

2. 해상보험증권의 법적 성질

1) 증거증권성

보험증권은 보험계약의 성립을 증명하기 위하여 보험자가 발행하는 증거증권이다. 따라서 보험계약자가 보험증권을 이의없이 수령하면 보험증권에 기재된 사항은 보험계약의 성립과 내용을 증명할 수 있다.

2) 유인증권성

보험증권이 지시식 또는 무기명식으로 발행되어 제3자에게 양도되더라도 보험증권의 유인성에 의하여 보험계약과 관련도는 사항은 증권의 소지인에게도 영향을 미친다.

3) 상환증권성

대부분의 보험약관에 의하면 피보험자는 보험금을 청구할 때 보험증권을 제시해야 한다. 보험증권은 보험계약의 내용을 증명하는 증거서류이기 때문에 이러한 내용의 약관은 당연한 것으로 간주된다.

그러나 보험증권은 선하증권과 같이 완전한 유가증권이 아니기 때문에 보험증권을 제출할 수 없을 때에는 다른 방법으로 보험계약이 체결된 사실을 증명할 수 있으면 보험금을 청구할 수 있다.

4) 면책증권성

보험자는 보험금을 지급할 때 보험증권을 제시하는 자의 자격을 조사할 권리는 있으나 의무가 없기 때문에 보험증권은 면책증권 또는 자격증권의 성질을 지닌다. 따라서 다른 사람의 보험증권을 제시한 자에게 보험금을 지급하더라도 중대한 과실이 없는 한 보험자의 책임은 면제된다.

3. 해상보험증권의 특성

해상보험증권은 보험계약 성립의 증거로서 보험자가 피보험자의 청구에 따라 발급하는 것이다. 보해상험증권은 계약서도 유가증권도 아니고 단지 증거증권에 지나지 않지만, 보통 배서 및 인도에 의해 양도된다. 이와 관련하여 MIA 제

22조에서는 다음과 같이 해상보험증권에 대해서 규정하고 있다.

알아봅시다

◉ Contract must be embodied in policy(MIA 제22조)

Subject to the provisions of any statute, a contract of marine insurance is inadmissible in evidence unless it is embodied in a marine policy in accordance with this Act. The policy may be executed and issued either at the time when the contract is concluded, or afterwards.

"어떠한 제정법의 규정이 있는 경우를 제외하고, 해상보험계약은 본 법에 따라 해상보험증권에 구현되지 않는 한 증거로서 인정되지 않는다. 해상보험증권은 계약이 성립된 때 또는 그 후에 작성되고 발행될 수 있다

해상적하보험증권은 통상 2통이 발행되며, 각각에 Original, Duplicate라고 인쇄되어 있다. 그리고 신용장거래의 경우에는 보험증권의 발행 통수가 신용장에 지정되는 것이 보통이다.

제2절 해상보험증권의 해석원칙과 기재사항

1. 해상보험증권의 해석원칙

1) 수기문언의 우선원칙

해상보험증권의 구성은 본문약관, 난외약관, 이탤릭서체약관, 협회특별약관, 스템프약관, 수리문언 등으로 구성되어 있다.

그런데 동일 증권의 각 약관내용이 서로 다른 경우에는 어느 약관의 내용을 우선할 것인가에 관한 규정이 없으면 분쟁이 발생할 경우 수기문언(handwritten wording)을 가장 우선시 한다는 원칙이다. 즉, 수기문언은 보험계약시 보험계약자가 특별히 의사표시를 한 것이므로 기타의 약관에 비해 우선하여 적용한다는 원칙이다.

약관의 우선순위는 난외약관(marginal clause)은 본문약관을 우선하며, 특별약관이나 스템프약관은 난외약관을 우선하며, 타자된 문안은 수기문언을 제외하고 기타 일체의 문안을 우선하며, 수기문언은 기타 일체의 문안, 타자 문안, 인쇄문안을 우선한다.

2) 당사자의사 및 판례의 존중원칙

보험증권의 해석은 계약당사자의 본뜻이나 의도하는 바가 무엇인가를 가려내어, 그 의도에 따라 해석하도록 하는 것이 가장 기본적인 원칙이다. 그러나 해상보험의 오랜 역사를 지닌 영국도 우선적으로는 당사자 의사보다도 판례에 따라 해석하고 있다.

예를 들어 면책율약관(memorandum clause)은 보험자로 하여금 보험금정산비용에도 못 미치는 일정비율미만의 소손해(franchise)를 담보하지 않도록 하여 보험경영의 측면에서 담보범위를 감소하려는 의도에서 로이즈 증권에 삽입시키고 있다.

즉, 곡류(corn)속에 쌀(rice)을 포함시킬 의도를 가지고 있다 하더라도, 그 쌀을 포함하지 않는 다는 판례가 있는 한, 포함시킬 수 없다.

3) 평이적 · 통상적 · 통속적(POP)의 원칙

해상보험계약도 일종의 비즈니스이다. 따라서 보험증권과 관련된 보험증권의 내용도 평이한 의미로 해석되어야 한다는 것이다. 즉, 보험증권상의 각 약관이나 문언은 학문, 이론적이 아니라 평이한 방법(plain method), 통상적인 방법(ordinary method), 통속적인 방법(popular method)으로 해석하여야 한다는 것이다.

예를 들어 화학자들은 폭발을 대단히 급속한 화재의 일종으로 전문적인 해석을 하여 폭발과 화재를 똑같은 것으로 해석할 수 있다. 그러나 화재는 보통 사람들이 생각하는 것처럼 화염이나 실제로 불에 타는 정도로 해석되어야 한다.

4) 동종제한의 원칙(principle of the like or some kind)

동종제한의 원칙은 특정한 문언에 접속되는 일반적인 문언은 그 특정한 의미와 동종인 것으로 간주된다는 원칙이다.

Lloyd,s SG Policy의 위험약관에는 본 증권으로 담보되는 위험을 명기한 뒤 "all other perils(기타의 모든 위험)"라는 말로 접속되어 있다.

실례로 perils clause상에 많은 위험이 열거 최종 문안인 "all other perils(기타의 모든 위험)" 그 앞에 열거된 위험과 전혀 다른 별개의 위험이 아니라, 그들 열거 위험과 같은 성질의 것은 아니지만 똑같은 문언으로는 표기하기 곤란한 동종위험을 지칭하는 말로 이해해야 한다.

5) 문서작성자 불이익의 원칙(contra proferentem)

보험증권은 보험자가 일방적으로 작성하여 서명, 교부하기 때문에, 그 중 애매 모호한 문언이 있어 보험계약자에게 불리한 영향을 미치게 될 때, 보험증권 작성자인 보험자가 불이익을 받도록 해석하여야 한다는 원칙이다.

보험청약서(slip)를 보험계약자가 작성하여 slip상에 애매 모호한 문언이 있어 부실고지 하였을 경우 이것은 계약자의 책임이다.

반면 보험청약서(slip)를 보험자가 작성하여 slip상에 애매 모호한 문언이 있어 부실고지 하였을 경우는 보험자의 책임이다.

6) 합리적 해석의 원칙

이 원칙은 보험증권의 해석은 합리적으로 이루어져야 하며, 일방당사자에게 불리하게 해석되어 불리한 결과를 가져와서는 안 된다는 것이다. 그러나 그 합리적인 해석은 보험증권 전체를 기준으로 해야지, 특정용어나 그 용어의 기술적인 해석에 국한해서는 안 된다.

2. 해상보험증권의 기재사항

보험증권의 기재사항은 보험자와 피보험자의 계약조건을 명시한 것이다. 일반적인 보험증권에는 다음과 같은 사항들이 기재되어 있다.

1) Assured → 피보험자의 성명

보험증권의 제일 첫 란에는 피보험자 또는 피보험자의 대리인 성명을 기재한다.

2) Policy No → 증권번호

보험자가 피보험자에게 보험증권을 교부할 때 붙이는 일련번호이다.

3) Claim, if any, payable at/in → 보험금지급지

일반적으로 수출의 경우에는 화물의 최종 목적항이 기재되고 수입의 경우에는 당해 보험자명이 기재된다.

4) Survey should be approved by → 보험자가 지정한 감정인

보험회사가 지정한 감정인이 기재되는데, 손해가 발생한 경우 피보험자는 손해의 원인 및 손해의 정도를 증명하기 위해 보험회사나 그 대리인이 지정하는 감정인으로부터 감정보고서를 입수하여야 한다.

5) Local vessel or conveyance → 연안선박 및 운송용구

화물의 적출지와 원양해운을 하기 위한 선적항이 다른 경우에는 적출지로부터 원양해운을 하기 위한 선적항까지의 운송화물에 대한 부보시 기재한다.

6) ship or vessel → 선박명

화물을 운송해 나갈 선박명을 기재한다.

7) sailing on or about → 출항예정일

운송선박의 출항예정일을 기재한다. 정기선으로 운송할 경우에는 선박의 출항일자와 도착일자가 사전에 고시되기 때문에 이 날짜를 기재하며, 부정기선일 경우에는 선주와 하주간에 출항일자를 조정하여 날짜를 기재한다.

8) at and from → 선적항과 도착항

보험증권상에 'at and from'으로 되어 있어 이 란에 선적항을 기재하고 그 밑의 'arrived at'란에 도착항을 기재하면 두 항구간의 운송을 부보한다는 뜻이 된다.

9) transshipped at → 환적지

환적을 할 경우 그 환적항을 기재한다.

10) thence to → 최종 목적지와 운송용구

최종목적지가 내륙지방에 있어 양륙항과 최종목적지가 다른 경우 양륙항에서 최종 목적지까지의 운송화물에 대한 부보시 기재한다.

11) subject-matter insured → 보험목적물

화물의 명세를 기재하고 해당 상업송장의 일련번호를 기재한다. 화물의 명세를 기재할 때는 상업송장에 명시된 하인과 하번을 표시해야 한다.

12) Ref. No → 참조번호

보험자가 업무상 참조하기 위한 번호로서 통상 수출의 경우에는 신용장 또는 수출승인서의 번호를, 수입의 경우에는 상업송장 또는 수입승인서의 번호를 기재한다.

13) amount insured hereunder → 부보금액

보험계약에 의해서 산출된 보험금액을 기재한다.

14) conditions and warranties→ 보험조건과 담보

보험자와 보험계약자 사이에 체결된 보험조건과 담보내용을 기재한다.

15) subject to the following clauses as per back hereof institute cargo clauses specified above institute replacement clauses(applying to machinery) on-deck clause → 이면의 내용과 같은 다음 조건에 따름 상기 협회적하약관, 협회대체약관(기계에 적용), 갑판적 약관

16) masks and number as per invoice No. specified above → 화물의 하인 및 수량

상업송장 내용에 따라 하인 및 수량, 화물의 품명 등을 상업송장에 기재한 내용대로 기입한다.

17) place and date signed in → 서명 장소 및 일자

보험증권의 발행지와 발행일을 지재한다.

18) number of policies issued → 보험증권의 발행부수

해상보험증권은 보통 2통 내지 3통이 발행되는데, 이 중 어느 1통에 대하여 보험회사가 보험금을 지급하면 그 나머지 증권은 무효가 된다.

〈그림 11-1〉 신 해상적하보험증권

THE KORYO FIRE & MARINE INSURANCE CO., LTD.

Address: 145, Naesoo-Dong, Chongro-Ku, Seoul, Korea. K.P.O. BOX 295

Telephone : 722-4254~9, 725--0385~9 Cable : PRFIRE SEOUL Telex : K28320

MARINE CARGO INSURANCE POLICY

Policy No. 301HAA85110420 Assured(s), etc. WOO YANG ELECTRONICS COMPANY

Claim, if any, payable at/in CALEB BRETT (H.K) LTD. 1004 MONGKOK COMMERCIAL CENTER 16 ARGYLE ST. KOWLOON, HONGKONG TEL : 3-941573 IN U. S. CURRENCY		Ref. No INVOICE NO. WY-841109 L/C NO. IL7265 Amount insured hereunder US$1,665.22 ($1,513.84×110%)
Survey should be approved by THE SAME AS ABOVE		Conditions and Warranties INSTITUTE CARGO CLAUSE(A), INSTITUTE WAR CLAUSE(CARGO), INSTITUTE STRIKES CLAUSE(CARGO) AS ATTACHED. CLAIMS PAYABLE IN HONGKONG INCURRENCY OF THE DRAFTS. Subject to the following clauses as per back hereof Institute Cargo Clauses specified above On-Deck Clause Institue Replacement Clause (applying to machinery) Institue Classification Clause
Local Vessel or Conveyance	Form(interior port or place of loading)	
Ship or Vessel "HAPPY STAR V-23"	Sailing on or about NOV. 14, 1991	
at and from PUSAN, KOREA	transhipped at	
arrived at HONGKONG	thence to	
Subject-matter Insured 66,500 PCS OF MYLAR CAPACITOR Marks and Numbers as per Invoice No. specified above		
Place and Date singed in SEOUL, KOREA, NOV. 13, 1985		Numbers of Policies issued

IMPORTANT

PROCEDURE IN THE EVENT OF LOSS OR DAMAGE FOR WHICH UNDERWRITERS MAY BE LIABLE LIABILITY OF CARRIERS, BAILEES OR OTHER THIRD PARTIES

It is the duty of the Assured their Agents, in all cases, to take such measures as may be reasonable for the purpose of averting or minimizing a loss and to ensure that all rights against Carriers, Bailees or other third parties are properly preserved and exercised. In particular, the Assured or their Agents are required :

1. To claim immediately on the Carriers, Port Autho- rities or other Bailees for any missing packages.
2. In no circumstances, except under written protest, to give clean receipts where goods are in doubtful condition.
3. When delivery is made by Container, to ensure that the Container and its seals are examined immediately by their responsible official. If the Container is delivered damaged or with seals broken or missing or with seals other than as stated in the shipping documents, to clause the delivery receipt accordingly and retain all defective or irregular seals for subsequent identification.
4. To apply immediately for survey by Carriers' or other Bailees' Representatives if any loss or damage be apparent and claim on the Carriers or other Bailees for any actual loss or damage found at such survey.
5. To give notice in writing to the Carriers or other Bailees within 3 days of delivery if the loss or damage was not apparent at the time of taking delivery.

NOTE : The Consignees or their Agents are recommended to make themselves familiar with the Regulations of the Port Authorities at the port of discharge.

INSTRUCTIONS FOR SURVEY

In the event of loss or damage which may involve a claim under this insurance, immediate notice of such loss or damage should be given to and a Survey Report obtained from this Company's Office or Agents Specificed in this Policy or Cartificate.

DOCUMENTATION OF CLAIMS

To enable claims to be dealt with promptly, the Assured or their Agents are advised to submit all available supporting documents without delay, including when applicable :

1. Original policy or certificate of insurance.
2. Original or certified copy of shipping invoices, together with shipping specification and/or weight notes.
3. Original or certified copy of Bill of Lading and/or other contract of carriage.
4. Survey report or other documentary evidence to show the extent of the loss or damage.
5. Landing account and weight notes at of discharge and final destination.
6. Correspondence exchanged with the Carriers and other Parties regarding their liability of the loss or damage.

☞ In the event of loss or damage arising under this Policy, no claims will be admitted unless a survey has been held with the approval of this Company's office or Agents specified in this policy

Notwithstanding anything contained herein or attached hereto to the contrary, this insurance is understood and agreed to be subject to English law and practice only as to liability for and settlement of any and all claims.

This insurance does not cover any loss or damage to the property which at the time of the happening of such loss or damage in insured by or would but for the existence of this Policy be insured by any fire or other insurance policy or policies except in respect of any excess beyond the amount which would have been payable under the fire or other insurance policy or policies had this insurance not been effected.

We, THE KORYO FIRE & MARINE INSURANCE CO., LTD hereby agree, in consideration of the payment to us by or on behalf of the Assured of the premium as arranged, to insure against loss damage liability or expense to the extent and in the manner herein provided.

In witness whereof, I the Under- signed of THE KORYO FIRE $ MARINE INSURANCE CO., LTD on behalf of the said Company have subscribed My Name in the place specified as above to the policies, the issued numbers thereof being specified as above, of the same tenor and date, one of which being accomplished, the others to be void, as of the date specified as above.

For THE KORYO FIRE & MARINE INSURANCE CO., LTD.

AUTHORIZED SIGNATORY

제3절 Llyod's SG 보험증권

1. Lloyd's SG 보험증권의 의의

Lloyd's SG의 증권양식이 공식적으로 채용된 것은 1779년이지만, 그 역사는 이전인 14C 이탈리아에서 롬바드인이 사용했던 증권까지 소급할 수 있다. Lloyd,s SG증권은 대부분 이탈리아어로 작성되고 양식도 매우 다양하여 난해한 면이 적지 않았다. 그러나 약 2,000개의 판례가 이를 뒷받침해주고 있어서 그 의미나 내용이 충분히 확립되어 있다는 이점도 있기 때문에, 1982년 전까지 사용되어 왔다.

2. Lloyd's SG 보험증권의 내용

Lloyd's SG Policy는 현재 사용되지는 않지만 현재 해상보험에 사용되고 있는 대부분의 약관은 Lloyd's SG Policy에 기초를 두고 있다. Lloyd's SG Policy은 앞면에 본문약관, 이탤릭서체약관, 난외약관 등으로 구성되어 있는데 내용을 살펴보면 다음과 같다.

1) 본문약관

본문약관은 보험증권의 한 가운데 인쇄되어 있으며 다음과 같은 조항으로 구성되어 있다.

(1) 보험계약의 인증문

알아봅시다

"Be it known that.....(......라는 사실을 인증한다)."

보험계약의 인증문은 문언 뒤에 피보험자, 대리인, 보험중개인 등의 성명이 기재하고, 계약당사자로 하여금 하기의 기재사항을 주지토록 한다는 의미가 포함되어 있다.

(2) 양도조항(assignment clause)

알아봅시다

as well in ... own Name. as far and in the Name and Name of all and every other Person or Person to whom the same doth may. or shall appertain. in part or in all. doth make Assurance, and cause ... and every of them, to be insured.

"......는 자기의 명의로서 또한 보험목적물의 일부 또는 전부가 귀속하는, 귀속할지도 모르는, 또는 장차 귀속하게 될 모든 사람을 위하여, 또는 모든 사람의 명의로 보험계약을 체결하며, ... 및 상기의 모든 사람을 위하여 부보된 것으로 한다" .

양도조항은 보험목적물에 대한 소유권 또는 피보험이익의 이전에 따라 보험증권도 양도됨을 명시한 조항이다.

(3) 소급조항

알아봅시다

"lost or not lost clause(멸실의 여부는 불문한다)"

소급조항은 보험계약을 체결할 때 이미 위험이 개시되어 보험사고가 발생하였다고 하더라도 그러한 사실을 계약당사자인 보험계약자가 알고 있지 못하였다면 보험계약은 유효하다는 조항이다.

(4) 위험의 개시

알아봅시다

"at and from(......에서 그리고 부터)"

보험증권상에 출항지명이나 계약개시일자가 표시된다.

(5) 보험목적물의 표시(subject matter of insurance)

알아봅시다

Upon any kinds of Goods and Merchandises, and also the Body, Tackle, Apparel, Ordance, Muntion, Artillery, Boat and other Furniture,

"어떠한 종류의 화물, 상품 그리고 선체, 양하기구, 선구, 병기, 군수품, 군용포, 보트 및 기타 의장에 관하여"

보험목적물을 기재하여 보험의 목적이 화물 및 상품임을 표시한다.

(6) 선박명의 표시

알아봅시다

of and in the good Ship or Vessel called

......라고 불리는 양호한 선박에

선박명은 보험자가 보험을 인수할 것인지 거절할 것인지에 영향을 주는 중요한 정보이기 때문에 반드시 고지되어야 한다.

(7) 선장명의 표시

알아봅시다

where of Master under God, for this present Voyage, ... or whosoever else shall go for Master in the said Ship, or by whatsoever other Name or Name the same Ship, or the Master thereof, is or shall be named or called;

"본 항해에 대하여 ......을 신의 보호아래 선장으로 하고, 본 선장은 장래 다른 선장으로 대체되어도 무방하며, 또한 본 선박 또는 그 선장은 다른 명칭으로 호칭되거나 또는 장래 호칭되어도 무방하다."

범선시대에는 선장의 인격, 기량, 경험 등은 위험측정에 중요한 관계가 있었기 때문에 여기에 선장의 이름을 쓸 필요가 있었지만, 현대에는 선장의 자격이 공식적으로 결정되어 있기 때문에 선장의 능력, 기량 등을 인정받고 있다. 따라서 선장이 누구이냐는 위험측정에 그렇게 중요하지 않게 되었다.

(8) 보험기간의 명시조항

알아봅시다

beginning the Adventure upon the said Goods and Merchandises from the loading there of aboard the said Ship and so shall continue and endure during her Abode there, upon the said Ship, with all her Goods and Merchandises whatsoever, shall be arrived at ... and until the same be there discharged and safely landed;

상기 화물 및 상품에 대한 위험은 상기 선박에 선적될 때 개시되며, 선박의 정박중 계속되고, 화물 및 상품을 적재한 선박이 …항구에 도착할 때까지 계속되며, 그곳에서 하역하게 되고 안전하게 양륙될 때까지 지속된다.

화물 및 상품에 대한 위험의 개시와 종기를 규정한 조항이다.

(9) 기항정박조항

알아봅시다

And it shall be lawful for the said Ship etc ...in this Voyage to proceed and the sail to and touch and stay at any Ports and Places whatsoever...without prejudice to this Insurance.

또한 본 선박은 어떠한 … 항구 또는 장소를 향하여, 항해, 발항, 기항 또는 정박하는 것은 합법적이며 본 보험의 효력에 아무런 영향을 미치지 않는다.

선박이 항해중 중간 항구에 기항하거나 정박하는 것을 허용한 조항이다.

(10) 보험평가조항(valuation clause)

알아봅시다

The said Ship etc.. Goods and Merchandises, etc... for so much as concerns the Assured by Agreement between the Assured and Assurers in this Policy, are and shall be valued at ...

본 선박, 화물 및 상품은 본 증권에 있어서 피보험자와 보험조건의 합의에 의하여…금액으로 평가되고, 장차에도 동일한 금액으로 평가되는 것으로 한다.

공란에는 협정보험가액을 기재한다. 화물이나 선박과 같은 보험의 목적의 가액이 확정되지 않으면 손해발생시 분쟁이 생기기 쉬우므로 이를 피하기 위하여 부보시 계약당사자간에 보험평가액을 합의하고 이를 보험증권상에 기재하여 놓도록 한 조항이다.

(11) 위험조항(perils clause)

알아봅시다

Touching the Adventures and Perils which we the Assurers are contented to bear and do take upon us in this Voyage, they are, of the Seas, Men-of-War, Fire, Enemies, Pirates, Rovers, Thives, Jettisons, Letters of Mart and Countermart, Surprisals, Taking at Sea, Arrests, Restraints and Detainments of all Kings, Princes and People, of what Nation, Condition, or Quality so ever, Barratary of the Master and Mariners, and of all other Perils, Losses, and Misfortunes that have or shall come to the Hurt, Detriment, or Damage of the said Goods and Merchandises, and Ship etc.. or any Part there of;

본 보험자가 본 항해에 있어 담보할 것을 약속하는 해상사업 및 위험은 다음과 같다. 즉 해상고유의 위험, 군함, 화재, 외적, 해적, 표도, 강도, 투하, 포획면허장 및 보복포획면허장, 습격, 해상탈취, 국적, 상황 또는 성질의 여하를 불문하고 모든 국왕, 군주 및 국민의 강류, 억지 및 억류, 선장 및 선원의 악행, 상기화물, 상품 및 선박 또는 기타에 대하여 혹은 그들 일부에 대하여 파손, 훼손 또는 손상을 발생하게 하거나 또는 발생하게 할 기타 일체의 위험, 멸실 및 불행으로 한다;

보험자가 담보하는 위험을 열거한 조항이다.

(12) 손해방지조항(sue and labour clause)

알아봅시다

And in case of ant Loss or Misfortune, it shall be lawful to the Assured, their factors, Servants and Assigns, to sue, labour, and travel for, in and about the Defence, Safeguard and Recovery of Goods and Merchandises and Ship etc... or any Part there of, without Prejudice to this insurance; to the charges whereof we, the Assurers will contribute, each one according to the Rate and Quantity of his Sum herein Assured.

또한 손해 혹은 재난이 발생한 경우에 피보험자, 그 대리인, 사용인 및 양수인이 본 화물 및 상품 그리고 선박 등의 전부 또는 일부를 방비, 보호 및 회복하기 위한 조치를 추구하고 노력하며 사고장소를 답사하는 것은 합법적이며, 본 보험의 효력에 영향을 미치지 않는다. 이에 따른 비용은 보험자가 인수금액의 비율과 금액에 따라 각자 부담한다.

피보험자, 그 대리인, 사용인 또는 양수인이 화물, 상품 그리고 선박의 전부 또는 일부에 대하여 방위, 보호 및 회복을 위하여 지출한 손해방지비용을 보험자가 부담하도록 규정한 조항이다.

(13) 포기조항(waiver clause)

알아봅시다

And it is especially declared and agreed that no acts of the Insurer or Insured in recovering, saving, or preparing the property insured, shall be considered as a waiver of acceptance of abandonment.

부보재산을 회복, 구조 혹은 보존하기 위하여 보험자와 피보험자가 취하는 어떠한 조치도 그것이 위부의 포기나 혹은 수락으로 간주되지 않을 것을 특별히 선언하고 약속한다.

보험자가 위부의 수락여부를 결정하기 이전에 피보험자가 피보험목적물의 회복, 구조 또는 보존을 위하여 필요한 조치를 취했다고 해서 이를 위부철회의 의사표시로 간주하지 않으며 반대로 보험자가 필요한 조치를 취했다고 해서 위부의 수락으로 간주하지 않는다는 취지의 조항이다.

(14) 보험증권의 효력에 관한 조항(force and effect clause)

알아봅시다

And it is agreed by su, the Insurers, that this Writing or Policy of Assurance shall be of as much Force and Effect as the surest Writing or Policy of Assurance herefore made in Lombard street, or in the Royal Exchange, or elsewhere in London.

그리고 이 보험의 서면 또는 보험증권은 롬바르트가 왕립거래소 또는 런던에서 작성된 가장 확실한 서면 혹은 보험증권과 동일한 효력을 갖는 것으로 본 보험자가 동의한다.

본 증권은 런던에서 작성된 확실한 보험의 서면 또는 증권과 동일한 효력을 가진다는 약속이다.

(15) 구속조항(binding clause)

알아봅시다

And so we, the Assurers, are contented, and do here by promise and bind ourselves, each one for his own Part, our Heirs, Executors, and Goods to the Assured, their Executors, Administrators, and Assigns, for the true Performance to the Prermises,

본 보험자는 피보험자와 그의 유언집행인, 관리인 및 양수인에 대하여 약속을 진정하게 이행하기 위하여 각각 해당부서에 대하여 본 보험자 자신과 그 상속인, 유언집행인 및 재산을 구속하는데 이의없이 만족하고 확약한다.

보험자가 보험증권상 규정하고 있는 각종 약속내용을 책임지고 이행하겠다는 의사표시 조항이다.

(16) 약인조항(consideration clause)

알아봅시다

confessing ourselves paid the Consideration due unto us for this Assurance by the Assured, at and after the rate of...

이 보험에 관해서 피보험자는 …의 비율로 보험료를 지불하였음을 본 보험자는 인정한다.

피보험자가 보험료의 지급을 약속한 약인조항으로 피보험자의 유가약인인 보험료를 지급함으로써 보험자의 위험담보라는 반대급부가 약속된다는 조항이다.

(17) 면책률 조항(memorandum clause)

알아봅시다

N.B. – Corn, Fish, Salt, Fruit, Flour, and Seed are warranted free from Average, unless general, or the Ship be stranded; Sugar, Tobacco, Hemp, Flax, Hides and Skins are warranted free from Average, under Five Pounds per cent: and all other Goods, also the ship and Freight, are warranted free from Average under Three Pounds per cent, unless general, or the Ship be stranded.

주의 – 공동해손 혹은 선박이 좌초하는 경우를 제외하고 곡류, 어류, 소금, 과실, 곡분 혹은 종자의 분손에 대하여 일체 담보하지 않으며, 사탕, 연초, 대마, 아마 및 피혁에 대해서는 5% 미만, 그리고 기타 모든 화물 또는 선박 및 운임에 대해서는 3% 미만의 해손을 담보하지 아니한다.

보험자로 하여금 보험금정산비용에도 미치지 못하는 일정비율 미만의 소손해를 담보하지 않도록 하므로 보험경영의 측면에서 담보범위를 소멸 또는 감소시키기 위하여 규정한 조항이다.

(18) 선서조항(attestation clause)

알아봅시다

IN WITNESS whereof we, the Assurers, have subscribed our Names and Sums assured in LONDON.

상기 보험증권의 증거로서 본 보험자는 런던에서 자기의 명의로 부보한 금액을 기재할 것을 확인한다.

보험자가 보험계약체결의 증빙으로 보험증권에 기명하여 발행하므로 자신이 인수하기로 서명한 금액에 대해서는 자신이 책임질 것을 선언한 조항이다.

2) 이탤릭서체약관

(1) 포획·나포 부담보약관(free of capture and seizure clause)

알아봅시다

1. Warranted free of capture, seizure, arrest, restraint or detainment, and the consequences thereof or any attempt thereat; also the cosequences of hostilities or warlike operations, whether there be a declaration of war or not; but this warranty shall not exclude collision, contact with any fixed or floating object(other than a mine or torpedo), stranding, heavy weather or fire unless caused directly(and independently of the nature of the voyage of or service which the vessel concerned or, in the case of a collision, any other vessel involved therein, is performing) by a hostile act by or a against a belligerent power; and for the purpose of this warranty "power" include any

authority maintaining naval, military or air forces in association with a power. Further warranted free from the consequences of civil war, revolution, rebellion, insurrection, or civil strife arising therefrom, or piracy.

1. 포획, 나포, 강류, 억류 또는 억제와 그 결과 혹은 이상의 행위를 하려고 기도한 위험 그리고 선전포고의 유무를 불문하고 적대행위 혹은 군사작전의 결과를 담보하지 아니한다. 그러나 이상의 면책조건상에서 교전국의 적대행위 혹은 교전국에 대한 적대행위에 직접적으로 기인하여(그리고 선박의 운항 또는 취항내용의 성질과는 상관없이) 생긴 경우를 제외하고 선박의 충돌, 고장 또는 부동장애물(기뢰 혹은 어뢰 제외)과의 접촉, 좌초, 악천후 혹은 화재를 면책하려는 것은 아니다. 그리고 본 면책조건상으로 국가라 하는 것은 특정국가와 관련하여 해군, 육군 혹은 공군을 보유하고 있는 모든 정권을 포함한다. 또한 내란, 혁명, 모반, 반란 또는 그러한 사태로부터 발생하는 국내의 소요 혹은 해적의 결과를 책임지지 않는 것을 조건으로 한다.

이 약관에는 본문약관에 담보위험으로 열거되어 있는 전쟁위험을 다시 면책위험으로 규정하기 위한 것이다. 즉, 포획, 나포, 강류, 억지, 적대행위, 군사적행위 등을 보험자가 담보하지 않음을 규정한 약관이다. 이 약관은 위험약관에 열거된 전쟁위험이나 해적위험을 보험자가 면책하는 소극적인 목적을 가지고 있으며, 이 약관이 보험증권에 삽입되면 이 약관의 내용에 저촉하는 위험약관 열거의 위험이 보험자의 책임에서 제외된다.

(2) 동맹파업·폭동 및 소요 부담보약관(free of strikes, riots and civil commotions clause)

알아봅시다

2. Warranted free of loss or damage caused by strikes, locked-out workman, or persons taking part in labour disturbances, riots or civil commotions.

2. 동맹파업자, 직장폐쇄노동자 또는 노동쟁의, 폭동 또는 소요에 가담한 자로 인하여 발생한 멸실 또는 손상을 담보하지 아니한다.

이 약관은 위험약관에 열거된 전쟁위험이나 해적위험을 보험자가 면책하는 소극적 목적을 가지고 있으며 이 약관이 보험증권에 삽입되면 이 약관의 내용과 저촉하는 위험약관열거의 위험이 보험자의 책임으로부터 제외되는 효력을 가진 약관이다.

(3) 항해중절 부담보약관(frustration clause)

알아봅시다

This Policy is warranted free of any claim based upon loss of, or frustration of, the insured voayge or advantture caused by arrest restraints and detainments of Kings Princes Peoples Usurpers or persons attempting to usurp power.

국왕 군주, 인민, 정권을 장악한 자 또는 정권을 장악하려고 기도한 자의 강류, 억지 및 억류로 인하여 발생하는 부보항해 또는 해상사업의 멸실 혹은 중단에 기인한 어떠한 클레임도 담보하지 않는다.

국왕, 군주, 인민, 국권탈취자 또는 국권을 탈취하려고 기도하는 자의 강류, 억지 또는 억류에 의해서 발생한 피보험항해 또는 항해사업의 중지 또는 중절에 기인하는 일체의 구상을 담보하지 않는다는 규정의 약관이다.

3) 난외약관(marginal clause)

(1) 협회위험약물약관(institute dangerous drugs clause)

본 약관은 무허가나 불법적인 아편의 운송시 발생하는 손해를 면책사항으로 규정한 약관이다.

(2) 교사약관(grounding clause)

위험약관의 해상고유의 위험에서 좌초나 교사가 담보되고 있는데 특정수역에서의 통상적인 교사나 좌초는 위험약관에서 담보하는 좌초로 인정하지 않기 때문에 이에 직접 기인하는 손해만은 보험자가 보상할 것을 약속하는 별도의 약관이다.

(3) 타보험약관(other insurance clause)

보험손해가 발생하였을 경우 해상보험계약이 없었다면 화재보험이나 다른 보험에 부보되었을 것으로 여겨지는 손해는 담보하지 않는다는 규정의 약관이다.

(4) 손해통지약관(claim notice clause)

손해가 발생한 경우에 피보험자가 지켜야 할 처리절차를 규정한 약관이다.

(5) 인지첨부약관(stamp clause)

외국에서 발행되고 영국에서 보험금이 지급되는 모든 보험증권 또는 보험증명서는 이를 수령한 영국에서 수령한 날로부터 10일 이내에 소정의 수입인지를 첨부하여야 한다는 규정의 약관이다.

3. ILU 회사용 보험증권

LIoyd,s와는 달리 회사형태의 보험자들은 LIoyd,s S.G. Policy을 사용하지 않고 런던보험자협회에서 제정한 회사용 합동보험증권(Companies' Combined Policy)을 사용해 왔다. 회사용 합동보험증권은 선박용와 적하용으로 구분되어 있지만 그 내용은 LIoyd,s SG보험증권과 실질적으로 동일하다.

이 보험증권은 선박용은 백색으로 적하용은 청색으로 되어 있었고, 그 동안 우리 나라도 회사용 합동보험증권을 그대로 사용해 왔다.

제4절
신해상보험증권(New Llody's Marine Policy)

1. 신해상보험증권의 의의

New LIoyd,s Marine Policy Form은 ILU와 LIoyd,s 보험업자가 UNCTAD의 해상보험에 관한 보고서에 따라 1981년 7월 1일에 작성한 표준 해상보험증권으로서, 영국에서는 1983년 4월 1일부터 새로운 보험계약에 사용하기로 결정하였으며, 우리 나라도 1983년 3월 1일부터 현행 해상보험증권과 함께 사용하고 있다.

새로 개정된 New Lloyd's Policy는 증권자체에는 담보위험 등 보험조건에 관한 규정은 없고, 협회화물약관에 의해 보험조건이 설정되기 때문에 Lloyd's S.G. Policy에 비하면 매우 단순한 양식이 되어 있다.

즉, 신 해상보험증권은 Lloyd's S.G. Policy의 중심내용인 위험약관을 포함한 대부분의 약관을 없애고 이를 협회화물약관에 중복되지 않게 정리하여 규정하고 단지 보험계약서로서 필수적인 약관인 준거법약관, 타보험약관, 약인약관 및 선서약관 등 본문약관과 계약사항을 명기하는 스케줄만으로 구성되어 있다.

2. 신해상보험증권의 특징

1) 본문약관의 간소화

신 보험증권은 보험계약서로 필수적인 약관인 준거법약관, 타보험약관, 약인약관, 선서약관만을 남겨놓고, 대부분의 약관을 없애거나 협회적하약관속에 규정하였다.

2) Schedule방식의 도입

보험계약의 내용인 선박명, 출항예정일, 피보험목적물, 담보조건 등을 별도로 기재하도록 하였다.

우리 나라의 경우에는 보험증권면에 기재하도록 하고 뒷면은 약관을 첨부하고 있다.

3) 평이하고 명료한 구성

각 약관은 담보위험과 면책위험이 평이하고 분명하게 되어 있다.

3. 신해상보험증권의 내용

1) Schedule(명세표)

Lloyd's SG Policy는 본문약관을 중심으로 계약이 체결되기 때문에 보험계약의 내용이 약관으로 규정되어 있다. 그러나 신 해상보험증권은 보험계약의 내용을 별도로 기재하는 스케줄 방식을 사용하고 있어 선박명, 출항예정일, 보험목적물, 보험조건, 담보조건, 기타 중요한 사항을 스케줄에 명기하도록 되어있다.

2) 본문약관

(1) 준거법약관(governing law clause)

알아봅시다

Notwithstanding anything contained herein or attached hereto to the contrary, this insurance is understood and agreed to be subject to English law and practice only as to liability for and settlement of any and all claims.

"본 보험증권의 규정 또는 첨부된 어떠한 반대규정에도 불구하고, 이 보험은 어떠한 모든 보상청구에 대한 책임과 결재에 대해서 영국의 법률과 관습만 따를 것을 합의 함"

이 보험계약은 손해배상청구나 결제"에 관해서는 영국의 법률과 관례를 따르도록 규정하고 있으며 동 보험은 한국의 법률과 관례는 적용되지 않는다. 그러나 손해배상청구(클레임)와 관련이 없는 보험계약의 체결, 보험료수납, 보험계약해지 등은 우리 나라 상법에서는 적용되고 있다.

(2) 타보험약관(other insurance clause)

알아봅시다

This insurance does not cover any loss or damage to the property which at the time of the happening of such loss or damage is insured by or would but for the existence of this Policy be insured by any fire or other insurance policy or policies except in respect of any excess beyond the amount which would have been payable under the fire or other insurance policy or policies had this insurance not been effected.

"피보험재산의 멸실 또는 손상이 발생한 때에 그것이 화재보험증권 또는 기타의 보험증권으로 부보되어 있는 경우, 또는 본 보험증권이 없었다면, 화재보험증권 또는 기타의 보험증권에 의하여 부보되었을 경우에는 본 보험은 그러한 피보험재산의 일체의 멸실 또는 손상을 담보하지 아니한다. 단 본 보험에 부보되어 있다면 화재보험증권 또는 기타 보험증권에서 지급되었을 금액을 초과한 금액에 대해서는 본 보험에서 지급 함"

이 보험은 보험손해가 발생한 경우, 화재보험이나 타보험증권과 중복되었다면, 화재보험이나 타보험증권으로 먼저 보상하고 잔액이 있다면 본 보험증권으로 보상한다는 취지이다.

오늘날의 해상보험은 확장보험으로 최종창고까지 담보, 생산지창고로부터 선적항, 양륙항으로부터 최종창고까지 화재보험에 부보하는 경우도 있다.

해상보험과 화재보험이 중복되어 있는 경우는, 중복된 부분에 대해서는 해상보험은 없는 것으로 간주하여 화재보험에 의해서만 보상하고 잔액부분을 해상보험으로 보상한다는 취지이다.

(3) 약인약관(consideration clause)

알아봅시다

We, ...Co., Ltd. hereby agree, in consideration of the payment to us by or on behalf of the Assured of the premium as arranged, to insure against loss damage liability or expense to the extent and in the manner herein provided.

"당......보험주식회사는 피보험자 또는 그 대리인이 정해진 보험료를 당사에 지급함으로써 피보험목적물의 멸실, 손상, 책임 또는 비용을 본 증권에서 규정된 비율과 방법으로 보상할 것을 합의 함"

이 보험은 보험자가 피보험자로부터 보험료를 받는 대가로 피보험목적물에 대한 경제적 손해를 보상한다는 취지의 약인 규정을 두고 있다. 여기서 약인이란 약속에 대한 대가, 보험자가 보상을 약속하는 대가로 보험료를 영수함을 의미한다.

이 보험에 의한 보험의 효력발생은 보험자가 손해를 보상하는 대가로서 피보험자가 보험자에게 보험료를 지급함으로써 효력이 발생한다.

그리고 보험계약이 성립되었다 하더라도 피보험자가 보험료를 지급하여야 보험이 효력발생하며, 보험료를 지급하기 전에는 보험계약은 무효가 된다.

이 약인약관의 문언은 보험료의 영수증과도 같다.

(4) 선서(서명)약관(attestation clause)

알아봅시다

In witness whereof, I the Undersigned of......Co., Ltd. on behalf of the said Company have subscribed My Name in the place specified as above to the policies, the issued numbers thereof being specified as above, of the same tenor and date, one of which being accomplished, the others to be void, as of the date specified as above.

"이에 본인, 즉, ...보험주식회사의 아래 서명자는 동 회사를 대신하여 상기장소에서 동일문언 및 일자의 보험증권에 서명하였음. 이 보험증권 중 1통에 대하여 손해 보상의무가 이행되었을 때에는 남은 보험증권은 그 효력을 상실하는 것으로 함"

이 보험은 보험계약체결의 증빙으로 보험회사를 대표하여 그 책임자가 서명함을 선언하고 또한 보험증권이 두 통 발행된 경우에 이 중 어느 하나로 보상청구가 이루어지면 다른 한 통은 그 효력을 상실한다는 선언을 하고 있다. 선하증권이나 환어음과 같은 원리가 적용된다.

3) 중요약관(Important Clause)

중요약관은 해상보험증권의 본문약관 옆에 클레임 발생시에 피보험자가 취해야 할 제반사항을 구체적으로 명시하고 있다. 구증권에서는 증권이면에 신증권에서는 증권표면에 적색으로 인쇄되어 있어 이를 "Red Line Clause"라고 한다.

중요약관은 화물이 인도되지 않거나 손상된 상태로 인도된 경우에 운송인이나 항만당국을 상대로 클레임을 제기함에 있어서 법률상 필요한 조치를 취해야 하는 조항이 있다.

또한 중요약관에는 손해발생시 보험자의 대리인에게 통지할 것을 명시한 'Instruction for Survey'조항이 있고, 보험자에게 클레임을 입증하는 데 필요한 서류목록을 명시한 'Documentation of Claim'조항이 있다.

제12장

협회적하보험약관

제1절 구협회적하약관

1. 구협회적하약관의 의의

해상보험에서 사용되는 약관은 대부분 협회적하약관이다. 협회약관은 런던보험자협회(ILU)와 로이즈보험자협회가 공동으로 만든 약관이다.

협회적하약관으로서 처음 제정된 것은 1912년 런던보험자협회가 채택한 Institute Cargo Clauses(FPA)이며, 1921년에는 분손을 담보하는 Institute Cargo Clauses (WA)이 제정되었으며, 그후 보험자들이 담보범위를 확장하는 추세에 발맞추어 1951년에 Institute Cargo Clauses(All Risks)이 제정되어 이 3가지가 협회적하약관의 기본약관으로서 사용되기 시작하였다.

협회적하약관은 해상적하보험의 기본조건으로 사용되면서 1958년과 1963년에 개정되어 지금까지 사용되고 있다. 한편 협회적하약관에는 이들 협회적하약관 외에 Institute War Clause(협회전쟁약관), Institute Strikes, Riots and Civil Commotions Clause(협회동맹파업·폭동 및 내란약관), Institute Theft, Pilferage and Non-Delivery Clause(협회도난·발화 및 불착약관) 및 기타 특정상품에 관한 약관 등이 있다.

2. 구협회적하약관의 구성

구협회적하약관에는 FPA(Free From Particular Average; 단독해손부담보약관), WA(With Average; 분손담보약관), A/R(All Risks; 전위험담보약관) 등의 3가지가 있다.

이 세 가지 협회적하약관은 각각 14개 조항과 하나의 주 규정으로 구성되어 있는데, 14개 조항가운데 제5조만 서로 다르고 나머지 13개 조항은 같다. 협회적하약관은 보험증권상의 특별약관으로 증권의 본문약관과 다를 경우에는 이들 약관이 우선한다.

3. 구협회적하약관의 내용

1) 제1조 운송약관(Transit Clause)

Transit Clause (incorporating Warehouses to Warehouses)

1.This insurance attaches from the time the goods leave the warehouse or place of storage at the place named in the policy for the commencement of the transit continues during the ordinary course of transit and terminates either on delivery

(a) to the Consignees' or other final warehouse or place of storage at the destination named in the policy,

(b) to any other warehouse or place of storage, whether prior to or at the destination named in the policy, which the Insured elect to use either

i. for storage other than in the ordinary course of transit or

ii. for allocation or distribution, or

(c) on the expiry of 60 days after completion of discharge overside of the goods hereby insured form the oversea vessel at the final port of discharge, whichever shall first occur.

If, after discharge overside form the oversea vessel at the final port of discharge, but prior to termination of this insurance the goods are to be forwarded to a destination other than that to which they are insured hereunder, this insurance whilst remaining subject to termination as provided for above, shall not extend beyond the commencement of transit to such other destination.

This insurance shall remain in force (subject to termination as provided for above and to the provisions of Clause 2 below) during delay beyond the control of the Insured, any deviation, forced discharge, reshipment or transshipment and during any variation of the adventure arising form the exercise of a liberty granted to shipowners or charterers under the contract of affreightment, but shall in no case be deemed to extend to cover loss damage or expense proximately caused by delay or inherent vice or nature of the subject matter insured.

운송약관(창고간약관)

1. 이 보험은 화물이 보험증권에 기재된 지역에서의 창고 또는 장치장에서 수송개시를 위하여 떠날 때부터 담보가 개시되고 통상의 수송과정중에 계속되며

(a) 보험증권에 기재된 목적지에서 수하주 또는 기타 최종창고 또는 보관장소에 인도될 때이거나,

(b) 보험증권에 기재된 목적지나 또는 그 이전이거나를 불문하고, 피보험자가

i. 통상의 수송과정을 벗어난 보관이나,

ii. 할당 또는 분배를 위하여 사용하려고 선택한 기타의 창고나 혹은 보관장소에 인도될 때, 또는

(c) 최종양하항에서 하역한 후 60일이 경과할 때 중에서 어느 것이 먼저 발생하든 그때에 담보가 종료된다.

만약, 화물이 최종양하항에서 외항선으로부터의 양하작업 후, 그러나 본 보험 기간의 만료 이전에 이 증권하에서 담보된 목적지 이외의 곳으로 수송되는 경우에는 이 보험은 전항에서 규정된 보험종료의 조건에 따라 계속되나, 그러한 목적지를 향해서 수송을 개시할 때 종료된다.

이 보험은 피보험자가 좌우할 수 없는 지연, 이로, 부득이한 양하, 재선적, 환적 및 해상운송 계약에 의거, 선주나 용선자에게 부여된 자유재량권의 행사결과로 생기는 위험의 변경기간 중(본조 상기한 바에서 규정된 보험종료의 조건 및 제2조의 규정에 따라) 유효하게 계속된다. 그러나 여하한 경우에도 지연 또는 보험목적물의 고유의 하자 혹은 성질을 근인하여 발생한 멸실, 손상 또는 비용까지도 확장 담보하는 것으로 간주하여서는 안 된다.

일명 '창고간약관(Warehouse to Warehouse Clause)'으로 본문약관에서 정한 보험기간을 연장하거나, 이로(deviation) 등으로 위험의 변경이 있을 경우에 계속적인 담보를 약정한 약관이다.

2) 제2조 운송계약종료약관(Termination of Adventure Clause)

Termination of Adventure Clause

2. If owing to circumstances beyond the control of the Insured either the contract of affreightment is terminated at a port or place other than the destination named therein or the adventure is otherwise terminated before delivery of the goods as provided for in Clause 1 above, then, subject to prompt notice being given to Insurers and to an additional premium if required, this insurance shall remain in force until either

i. the goods are sold and delivered at such port or place, or, unless otherwise specially agreed, until the expiry or 60 days after completion of discharge overside of the goods hereby insured form the oversea vessel at such port or place, whichever shall first occur, or

ii. if the goods are forwarded within the said period of 60 days (or any agreed extension thereof) to the destination named in the policy or to any other destination, until terminated in accordance with the provisions of Clause 1 above.

운송계약종료약관

2. 피보험자가 좌우할 수 없는 사정에 의하여, 해상운송계약이 그 계약서에 기재된 목적지 이외 의 항구 또는 지역에서 종료되거나, 또는 기타의 사정으로 제1조에서 규정된 화물의 인도이전에 수송이 종료되었을 경우에는 지체없이 그 취지를 보험자에게 통보하고, 또한 청구를 받으면 추가보험료를 지급할 것을 조건으로 하여

i. 화물이 상기의 항구 또는 지역에서 매각된 후 인도되거나 또는 별도의 합의가 없는 한, 그러한 항구 또는 지역에서 외항선으로부터의 양륙작업 완료 후 60일이 경과되거나, 그 중의 어느 한쪽이 먼저 생길 때

ii. 만약, 화물이 상기 60일의 기간(또는 합의에 의하여 60일의 기간을 연장한 기간) 내에 보험증권에 기재된 목적지 또는 기타의 목적지로 계속 운반된 경우에는 상기 제1조의 규정에 따라 보험이 종료될 때까지, 이 보험은 유효하게 존속된다

보험자가 처리할 수 없는 사정으로 인하여 화물이 목적지에 도착하기 전에 항해가 종료되는 경우, 할증보험료를 지급함으로써 보험기간이 일정기간 존속한다는 것을 정한 약관이다.

3) 제3조 부선약관(Craft, etc. Clause)

알아봅시다

Craft & C. Clause

3. Including transit by craft raft or lighter to or from the vessel. Each craft raft or lighter to be deemed a separate insurance. The Assured are not to be prejudiced by any agreement exempting lighter-men from liability.

부선약관

3. 본선까지의 및 본선으로부터의 부선 및 뗏목에 의한 수송을 포함한다. 각 부선 및 뗏목을 각기 별도로 부보된 것으로 간주한다. 피보험자는 부선운송인의 책임을 면제하는 계약에 의하여도 자기의 권리를 침해받지 않는다.

선적항 또는 양륙항에서 부선 또는 이와 비슷한 운송구로 운송하는 기간도 보험기간에 포함시킨다는 것을 정한 약관이다.

4) 제4조 항해변경약관(Change of Voyage Clause)

알아봅시다

Change of Voyage Clause

4. Held covered at a premium to be arranged in case of change of voyage or of any omission or error in the description of the interest vessel or voyage.

항해변경약관

4. 항해의 변경이 생기는 경우 혹은 보험의 목적, 선박 또는 항해에 관한 기재상의 탈루나 오기가 생기는 경우에는 추후 협정되어야 할 추가 보험료에 의하여 담보가 계속된다.

항해가 변경되었을 경우 추가보험료를 지급하면 보험이 계속된다는 것을 정한 약관이다.

5) 제5조 담보약관

(1) 단독해손부담보약관(Free from Particular Average Clause)

알아봅시다

『Warranted free from particular average unless the vessel or craft be stranded, sunk, or burnt, but notwithstanding this warranty the Underwriters are to pay the insured value of any package or packages which may be totally lost in loading, transshipment or discharge, also for any loss of or damage to the interest insured which may reasonably be attributed to fire, explosion, collision or contract of the vessel and/or craft and/or conveyance with any external substance (ice included) other than water, or to discharge of cargo at a port of distress, also to pay special charge for loading warehousing and forwarding if incurred at an intermediate port of call or refuge, for which Underwriters would be liable under the standard form of English Marine Policy with the Institute Cargo Clause (W.A.) attached. This clause shall operate during the whole period covered by the policy.』

"선박 또는 부선이 좌초, 침몰, 대화재로 이재를 입을 경우를 제외하고 단독해손을 담보하지 않는다. 다만, 상기의 면책조건이 있음에도 불구하고 보험자는 조난, 환적 또는 양하시에 전손이 발생될 수 있는 각개의 포장물마다 협정보험가격을 지급하고, 또 화재, 폭발, 선박간의 충돌 또는 선박, 부선, 운송용구와 물 이외의 타물(얼음 포함) 과의 접촉 또는 조난항에서의 양하작업에서 상당한 인과관계가 있다고 간주되는 위험의 목적의 멸실 또는 손상에 대해서도 보상한다. 또한 중간 기항항 또는 피난항에 있어서의 양하작업, 창고입고 및 계속운반을 위한 특별비용을 지급한 경우에 이들 특별비용이 협회적화약관(분손담보)이 첨부된 영국해상보험증권표준양식에 의해 보험자가 부담해야 할 것이라면 그 특별비용까지도 보상한다."

이 약관은 보험증권에 따라 담보되는 전기간에 대하여 적용된다. FPA조건은 단독해손부담보조건이지만 좌초, 침몰 및 화재에 의한 분손은 담보한다.

(2) 분손담보약관(With Average Clause)

알아봅시다

『Warranted free from average under the percentage specified in the policy, unless general, or the vessel or craft be stranded, sunk or burnt, but notwithstanding this warranty the Underwriters are to pay the insured value of any package which may be totally lost in loading, transshipment or discharge, also for any loss of or damage to the interest insured which may reasonably be attributed to fire, explosion, collision or contract of the vessel and/or conveyance with any external substance(ice included) other than water, or to discharge of cargo at a port of distress. This clause shall operate during the whole period covered by the policy.』

『"공동해손인 경우 또는 선박 혹은 부선이 좌초, 침몰 또는 대화재를 입은 경우를 제외하고 보험증권에 특정한 비율 미만의 해손은 담보하지 않는다. 다만, 상기의 면책조건이 있음에도 불구하고 보험자는 적재, 환적 또는 양하시에 전손이 발생될 수 있는 각개의 화물 1포장마다의 보험금액을 보상하고 또 화재, 폭발, 선박간의 충돌 또는 선박, 부선, 운송용구와 물 이외의 타물(얼음 포함)과의 접촉 또는 피난항에서의 양하작업에 상당한 인과관계가 있다고 간주되는 보험의 목적의 멸실 또는 손상에 대해서도 보상한다."』

이 약관은 보험증권에 의해서 담보되는 전기간에 대하여 적용된다.

WA조건은 보험자가 단독해손을 담보하는 것을 원칙으로 하고 있으며, FPA조건에서 담보된 침몰, 좌초 및 화재를 근인으로 해서 발생된 단독해손은 물론 담보되고, 기타의 위험에 의한 단독해손도 담보한다. 단 이 경우 보험증권 본문의 면책률약관(Memorandum Clause)하의 면책비율이 적용되며, 일정비율 미만의 소손해에 대해서는 원칙적으로 담보하지 않는다. 그러나 WA 조건은 면책률약관보다 우선하여 적용되는 특별약관이므로 실무상 WA 3% 등의 문언을 첨부하여 사용하고 있다.

(3) 전위험담보약관(All Risks Clause)

알아봅시다

『This insurance is against all risks of loss of or damage to the subject-matter insured but shall in no case be deemed to extend to cover loss damage or expense proximately caused by delay or inherent vice or nature of the subject-matter insured. Claims recoverable hereunder shall be payable irrespective of percentage.』

『"이 보험은 보험의 목적의 멸실 또는 손상의 일체의 위험을 담보한다. 다만 어떠한 경우에 있어서도 지연 또는 보험의 목적의 고유의 하자 또는 성질에 기인하여 발생되는 멸실, 손상 또는 비용을 담보하도록 확장하는 것으로 간주해서는 안된다. 이 보험에 의거하여 청구할 수 있는 보험금은 손해율의 여하를 불문하고 지급된다."』

FPA, WA 조건이 열거책임주의를 채택하고 있는데 비하여 이 A/R 조건은 포괄책임주의를 채택하고 있다. 즉 이 조건은 ICC약관상 보상되지 않는 면책위험을 제외하고 일체의 위험을 담보하는 것을 원칙으로 하고 있다. 그러나 A/R 조건에서도 전쟁위험과 동맹파업위험은 제외되므로, 이를 담보받기 위해서는 특약을 첨부해야 한다.

6) 제6조 추정전손약관(Constructive Total Loss Clause)

알아봅시다

Constructive Total Loss Clause

6. No claim for Constructive Total Loss shall be recoverable hereunder unless the goods are reasonable abandoned either on account of their actual total loss appearing to be unavoidable or because the cost of recovering, reconditioning and forwarding the goods to the destination to which they are insured would exceed their value on arrival.

추정전손약관

6. 추정전손에 대한 보험금 청구는 화물의 현실전손이 불가피하다고 생각될 때, 또는 화물을 회복시켜 거기에 손질을 하고, 그것을 담보목적지까지 계속 운반하는데 소요되는 비용이 그 목적지에 도착했을 때의 화물가액을 초과할 가능성이 있어 화물의 손해를 정당하게 위부하지 않는한 이 보험에서는 보상되지 않는다.

추정전손의 성립요건에 대하여 영국해상보험법 제60조의 규정을 확인하는 추정전손담보약관이다.

7) 제7조 공동해손약관(General Average Clause)

알아봅시다

G.A. Clause

7. General Average and Salvage Charges payable according to Foreign Statement or to York- Antwerp Rules if in accordance with the contract of affreightment.

공동해손약관

7. 공동해손 및 구조비는 외국에서 작성된 정산서에 의거하거나 또는 해상화물운송계약에 그렇게 규정되어 있으면 요오크 엔트워프 규칙에 의거 정산된다.

공동해손의 처리를 위한 준거법을 정한 약관이다.

8) 제8조 내항성담보약관(Seaworthiness Admitted Clause)

알아봅시다

Seaworthiness Admitted Clause

8. The seaworthiness of the vessel as between the Insured and Insurers is hereby admitted. In the event of loss the Assured's right of recovery hereunder shall not be prejudiced by the fact that the loss may have been

attributable to the wrongful act or misconduct of the shipowners or their servants, committed without the priority of the Assured.

감항성담보약관

8. 피보험자와 보험자와의 사이에서는 선박이 감항성있는 것으로 인정한다. 손해가 발생했을 때 이 보험에 의한 보상청구권은 그 손해가 피보험자의 관여없이 행하여진 선주 또는 그 사용인의 불법행위나 비행에 기인하였을지도 모른다는 사실을 이유로 침해받지 않는다.

피보험자에 대해서 가혹한 영국법의 내항성묵시담보를 완화한다는 것을 정한 약관으로 화주의 내항성보장책임을 면제해주는 약관이다.

9) 제9조 수탁자약관(Bailee Clause)

알아봅시다

Bailee Clause

9. It is the duty of the Insured and their Agents, in all cases, to take such measures as may be reasonable for the purposes of averting or minimizing a loss and to ensure that all rights against carriers, bailees or other third parties are properly preserved and exercised.

수탁자약관

9. 모든 경우에 손해의 방지 및 경감을 위하여 적절한 조치를 취하고, 또한 운송인, 수탁자 또는 기타 제3자를 상대로 한 모든 권리를 확보해 놓는 것은 피보험자 및 그 대리인의 의무이다.

피보험자가 운송계약에 따라 운송인에게 손해배상을 청구해야할 필요가 있는 경우, 먼저 보험자에게 보상을 받고 운송인에 대한 배상청구권은 보험자에게 위부한다는 계약이다.

10) 제10조 보험이익불공여약관(Not to Insure Clause)

알아봅시다

Not to Inure Clause

10. This insurance shall not inure to the benefit of the carrier or thar bailee.

보험이익불공여약관

10. 이 보험은 운송인 및 기타의 수탁자에게 유리하게 이용되어서는 안 된다.

운송인에게 보험계약이 체결되어 있다는 이유로서 이익을 주어서는 안된다는 약관이다.

11) 제11조 쌍방과실충돌약관(Both to Blame Collision Clause)

알아봅시다

Both to Blame Collision Clause

11. This insurance is extended to indemnify the Insured against such proportion of liability under the contract of affreightment "Both to Blame Collision" Clause as is in respect of a loss recoverable hereunder.

In the event of any claim by shipowners under the said Clause the Insured agree to notify the Insurers who shall have the right, at their own cost and expense, to defend the Insured against such claim.

쌍방과실충돌약관

11. 이 보험에서는 손해보상의 범위를 확장하여 해상화물운송계약 "쌍방과실충돌" 약관에 의한 피보험자의 부담액 중 본 보험증권에서 보상받을 수 있는 손해에 관한 부분을 지급한다.

상기 약관에 의거 선주로부터 청구를 받았을 경우에는 피보험자는 그 취지를 보험자에게 통지할 것을 약속한다. 보험자는 자기의 비용으로 선주의 청구에 대하여 피보험자를 보호할 권리를 갖는다.

선하증권의 쌍방과실충돌약관에 의거한 피보험자의 부담액 중 보험증권에 의하여 보상받을 수 있는 손해에 관한 부분을 피보험자에게 보상한다는 약관이다.

12) 제12조 포획·나포부담보약관(Free from Capture and Seizure Clause)

F.C. & S. Clause

12. Warranted free of capture, seizure, arrest, restraint or detainment, and the consequences thereof or of any attempt thereat; also from the consequences of hostilities or warlike operations, whether there be a declaration of war or not; but this warranty shall not exclude collision, contact with any fixed or floating object (other than a mine or torpedo), stranding, heavy weather or fire unless caused directly (and independently of the nature of the voyage or service which the vessel concerned or, in the case of a collision, any other vessel involved therein, is performing) by a hostile cot by or against a belligerent power; and for the purpose of this warranty "power" includes any authority maintaining naval, military or air forces in association with a power. Further warranted free from the consequences of civil war, revolution, rebellion, insurrection, or civil strife arising therefrom, or piracy

포획·나포 부담보약관

12. 포획, 나포, 강류, 억지 또는 억류와 이러한 행위의 결과 또는 이러한 행위를 하고자 기도한 결과를 담보하지 않는다. 또한 선전포고의 유무에 관계없이 적대행위 또는 군사적 행동의 결과를 담보하지 않는다. 그러나, 본 면책약관은 교전국에 의하여 혹은 교전국에 대하여 행해진 적대행위로 인하여 직접 발생되지 않는 한 고정 혹은 부유물체와의 충돌 또는 접촉, 좌초, 악천후 또는 화재를 면책하는 것은 아니다. 또한, 본 면책약관에 관한 한 국가라 하는 것은 어느 국가와 제휴하고 해군, 육군 또는 공군을 보유하고 있는 모든 정권에 포함된다. 또한 내란, 혁명, 모반, 반란 또는 이로 인해서 생기는 국내투쟁의 결과와 해적행위를 담보하지 않는다. 만약, 제12조가 말소되었을 경우에는 적하보험용의 현행 협회전쟁약관이 이 보험의 일

부를 구성하는 것으로 간주한다.

포획 · 나포부담보약관(Free from Capture and Seizure Clause)은 본문약관서 담보되고 있는 전쟁위험을 면책하는 내용을 규정하고 있다.

13) 제13조 동맹파업·폭동 · 소요부담보약관(Free from Strikes, Riots and Civil Commotions Clause)

알아봅시다

F.S. R. & C.C. Clause

13. Warranted free of loss or damage

(a) caused by strikers, locked-out workmen, or persons taking part in labour disturbances, riots or civil commotions:

(b) resulting from strikes, lock-outs, labour disturbances, riots or civil commotions

동맹파업·소요·폭동 부담보약관

13. 다음 사유로 인한 멸실이나 손상을 담보하지 않는다.

(a) 동맹파업자, 직장폐쇄를 당한 직공, 또는 노동분쟁, 폭동 또는 소요에 가담한 자에 의하여 발생한 것:

(b) 동맹파업, 직장폐쇄, 노동분쟁, 폭동 또는 소요의 결과로 생긴 것. 만약, 제13조가 말소되었을 경우에는 적하보험용의 현행 협회동맹파업·소요·폭동약관이 이 보험의 일부를 구성하는 것으로 간주한다.

동맹파업 · 폭동 · 소요부담보약관(Free from Strikes, Riots and Civil Commotions Clause)에서는 동맹파업, 폭동, 소요 등과 같은 위험에 의해서 사고가 발생하면 보험자가 면책된다는 내용을 규정하고 있다.

14) 제14조 신속처리약관(Reasonable Despatch Clause)

알아봅시다

Reasonable Despatch Clause

14. It is a condition of this insurance that the Insured shall act with reasonable despatch in all circumstances within their control.

신속처리약관

14. 피보험자는 자기가 좌우할 수 있는 모든 여건하에서는 가능한 한 신속하게 행동하는 것이 이 보험의 조건이다.

화물에서 보험자에게 불리한 사정이 발생한 경우 피보험자가 신속하게 그것에 대응할 의무를 정한 약관이다.

4. 구협회전쟁약관(Institute War Clauses: IWC)

동 약관은 구 증권의 포획 · 나포부담보약관과 동맹파업 · 소요 · 폭동부담보약관, 그리고 구ICC가 보험증권에 첨부된 경우는 제12조 포획 · 나포부담보약관, 제13조 동맹파업 · 소요 · 폭동 부담보약관에 의해 모두 면책된다.

그러나 전쟁 중인 지역이나 전쟁 가능성 지역을 항해하는 경우에는 전쟁위험을 담보 받을 필요가 있다. 구협회전쟁약관은 1980년 3월 11일 개정된 것으로 8개조로 구성되어 있으며 다음과 같다.

⊙ Institute War Clauses(Cargo) : 해상운송의 경우에 적용되는 약관

⊙ Institute War Clauses(Cargo)(including on carriage by Air) : 항공편으로 계속운송을 하는 경우에 적용되는 약관

⊙ Institute War Clauses for the insurance of sendings by Post : 우편물

⊙ Institute War Clauses(Air Cargo)(excluding sendings by Post) : 항공운송화물에 적용되는 약관으로

이들 중 해상운송에 적용되는 내용을 중심 살펴보면 다음과 같다.

1) 제1조 전쟁위험의 범위에 관한 약관

This insurance covers

1.1 the risks excluded from the Standard Form of English Marine Policy by the clauses:

"Warranted free of capture, seizure, arrest, restraint or detainment, and the consequences thereof or of any attempt thereat; also from the consequences of hostilities or warlike operations, whether there be a declaration of war or not; but this warranty shall not exclude collision, contact with any fixed or floating object(other than a mine or torpedo), stranding, heavy weather or fire unless caused directly(and independently of the nature of the voyage or service which the vessel concerned or, in the case of a collision, any other vessel involved therein, is performing) by a hostile act by or against a belligerent power; and for the purpose of this warranty 'power' includes any authority maintaining naval, military or air forces in association with a power.

Further warranted free from the consequence of civil war, revolution, rebellion, insurrection, or civil strife arising therefrom or policy."

1.2 loss of damage to the interest insured caused by

1.2.1 hostilities, warlike operations, civil war, revolution, rebellion, insurrection or civil strife arising therefrom

1.2.2 mines, torpedoes, bombs or other engines of war

1.3 general average and salvage charges incurred for the purpose of avoiding, or in connection with the avoidance of, loss by a peril insured against by these clauses. General average and salvage charges payable according to Foreign Statement or to York-Antwerp Rules if in accordance with the contract of affreightment.

이 보험은 다음 위험을 담보한다.

1.1 다음 약관에 의하여 영국의 표준 해상보험증권에서 제외된 위험

"포획 · 나포 · 강류 · 억지 또는 억류와 그러한 행위의 결과 또는 그러한 행위를 하려고 하는 기도의 결과를 담보하지 아니한다. 그리고 선전포고의 유무를 불문하고 적대행위 또는 군사적 행동의 결과를 담보하지 아니한다. 그러나 이 면책약관은 교전국에 의하여 또는 교전국에 대하여 행하여진 적대행위로 인하여 직접(그리고 당해선박, 또는 충돌의 경우에는 충돌에 관계가 있는 다른 선박이 수행하고 있는 항해 또는 서비스의 성질과는 관계없이) 발생한 것이 아닌 한, 충돌 · 고정 또는 부유물체(기뢰 또는 어뢰 제외)와의 접촉, 좌초 · 악천후 또는 화재를 면책하는 것은 아니다. 또한 이 면책약관에 관한 한 '국(國)' 이라함은 어느 국가와 제휴하고 해군 · 육군 · 공군을 유지하고 있는 모든 정권을 포함한다.

그리고 내란 · 혁명 · 모반 · 반란 또는 이로 인하여 발생하는 국내투쟁의 결과 또는 해적행위를 담보하지 아니한다."

1.2 다음 위험으로 인하여 발생한 보험의 목적의 멸실 또는 손상

1.2.1 적대행위 · 군사적 행동 · 내란 · 혁명 · 모반 · 반란 또는 이로 인하여 발생한 국내투쟁

1.2.2 기뢰 · 어뢰 · 폭탄 또는 기타의 전쟁무기

1.3 이 약관상 담보되는 위험으로 인한 손실을 피하기 위하여 또는 피함에 관련하여 발생한 공동해손 및 구조비. 공동해손 및 구조비는 외국정산서에 의해, 또는 만약 해상화물운송계약에 요오크 · 앤트워프규칙에 따른다는 취지의 규정이 있으면 그 규칙에 의해 이를 지급한다.

여기서 이 약관에 의하여 담보되는 위험을 구체적으로 살펴보면 다음과 같다.

(1) 포획 및 나포

포획(capture)이란 적국에 의해 선박이나 적하의 소유권 또는 재산권을 그 소유자 또는 기타 권리자로부터 탈취할 의사를 갖고 하는 점유의 탈취를 말하며, 국제법상의 포획 뿐만이 아니라 불법적인 포획까지도 포함하는 개념이다.

나포(seizure)는 포획보다 넓은 뜻으로 일체의 강제적인 점유탈취행위를 뜻한다.

(2) 강류·억지 또는 억류

강류(arrest)·억지(restraint) 또는 억류(detainment)는 동의어로서 궁극적으로 소유자에 반환할 의사를 가진 재산의 일시적인 유치이며, 재산을 자기의 소유로 할 것을 목적으로 하는 포획과는 그 성질이 다르다. 즉 강류는 단순한 일시적인 유치인데 반하여, 포획은 전시에 전리품으로 충당할 목적으로 하는 강제적인 탈취이다.

(3) 적대행위 또는 군사적 행동

국제법상의 전쟁(다만 선전포고의 유무 불문)으로 간주되는 전쟁이 있는 경우에 공격적이든 방어적이든 불문하고, 현실적으로 전쟁을 수행하기 위한 일체의 행위를 가리킨다. 적대행위의 예로서는 미사일·폭탄·포탄 혹은 어뢰·고정되어 있든 부유하고 있든 불문하고 기뢰와의 접촉 또는 외국에 거주하는 적국인이 선박내에 장치한 폭탄으로 인하여 생긴 폭발 및 화재 등으로 인한 상선의 손해를 들 수 있다.

(4) 내란·혁명·모반·반란 또는 이로 인하여 생기는 국내투쟁

이는 국제법상 전쟁은 아니지만 조직적 무력에 의하여 국권에 반항하는 변란위험을 가리킨다.

(5) 해적행위

해적행위(piracy)란 해적의 가해행위를 말한다. 그리고 해적은 사리사욕을 위해 무차별적으로 약탈을 하는 자를 가리키며, 폭동을 일으키는 여객 및 해안에서 선박을 습격하는 폭도를 포함한다.

(6) 기뢰(mines)·어뢰(torpedoes)·폭탄 또는 기타의 전쟁무기

이것은 전시나 평화시를 불문하고 유기된 각종 무기에 의하여 생기는 일체의 위험을 의미한다.

2) 제2조 면책손해 등을 규정한 약관

알아봅시다

This insurance excludes

2.1 any claim based upon loss of , or frustration of, the insured voyage or adventure caused by arrests restraints or detainments of Kings Princes Peoples Usurpers or Persons attempting to usurp power

2.2 loss damage or expense arising from any hostile use of any weapon of war employing atomic or nuclear fission and/or fusion or other like reaction or radioactive force or matter

2.3 loss or damage covered by the Standard Form of English Marine Policy with the Free of Capture etc. Clause(as quoted in 1.1 above) inserted therein

2.4 loss or damage proximately caused by delay inherent vice or loss of market, or any claim for expenses arising from delay except such expenses as would be recoverable in principle in English law and practice under York-Antwerp Rules.

이 보험은 다음 위험을 면책한다.

2.1 국왕·군주·국민·국권찬탈자 또는 찬탈을 기도하는 자에 의한 강류·억지 또는 억류에 의하여 발생하는 피보험항해 및 해상사업의 중지 또는 중절에 기인하는 일체의 청구

2.2 원자력 또는 핵의 분열 및/또는 융합또는 기타 이와 유사한 반응 또는 방사능이나 방사성 물질을 사용한 무기의 적대적 사용으로 인하여 발생한 멸실·손상 또는 비용.

2.3 포획 등 부담보약관(위 제1.1조에 인용한 것)을 삽입한 영국해상보험증권 표준양식에 의해 담보되는 멸실 또는 손상

2.4 지연·고유의 하자 또는 시장상실에 근인하여 발생한 멸실·손상 또는 지연에 기인한 비용에 대한 청구. 다만 영국의 법률과 관례에 비추어 요오크·앤트워프규칙에 의해 보상되는 비용인 경우에는 그러하지 아니하다.

면책손해 등을 규정한 약관은 전쟁담보의 보험증권에 있어서의 면책위험과 면책손해를 규정하고 있다.

3) 제3조 면책비율 부적용약관

알아봅시다

Claims recoverable shall be payable irrespective of percentage.

보상되는 보험금은 면책비율에 관계없이 지급한다.

면책비율 부적용약관은 IWC에 의거 보상되는 손해에 면책비율이 적용되지 않음을 규정한 것이다.

4) 제4조 촉뢰위험을 제외한 전쟁위험의 보험기간약관

알아봅시다

This insurance, except for the risks of mines and derelict torpedoes, floating or submerged, referred to in Clause 5 below,

4.1 attaches only as the interest insured and as to any parts as that part is loaded on an oversea vessel and

4.2 terminate, subject to 4.5 and 4.6 below, either as the interest and as to any part as that part is discharged from an oversea vessel at final port or place of discharge, or on expiry of 15 days counting from midnight of the day of arrival of the vessel at the final port or place of discharge, whichever shall first occur; nevertheless,

subject to prompt notice to the Underwriters and to an additional premium, such insurance

4.3 reattaches when, without having discharged the interest at the final port or place of discharge, the vessel sails therefrom, and

4.4 terminates, subject to 4.5 and 4.6 below, either as the interest and as to any part as that part is thereafter discharged from the vessel at the final (or substituted) port or place of discharge, or on expiry of 15 days counting from midnight of the day of re-arrival of the vessel at the final port or place of discharge or arrival of the vessel at a substituted port or place of discharge, whichever shall first occur,

4.5 If during the insured voyage the oversea vessel arrives at an intermediate port or place to discharge the interest for on- carriage by another oversea vessel, such insurance terminates on expiry of 15 days counting from midnight of the day of arrival of the vessel at the intermediate port or place, but reattaches as the interest and as to any part as that part is loaded on the on-carrying oversea vessel. During the period of 15 days such insurance remains in force after discharge only whilst the interest and as to any part as that part is at such intermediate port or place of discharge. If the insurance reattaches, it thereafter terminates in accordance with 4.2.

4.6 If the voyage in the contract of carriage is terminated at a port or place other than the destination agreed therein, such port or place shall be deemed the final port of discharge and such insurance terminates in accordance with 4.2. If the interest is subsequently reshipped to the original or any other destination, then, provided notice is given to the Underwriters before the commencement of such further transit and subject to an additional premium, such insurance reattaches

4.6.1 in the case of the interest having been discharged, as the interest and as to any part as that part is loaded on the on-carrying oversea vessel for the voyage:

4.6.2 in the case of the interest not having been discharged, when the vessel sails from such deemed final port of discharge;

thereafter such insurance terminates in accordance with 4.4.

(For the purpose of Clause 4 "arrival" shall be deemed to mean that the vessel is anchored, moored or otherwise secured at a berth or place within the Harbour Authority area. If such a berth or place is not available, arrival is deemed to have occurred when the vessel first anchors, moors or otherwise secures either at or off the intended port or place of discharge.)

다음 제5조에 언급한 표류 또는 수중에 잠긴 기뢰 및 유기된 어뢰의 위험을 제외하고 이 보험은

4.1 보험의 목적이, 또한 보험의 목적의 일부에 대하여는 그 일부가 외항선에 적재된 때에 그 효력이 개시되고 또한

4.2 다음 4.5 및 4.6에 따라 보험의 목적이, 또한 보험의 목적의 일부에 대하여는 그 일부가 최종양륙항 또는 장소에서 외항선으로부터 양륙된 때 또는 최종양륙항 또는 장소에 도착한 날의 자정으로부터 기산하여 15일을 경과 한 때 중 빠른 때에 종료한다.

위의 규정에 불구하고 지체없이 보험자에게 통지하고 또 추가보험료를 지급하는 조건으로 이 보험은

4.3 최종양륙항 또는 장소에서 보험의 목적을 양륙하지 않고 외항선이 거기에서 출항한 때 다시 효력이 개시되고 또한

4.4 다음 4.5 및 4.6에 따라 보험의 목적이, 또한 보험의 목적의 일부에 대하여는 그 일부가 그 후 최종양륙(대체)항 또는 장소에서 외항선으로부터 양륙된 때 또는

외항선이 최종양륙항 또는 장소에 다시 도착한 날 또는 대체양륙항 또는 장소에 도착한 날의 자정으로부터 기산하여 15일을 경과한 때 중 빠른 때에 종료한다.

4.5 피보험항해 중 외항선이 보험의 목적을 양륙하여 다른 외항선으로 계속 운반할 목적으로 중간항구 또는 장소에 도착한 경우, 이 보험은 그러한 항구 또는 장소에 원래의 외항선이 도착한 날의 자정부터 기산하여 15일을 경과한 때에 종료한다. 다만 보험의 목적이 또는 그 일부에 대하여는 그 해당부분이 계속 운반할 외항선에 적재될 때 다시 효력을 발생한다. 위 15일 기간 중 보험의 목적이, 또는 그 일부에 대하여는 그 해당부분이 그러한 항구 또는 장소에 있는 동안에 한하여 이 보험은 양륙 후도 유효하게 존속된다. 이 보험의 효력이 다시 발생한 경우 이 보험은 4.2에 따라 종료한다.

4.6 운송계약상의 항해가 계약서에 정해진 목적지 이외의 항구 또는 장소에서 종료될 경우, 그 항구 또는 장소가 최종양륙항으로 간주되며, 이 보험은 4.2의 규정에 따라 종료한다. 그 후 보험의 목적이 원래의 목적지 또는 다른 목적지로 재선적되는 경우에는 그와 같은 계속운송의 개시 전에

보험자에게 통지하고, 추가보험료를 지급하는 조건으로 이 보험은 다음과 같이 다시 효력을 발생한다.

4.6.1 보험의 목적이 양륙되었을 경우에는 보험의 목적이 또는 그 일부에 대하여는 그 해당부분이 항해를 위하여 계반외항성에 적재된 때

4.6.2 보험의 목적이 양륙되지 아니하였을 경우에는 선박이 최종양 륙항으로 간주된 곳으로부터 출항한 때

그 후 이 보험은 4.4의 규정에 따라 종료된다.

(이 약관 제4조를 적용함에 있어 "도착"이라 함은 선박이 항만당국 관할구역내의 정박묘지 또는 장소에 묘박, 계류 또는 기타의 방법으로 안정되게 고정되는 것을 의미하는 것으로 간주한다. 그와 같은 정박묘지 또는 장소를 이용 할 수 없는 경우, 도착은 선박이 예정된 양륙항 또는 양륙장소에서 또는 그 밖에서 제일 먼저 묘박·계류 또는 기타의 방법으로 안전하게 고정될 때 발생된 것으로 간주한다.)

제4조는 기뢰 및 유기된 어뢰를 제외한 전쟁위험에 대해 규정하고 있다.

5) 제5조 촉뢰위험에 대한 보험기간약관

알아봅시다

This insurance against the risks of mines and derelict torpedoes, floating or submerged,

5.1 attaches as the interest and as to any part as that part is first loaded on vessel or craft after such interest leaves the warehouse or place of storage at the place named in the insurance for the commencement of the transit and

5.2 terminates either

5.2.1 as the interest and as to any part as that part is discharged finally from vessel or craft prior to delivery to the warehouse or place of storage at the destination named in the insurance, or at a substituted destination in the event of a change of voyage agreed to by the Underwriters,

or,

5.2.2 when, before the interest is discharged finally from vessel or craft prior to delivery to the warehouse or place of storage at the destination named in the insurance, or at a substituted destination in the event of a change of voyage agreed to by the Underwriters, the voyage or transit in the contract of carriage is terminated at a port or place other than the destination agreed therein: nevertheless, subject to prompt notice to the Underwriters and to an additional premium if required, such insurance reattaches, and thereafter terminates

either

5.2.2.1 as the interest and as to any part as that part is discharged from vessel or craft prior to sale and delivery at such port or place

or,

5.2.2.2 unless otherwise specially agreed by the Underwriters, on the expiry of 60 days whilst afloat after completion of discharge overside of the interest from an oversea vessel at such port or place, whichever shall first occur.

If the interest is forwarded within the 60 days (or any agreed extension thereof) to the destination named in the insurance or to any other destination, then, subject to prompt notice to the Under- writers and to an additional premium, such insurance remains in force until terminated as the interest and as to any part as that part is discharged finally from vessel or craft prior to delivery to the warehouse or place of storage at the destination named in the insurance, or at a substituted destination in the event of a change of voyage agreed to by the Underwriters.

(For the Purpose of Clause 4 and Clause 5

"oversea vessel" shall be deemed to mean a vessel carrying the interest from one port or place to another where such voyage involves a sea passage by that vessel.)

부유 또는 수중에 잠겨 있는 기뢰 및 유기된 어뢰의 위험에 대한 보험은

5.1 보험의 목적이, 또 보험의 목적의 일부에 대하여는 그 일부가 운송개시를 위해 보험증권에 기재된 지역의 창고 또는 보관장소를 떠난 후 선박 또는 부선에 최초로 적재된 때에 개시하고

5.2 다음과 같은 때에 종료한다.

5.2.1 보험의 목적이, 또 보험의 목적의 일부에 대하여는 그 일부가 보험증권에 기재된 목적지 또는 보험자의 승낙을 얻은 항해 변경의 경우에는 대체목적지의 창고 또는 보관장소에 인도되기 전에 선박 또는 부선으로부터 최종적으로 양륙된 때 또는

5.2.2 보험의 목적이 보험증권에 기재된 목적지 또는 보험자의 승낙을 얻은 항해변경의 경우에는 대체목적지의 창고 또는 보관장소에 인도되기에 앞서 선박 또는 부선으로부터 최종적으로 양륙되기 전에 운송계약에서 정해진 항해 또는 운송이 그 계약에서 정해진 목적지 이외의 항구 또는 장소에서 종료된 때. 다만, 위 규정에 불구하고 지체없이 보험자에게 통지하고 또한 청구가 있으면 추가보험료를 지급하는 조건으로 이 보험의 효력은 재개하고, 다음과 같은 때에 종료한다.

5.2.2.1 보험의 목적이, 또는 보험의 목적의 일부에 대하여는 그 일부가 위의 항구 또는 장소에서 매각된 후 인도되기 전에 선박 또는 부선으로부터 양륙된 때 또는

5.2.2.2 보험자의 별도의 승낙이 없는 한, 위의 항구 또는 장소에서 외항선으로부터 보험의 목적의 양하완료후 수상에 있는 경우에는 60일을 경과한 때 중 빠른 때

만약 보험의 목적이 위 60일(또는 합의하에 60일을 연장한 기간)내에 보험증권에 기재된 목적지 또는 기타 목적지로 계속 운반되는 경우에는 지체없이 보험자에게 통지하고 또한 추가보험료를 지급하는 조건으로 이 보험은 보험의 목적이, 또한 보험의 목적의 일부에 대하여는 그 일부가 보험증권에 기재된 목적지, 또는 보험자의 승낙을 얻은 항해변경의 경우에는 대체된 목적지의 창고 또는 보관장소에 인도되기에 앞서 선박 또는 부선으로부터 최종적으로 양륙되어 보험의 효력이 종료되기까지 유효하게 존속한다.

(이 약관 제4조 및 제5조를 적용함에 있어 "외항선"이란 어느 항구 또는 장소로부터 다른 항구 또는 장소로 보험의 목적을 운송하는 선박으로서, 그 항해가 그 선박에 의한 해상항행을 포함하는 경우의 선박을 의미하는 것으로 간주한다.)

제5조 촉뢰위험에 대한 보험기간약관은 부유 또는 수중에 잠겨 있는 기뢰 및 유기된 어뢰의 위험에 대한 보험기간을 규정하고 있다.

6) 제6조 우선약관

알아봅시다

Anything contained in this contract which is inconsistent with Clause 2.1, 2.2, 4 or 5 shall, to the extent of such inconsistency, be null and void.

이 보험계약에 기재된 사항으로서 제2.1조, 제2.2조, 제4조 또는 제5조에 저촉될 경우, 그 기재사항은 저촉되는 범위내에서 무효가 된다.

제6조 우선약관은 전쟁위험담보에 관해 해상보험증권에 어떠한 조건이 삽입되어도 제2.1조, 제2.2조. 제4조 또는 제5조의 규정에 저촉되는 범위내에서는 모두 무효임을 규정한 약관이다.

7) 제7조 담보계속약관

알아봅시다

subject to prompt notice to Underwriters, and to an additional premium, the interest is held covered within the provisions of these clauses in the case of

7.1 change of or deviation from the voyage

7.2 variation of the adventure by reason of the exercise of any liberty granted to the shipowner or charterer under the contract of affreightment.

보험자에게 지체없이 통지하고, 추가보험료를 지급하는 조건으로 다음의 경우 보험목적물은 이 협회전쟁담보약관의 제규정 범위내에서 담보가 계속된다.

7.1 항해의 변경 또는 이로

7.2 해상운송계약에 의거 선주 또는 용선자에게 부여된 자유재량권의 행사로부터 발생한 위험의 변경.

제7조 담보계속약관은 위험변동의 경우 지체 없이 보험자에게 통지하고 추가보험료를 지급하는 조건으로 전쟁위험약관의 범위내에서 보험의 효력이 계속됨을 규정하는 약관이다.

8) 제8조 신속조치약관

알아봅시다

It is a condition of this insurance that the Assured shall act with reasonable despatch in all circumstances within their control.

피보험자는 자기가 통제할 수 있는 모든 여건하에서 신속하게 행동하는 것이 이 보험의 조건이다.

제8조는 신속조치약관으로서 피보험자의 행동을 규정하는 약관이다.

5. 구협회동맹파업·폭동·소요약관(Institute Strikes Riots and Civil Commotions Clauses)

(Institute Strikes Riots and Civil Commotions Clauses)

이 약관은 1963년 1월 1일부터 개정된 것으로, 총 8개조와 유의사항(Note)으로 구성되어 있다. 그런데 이 약관 중 상당부분은 사실상 구ICC와 동일한 내용이다. 따라서 여기서는 이 약관에 특유한 제1조, 제2조 및 제6조를 중심으로 살펴보면 다음과 같다.

1) 제1조 담보위험약관

알아봅시다

1. This insurance covers loss of or damage to the property hereby insured caused by

(a) strikers, locked-out workmen, or persons taking part in labour disturbances, riots or civil commotions

(b) persons acting maliciously.

1. 이 보험은 다음 자들로 인하여 발생한 피보험재산의 멸실 또는 손상을 담보한다.

(a) 동맹파업자, 직장폐쇄를 당한 노동자 또는 노동분쟁, 소요 또는 폭동에 가담한 자
(b) 악의로 행동하는 자

제1조 담보약관에서는 담보하는 위험을 행위자의 면에서 규정하고, 이들의 가해행위로 인하여 발생한 손해를 담보하고 있다. 즉 (a)호에 의하여 동맹파업자, 직장폐쇄를 당한 노동자, 노동쟁의 · 소요 또는 폭동에 가담한 자에 의하여 야기된 손해인 한, 동맹파업 · 직장폐쇄 · 소요 · 폭동과의 관련 여부를 불문하고 절도 · 파괴 · 방화 등에 따른 손해를 보험자가 보상하게 된다.

그리고 (b)호에 의하여 동맹파업 · 직장폐쇄 · 소요 · 폭동이 일어난 때이든 또는 전시 · 평시를 불문하고 (a)호에 기재된 사람이외의 사람 가운데서 악의로 행동하는 자에 의한 피보험재산의 일체의 멸실 · 손상을 담보한다. 다만, 보험자가 담보하는 것은 보험의 목적(적하)의 물리적인 멸실 또는 손상에 한하며, 담보위험으로 인하여 피보험자가 입게 되는 비용손해는 보상되지 않는다는 점을 주의할 필요가 있다.

(1) 동맹파업(strike)

동맹파업은 노동자들이 단결하여 노동을 거부하거나 정상적인 노동을 거절하는 것을 말한다.

(2) 직장폐쇄(lock-out)

직장폐쇄는 동맹파업과 반대로 사용자가 노동자들로 하여금 자기의 조건에 응할 때까지 노동을 하지 못하게 하는 것이다.

(3) 소요(riots)

소요란 사적인 어떤 계획을 수행함에 있어서 이에 반대하는 자에 대항하여 상호 원조하기로 하고 모인 3인 이상의 집단이 일반대중에 공포감을 주는 폭력으로 계획을 실행에 옮기는 격렬한 평화의 교란을 가리키며, 그것이 합법적이든 불법적이든 불문한다.

(4) 폭동(civil commotion)

폭동은 찬탈력(usurped power)은 있지만, 모반(rebellion)에 이르지 않는 일반적

인 목적을 위한 국민의 반란을 가리킨다.

(5) 노동분쟁(labour disturbances)

노동분쟁은 동맹파업이나 직장폐쇄보다는 범위가 넓지만 소요·폭동보다 덜 격렬한 산업·고용관계에 있어서의 분쟁을 가리킨다.

2) 제2조 면책위험약관

알아봅시다

2. Warranted free of

i. loss or damages proximately caused by

(a) delay, inherent vice or nature of the property here by insured;

(b) the absence, shortage or withholding of labour of any description whatsoever during any strike, locked-out, labour disturbance, riot or civil commotion;

ii. any claim for expenses arising from delay except such expense as would be recoverable in principle in English law and practice under York-Antwerp Rules, 1974;

iii. loss or damage caused by hostilities warlike operations civil war, or by revolution rebellion insurrection nor civil strife arising therefrom

2. 다음 사항을 담보하지 않는다.

i. 다음 사항에 근인하여 발생한 멸실 또는 손상

(a) 지연, 피보험재산의 고유의 하자 또는 성질

(b) 동맹파업, 직장폐쇄, 노동분쟁, 소요 또는 폭동기간 중 모든 종류의 노동력 결핍, 부족 또는 공급방해

ii. 영국의 법률 및 관례에 비추어 1974년 요오크 앤트워프 규칙에 의하여 보상을 받을 수 있 는 비용을 제외하고, 지연으로 인하여 발생한 비용의 청구

iii. 적대행위, 군사적 행동 또는 내란으로 인하여, 또는 혁명, 모반, 반란, 또는 이로 인하여 발생 한 국내투쟁으로 인하여 발생한 멸실 또는 손상

면책위험에 관한 약관은 동맹파업·소요·폭동약관에서 면책되는 위험의 범위를 규정하고 있다.

3) 제6조 분손조건 부적용약관

알아봅시다

6. Claims for loss or damages within the terms of these clauses shall be payable without reference to conditions of average.

6. 이 약관의 각 규정에 해당되는 멸실 또는 손상에 대한 보상청구는 분손담보의 첨부조건 여부에 관계없이 지급된다.

제6조 분손조건 부적용약관은 협회동맹파업 소요폭동약관에 의거한 보험금청구에 대하여 증권 본문의 면책비율약관(memorandum), ICC 제5조 Average Clause 및 FPA Clause에 있는 일정비율 미만의 단독해손부담보 또는 모든 단독해손부담보조건과는 관계없이 분손을 보험자가 보상한다는 것이다.

4) 보험기간

구협회동맹파업폭동소요약관 제3존느 ICC 제1조 운송약관과 동일하다. 따라서 동맹파업위험은 ICC상의 그것과 마찬가지로 창고간을 포함한 전운송기간에 걸쳐 담보하며, 전쟁위험담보에서와 같이 해상운송 중에만 담보하는 것이 아니라는 것을 주의할 필요가 있다.

제2절 신협회적하약관

1. 신협회적하약관의 의의

구 협회적하약관의 각종 면책위험의 불확실성 때문에 빈번하게 분쟁이 야기되었으며, 또한 WA조건과 FPA조건간의 담보범위 차이가 불명확하여 피보험자들의 곤란한 문제 발생하게 되었다. 이에 1982년 1월 1일자로 공포하고 익년 4월 1일부터 신 협회적화약관을 사용하고 있다.

2. 신협회적하약관의 구성

신협회적하약관은 다음과 같이 8개의 내용 총 19조로 구성되어 있다.

〈표 12-1〉 신협회적하약관의 구성

구 분	약관번호	약 관 명
담보위험 (Risk covered)	제1조	Risks Clause(위험약관)
	제2조	General Average Clause(공동해손약관)
	제3조	"Both to Blame Collision" Clause(쌍방과실충돌약관)
면책위험 (Exclusions)	제4조	General Exclusion Clause(일반면책약관)
	제5조	Unseaworthiness & Unifitness Exclusion Clause (불내항·부적합면책약관)
	제6조	War Exclusion Clause(전쟁위험면책약관)
	제7조	Strikes Exclusion Clause(동맹파업위험면책약관)

보험기간 (Duration)	제8조	Transit Clause(운송약관)
	제9조	Termination of Contract of Carriage Clause(운송계약종료약관)
	제10조	Change of Voyage clause(항해변경약관)
보험금청구 (Claims)	제11조	Insurable Interest Clause(피보험이익약관)
	제12조	Forwarding Charges Clause(계반비용약관)
	제13조	Constructive total Loss clause(추정전손약관)
	제14조	Increased Value Clause(증액약관)
보험이익 (Benefit of Insurance)	제15조	Not Insure Clause(보험이익불공여약관)
손해경감 (Minimising Losses)	제16조	Duty to Assured Clause(피보험자의무약관)
	제17조	Waiver Clause(포기약관)
지연의 회피 (Avoidance of Delay)	제18조	Reasonable Despatch Clause(신속조치약관)
법률관습 (Law & Practice)	제19조	English Law & Practice(영국법 및 관습약관)

신협회적하약관은 ICC(A), ICC(B), ICC(C)로 되어 있다.

1) Institute Cargo Clauses(A)[ICC(A)]

ICC(A)는 구약관 전위험조건(A/R)에 상응하는 것으로 보험자의 일반면책사항, 운송선박의 불내항성, 전쟁 및 파업에 따른 위험을 제외한 모든 위험으로부터 발생한 손해를 보험자가 보상하는 조건이다. 담보범위가 가장 광범위하며 그 대신 보험료가 가장 비싸다. ICC(A)의 면책위험은 ICC(B)와 (C)의 경우와 같다.

2) Institute Cargo Clauses(B)[ICC(B)]

ICC(B)는 ICC(C)의 담보위험에 다음의 위험이 추가된다.

① 지진, 화산의 분화, 낙뢰와 상당한 인과관계가 있는 보험 목적물의 멸실

및 손상

② 갑판유실로 인한 보험목적물의 멸실 및 손상

③ 본선과 기타 운송용구에의 해수, 호수, 강물의 침수로 인한 보험목적물의 멸실 및 손상

④ 선적 또는 양화작업중의 포장단위당 전손

ICC(B)의 면책위험은 ICC(C)와 같다.

3) Institute Cargo Clauses(C) [ICC(C)]

ICC(C)는 구약관의 단독해손 부담보조건(FPA)에 해당하는 것으로 다음에 열거하는 손해를 보상하는 조건이다. 특징은 단독해손은 보상하지 않는다는 점이다.

① 화재 또는 폭발

② 분선 또는 부선의 좌초, 침몰, 전복

③ 육상 운송용구의 전복 또는 탈선

④ 본선, 부선 또는 운송용구와 물 이외의 다른 물체와의 충돌 또는 접촉

⑤ 피난항에서의 화물의 하역

⑥ 공동해손희망손해

⑦ 화물의 투하

ICC(C)의 면책위험은 다음의 일반면책위험과 선박 등의 불내항성에 따른 위험, 전쟁 위험, 공동파업위험이 포함된다.

① 피보험자의 고의에 의한 손해

② 통상적 누손, 감량 등 자연손모

③ 포장불량에 의한 손해

④ 화물 고유의 하자 또는 성질에 의한 손해

⑤ 항해지연으로 인한 손해

⑥ 본선의 소유자, 관리자, 용선자 또는 운항자의 지불불이행으로 생긴 손해

⑦ 불법적인 행위에 의한 보험목적물의 파괴 또는 손상

⑧ 핵무기 사용으로 인한 손해

〈표 12-2〉 ICC(A)·(B)·(C)의 담보 위험

담 보 위 험	ICC(A)	ICC(B)	ICC(C)
다음 사유에 상당한 인과 관계가 있는 멸실 및 손상			
① 화재, 폭발	○	○	○
② 선박 등의 좌초, 침몰, 전복	○	○	○
③ 육상요구운송의 전복, 탈선	○	○	○
④ 선박 등의 충돌, 접촉	○	○	○
⑤ 피난항에서 화물 양육	○	○	○
⑥ 지진, 화산분화, 낙뢰	○	○	○
다음 사유로 인한 멸실 및 손상			
⑦ 공동해손 희생	○	○	○
⑧ 투화	○	○	○
⑨ 갑판유실	○	○	×
⑩ 해수 등의 침수	○	○	×
⑪ 선적·양륙시의 포장당 전손	○	○	×
⑫ 상기 이외의 일체의 위험	○	×	×
⑬ 공동해손구조비	○	○	○
⑭ 쌍방과실 충돌	○	○	○

이들 3개 기본약관은 모두 19개 약관으로 구성되고 있으며, 이를 다시 ① 담보 위험(risks covered), ② 면책조항(exclusions), ③ 보험기관(duration), ④ 보험금 청구(claims), ⑤ 보험이익(benefit of insurance), ⑥ 손해경감(minimiing losses), ⑦ 지연의 방지(avoidance of delay), ⑧ 법률 및 관례(law and parctice)의 8개 Section으로 묶어 배열하고 있다.

그런데 이들 세 가지 적하보험 기본약관은 제1조(위험약관), 제4조(일반면책약관) 및 제6조(전쟁면책약관)를 제외하고는 그 내용이 동일하다.

그리고 이 중 제6조(전젱면책약관)는 구증권에서 전쟁위험으로 취급하던 해적위험을 해상위험으로 취급하게 됨에 따라 A조건 괄호 안에 "piracy except"(해적행위 제외)라는 문구가 있으나 B 및 C조건에는 이러한 문구가 없다는 점만 차이가 있다.

3. 신협회적하약관의 내용

1) 제1조 담보위험약관(Risk covered Clause)

(1) ICC(A) : Risk Clause(위험약관)

알아봅시다

Risk covered

1. This insurance covers all risks of loss of or damage to the subject-matter insured except as provided in Clauses 4, 5, 6 and 7 below

담보위험

1. 이 보험은 다음의 제4조, 제5조, 제6조 및 제7조에 규정된 사유를 제외하고 보험의 목적의 멸실 또는 손상에 관한 일체의 위험을 담보한다

ICC(A)에서는 제4조(일반면책약관), 제5조(불내항·부적합면책약관), 제6조(전쟁위험면책약관), 제7조(동맹파업위험면책약관) 등에서 규정된 사유를 제외하고 보험의 목적의 멸실 또는 손상에 관한 일체의 위험을 담보한다.

(2) ICC(B) : Risks Clause(위험약관)

알아봅시다

Risk covered

1. This insurance covers, except as provided in Clauses 4, 5, 6 and 7 below.

1.1 loss of or damage to the subject-matter insured reasonably attributable to

1.1.1 fire or explosion

1.1.2 vessel or craft being stranded grounded sunk or capsized

1.1.3 overturning or derailment of land conveyance

1.1.4 collision or contact of vessel craft or conveyance with any external object other than water

1.1.5 discharge of cargo at a port of distress,

1.1.6 earthquake volcanic eruption or lighting

1.2 loss of or damage to the subject-matter insured caused by

1.2.1 general average sacrifice

1.2.2 jettison

1.2.3 entry of sea lake or river water into vessel craft hold conveyance container liftvan or place of storage,

1.3 total loss of any package lost overboard or dropped whilst loading on to, or unloading from, vessel or craft.

담보위험

1. 이 보험은 다음의 제4조, 제5조, 제6조 및 제7조에 규정된 사유를 제외하고 다음의 멸실 또는 손상에 관한 위험을 담보한다.

1.1 다음의 사유에 합리적으로 기인하는 보험의 목적의 멸실 또는 손상

1.1.1 화재 또는 폭발

1.1.2 본선 또는 부선의 좌초, 교사, 침몰 또는 전복

1.1.3 육상운송용구의 전복 또는 탈선

1.1.4 본선, 부선 또는 운송용구와 물 이외의 타물과의 충돌 또는 접촉

1.1.5 조난항에서의 양하

1.1.6 지진, 화산의 분화 또는 낙뢰

1.2 다음의 사유에 기인하는 보험의 목적의 멸실 또는 손상

1.2.1 공동해손희생

1.2.2 투하 또는 갑판유실

1.2.3 본선, 부선, 선창, 운송용구, 콘테이너, 지게차 또는 보관장소에 해수, 호수 또는 하천수의 침입

1.3 본선 또는 부선으로의 선적 또는 하역작업 중에 바다로의 낙하 또는 갑판상에 추락한 포장단위 전손

ICC(B)에서 열거하고 있는 담보위험은 상당인과관계에 의하여 발생된 보험목적의 멸실 또는 손상, 추락손 등이다.

(3) ICC(C) : Risks Clause(위험약관)

알아봅시다

Risk covered

1. This insurance covers, except as provided in Clauses 4,5,6 and 7 below.

1.1 loss of or damage to the subject-matter insured reasonably attributable to

1.1.1 fire or explosion

1.1.2 vessel or craft being stranded grounded sunk or capsized

1.1.3 overturning or derailment of land conveyance

1.1.4 collision or contact of vessel craft or conveyance with any external object other than water

1.1.5 discharge of cargo at a port of distress,

1.2 loss of or damage to the subject-matter insured caused by

1.2.1 general average sacrifice

1.2.2 jettison

담보위험

1. 이 보험은 다음의 제4조, 제5조, 제6조 및 제7조에 규정된 사유를 제외하고 다음의 멸실 또는 손상에 관한 위험을 담보한다.

1.1 다음의 사유에 합리적으로 기인하는 보험의 목적의 멸실 또는 손상

1.1.1 화재 또는 폭발

1.1.2 본선 또는 부선의 좌초, 교사, 침몰 또는 전복

1.1.3 육상운송용구의 전복 또는 탈선

1.1.4 본선, 부선 또는 운송용구와 물 이외의 타물과의 충돌 또는 접촉

1.1.5 피난항에서의 하역

1.2 다음의 사유에 기인하는 보험의 목적의 멸실 또는 손상

1.2.1 공동해손희생

1.2.2 투하

ICC(C)에서 열거하고 있는 담보위험은 상당인과관계에 의하여 발생된 보험목적의 멸실 또는 손상 등이다.

2) 제2조 공동해손약관(General Average Clause)

알아봅시다

2. This insurance covers general average and salvage charges, adjusted or determined according to the contract of affreightment and/or the governing law and practice, incurred to avoid or in connection with the avoidance of loss from any cause except those excluded in Clauses 4, 5, 6 and 7 or elsewhere in this insurance.

2. 이 보험은 다음의 4, 5, 6 및 7 또는 이 보험의 기타 조항에서의 사유를 제외한 일체의 사유에 따른 손해를 피하기 위하여 또는 피함과 관련하여 발생한 경우라면 해상운송계약 및/또는 강행적인 법률이나 관습에 따라 정산되거나 결정된 공동해손과 구조비를 보상한다.

공동해손약관(General Average Clause)에서는 공동해손해위에 따르는 손해보상에 관한 상황을 규정하고 있다. 선하증권에는 "공동해손은 운송인의 선택에 따라 어느 항구, 어느 장소에서 정산될 수 있으며, YAR에 준하여 정산된다"는 공동해손약관이 있어 공동해손이 발생하면 YAR에 따라 정산하는 것이 관례이다.

3) 제3조 쌍방과실충돌약관(Both to Blame Collision Clause)

알아봅시다

3. This insurance is extended to indemnify the Assured against such proportion of liability under the contract of affreightment "Both to Blame Collision" Clauses as is in respect of a loss recoverable hereunder. In the event of any claim by shipowners under the said Clause the Assured agree to notify the Underwriters who shall have the right, at sight own cost and expense, to defend the Assured against such claim.

3. 이 보험은 손해보상의 범위를 확대하여 해상운송계약의 "쌍방과실충돌" 약관에 따른 피보험자 의 부담액 가운데 이 보험증권에 따라 보상받을 수 있는 부분을 보상한다. 위의 조항에 따라 선주로부터 배상청구를 받은

경우에는, 피보험자는 그러한 배상청구에 대하여 보험자에게 통 고할 것을 약정하고 보험자는 자신의 비용부담으로 이에 대하여 피보험자를 보호할 권리를 갖는다.

쌍방과실충돌약관(Both to Blame Collision Clause)은 보험자의 손해보상범위를 확장하여 선하증권의 쌍방과실충돌약관에 의하여 피보험자가 부담해야 할 금액 중 보험증권에서 보상받을 수 있는 손해에 관한 부분을 보험자가 지급함을 규정한 약관이다.

4) 제4조 일반면책약관(General Exclusion Clauses)

(1) ICC(A)의 일반면책약관(General Exclusion Clause)

알아봅시다

EXCLUSIONS

4. In no case shall this insurance cover

4.1 loss damage or expense attributable to willful misconduct of the Assured

4.2 ordinary leakage, ordinary loss in weight or volume, or ordinary wear and tear of the subject-matter insured

4.3 loss damage or expense caused by insufficiency or unsuitability of packing or preparation of the subject-matter insured (for the purpose of this Clause 4.3 "packing" shall be deemed to include stowage in a container or liftvan but only when such stowage is carried out prior to attachment of this insurance or by the Assured or their servants

4.4 loss damage or expense caused by inherent vice or nature of the subject-matter insured

4.5 loss damage or expense proximately caused by delay, even though the delay be caused by a risk insured against (except expenses payable under Clause 2 above)

4.6 loss damage or expense arising from insolvency or financial default of the owners managers charterers or operators of the vessel

4.7 loss damage or expense arising from the use of any weapon of war employing atomic or nuclear fission and/or fusion or other like reaction or radioactive force or matter.

면책위험

4. 어떠한 경우에도 이 보험은 다음의 손해를 담보하지 아니 한다.

4.1 피보험자의 고의의 불법행위에 기인하는 멸실, 손상 또는 비용

4.2 보험의 목적의 통상적인 누손, 통상적인 중량손 또는 용적손 또는 자연소모

4.3 보험의 목적의 포장 또는 준비의 불완전 또는 부적절에 기인하여 발생한 멸실·손상 또 는 비용(본 조 제4조제3항에서 '포장' 이란 콘테이너 또는 지게차에 적부하는 것을 포함하는 것으로 한다. 다만 이러한 적부는 이 보험의 개시 전에 행하여지거나 또는 피보험자나 그 사용인에 의하여 행하여지는 경우에 한한다).

4.4 보험의 목적의 고유의 하자 또는 성실에 기인하여 발생한 멸실, 손상 또는 비용

4.5 지연이 피보험위험에 기인하여 발생한 경우라도, 그 지연에 근인하여 발생한 멸실·손상 또는 비용 (다만 위의 2에 따라 지급되는 비용은 제외함)

4.6 본선의 소유자, 관리자, 용선자 또는 운항자의 지급불능 또는 금전상의 채무불이행으로 인하여 발생한 멸실, 손상 또는 비용

4.7 원자력 또는 핵의 분열 및/또는 융합 또는 기타 이와 유사한 반응 또는 방사능이나 방 사성의 물질을 응용한 무기의 사용으로 인하여 발생한 멸실, 손상 또는 비용.

ICC(A)의 일반면책약관(General Exclusion Clause)에서는 보험자의 면책에 관한 위험을 구체적으로 명시하여 규정하고 있다.

(2) ICC(B)·ICC(C)의 일반면책약관(General Exclusion Clause)

알아봅시다

4. In no case shall this insurance cover

4.1 loss damage or expense attributable to willful misconduct of the Assured

4.2 ordinary leakage, ordinary loss in weight or volume, or ordinary wear and tear of the subject-matter insured

4.3 loss damage or expense caused by insufficiency or unsuitability of packing or pre-paration of the subject-matter insured (for the purpose of this Clause 4.3 "packing" shall be deemed to include stowage in a container or liftvan but only when such stowage is carried out prior to attachment of this insurance or by the Assured or their servants)

4.4 loss damage or expense caused by inherent vice or nature of the subject-matter insured

4.5 loss damage or expense proximately caused by delay, even though the delay be caused by a risk insured against (except expenses payable under Clause 2 above)

4.6 loss damage or expense arising from insolvency or financial default of the owners managers charterers or operators of the vessel

4.7 deliberate damage to or deliberate destruction of the subject-matter insured or any part thereof by the wrongful act of any person or persons

4.8 loss damage or expense arising from the use of any weapon of war employing atomic or nuclear fission and/or fusion or other like reaction or radioactive force or matter.

4. 어떠한 경우에도 이 보험은 다음의 손해를 담보하지 아니한다.

4.1 피보험자의 고의의 불법행위에 기인하는 멸실, 손상 또는 비용

4.2 보험의 목적의 통상적인 누손, 통상적인 중량손 또는 용적손, 또는 자연소모

4.3 보험의 목적의 포장 또는 준비의 불완전 또는 부적절에 기인하여 발생한 멸실, 손상 또는 비용(본 조 제4조 제3항에서 '포장'이란 콘테이너

또는 지게차에 적부하는 것을 포함하는 것으로 한다. 다만 이러한 적부는 이 보험의 개시 전에 행하여지거나 또는 피보험자나 그 사용인에 의하여 행하여지는 경우에 한한다)

4.4 보험의 목적의 고유의 하자 또는 성실에 기인하여 발생한 멸실·손상 또는 비용

4.5 지연이 피보험위험에 기인하여 발생한 경우라도, 그 지연에 근인하여 발생한 멸실, 손상 또는 비용(다만 위의 제2조에 따라 지급되는 비용은 제외한다)

4.6 본선의 소유자, 관리자, 용선자 또는 운항자의 지급불능, 또는 금전상의 채무불이행으로 인하여 발생한 멸실, 손상 또는 비용

4.7 보험의 목적 또는 그 일부에 대한 어떠한 자의 불법행위에 의한 고의적인 손상 또는 고의적인 파괴

4.8 원자력 또는 핵의 분열 및/또는 융합 또는 기타 이와 유사한 반응, 또는 방사능이나 방사성의 물질을 응용한 무기의 사용으로 인하여 발생한 멸실, 손상 또는 비용.

ICC(B)와 ICC(C)의 일반면책약관(General Exclusion Clause)에서는 보험자의 면책에 관한 위험을 8가지로 명시하여 규정하고 있다.

5) 제5조 불내항·부적합면책약관(Unseaworthiness and Unfitness Exclusion Clause)

알아봅시다

5. 5.1 In no case shall this insurance cover loss damage or expense arising from unseaworthiness of vessel or craft, unfitness of vessel craft conveyance container or liftvan for the safe carriage of the subject-matter insured, where the Assured or their servants are privy to such unseaworthiness or unfitness, at the time the subject-matter insured is loaded therein.

5.2 The Underwriters waive any breach of the implied warranties of seaworthiness of the ship and fitness of the ship to carry the subject-matter insured to destination, unless the Assured or their servants are privy to such unseaworthiness of unfiness.

5. 5.1 어떠한 경우에도 이 보험은 다음의 사항으로 인하여 발생한 멸실, 손상, 또는 비용을 담보하지 아니한다. 본선 또는 부선의 불내항, 본선 부선 운송용구 콘테이너 또는 지게차가 보험의 목적의 안전한 운송을 위한 부적합, 다만 피보험자 또는 그 사용인이 보험의 목적을 해당된 운송용구에 적재할 때 그러한 불내항, 또는 부적합을 알고 있는 경우에 한한다.

5.2 선박이 그 감항성을 갖추고 보험의 목적을 목적지까지 운송하는데 적합하여야 한다는 묵시담보를 위반한 경우에는 피보험자, 또는 그 사용인이 이러한 불내항 또는 부적합의 사실을 알지 못한 경우에 한하여 보험자는 그 권리를 포기한다.

불내항 · 부적합면책약관(Unseaworthiness and Unfitness Exclusion Clause)에서는 선박의 불내항과 적하의 부적합이 인지되었음에도 불구하고 피보험자가 적하를 본선에 선적하는 경우에는 보험자가 면책이 된다는 내용을 규정하고 있다.

6) 제6조 전쟁위험면책약관(War Exclusion Clause)

(1) ICC(A) : War Exclusion Clause(전쟁위험면책약관)

알아봅시다

6. In no case shall this insurance cover loss damage or expense caused by

6.1 war civil war revolution rebellion insurrection, or civil strife aristing therefrom,or any hostileact by or against a belligerent power

6.2 capture seizure arrest restraint or detainment, and the consequences thereof or any attempt thereat

6.3 derelict mines torpedoes bombs or other derelict weapons of war.

6. 어떠한 경우에도 이 보험은 다음의 위험에 기인하여 발생한 멸실, 손상 또는 비용을 담보하지 아니한다.

6.1 전쟁, 내란, 혁명, 반역, 반란, 또는 이로 인하여 발생하는 국내투쟁,

또는 교전국에 의하거나 또는 교전국에 대하여 가해진 일체의 적대행위

6.2 포획, 나포, 강류, 억지 또는 억류 (해적위험은 제외함), 또는 이러한 행위의 결과 또는 이러 한 행위의 기도

6.3 유기된 기뢰, 어뢰, 폭탄, 또는 기타의 유기된 전쟁병기.

ICC(A)의 War Exclusion Clause(전쟁위험면책약관)에서는 보험자의 전쟁위험에 대한 면책내용을 규정하고 있다.

(2) ICC(B)·ICC(C) : War Exclusion Clause(전쟁위험면책약관)

알아봅시다

6. In no case shall this insurance cover loss damage or expense caused by

6.1 war civil war revolution rebellion insurrection, or civil strife aristing therefrom, or any hostileact by or against a belligerent power

6.2 capture seizure arrest restraint or detainment, and the consequences thereof or any attempt thereat

6.3 derelict mines torpedoes bombs or other derelict weapons of war.

6. 어떠한 경우에도 이 보험은 다음의 위험에 기인하여 발생한 멸실, 손상 또는 비용을 담보하지 아니한다.

6.1 전쟁, 내란, 혁명, 반역, 반란, 또는 이로 인하여 발생하는 국내투쟁, 또는 교전국에 의하거나 또는 교전국에 대하여 가해진 일체의 적대행위

6.2 포획, 나포, 강류, 억지 또는 억류, 또는 이러한 행위의 결과 또는 이러한 행위의 기도

6.3 유기된 기뢰, 어뢰, 폭탄, 또는 기타의 유기된 전쟁병기.

ICC(B)와 ICC(C)의 War Exclusion Clause(전쟁위험면책약관)에서도 보험자의 면책위험에 대한 내용을 규정하고 있다.

7) 동맹파업위험면책약관(Strikes Exclusion Clause)

알아봅시다

7. In no case shall this insurance cover loss damage or expense

7.1 caused by strikers, locked-out workman, or persons taking part in labour disturbances, riots civil commotions

7.2 resulting from strikes, lock-outs, labour disturbances, riots or civil commotions

7.3 caused by any terrorist or any person acting from a political motive.

7. 어떠한 경우에도 이 보험은 다음의 위험으로 인한 멸실, 손상, 또는 비용을 담보하지 아니한다.

7.1 동맹파업자, 직장폐쇄노동자 또는 노동쟁의, 소요, 또는 폭동에 가담한 자에 기인하여 발생한 것

7.2 동맹파업, 직장폐쇄, 노동쟁의, 소요, 또는 폭동의 결과로 발생한 것

7.3 어떠한 폭력주의자 또는 정치적인 동기를 가지고 행동하는 자에 기인하여 발생한 것.

동맹파업위험면책약관(Strikes Exclusion Clause)에서는 동맹파업, 폭동, 소요, 테러리스트 등으로 인한 손해에 대해서 보험자가 면책되는 내용을 규정하고 있다.

8) 제8조 운송약관(Transit Clause)

Transit

8. 8.1 This insurance attaches from the time the goods leave the warehouse or place of storage at the place named herein for the commencement of the transit, continues during the ordinary course of transit and terminates either

8.1.1 on delivery to the Consignees' or other final warehouse or place of storage at the destination named herein,

8.1.2 on delivery to any other warehouse or place of storage, whether prior to or at the destination named herein, which the Assured elect to use either

8.1.2.1 for storage other than in the ordinary course of transit or

8.1.2.2 for allocation or distribution, or

8.1.3. on the expiry of 60 days after completion of discharge overside of the goods hereby insured from the oversea vessel at the final port of discharge, whichever shall first occur.

8.2 If, after discharge overside from the oversea vessel at the final port of discharge, but prior to termination of this insurance, the goods are to be forwarded to a destination other than that to which they are insured hereunder, this insurance, whilst remaining subject to termination as provided for above, shall not extend beyond the commencement of transit to such other destination.

8.3 This insurance shall remain in force (subject to termination as provided for above and to the provisions of Clause 9 below) during delay beyond the control of the Assured, any deviation, forced discharge, reshipment or transhipment and during any variation of the adventure arising from the exercise of a liberty granted to shipowners or charterers under the contract of affreightment.

운 송

8. 8.1 이 보험은 화물이 운송개시를 위하여 이 보험증권에 기재된 장소의 창고나 보관장소를 떠날 때부터 개시되고, 통상의 운송과정에 있는 동안 계속되며, 다음 중의 어느 것이든 먼 저 발생하는 때에 종료한다.

8.1.1 이 보험증권에 기재된 목적지의 수화인의, 또는 기타의 최종창고나 보관장소에 인도될 때

8.1.2 이 보험증권에 기재된 목적지에 도착하기 이전 또는 목적지에서를 불문하고 피보험자가 다음의 목적 중 어느 것에 사용하고자 선택한 기타의 창고 또는 보관장소에 인도될 때

8.1.2.1 통상의 운송과정이 아닌 보관, 또는

8.1.2.2 할당 또는 분배, 또는

8.1.3 최종양륙항에서 외항선으로부터 피보험화물의 하역이 완료된 후 60일이 경과될 때.

8.2 최종양륙항에서 외항선으로부터의 하역 후, 그러나 이 보험기간의 종료 전에 화물이 이 보험에 부보된 목적지 이외의 장소로 운송되는 경우에는, 이 보험은 위의 보험종료의 규정에 따라 계속되나 새로운 목적지로 운송이 개시될 때 종료한다.

8.3 이 보험은(위의 보험종료의 규정 및 다음의 제9조의 규정에 따라) 피보험자가 통제할 수 없는 지연, 일체의 이로, 불가피한 하역, 재선적, 환적 및 해상운송계약상 선주 또는 용선자에게 부여된 자유재량권의 행사로부터 발생하는 위험의 변경기간중에는 유효하게 계속된다.

운송약관(Transit Clause)에서는 보험자가 손해보상의 책임을 져야 하는 보험기간에 관한 약관인데, Lloyd's SG 보험증권에서는 보험기간을 화물이 본선에 적재될 때부터 도착항에 양륙될 때까지로 하는 소위 항구간약관(port to port)으로 규정하고 있다.

9) 제9조 운송계약종료약관(Termination of Contract of Carriage Clause)

알아봅시다

9. If owing to circumstances beyond the control of the Assured either the contract of carriage is terminated at a port or place other than the destination named therein or the transit is otherwise terminated before delivery of the goods as provided for in Clause 8 above, then this insurance shall also terminate unless prompt notice is given to the Underwriters and continuation of cover is requested when the insurance shall remain in force, subject to an additional premium if required by the Underwriters, either

9.1 until the goods are sold and delivered at such port or place, or, unless otherwise specially agreed, until the expiry of 60 days after arrival or the goods hereby insured at such port of place, whichever shall first occur, or

9.2 if the goods are forwarded within the said period of 60 days(or any agreed extension thereof) to the destination named herein or to any other destination, until terminated in accordance with the provisions of Clause 8 above.

9. 피보험자가 통제할 수 없는 사정에 의하여 운송계약이 그 계약서에 기재된 목적지 이외의 항구 또는 장소에서 종료되거나, 또는 기타 위의 제8조에 규정된 화물의 인도 이전에 운송이 종료되는 경우에는 이 보험도 또한 종료한다. 다만 보험자에게 그 취지를 지체없이 통고하고 담보의계속을 요망하는 경우에는 보험자로부터 청구가 있으면 추가보험료를 지급할 것을 조건으로 하여 유효하게 계속된다.

9.1 화물이 위의 항구 또는 장소에서 매각된 후 인도되거나, 또는 별도의 합의가 없는 한, 그러한 항구 또는 장소에서 피보험화물이 도착한 후 60일이 경과된 것 중의 어느 것이든 먼저 발생한 때까지, 또는

9.2 화물이 위의 60일의 기간 내에(또는 합의된 연장기간 내에) 보험증권에 기재된 목적지 또는 기타의 어떠한 목적지로 계속 운송되는 경우에는, 위의 제8조의 규정에 따라 이 보험이 종료될 때까지 유효하게 계속된다.

운송계약종료약관(Termination of Contract of Carriage Clause)에서는 피보험자의 영향력이 미치지 못하는 사정으로 화물이 목적지 이외의 항구 또는 최종 창고에 인도되기 전에 운송이 중단되는 경우가 있는데, 피보험자를 보호하기 위해서 계속 담보하기 위한 내용을 규정하고 있다.

10) 제10조 항해변경약관(Change of Voyage Clause)

알아봅시다

10. Where, after attachment of this insurance, the destination is changed by the Assured, held covered at a premium and on conditions to be arranged subject to prompt notice being given to the Underwriters.

10. 이 보험이 개시된 후에 피보험자에 의하여 목적지가 변경되는 경우에는 보험자에게 그 취지를 지체없이 통고할 것을 조건으로 하여 추후 협정되어야 할 추가보험료와 보험조건에 따라 담보가 계속된다.

항해변경약관(Change of Voyage Clause)에서는 보험이 개시된 이후에 피보험자에 의하여 목적지가 변경되는 경우에는 보험자에게 그 취지를 통지하고, 추가보험료와 변경된 보험조건에 따라 담보가 계속된다는 내용을 규정하고 있다.

11) 제11조 피보험이익약관(Insurable Interest Clause)

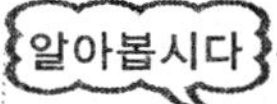

Claim

11. 11.1 In order to recover under this insurance the Assured must have an insurable interest in the subject-matter insured at the time of the loss.

11.2 Subject to 11.1 above, the Assured shall be entitled to recover for insured loss occurr ing during the period covered by this insurance, notwithstanding that the loss occurred before the contract of insurance was concluded, unless the Assured were aware of the loss and the Underwriters were not.

보험금청구

11. 11.1 이 보험에 따라 보상을 받기 위해서는 피보험자는 손해발생시에 보험의 목적에 대하여 피보험이익을 갖고 있어야 한다.

11.2 위의 11.1의 규정을 제외하고, 이 보험의 담보기간 중에 발생하는 손해는 그 손해가 보험계약의 체결 이전에 발생한 것이라도 피보험자가 이 손해발생의 사실을 알았고 보험자가 몰랐을 경우가 아닌 한 피보험자는 이를 보상받을 권리가 있다.

피보험이익약관(Insurable Interest Clause)에서는 손해발생시에 피보험자는 피보험이익을 갖고 있어야 한다는 내용을 규정하고 있다.

12) 제12조 계반비용약관(Forwarding Charges Clause)

알아봅시다

12. Where, as a result of the operation of a risk covered by this insurance, the insured transit is terminated at a port or place other than that to which the subject-matter is covered under this insurance, the Underwriters will reimburse the Assured for any extra charges properly and reasonably incurred in unloading storing and forwarding the subject-matter to the destination to which it is insured hereunder.

This clause 12, which does not apply to general average or salvage charges, shall be subject to the exclusions contained in Clauses 4, 5, 6 and 7 above, and shall not include charges arising from the fault negligence insolvency or financial default of the Assured or their servants.

12. 이 보험에서 담보되는 위험의 발생결과로 인하여 피보험운송이 이 보험에서 담보되는 보험의 목적의 목적지 이외의 항구 또는 장소에서 종료되는 경우에는, 보험자는 피보험자에 대하여 보험의 목적을 양하하고, 보관하고 또 이 보험증권에 기재된 목적지까지 운송하기 위하여 적절히 합리적으로 지출한 추가비용을 보상한다.

이 제12조는 공동해손 또는 구조비에는 적용되지 아니하고 위의 4, 5, 6 및 7에 규정된 면책 조항의 적용을 받으며, 또 피보험자 또는 그 사용인의 과실·태만·지불불능, 또는 재정상의 채무불이행으로부터 야기된 비용을 포함하지 아니한다.

계반비용약관(Forwarding Charges Clause)에서는 선박이 부보위험으로 인하여 손상을 입어 항해를 계속할 수 없어 중간항에서 화물을 양륙할 경우 보험자가 이에 따른 하역비용, 창고보관료, 재포장비, 재선적비 및 처음 약정된 목적지까지의 운반비용 등을 보상한다는 내용을 규정하고 있다.

13) 제13조 추정전손약관(Constructive Total Loss Clause)

알아봅시다

13. No claim for Constructive Total Loss shall be recoverable hereunder unless the subject-matter insured is reasonably abandoned either on account of its actual total loss appearing to beunavoidable or because the cost of recovering, reconditioning and forwarding the subject- matter to the destination to which it is insured would exceed its value on arrival.

13. 추정전손에 대한 보험금청구는 보험의 목적의 현실전손이 불가피하다고 생각되거나, 또는 보험의 목적의 회복, 수선, 부보된 목적지까지의 계속운송에 소요되는 비용이 도착시 보험의 목적의 가액을 초과하게 될 이유로 보험의 목적이 위부되지 아니하는 한, 이 보험증권에서는 이를 보상하지 아니한다.

추정전손약관(Constructive Total Loss Clause)에서는 담보위험으로 인하여 발생한 현실전손과 추정전손에 대해서는 보상을 한다는 내용을 규정하고 있다.

14) 제14조 증액약관(Increased Value Clause)

알아봅시다

14. 14.1 If any Increased Value insurance is effected by the Assured on the cargo insured herein the agreed value of the cargo shall be deemed to be increased to the total amount insured under this shall be in such proportion as the sum insured herein bears to such total amount insured. In the event of claim the Assured shall provide the Underwriters with evidence of the amounts insured under all other insurances.

14.2 Where this insurance is on Increased Value the following clause shall apply: The agreed value of the cargo shall be deemed to be equal to the total amount insured under the primary insurance and all Increased Value insurances covering the loss and effected on the cargo by the Assured, and liability under this insurance shall be in such proportion as the sum insured herein bears to such total amount insured. In the event of claim the Assured shall provide the Underwriters with evidence of the amounts insured under all other insurances.

14. 14.1 이 보험의 피보험적하에 대하여 피보험자가 별도의 증액보험에 부보한 경우에는, 그 적화 의 협정가액은 이 보험 및 이와 동일한 손해를 담보하는 모든 증액보험의 합계보험금액까 지 증가된 것으로 본다. 그리고 이 보험에 따른 책임은 이 보험의 보험금액이 합계보험금액에 대하여 갖는 비율로 부담하게 된다.

보험금을 청구할 때에는 피보험자는 다른 모든 보험의 보험금액을 증명할 수 있는 서류를 보험자에게 제출하여야 한다.

14.2 이 보험이 증액보험인 경우에는 다음의 조항을 이에 적용한다:

그 적하의 협정가액은 원보험 및 피보험자가 그 적하에 대하여 부보한 동일한 손해를 담 보하는 모든 증액보험의 합계보험금액과 동액인 것으로 본다. 그리고 이 보험에 따른 책임 은 이 보험의 보험금액이 합계보험금액에 대하여 갖는 비율로 부담하게 된다. 보험금을 청구할 때에는 피보험자는 다른 모든 보험의 보험금액을 증명할 수 있는 서류를 보험자에게 제출하여야 한다.

증액약관(Increased Value Clause)에서는 동일한 피보험목적물에 대하여 두 개의 상이한 보험금액으로 보험증권이 발행되는 경우를 규제하기 위한 내용을 규정하고 있다.

15) 제15조 보험이익불공여약관(Not to Inure Clause)

알아봅시다

15. This insurance shall not inure to the benefit of the carrier or other bailee.

15. 이 보험은 운송인 또는 기타의 수탁자의 이익을 위하여 이용되어서는 아니된다.

보험이익불공여약관(Not to Inure Clause)에서는 운송인이나 기타 해상사업에 관련있는 수탁자에게 하주의 보험계약이 체결되어 있다는 이유로 어떤 이익이나 혜택이 주어져서는 안 된다는 사실을 규정하고 있다.

16) 제16조 피보험자의무약관(Duty of Assured Clause)

알아봅시다

16. It is the duty of the Assured and their servants and agents in respect of loss recoverable hereunder

16.1 to take such measures as may be reasonable for the purpose of averting or minimising such loss, and

16.2 to ensure that all right against carriers, bailees or other third parties are properly preserved and exercised and the Underwriters will, in addition to any loss recoverablehereunder, reimburse the Assured for any charges properly and reasonably incurred in pursuance of these duties.

16. 이 보험에 따라 보상하는 손해에 대하여 다음의 사항은 피보험자, 그 사용인 및 대리인의 의무이다.

16.1 손해의 방지 또는 경감을 위하여 합리적인 조치를 취하는 것, 그리고

16.2 운송인, 수탁자 또는 기타의 제3자에 대한 일체의 권리가 적절히 보전되고 행사되도록 확보하는 것, 그리고 보험자는 이 보험에서 보상하는 손해에 추가하여 이러한 의무의 수행상 적절하고 합리적으로 발생된 일체의 비용을 피보험자에게 보상한다.

피보험자의무약관(Duty of Assured Clause)에서는 피보험자의 손해방지활동과 운송인, 수탁자 또는 기타 제3자에 대한 손해배상청구권을 확보할 것을 피보험자의 의무로서 규정하고 있다.

17) 제17조 포기약관(Waiver Clause)

알아봅시다

17. Measures taken by the Assured or the Underwriters with the object of saving, protecting or recovering the subject-matter insured shall not be considered as a waiver or acceptance of abandonment or otherwise prejudice the rights of either party.

17. 보험의 목적을 구조하거나, 보호하거나 또는 회복하기 위하여 피보험자 또는 보험자가 취한 조치는 위부의 포기 또는 승낙으로서 보지 아니하며, 또는 그 밖에 각 당사자의 권리를 침해 하지도 아니한다.

포기약관(Waiver Clause)에서는 보험목적물을 구조, 보호 또는 복구하기 위한 피보험자 또는 보험자의 조치는 위부의 포기 또는 승낙으로 간주되지 아니함을 규정하고 있다.

18) 제18조 신속조치약관(Reasonable Despatch Clause)

알아봅시다

18. It is a condition of this insurance that the Assured shall act with reasonable despatch-in all circumstances within their control.

18. 피보험자는 자신이 통제할 수 있는 모든 사정에 있어서 상당히 신속하게 행동하는 것이 이 보험의 조건이다.

신속조치약관(Reasonable Despatch Clause)에서는 선박의 항해는 지연이 없이 신속하게 진행되어야 한다는 내용을 규정하고 있다.

19) 제19조 영국법 및 관습약관(English Law and Practice Clause)

알아봅시다

English law and practice.

19. This insurance is subject to English law and practice.

영국법 및 관습

19. 이 보험은 영국의 법률 및 관습에 준거하는 것으로 한다.

영국법 및 관습약관(English Law and Practice Clause)에서는 보험증권의 해석에 있어서 영국법 및 관습법을 준거해야 한다는 내용을 규정하고 있다.

◉ 유의사항

알아봅시다

It is necessary for the Assured when they become aware of an event which is "held covered" under this insurance to give prompt notice to the Underwriters and the right to such cover is dependent upon compliance with this obligation.

피보험자가 이 보험에 따라 "계속 담보를 받는" 사유의 발생을 알았을 때에는 그 취지를 지체없이 보험자에게 통고하여야 하며, 또 계속 담보를 받을 권리는 이러한 의무를 이행하였을 경우에 한한다.

유의사항에서는 피보험자의 주의를 환기시키기 위한 내용을 규정하고 있다.

4. 협회전쟁약관(Institute War Clause)

이는 신 협회적화약관의 제6조에서 면책위험으로 규정하고 있으므로, 보험계약자가 이를 담보받기를 원할 경우에는 할증보험료를 지급하고 협회전쟁약관을 첨부해야 한다.

전쟁약관에서 담보되는 위험은 제1조(위험약관)과 제2조(공동해손약관)에 규정되고 있는데, 제2조의 내용은 협회적하약관상의 내용과 효력은 동일하다.

담보되는 위험은 구체적으로 포획(capture), 나포(seizure), 강류 · 억지 또는 억류(arrest · restraint or detainment), 적대행위 또는 군사적 행동(hostilities or warlike operation), 내란 · 혁명 · 모반 · 반란 혹은 이것들에 기인하여 발생한 국내파업(civil war, revolution, rebellion, insurrection or civil strike arising therefrom), 해적(piracy), 기뢰 · 어뢰 · 폭탄 혹은 기타 군병기(mines · torpedoes · bombs or other engine of war) 등이다.

1) 제1조 담보위험약관

RISKS COVERED

1. This insurance covers, except as provided in Clauses 3 and 4 below loss or damage to the subject-matter insured caused by

1.1 war civil war revolution rebellion insurrection or civil strike arising therefrom. or any hostile act by or against a belligerent power

1.2 capture seizure arrest restraint or detainment, arising from risks covered under 1.1 above, and the consequences thereof or any attempt thereat

1.3 derelict mines torpedoes bombs or other derelict weapons of war.

담보위험

1. 이 보험은 다음 위험으로 인한 보험목적의 멸실 또는 손상을 담보한다. 단 3 및 4에서 규정 한 위험은 제외한다.

1.1 전쟁, 내란, 혁명, 모반, 반란 또는 이로 인하여 발생한 국내투쟁, 교전국에 의하여 또는 교전국에 대하여 행하여진 적대행위

1.2 상기 1.1에서 담보되는 위험으로 인한 포획, 나포 강류, 억지 또는 억류 및 그러한 행위의 결과, 또는 그러한 행위의 기도

1.3 유기된 기뢰 또는 어뢰, 폭탄, 또는 기타의 유기된 전쟁무기

담보위험약관에서 보험자가 담보하는 전쟁위험은 협회적하약관의 전쟁위험면책약관에서 보험자의 면책으로 규정된 위험이지만, 보험목적물의 멸실 또는 손상에 한하며 전쟁위험의 결과로 입게 되는 금전상의 손해는 담보하지 않는다.

5. 협회동맹파업·폭 동·소요약관(Institute Strikes, Riots and Civil Commotions Clause)

이는 신협회적화약관 제7조에서 면책위험으로 규정하고 있기 때문에, 이를 담보하기 위해서는 본 약관을 첨부해야 한다.

협회동맹파업약관에서 담보하는 위험은 제1조 위험약관과 제2조 공동해손약관에서 규정하고 있다. 제2조의 공동해손약관은 협회적하약관의 공동해손약관과 내용이 같다.

담보되는 구체적인 위험은 ① 파업참가자, 공장 또는 사업소 등의 직장을 이탈한 노동자, 노동소요, 폭동, 민란 등의 가담자 등에 의해서 발생한 화물의 멸실, 손상, ② 악의적인 의도를 갖거나 악의적인 행동을 하려는 자에 의해서 발생한 화물의 멸실·손상 등이다.

1) 제1조 담보위험약관

알아봅시다

1.1 This insurance covers, except as provided in Clauses 3 and 4 below loss or damage to the subject-matter insured caused by

(a) strikers, locked-out workmen, or persons taking part in labour disturbances, riots or civil commotions

(b) any terrorist or any person acting from a political motive.

1. 이 보험은 다음 위험으로 인한 보험목적의 멸실 또는 손상을 담보한다. 단 3 및 4에서 규정한 위험은 제외한다.

(a) 동맹파업자, 직장폐쇄를 당한 노동자 또는 노동분쟁, 소요 또는 폭동에 가담한 자

(b) 테러리스트 또는 정치적 동기로 행동하는 자.

협회동맹파업·폭 동·소요약관(Institute Strikes, Riots and Civil Commotions Clause)에서의 담보위험약관은 보험자가 보험목적물의 멸실 또는 손상만을 담보한다는 내용을 규정하고 있다.

제 V 편
무역관련 보험

제13장

항공 및 컨테이너화물보험과 선박보험

제1절 항공화물보험

1. 항공화물보험의 개요

항공운송 중 적하품에 손해가 발생하면 항공운송인이 책임을 지지만, 항공운송인의 과실이 없거나 불가항력에 의한 것은 면책된다. 단, 이에 대한 입증책임은 항공운송인에게 있다. 또한 항공운송인의 책임액에는 일정한 한도가 있다.

따라서 항공운송도 해상운송처럼 보험계약을 체결하여 만일의 사고에 대비하여야 한다. 그런데 항공운송의 경우 사고가 발생하면 기체와 함께 전손이 되는 것이 대부분이므로, 항공화물보험은 All Risks 조건으로 부보한다. 그리고 All Risks 조건으로 부보하는 경우에도 여전히 전쟁위험과 동맹파업위험은 면책되기 때문에 이들 위험을 담보 받기 위해서는 특약을 필요하다.

한편, 항공화물의 대부분이 해상보험으로 인수되고 있고, 해상보험에 관한 한 대부분의 일반원칙을 포괄하고 있기 때문에 실무적으로는 해상보험의 제원칙이 적용된다.

그리고 항공화물의 일부가 항공보험의 일종으로서의 항공화물화주보험으로 인수되는 경우도 있는데, 이 보험은 송하인이 간단한 절차로 부보할 수 있도록 하기 위해 마련된 것이다. 즉, 항공회사의 보험회사 사이에 미리 포괄보험계약을 체결해 두고 있어, 송하인이 화물을 항공회사에 인도할 때 Air Waybill(항공화물운송장)에 필요사항을 기재하고 보험료를 지급하기만 하면 당해 화물은 자동적으로 부보된다. 이 보험은 부보절차가 간단하지만 보험조건 및 보험료율이 항공회사와 보험회사간에 체결된 획일적인 포괄계약의 내용에 따를 수밖에 없으므로 소량화물에 적당한 보험이라 할 수 있다. 보험조건의 기본적인 내용은 항공화물운송장 뒷면에 인쇄되어 있다.

2. 항공화물보험의 적용 약관

1) 구 증권의 항공화물에의 적용 약관

구증권을 이용하여 항공화물보험에 적용하는 협회약관으로서는 Institute Air

Carge Clauses(All Risks)(excluding sendings by Post)가 있다. 그리고 이 약관으로 부보하는 경우에도 전쟁위험과 동맹파업위험이 면책되므로 전쟁위험을 담보 받기 위해서는 “Institute War Clauses(All Risks)(excluding sendings by Post)"와 같은 별도의 약관을 첨부하여야 한다.

한편, 동맹파업위험을 담보 받기 위해서는 Institute Air Carge Clauses(All Risks)의 제10조(동맹파업소요폭동 부담보약관)를 말소하여야 한다.

(1) 구 협회항공화물약관(우송물 제외)

구 협회항공화물약관은 총 4개조와 유의사항으로 구성되고 있는데, 여기서 주요약관을 살펴보면 다음과 같다.

① 담보위험

담보위험은 제5조(전위험 담보약관)에 규정되어 있으며, 내용은 구 ICC의 All Risks Clause와 동일하다.

② 보험기간

보험기간은 제1조(운송약관)와 제2조(운송종료약관)에 규정되고 있으며, 내용은 구 ICC와 대동소이하다. 즉, 이 보험은 운송개시와 동시에 개시하고 통상의 운송과정 중 계속되며, 화물이 최종창고에 인도된 때에 종료된다. 다만, 종료기간이 ICC의 경우는 외항선으로부터 양륙완료 후 60일로 제한되었지만, 항공화물약관에서는 항공기로부터 양륙완료후 30일로 제한한다.

(2) 구 협회전쟁약관(항공화물)

구 협회전쟁약관은 총 7개조로 구성되었으며, 주요 약관은 다음과 같다.

① 담보위험

담보위험은 해상화물전쟁약관과 동일하다.

② 보험기간

항공화물전쟁약관의 보험기간은 사실상 해상화물전쟁약관과 동일하며, 단지 표현만 항공운송에 적합하도록 수정하였다. 즉, 이 보험은 항공운송을 위해 항공기에 적재된 때에 개시되고, 목적지공항에서 항공기가 도착한 날의 자정부터 15일을 한도로 거기서 항공기로부터 화물을 양륙한 때에 종료된다. 요컨대, 전쟁위험은 항공화물의 경우 항공기에 있는 동안(airborne)만 담보되는 것이 원칙이다.

3) 신 증권의 항공화물에의 적용약관

신증권을 이용하여 항공화물보험에 적용하는 협회약관으로서는 Institute Cargo Clauses(Air)(excluding sendings by Post)가 있다. 그리고 이 약관으로 부보하는 경우에도 전쟁위험과 동맹파업위험이 면책되므로 이들 위험을 담보 받기 위해서는 ① Institute War Clauses(Air Cargo), ② Institute Strikes Clauses(Air Cargo)를 별도로 첨부하여야 한다.

상술한바 같이 구 증권을 이용하는 경우 동맹파업위험을 담보하는 특별약관은 별도로 존재하지 않고, 협회항공화물약관 제10조를 말소하면 제11조가 효력을 발휘하여 이들 위험을 담보하였다. 그러나 신 약관에서는 협회동맹파업약관이 별도로 마련되어 있다.

(1) 신 협회항공화물약관(우송물 제외)

신 협회항공화물약관은 총 16개조로 구성되었으며, 담보위험은 제1조(위험약관)에 규정되어 있으며, 보험기간은 제5조(운송약관)와 제6조(운송계약 종료약관)에 규정되어 있으며 그 내용은 구 협회항공화물약관과 같다.

알아봅시다

RISKS COVERED

1. This insurance covers all risks of loss of or damage to the subject-matter insured except as provided in Clauses 2, 3 and 4 below.

담보위험

1. 이 보험은 보험의 목적의 멸실 또는 손상의 모든 위험을 담보한다. 단, 다음의 2, 3 및 4에 규 정한 위험은 제외한다.

담보위험은 제1조(위험약관)에 규정되어 있으며, 그 내용은 신ICC(A)와 마찬가지로 전위험을 담보한다.

(2) 신 협회전쟁약관(항공화물)

신 협회전쟁약관(항공화물)은 총 12개조로 구성되어 있으며, 약관의 주요내용은 다음과 같다.

① 담보위험

담보위험은 해상화물전쟁약관 제1조와 동일하다.

② 보험기간

항공화물전쟁약관의 보험기간은 구협회전쟁약관과 동일하다.

(3) 신 협회동맹파업약관(항공화물)

신 협회동맹파업약관(항공화물)은 총 12개조로 구성되어 있으며, 내용은 해상화물동맹파업약관(ISC, Cargo)과 대동소이하다.

3. 항공운송보험계약의 체결형태

항공운송보험의 계약체결형태는 크게 두 가지로 나누어 볼 수 있다.

첫째는 해상보험회사를 통하여 협회적하약관(항공)에 의하여 부보하는 방법이며, 둘째는 항공운송인이 발행하는 항공화물 운송장을 이용하는 화주이익보험을 이용하는 방법이다.

1) 협회적하약관(항공)에 의한 부보

항공화물의 경우 사고가 발생하면 기체도 화물도 전손이 되는 것이 대부분이므로 해상사고의 경우와는 달리 손해발생의 순간성, 손해의 대형성, 손해의 거액성, 전손성 등의 특수한 성격을 가지고 있다.

이러한 항공화물운송의 특수성 때문에 항공화물의 부보조건은 전위험담보조건이다. 그리고 이를 담보하기 위하여 런던 보험업자협회(ILU)는 협회화물약관(항공)(Institute Cargo Clauses [air])을 준비하였다.

2) 화주이익보험(shippers' interest insurance)

국제항공화물은 대부분 협회화물약관(항공)에 의한 항공화물운송보험으로 인수되고 있지만, 스스로 보험을 수배할 능력이 없는 일반화주를 위하여 항공회사가 발행하는 항공화물 운송장을 이용하여 부보하는 화주이익보험의 제도를 두고 있다.

화주이익보험은 아직 그 담보내용면에서 통일이 되어 있는 것도 아니며 또 모든 항공회사가 이 보험을 제공하는 것도 아니다.

화주이익보험은 항공회사와 보험회사가 미리 포괄적인 예정보험계약을 체결하여 놓고, 송하인이 화물을 항공회사에 인도할 때 항공화물 운송장에 필요사항을 기재하여 보험료를 지급하면 그 화물은 자동적으로 부보된다.

이 보험의 부보 절차는 간단하지만 보험조건 및 요율에 대해서는 항공회사와 보험회사와의 획일적인 포괄계약의 내용에 따라야 하기 때문에 적은 규모의 화물에 적합한 보험이다. 보험조건의 기본적인 내용은 항공화물운송장의 배면약관에 규정되어 있고 그 상세한 것은 국제항공운송보험의 화주이익약관에 명시되어 있다.

제2절 컨테이너화물보험

1. 컨테이너보험의 개요

컨테이너보험이란 컨테이너 자체보험(container itself insurance ; itself or box or van insurance), 컨테이너 소유자(임차인도 포함)의 제3자에 대한 배상책임보험(container owner's third party liability insurance ; TPL), 컨테이너 운영자의 화물손해배상책임보험(container operator's cargo indemnity insurance ; cargo indemnity)의 보험을 포괄한 조합보험을 말한다.

이러한 3종류의 보험을 일괄하여 1증권(blacket poilcy)으로 인수될 수 있지만 특약서(open contact)형식의 포괄예정보험계약이 체결되는 경우가 많다.

앞의 Container Itself Insurance만을 단독으로 부보 할 수도 있다. 그러나 Container Owner's Third Party Liability Insurance 및 Container Poeator's Cargo Indemnity Insurance는 원칙으로 단독으로는 부보할 수 없고, Container Itself Insurance와 한 set가 되어 같은 조합으로 부보해야 한다. 이것은 Itself 보험과 책임보험과의 관계가 불가분이고 Itself 보험이 책임보험의 기초가 되고 있기 때문이다.

2. 컨테이너화물의 위험

국제복합운송 시스템은 컨테이너 운송기술에 의하여 뒷받침되고 있다. 따라서 국제 복합운송화물의 위험은 컨테이너 운송화물의 리스크를 가리킨다. 컨테이너에 의한 화물운송(containerization)의 초기에 적하보험자는 ① container terminal의 집적 위험의 문제, ② 갑판적 컨테이너화물의 투하, 파도에 의한 갑판상 유실위험의 증대 문제, ③ 밀봉식 금속제 컨테이너내의 화물에서 자주 발생하는 결로현상, 발열, 발한의 손해 등에 의구심을 가지고 있었다.

1) Container Terminal의 집적위험

containerization 초부터 현재에 이르기까지 각종의 태풍 손해방지 대책상의 기술개발이 발전하여 대형 태풍에 의한 container terminal의 손해는 극히 적다. 그러나 일부 외국에서는 대형 태풍이 container yard에 내습하여 크레인이나 장치컨테이너화물에 막대한 피해를 준 예가 있다. 따라서 태풍시에 있어서 terminal의 직접 리스크(risk) 및 그 손해방지대책에는 보험의 입장에서도 계속 경계해야 한다.

2) 갑판적 컨테이너화물의 위험

이러한 위험에는 ① 실제 항로의 자연조건 및 갑판적 컨테이너의 고착, 결박장치의 내용 및 그 완전한 실시상황의 문제 ② 컨테이너 전용선에서는 미리 선창적(underdeck)으로 하느냐 갑판적(on-deck)으로 하느냐를 정하는 것이 어렵기 때문에 소위 적재에 관한 선주의 자유재량권을 규정한 Optional Stowage Clause 첨부의 B/L을 발행하는 문제가 있다.

①의 갑판적 컨테이너의 투하, 파도에 의한 유실 손해의 발생빈도는 비교적 적다. 그러나 일단 발생하면 전손이 될 확률이 높은 점에 그 특징이 있다. ②의 문제점은 컨테이너의 갑판적에 대한 선하증권상의 선주 자유재량권의 가부를 둘러싼 문제이다. 즉, 갑판적이 합리적으로 인정된 이로를 구성하여 선주에게 책임제한액만 부담하게 하느냐가 문제이다.

이상과 같이 컨테이너화물의 갑판적에 대해서는 손해발생의 빈도 및 한 가지 사고당 손해의 크기에 관한 클레임의 문제 및 갑판적 컨테이너화물의 운송인의 책임, 즉 책임제한액만을 부담하는 합리적 이로인가에 따라 보험자의 보험대위에 의거한 운송인에의 구상권의 내용이 크게 문제가 된다.

3) 컨테이너내의 화물에 발생하는 발열, 발한 등

컨테이너내의 화물에서 자주 발생하는 발열, 발한 또는 결로현상에 대해서는 방습제, 방습포장, 방습장치부착 컨테이너 등의 각종 기술개발이 containerization의 초기 당시부터 추진되어 오고 있다.

그러나 항로도중의 온도차이, 기타의 자연조건, 컨테이너화물의 성질 및 그 개품포장의 상태, 컨테이너 내에 적입되는 깔개, 충전물의 수분 함유율 등의 제 요인이 복합 작용하면 컨테이너화물에 있어서 불가피하다고 생각되는 발열, 발한, 결로 등의 손해가 발생하기 쉽다.

3. 컨테이너화물의 손해의 형태

컨테이너라고 하더라도 손해방지 또는 안전운송에 있어서 만전을 기할 수 없다. 재래선 운송에 비하면 전반적으로 각종 손해를 방지 또는 경감시킬 수 있지만 아직도 각종 손해가 발생하고 있어 주의하여야 한다.

국제해상보험연합(IUMI ; International Union of Marine Insurance)이 1970년대 초부터 1980년대 초까지 약 10년간에 결쳐서 세계 각국의 해상보험협회로부터 수집한 손해통계에 의거하면 ① 파곡손, 찰손, ② 우담수누손, ③ 한누손, ④ 도난, 불착의 4종류가 주요 손해에 해당한다.

4. 컨테이너보험의 형태

1) Container 자체보험(container itself insurance)

컨테이너 자체보험은 컨테이너 그 자체의 멸실. 손상에 의한 경제적 손실을 보상하는 보험으로 컨테이너 보험의 대종을 차지하고 있다. 컨테이너 자체보험은 런던보험업자협회가 제정한 All Risks 담보약관- "Institute Container Clauses-Time(all risks)"에 의거한 All Risks 조건 또는 런던보험업자협회 제정의 전손담보약관-"Institute Container Clauses-Time(total loss, general average, salvage, salvage charges, sue and labour)"에 의거한 전손담보 조건으로 인수한다.

컨테이너 자체의 보험은 통상 컨테이너 소유자가 보험계약자가 되지만, 임차컨테이너(lease container)의 경우에는 임차인(lessee)이 준 소유자로서 보험계약을 체결한다. 이 경우에 임차인은 소유자에 대한 배상책임보험을 특약한다.

2) Container 소유자의 제3자에 대한 배상책임보험(TPL)

컨테이너 소유자 또는 임차인(lessee)이 컨테이너에 관련된 사고(예를 들어 보수불충분이나 미수선의 컨테이너를 사용하는 동안에 컨테이너의 바닥이 빠져 제3자에 대하여 상처를 입힌 경우)에 의한 타인의 신체상해 또는 재물의 손해에 대해 법률상의 배상의무를 부과함으로써 입은 손해를 보상하는 것이 컨테이너 소유자의 제3자에 대한 배상책임보험이다.

3) Container 운영자의 화물손해배상책임(Cargo Indemnity)

컨테이너운영자의 화물배상책임보험은 컨테이너 운송 화물의 손해에 대해 컨테이너운영자가 법률상 및 운송계약상의 배상책임을 이행함으로써 입는 경제상의 손실을 보상하는 보험이다.

제3절 선박보험과 P&I보험

1. 선박보험(hull insurance)의 개요

선박보험은 선박이 건조, 운항, 계선 중의 크고 작은 각종의 해상위험 등에 의하여 손해를 입는 경우 이를 보상하는 보험이다.

선박보험은 ITC-HULLS(Institute Time Clauses : 협회기간약관)을 기본으로 하여 각종 특별약관을 첨부하여 선체의 물적손해 또는 선체사고로 인하여 발생하는 비용손해를 담보하고 있으며 타 선박과의 충돌사고 발생시 상대방에 대한 법적 손해배상책임(충동손해배상 책임)을 담보로 하고 있다

선박보험에서는 충돌손해 배상책임을 제외하고 제3자에 대한 배상책임은 담보하고 있지 않아 선원, 승객, 화물, 해상오염 등의 제3자에 대한 배상책임에 대비하여 선주는 선주책임 상호보험(P&I CLUB : Protection and Indemnity Insurance)에 가입하고 있다.

2. 선박보험의 종류

1) 기간보험과 항해보험(Time Policy · Voyage Policy)

일정기간동안 계속하여 담보 받고자 할 때 체결하는 것을 기간보험(Time Policy)이라 하고 특정항해에 국한하여 담보 받고자 할 때 체결하는 것을 항해보험(Voyage Policy)이라 한다.

선박보험은 원칙적으로 기간보험에 부보하지만, 예를 들어 외국으로부터 선박을 구매하여 同 수입선을 인수하기 위해 항해해 오거나, 고철선을 해체하여 용광로에 넣기 위한 최후적 항해를 할 때, 특수 작업선 혹은 특정구역 어획조업선이 작업장소 혹을 조업지를 이동하는 항해를 할 때에는 통상 항해보험을 체결한다.

항해보험은 1항해를 단위로 하여 인수하기 때문에 항해개시 시점에서의 선박의 내항성(Seawortiness) 문제가 대단히 중요하다. 따라서 보험자는 항해보험을 인수할 때 항해거리 · 항로 · 계절, 예인시는 선종 및 예인선의 성능 등을 위험측정의 중요자료로 삼게 되며, 로이즈대리점 등에 의한 사전검사를 조건으로 한다는 점을 보험증권에 명시한다.

2) 선체 및 기관보험(Hull & Machinery Insurance)

선체보험은 선체 그 자체는 물론이고 모든 선박자재(Materials)·의장선구(Outfit)·기관(Machineries)과 항해용구(Equipment) 및 기타 비품(Funiture)을 포함하는 선박을 피보험 목적물로 하여 보험기간 중에 담보위험에 근인되어 발생된 피보험 선박의 물적손실 및 비용손해, 충돌사고가 발생한 경우에는 상대 선박에 대한 법적 출동 배상책임을 담보로 한다.

3) 선비 및 증액보험(Disbursement & Increased Value Insurance)

선비(Disbursement)란 선박을 운항함에 소요되는 비용으로 예컨데 연료비, 부식비, 항내에서의 관습적인 예인비, 선적비, 항만시설 사용료 등을 말한다. 이와 같은 비용들은 선주가 예정된 항해를 성공적으로 마치고 운임수익을 획득함으로써 회수되는데, 선체보험가액에 포함되지 않기 때문에 항해 도중 선박이 멸실된다면 선주는 이미 지출한 선비를 회수할 길이 없게 된다. 그러나 분손 사고시는 실제로 상실된 선비를 정확히 산출하기가 현실적으로 어려운 관계로 전손사고시에만 담보되는 조건(Tlo : Total Loss Only)으로 부보한다.

선박보험에 있어 선박의 가액은 보험기간 내에도 시장상황 등에 따라 급격하게 변동할 뿐만 아니라, 지역에 따라서도 차이가 날 수 있음에도 불구하고 보험금은 그 선박의 계약 당시의 가입금액(협정가액)을 기준으로 지급이 된다. 따라서 선체보험 금액이 사고시 선주가 입은 실제 손실금맥에 미치지 못하는 경우가 발생할 경우가 있어 선주는 선체 보험금 전액을 보험자로부터 보상받는다 하더라도 보험금과 선가와의 차액만큼 손실을 입게 된다. 이러한 손실에 대한 담보가 선주 입장에선 필요하다. 현재 실무에선 선비, 선체 및 기관의 증가액 혹은 추가액, 초과책임 등을 하나로 묶어서 운용하고 있다. 이때 보험가입금액은 선체보험 증권의 협정가액의 25%를 초과할 수 없다.

4) 선박건조보험(Builders Risk)

선박건조보험은 선박의 건조에서부터 진수·시운전 및 인도에 이르기까지 이에 따르는 제반 육상 및 해상위험을 담보함으로써 건조자의 경제적 손실을 보험자(보험회사)에게 전가시키기 위한 보험이다.

보험가입금액(Insured Value)은 Itc-Hulls 제21조 선비담보약관에 의하여 선체

보험가액의 25% 범위 내에서 통상 90일, 180일 또는 270일에 대한 경상비, 용선료 또는 운임의 견적서에 의해 협정되어지며, 1일당 불가동손실금액을 산정하여 일당 지급액으로 하고 있다. 또한 1사고당 최대 보상일수와 보험자 면책일수를 계약시에 약정함으로써 불가동기간에 대해 피보험자의 손해방지를 위한 노력을 기도하고 있다.

보상방법은 피보험자의 임의수리와 보험자의 부담수리가 동시에 행하여 질 경우에는 면책기간을 초과하는 기간에 대하여 보험자와 피보험자가 균등 배분하여 부담한다. 그러나 피보험자부담 수리와 보험자부담 수리가 동시에 행해짐으로써 수리기간이 연장되는 경우에는 연장된 기간에 대하여 전적으로 피보험자가 부담한다.

5) 예인보험 (Towage Risks)

예인보험은 대양예인보험과 연안예인보험이 있으며 항해보험으로 인수한다. 선박해체보험도 동일한 형태이며, 예인실시 전에는 예인선, 피예인선 및 예인방법의 적격 여부에 대한 안전도 검사를 받아야 한다.

6) 전쟁 및 동맹파업보험 (War & Srcc Risks)

전쟁 · 내란 · 혁명 및 동맹파업 등으로 인하여 선박에 발생한 멸실 · 손상을 담보로 하며 별개의 증권으로 교부된다. 이 보험은 담보위험의 특수한 성격상 보험자 혹은 피보험자 어느 한쪽이 7일전에 통지함으로써 일방적으로 해지할 수 있으며, 또한 해지 통보의 유무에 관계없이 핵무기의 사용이나 5대 강대국간의 전쟁 발발시 자동적으로 종료된다. 전쟁위험의 취지는 평화지역에서 우발적인 전쟁위험을 담보하는 것으로써 교전지역이나 전쟁의 발발 가능성이 높은 지역은 W.R.T.W에서 제외한다.

7) 계선보험 (Port Risk)

계선위험은 항해위험에 비하여 사고발생 가능성이 현저히 적으며 선박이 일정항구 또는 일정한 안전해역에서 휴항을 하는 경우나 준설선(DREDGER)과 같이 안전한 특정해역에서만 작업하는 경우에는, 특별히 계선보험에 가입하는 것이 일반적이며, 계선보험의 요율은 태풍 등을 이유로 달리 적용되기도 한다

계선보험의 특징은 충돌배상책임을 전액 담보한다. 즉, 부두의 재물 등의 멸

실이나 손상에 대한 배상책임 또는 인명의 사상, 질병 및 인명구조를 위한 보수에 대한 배상책임 등을 담보한다.

3. 선박운항 위험과 대응책

선주나 선박 관리자는 선박 운항에 수반되어 발생할 수 있는 일체의 위험을 추출하고 분석·평가하여 이에 대한 합리적인 대비책을 수립하는 것이 필수적이라 할 수 있다. 이러한 선박의 운항과 관련된 위험 및 그 대응책에는 다음과 같다.

알아봅시다

◉ **위험의 종류와 대응책**

☞ 선체/기관의 물리적 손해 ➡ 선체보험
☞ 선임의 손해 ➡ 선임보험
☞ 선박의 의장 및 기타장비의 손해 ➡ 선비보험
☞ 선박의 불가동으로 인한 손해 ➡ 불가동 손실보험
☞ 건조중의 선박손해 ➡ 선박 건조보험
☞ 핵무기 사용으로 인한 손해 ➡ 없음
☞ 운송중의 화물에 손해를 입힌 경우, 그 화주에 대한 책임 ➡ P&I Club
☞ 타선박과 충돌시 상대선박 및 그 선박에 적재된 화물이 손해를 입은 경우의 화주에 대한 책임 ➡ 선체보험
☞ 승선인에 대한 책임 ➡ P&I Club
☞ 선박이외의 사람과 물건에 대한 책임 ➡ P&I Club
☞ 선원에 대한 책임 ➡ 선원근재보험
☞ 난파선 제거에 대한 책임 ➡ P&I Club
☞ 유류오탁 손해에 대한 책임 ➡ TOVALOP

4. 선박보험의 요율 산정요소

선박보험 청약시 기재하는 다음 내용들은 보험 인수여부 및 보험요율을 산정하는데 기초가 되는 중요한 사항이다. 따라서 보험계약자가 고의 혹은 중과실

로 사실과 다른 사항을 알리거나 태만한 경우에 보험자는 그 계약을 취소할 수 있다.

1) 피보험자(Assured)

선박사고의 대부분은 선박자체의 결함보다는 이를 운용하는 인적인 문제에 기인하는 경우가 많다. 이런 이유로 선박보험에서는 누가 그 선박을 운용하는 가가 가장 중요한 요율산정 요소가 된다. 따라서 최초로 보험에 가입하는 사람보다 오랫동안 보험에 가입해온 경력이 있는 경우가, 사고 경력이 많은 선사보다는 그렇지 않은 선사의 경우가 더 저렴한 요율을 적용받게 된다. 이러한 선박보험의 피보험자는 그 선박에 대해 갖는 이해관계에 따라 다음과 같이 구분한다.

(1) 소유자(Owner)

선박의 법적 소유자로 선박등기부등본, 국적증서에 명기된 자를 말한다.

(2) 관리자(Manager)

선박의 실제사용자로서 선원관리 및 선박운항을 지배하는 자를 말한다.

(3) 용선자(Charterer)

선박소유자로부터 일정기간동안 선박을 빌어 운영하는 자로서 용선계약서에 의해 용선료를 지불하는 자를 말한다.

현행 선박보험은 Manager를 중심으로 선박의 손해율을 관리하고 있어 같은 선박이라도 누가 운영하느냐에 따라 요율이 달라지게 된다. 또한, 한 피보험자가 여러 척의 선박을 보유하고 있는 경우 손해율에 따른 할인, 할증율이 전 선박에 공히 적용되고 있으며, 선단(Fleet)을 이루어 전 선박을 동시에 보험을 부보하는 경우 할인 혜택이 있다.

한편, 우리 나라 해운업계 실태 상 신규 운항면허를 받기 힘들어 신규 선박도입시 파나마, 일본 등 제3국에 회사를 신설하여 그 회사를 Owner로 하고 Manager 또는 Charterer 형태로 선박을 소유하는 사례가 종종 있다. 이 경우 신규도입 선박에 대해서는 보험가입시 소유권을 증명할 수 있는 서류 및 관리 계약서 또는 용선계약서가 첨부되어야 한다.

2) 선박의 제원(Vessel)

보험의 목적물인 선박 그 자체에 관한 내용을 말하며, 피보험자와 함께 선박보험 요율산정의 중요한 요소이다.

(1) 선명(Vessel Name)

선박의 이름으로 선명이 변경된 경우엔 이전 선명도 알려주어야 한다.

(2) 선종(Nature of Trade)

선박의 사용용도를 일컫는 것으로, 화물선(Cargo Carrier), 컨테이너 선(Container Vessel), 살물선(Bulk Carrier), 어선(Fishing Vessel), 유조선(Tanker), 냉동화물선(Refrigerated Cargo Carrier), 예인선(Tug Boat), 부선(Barge), 준설선(Dredger), 여객선(Passenger Carrier), 등이 있으며, 가급적 사용용도를 구체적으로 알리는 것이 좋다.

(3) 건조년월일(Built Year)

선박의 건조년월일을 나타내는 말로 진수일(Date of Launch)과는 구별되며, 통상 조선소에서 선박소유자에게 인도하는 시점을 뜻한다. 선박이 노후할수록 보험요율은 높다.

(4) 톤수(Tonnage)

선박의 크기를 나타내는 말로 총 톤수(GT: Gross Tonnage), 재화중량톤수(DWT: Deadweight Tonnage), 순 톤수(NT: Net Tonnage)등이 있다. 요율산정시엔 주로 총 톤수가 사용되며 재화중량톤수는 규모가 큰 Tanker의 요율산출시 사용된다.

(5) 재질(Material)

선박의 재질을 뜻하며 철선(Steel), 목선(Wood), Fiber Glass 등이 있다.

(6) 국적(Flag)

선박의 소속국가를 말하며, 일부국가의 경우, 선박관리법이 엄격하지 못하여 보험가입시 국적증서를 첨부하여 알려주어야 한다.

3) 선급(Classification)

선급이란 한국선급협회(KR) 또는 외국의 선급협회에서 일정한 검사를 시행하여 그 선박이 항해하기 위해 적합한 상태를 유지하고 있다는 증명서입니다. 선급협회에 가입하게 되면 정기적인 검사를 받아야 하며 또한 검사관의 권고사항도 충족해야 한다. 이러한 검사는 선박이 적절한 상태에서 항해를 할 수 있도록 하기 위한 것이다.

선박보험에서는 선급이 없는 500톤 미만의 일반선박에 대해서는 손보협회에서 인수하고, 보험회사에서는 인수하지 아니합니다(원양어선은 선급이 없는 경우 10%할증된 요율로 보험회사에서 인수합니다). 500톤 이상의 경우엔 보험회사에서도 인수가 가능하나 보험료가 선급보유 선박에 비해 높다. 외국의 경우엔 선급이 없는 선박은 보험가입이 불가능한 경우도 있다.

선급이 없는 선박은 또한 보험기간이 시작되기 전 혹은 직후에 한국선급(KR)의 현상검사(Condition Survey)를 받는 조건이 반드시 첨부됩니다. 따라서 되도록 이면 선급을 유지하는 것이 유리합니다. 선급이 있는 경우, 보험증권에는 “Warranted 선급명 class and maintained" 조항이 첨부됩니다. 즉, 보험기간 동안 선급을 유지하는 조건이다. 만약 불가피한 사정으로 잠시 탈급되는 경우가 있으면 즉시 보험회사에 통보하여 추가보험료를 납부하고 계속 계약을 유지해야 한다. 그렇지 않는 경우엔 보험계약의 종료 사유가 되거나 보상을 받지 못한다.

4) 보험기간(Period)

선박보험은 통상 12개월을 단위로 보험에 가입한다. 그러나 항해보험 등에서는 특정구간을 단위로 보험에 가입한다. 선박보험의 보험개시 시간은 개시일의 정오 12:00(K.S.T.: Korean Standard Time)부터 개시하여 만기일의 같은 시간에 종료한다.

5) 보험가액(Insurable Value)

보험가액이란 보험목적물인 선박의 실제 가치를 뜻하며, 대개 선박의 시장가격을 기준으로 한다. 그러나 실무에서는 보험개발원에서 제시한 선가결정기준과 비교하여 현저하게 높거나 낮지 않으면 선주가 제시한 가액을 보험가액으로 한다.

만약 선주가 제시한 가액이 너무 낮거나 높으면 보험요율이 올라가는 요인이 될 수도 있으므로 가액 설정에 대한 충분한 이유를 설명해야 한다.

6) 보험금액(Insured Amount)

보험금액이란 실제로 보험에 가입된 금액으로 사고발생시 보험자가 보상해드리는 최고금액이다. 선박보험은 보험가액을 사전에 결정하는 기평가보험으로 보험금액을 보험가액과 일치하도록 해야한다. 그러나 보험의 일부를 항만청, 해운조합 등에 가입한 경우 보험가액에서 이 금액을 제외한 나머지 금액을 보험금액으로 할 수 있으며 이 경우 그 내용을 고지해야 한다.

보험금액의 화폐단위는 모든 형태의 화폐단위로 가능하며 통상 US$ 또는 WON이 많이 사용되고 있다.

보험금액 역시 선박보험에서는 요율을 결정하는 중요한 요소가 된다. 500톤 이상의 비협정요율을 사용하는 선박의 경우엔 보험금액이 높을수록 보험요율은 낮아지고, 보험 금액이 낮으면 보험요율은 올라가게 된다.

7) 운항구간(Trading Limit)

선박의 사고는 대개 항해중에 발생하므로 해난의 위험도가 높은 해역으로 항해하는가의 여부에 따라 요율의 차이가 있으며, 특수위험수역(베링해, 오호츠크해 등)을 항해하는 경우에는 추가보험료를 납부한다.

선박의 운항구역과 관련하여 반드시 Within Institute Warranties(협회항로정한약관)라는 조항이 첨부되게 된다. 이는 특수위험 수역의 운항을 금지한다는 내용으로, 이 수역을 항해시에는 사전에 보험자에 통지해야 하며 추가보험료의 납부외에도 해당지역을 항해하는데 필요한 장비(예를 들어 Radar, Echo Sounding Device, Loran, Radio Direction Finder 등)와 자격있는 인원을 반드시 갖추어야 한다.

한편, 전쟁보험의 경우는 War Risk Trading Warranties(WRTW)를 사용하여 전쟁위험이 상대적으로 높은 지역을 항해금지해역으로 규정하고 있고 전쟁상황에 따라 항해금지해역이 수시로 추가되거나 삭제되고 있다.

8) 부가보험조건

(1) 보험료 분할납입약관(Deferred Premium Clause)

보험료를 분할하여 납입할 것을 약정한 것으로 통상적으로 4회로 분할하여 납입한다(전쟁보험은 2분납).

(2) 전손시 전액보험료 지급약관(Full Premium If Lost Clause)

전부손해로 처리될 보험금청구가 발생했을 경우엔 지급된 보험료를 차감한 연간 보험료 전액을 납입한다.

(3) 국내 수리비 정산에 관한 특별약관(Special Clause For Settlement Of Claims Of Local Repairs)

선박의 손상 수리가 국내에서 행해지고 수리비가 원화로 지급되는 경우 그 금액을 보험증권의 조건에 따라 지급할 것을 약정한 것으로 TLO 조건이 아닌 외화로 가입된 계약에 첨부된다.

(4) 기계류손상 추가공제액약관(M.D.A.D; Machinery Damage Additional Deductible)

ITC(Hulls) 조건에 첨부되는 약관으로 기계류사고에 대해서는 기본조건의 공제액이외에 추가로 본 공제액을 더 적용하는 담보 제한적인 약관으로 전부손해 또는 추정전손 사고에는 적용하지 않는다.

(5) C.R.O.(Cancelling Returns Only)

선박보험에서는 선박이 보험자가 승인한 안전한 항구나 휴항구역에서 30일 이상 연속적으로 휴항을 한 경우에는 보험료의 일정부분을 환급하여 주는데, 이를 휴항환급이라 한다. 그러나 계약자가 CRO조건을 선택하시면 휴항환급을 청구하수 없으며, 보험계약을 해지할 경우에만 보험료를 환급 받는다. 그러나 이 경우엔 할인된 보험요율을 적용받을 수 있어, 휴항이 적은 화물선의 경우나 어선의 경우 연간출어 계획 등을 고려하여 유리한 쪽으로 선택하면 된다.

(6) 방사능 오염 면책약관(Institute Radioactive Contamination Exclusion Clause)

방사능이나 핵 관련 위험을 면책한다는 내용으로 모든 해상보험증권에 첨부된다.

5. 선박보험의 협회기간약관

우리 나라 선박보험계약에서는 500톤 미만의 소형 선박의 경우를 제외하고는 런던보험업자협회(Institute of London Underwriters; ILU)가 제정한 협회약관

(institute clause)을 쓰고 있다. 어느 나라에서나 기본적 보상조건과 담보의 내용은 ILU의 Institute Clause에 따르고 있다.

이 협회약관은 여러 번 개정되었다. 이 협회 선박기간약관(institute time clause, hulls)이 1983년 10월 1일자로 개정되어 런던보험시장에서 신규계약에는 1983년 9월 30일부터 사용되고 갱신계약 및 기타 모든 계약의 경우는 1983년 11월 30일부터 사용하고 있다.

우리 나라 보험시장에서는 종래부터 사용하고 있던 1970년 10월 1일자 ITC, Hulls를 폐기하고 ,1983년 10월 1일자 신 ITC, Hulls를 사용하고 있다. 신 ITC, Hulls는 26개 약관으로 구성되어 있다.

6. P&I 보험(Protection and Indemnity Insurance)

1) P&I 보험의 개요

P&I 보험은 선박보험과 더불어 선박회사에 있어서 중요한 해상보험이다. 선박보험이 선박이라는 피보험목적물을 대상으로 한 보험인데 대하여, P&I 보험은 선박회사의 배상책임보험이다. Protection은 주로 선박의 운항에 관련하여 제3자에게 준 손해에 대한 배상책임보험이고, Indemnity는 적하품에 대한 해상운송인의 배상책임보험이다.

선박의 운항에 관련하여 선주는 제3자에 대한 책임, 인명손해에 대한 책임, 적재화물에 대한 운송책임 등을 부담한다.

예를 들어, 적재화물에 발생한 손상에 기이하여 화주로부터 손해배상청구를 받더라도 그 금액이 너무 많아 민간의 보험조직으로는 보상하는 것이 불가능하다. 따라서 이러한 손해를 보상하기 위하여 선박회사가 회원이 되고 상호보험제도의 형태로서 조합원의 손해를 보험하는 것을 “P&I 보험”이라 한다.

2) 화물손해의 발생원인과 P&I 보험

화물의 손해에 대해서는 원인에 따라 선주의 책임부담여부가 결정된다. 화물손해의 원인에는 ① 불가항력적 해상사고(act of god), ② 화물고유의 하자(瑕疵) 및 성질(inherent vice), ③ 선원의 항해과실, ④ 불내항성(unseaworthiness), ⑤ 화물취급상의 부주의(mishandling in carriage of goods) 등이 있다. 화물의 운송도중에 발생하는 손해는 대부분 위의 다섯 가지 원인 중 하나 때문에 발생한다.

①, ② 및 ③의 원인에 의하여 발생한 화물의 손해는 선주가 선하증권의 면책약관에 의거하여 그 책임을 면할 수 있다. 따라서 이 세 가지 원인으로 발생한 화물손해는 화주가 적하보험(cargo insurance)에 부보함으로써 그 적하보험자로부터 손해보상을 받을 수 있다. 그 결과 보험자가 선주에게 대위권(subrogation)을 행사하더라도 선주는 그 책임을 면하게 된다.

그러나 ④ 및 ⑤의 원인으로 발생한 화물손해는 선주가 책임을 져야하며 이러한 선주가 부담하는 손해배상액을 보장받기 위하여 선주는 P&I보험에 부보한다.

선주가 P&I보험에 부보하기 위해서는 P&I Club에 가입해야 한다. 화주가 적하보험에 부보한 화물이 ④ 및 ⑤ 원인으로 손해가 발생한 경우 적하보험자는 화주에게 보험금을 지급하고 선주에게 대위권을 행사하면 선주는 책임을 면할 수 없다. 이러한 경우 선주가 P&I Club에 가입되어 있으면 P&I Club이 선주에게 대화주손해배상액을 보상해 준다. 따라서 선주는 P&I Club에 가입함으로써 화주 및 적하보험자로부터 손해배상청구를 쉽게 배상할 수 있다.

3) 한국의 P&I 클럽

우리나라에서 P&I 보험을 취급하는 기관으로는 한국선주상호보험조합(The Korea Shipowner's Mutual Protection & Indemnity Association ; the Korea P&I Club 또는 KP&I)과 이보다 훨씬 오래전부터 P&I 보험을 취급하여 온 한국해운조합에 의해 창설된 선주배상책임공제(KS P&I)가 있다.

KP&I에는 국제적인 P&I 클럽으로부터 가입이 거절된 소규모 선박과 원양어선이 주로 가입하고 있으며, KS P&I는 국내 연안에서 활동하는 우리 나라 선박을 주 회원으로 가입시키고 있다.

제14장

수출보험제도

제1절 수출보험제도의 개요

1. 수출보험제도의 의의

수출보험은 수출 기타 대외거래시 수입국의 전쟁, 천재지변 및 수입자의 파산 등으로 수출대금을 회수하지 못하여 발생하는 수출자 또는 수출자금을 공여한 금융기관의 손실을 보상하는 제도이다.

수출보험제도는 9개 종목으로 운영하여 왔지만, 2000년 1월 1일부터 환변동보험과 이자율변동보험을 포함한 12개 종목으로 확대 운영한 후 대외무역법상의 수출 외에도 고용창출 등 직접적으로 수출효과를 가지는 다양한 거래에까지 확대하여, 현재 신뢰성보험과 지식서비스 수출보험을 비롯한 12개 종목으로 운영되고 있다.

수출보험제도의 확대운영이 배경에는 세계화, 정보화의 진전에 따라 대외거래 및 금융조달 방식이 다양해짐에 부응하여 수출보험제도를 활성화함으로써 수출 기타 대외거래를 적극 지원하기 위함이다.

한편, 수출보험제도의 확대운영으로 산업설비 등 중장기 수출업체의 수주경쟁력 제고 및 중소기업의 수출용원자재 확보 지원 등의 효과가 기대된다.

2. 수출보험의 특징

1) 위험의 동시다발성

전쟁, 내란 및 외환거래의 제한 또는 금지 등의 비상위험으로 인한 보험사고는 위험을 예측하기 어렵고 또한 다수의 수출거래에 대하여 위험이 동시에 발생하게 된다.

2) 정부책임하에 운영

수출보험은 정부가 직접 운영하거나 공기업체가 대행하기도 하며, 또한 민간기업에 위임시켜 운영하기도 한다. 여하간 수출보험운영기구는 정부가 직·간접으로 관여하고, 궁극적으로 정부책임하에 비영리로 운영되는 것이 일반적이다. 이와 같이 수출보험을 정부가 운영하는 이유는 다음에 있다.

첫째, 수출보험제도의 목적이 국가의 수출진흥에 있다는 점이다.

둘째, 수출보험의 주된 담보위험이 비상위험이라는 점이다. 비상위험은 보험사고 발생확률을 예측·곤란하여 적절한 보험료율을 산정하기가 어렵다. 또한 비상위험으로 인한 사고는 동시에 다수의 수출계약에 발생하고 규모도 크기 때문에 보험자의 거대한 자금조달능력을 필요로 한다.

셋째, 신용위험을 담보하기 위해서는 대규모의 해외신용조사기구를 정비해야 하며, 이를 위해서는 거액의 자본투하가 필요한데, 사기업으로는 채산을 맞추기 곤란하다는 점 등이다.

3) 거액의 보험사고 발생가능성

거액의 보험사고가 발생한 경우 보험자가 지불해야할 보험금은 엄청난 거액이며, 또한 비상위험에 의한 사고는 그 다발성으로 인해 일시에 보험금청구가 집중되게 되어 이 경우 역시 대규모의 보험금지급이 불가피하게 된다.

4) 독립채산제의 채택

수출보험도 원칙적으로 보험사업의 수입으로 지출을 충당하는 방식을 채택하고 있다. 우리 나라 수출보험법 제4조 "수출보험의 보험료율은 수출보험사업의 수입과 지출의 균형이 유지되도록 한국수출보험공사가 산업자원부장관의 승인을 얻어 정한다"고 규정하여 독립채산의 원칙을 밝히고 있다.

5) 비영리 정책보험

민간기업이 수출보험을 운영할 경우 수출지원정책측면에서 보다는 이윤추구의 입장에서 채산에 맞는 위험유형만을 선택·운영하게 되므로 담보위험의 범위가 극히 제한될 수밖에 없어 수출지원의 정책적 효과를 거두기가 매우 어렵다. 또한 수지균형을 위해 과다한 보험요율을 책정할 경우 이는 수출원가의 직접적 상승효과로 작용하여 수출진흥에 역행하게 된다. 정부가 수출보험운영에 간여하거나 직접 운영하는 이유가 여기에 있는 것이다.

6) 제도의 유동성

수출보험은 국가의 수출진흥을 궁극적인 목표로 하고 있으므로 국제무역환경의 변화에 따라 수출자가 부담하게 될 위험을 담보해야 할 운명에 있다. 따라서 담보위험의 한계는 국가의 정책적 판단에 따라 매우 유동적일 수 있다.

3. 수출보험의 기능

1) 수출상의 불안제거 기능

수출보험은 수입국내에서 발생하는 비상위험 또는 신용위험 등으로 수출불능, 대금회수의 불능 등 수출에 따른 불안을 해소시켜 준다. 즉, 수입국에서 발생하는 비상위험 또는 신용위험 등으로 수출자가 입는 손실을 보상해 줌으로써 안심하고 수출활동을 할 수 있도록 해 준다. 이에 수출보험은 수출거래에 따른 수출자의 위험부담을 해소하여 준다는 측면에서 일차적 기능을 갖는다.

한편 신용위험은 수입자의 귀책으로 인한 사유로 발생된 위험으로 여기에는 수입자의 지급불능, 지급지체, 적하품에 대해 수입자의 인수거절 등이 있고, 비상위험은 계약당사자의 책임이 아닌 사유로 인해 발생된 위험으로 전쟁위험, 송금위험 등이 있다.

2) 수출진흥정책상의 기능

수출보험은 수출진흥을 위한 비영리정책보험이다. 따라서 수출자는 저렴한 보험료부담으로 유리한 실손해를 보상받을 수 있게 되어 수출경쟁력을 강화시키고, 결과적으로 수출보조의 기능을 하게 된다.

3) 금융보완적 기능

수출보험은 수출대금의 미 회수위험을 담보하므로 금융기관으로 하여금 수출지원금융을 안심하고 해줄 수 있게 하며, 또한 보험사고가 발생하였을 때에는 기업이 받는 손실을 보상함으로써 자금면의 유동성을 제고시켜 사업을 계속할 수 있게 해준다.

4) 해외 수입상사에 대한 신용조사 기능

수출보험의 운영주체는 효율적인 인수 및 관리를 기하고 업무상 보험사고를 미연에 방지하기 위해 다양한 루트를 통해 해외 수입상사의 신용상태와 수입국의 정치·경제 등 제반환경에 관한 조사활동을 하게 된다. 이러한 신용조사의 결과는 수출상사로 하여금 수출불능이나 대금회수불능위험을 예방할 수 있도록 해 주는 한편, 수입국에 관한 신용정보를 제공하여 수출자로 하여금 효과적으로 활용할 수 있도록 함으로써 수출자의 신규 거래선확보와 수출확대에 기여함과 동시에 건전한 수출거래를 유도하는 기능이 있다.

4. 수출보험의 운영

1) 한국수출보험공사

우리 나라의 수출보험제도는 1969년 2월 업무를 개시한 이래로 보험사업운영의 주체는 정부이지만 그 업무만 대한재보험공사와 한국수출입은행에 위탁하는 정부대행 체제로 운영되어 왔다. 그러나, 이러한 정부대행체제에서는 수출보험 업무의 특수성에도 불구하고 이질적인 기관에 위탁하여 운영함으로써 발전이 저해되어 왔고 또한 주인의식이 결여된 기관에서 운영됨에 따라 수출보험의 정책적 중요성에도 불구하고 소극적이고 방어적 운영이 되어 옴에 따라 그 역할을 제대로 수행하지 못했다. 이에 따라 1992년 7월 7일 한국수출보험공사가 설립됨으로써 우리 나라 수출보험제도는 그 동안 정부 대행운영 체제에서 독립전담기관체계로 전환하여 새로운 발전의 토대를 마련하게 되었다.

2) 운영기구(산업자원부)

수출보험이 운영형태는 각 국가마다 상이하지만 각국 공히 정부가 최종적인 보상책임을 지는 정책사업으로 운영하고 있다. 이것은 우리 나라도 마찬가지여서 수출보험사업에서 대규모 보험금 지급 등으로 손실이 발생한 경우 정부에서 이를 보전하고 또한 매년 수출 보험의 계약체결한도도 국회의 승인을 거치도록 되어 있다. 정부의 수출보험 주무 부처인 산업자원부는 한국수출보험공사의 예산뿐 아니라 업무전반에 걸쳐 감독권을 행사하고 있으며 또한 공사의 심의에 대해 의의가 있는 자로부터 재심청구도 받고 있다.

3) 수출보험기금

수출보험사업은 정부가 궁극적인 책임을 부담하는 정책보험사업이다. 즉, 수출보험계약에 의거한 채무는 국가의 전 재산을 담보하는 것이므로 국고채무 부담행위로서의 보험계약 체결한도 대해서는 국회의 의결을 필요로 한다. 그러나 한편을 수출보험사업의 목적을 효율적으로 달성하기 위하여 수출보험기금을 설치 · 운영하고 있다. 동 기금은 정부 및 정부 이외의 자의 출연금과 기타 대통령령이 정하는 재원으로 조성하며, 금융기관에의 예입, 국채 · 지방채 또는 증권거래소에 상장된 유가증권의 매입, 기타 산업자원부장관이 재정경제부장관과 협의하여 정하는 방법으로 운영한다.

4) 기금의 조성 및 운용

정부는 수출보험법 제30조에 의거 수출보험사업의 목적을 효율적으로 달성하기 위하여 수출보험기금을 설치 · 운영하고 있다. 동 법상 기금의 조성은 정부 및 정부 이외의 자의 출연금 기타 대통령령이 정하는 재원으로 하고 있다.

수출보험공사는 기금확충에 노력하고 있으나, 아직도 보험책임잔액의 일정수준에 못미쳐 선진국들에 비해서는 영세성을 면치 못하고 있다.

제2절 수출보험의 담보위험과 계약방법

1. 수출보험의 담보위험

1) 비상위험(political risk)

비상위험이란 수입국에서의 수입금지나 제한조치, 환거래의 제한 또는 금지조치, 외국에서의 전쟁, 내란, 파업과 같은 비상사태 등 수출계약 당사자에게 책임지울 수 없는 사유로 인한 수출불능 또는 대금회수불능의 위험을 말한다.

2) 신용위험(commercial risk)

신용위험은 수입업자의 일방적인 계약 파기 또는 수입업자의 파산 등으로 인한 수출불능 및 대금회수불능의 위험이나 수입업자의 재정상태 악화로 인한 대금지불지연의 위험 등 수입업자가 당연히 이행하여야 할 채무를 이행하지 않거나 태만히 함으로써 발생되는 위험을 말한다.

3) 기업위험(management risk)

기업위험이란 기업의 활동과정에서 발생하는 위험으로서 주로 기업가의 판매예측이나 경영예측이 어긋남으로 인하여 발생하는 위험을 말한다.

2. 수출보험의 계약방법

1) 개별보험

수출보험계약자가 개개 보험의 목적마다 청약하는 보험방식으로 보험계약의 양당사자는 보험부보와 보험인수에 있어 각기 선택할 수 있다. 수출업자로서는 위험이 크다고 생각되는 거래만을 선택해서 부보할 수 있는 한편 보험자로서도 자신이 부담하는 위험이 크다고 판단되는 거래에 대하여는 인수를 거절할 수 있다.

2) 포괄보험

포괄보험은 사전에 보험계약자와 보험자가 포괄보험계약을 체결하고 일정기간 동안의 특정상품 또는 결제조건 등의 수출거래를 의무적으로 포괄부보하고 보험자도 이를 자동적으로 포괄인수하는 방식이다. 따라서 보험계약자에게 부보선택의 자유가 없다.

한편 보험자의 입장에서는 위험의 역선택을 배제하고 위험을 분산할 수 있게 되어 보험료의 할인혜택을 부여할 수 있다.

수출업자의 경우도 미리 체결된 특약에 따라 보험청약서만 제출하면 원칙적으로 인수가 보장되므로 보험자가 인수를 거절할 우려가 없어 안정적이고 적극적인 수출전략을 견지할 수 있을 뿐만 아니라 부보절차의 간편화로 인한 부대비용절감 등의 이점이 있게 된다.

3) 수출보험 계약체결한도

보험자가 보험사업을 영위함에 있어서 보험계약으로 체결할 수 있는 보험금액의 총액을 보험계약 체결한도라고 한다. 원칙적으로 보험계약체결한도는 보험자가 보험사고가 발생되었을 때 보험금을 지급할 수 있는 지급능력의 기준으로써 담보력의 기준이 되는 자본금(기금)을 감안하여 결정된다.

그러나 우리 나라 수출보험의 경우는 기금을 기준으로 보험계약체결한도를 설정할 경우 기금의 영세성으로 인해 급증하는 수출 보험 수요에 원활히 대처하기 어렵고 또한 수출보험사업에서 손실이 발생할 경우 이를 정부재정에서 보전하여야 하는 수출보험계약의 정부재정에 대한 우발 채무성을 고려하여 결제기간 2년을 초과하는 중장기연불수출거래를 대상으로 한 보험종목의 별도한도를 포함하여 총액기준으로 산정된 수출보험계약체결한도를 매년 산업자원부장관이 국회의결을 거쳐 정하고 있다.

3. 수출보험의 보상과 회수

1) 수출보험의 보상

수출자(보험계약자)가 수출보험에 부보한 후 보험사고가 발생하여 보험계약자 또는 피보험자에게 손실이 발생하였을 경우 보험자는 이러한 사실을 통지받아 보험사고가 발생된 이유 등을 조사하고 피보험자에게 발생된 손실금액을 사정하여 보험금을 지급하게 되는데 이러한 일련의 절차를 보상이라고 한다. 수출보험에서의 보상절차는 다음과 같다.

첫째, 보험사고 조사를 실시한다. 보험사고가 발생하게 된 구체적인 사유를 파악하기 위해서 이해당사자 등을 대상으로 보험자가 직접 조사를 실시하거나 필요한 경우 전문조사기관 등을 통하여 실시한다.

둘째, 손해사정을 실시한다. 손해사정은 사고조사가 완료된 후 실시하며, 보상적격판정과 손해액산정의 순으로 이루어진다. 보상적격판정은 피보험자에게 발생한 손해가 보험약관상 보험자가 보상하여야 할 손해인지의 여부를 판정하는 것이며, 손해액산정은 보상할 손해가 발생한 경우 보험자가 보상하여야 할 금액이 얼마인가를 산정하는 것이다.

셋째 보험금을 지급한다. 손해사정 결과 보험자가 지급하여 야 할 보험금이 확정되면 피보험자에게 지급하게 된다.

2) 수출보험의 회수

수출보험에서 말하는 회수란 수출자(보험계약자) 또는 피보험자가 보험자에게 보험금을 청구한 후 사고상품의 전매처분, 배상청구권의 행사 등 그 사고와 관련된 권리행사를 통하여 수입업자, 대금지급의무 또는 손해배상의무를 가진자 등으로부터 사고금액을 보전하는 것을 말한다.

이렇게 회수한 금액은 보험금지급 전에는 보험금청구액에서 공제하여 지급보험금을 산정하며, 보험금지급 후에는 이를 보험자에게 납부하도록 하고 있다. 보험자가 보험금을 지급한 경우에는 보험자는 잔존물에 대한 권리와 제3자에 대한 피보험자의 권리를 취득하게 되는데, 이를 보험자대위라 한다.

제3절 수출보험의 종류

1. 단기수출보험(short term export insurance)

단기수출보험은 수출대금의 결제기간이 2년 이내인 수출거래를 대상으로 하는 보험종목으로서, 선적 전 수출불능 위험뿐만 아니라 선적 후 수출대금회수불능위험으로 인하여 발생한 손실을 보상한다.

여기에서 수출불능위험은 수출자가 수출계약을 체결한 후에 수입국 또는 수입자의 사정에 의하여 이미 만들어 놓은 상품을 수출하지 못하는 위험을 말하며, 수출대금회수 불능위험은 수출이 이루어지고 난 이후에 수입국 또는 수입자의 사정에 의하여 수출대금을 받을 수 없는 위험을 말한다. 그리고 이 보험에서 보험계약자는 수출상이며 담보위험은 비상위험과 신용위험이 있다.

선적전 위험에 있어서 비상위험은 ① 외국에서 실시되는 환거래의 제한 · 금지, ② 외국에서의 전쟁 · 혁명 · 내란 · 천재지변으로 인한 환거래의 불능, ③ 수입국에서 실시되는 수입의 제한 · 금지, ④ 수입국에서의 전쟁 · 혁명 · 내란 · 천재지변으로 인한 수출불능, ⑤ 대한민국 밖에서 발생한 사유로 인한 수입국으로의 수출불능, ⑥ 정부간 합의에 따른 채무상환 연기협회 또는 지급국에 원인이 있는 외화송금지연, ⑦ 기타 대한민국 밖에서 발생한 사유로서 수출계약당사자에게 책임이 없는 경우, ⑧ 대한민국 법령에 의한 수출의 제한 · 금지, ⑨ 공공수입자가 수출계약을 파기하거나 터무니없는 계약조건 변경, 또는 1년 이상의 선적 · 결제기일연장으로 수출계약이 해제된 경우이다.

선적후 위험에 있어서 비상위험은 선적전 위험 ①~⑦과 동일하며, 신용위험은 ① 수출계약 상대방의 파산 또는 이에 준하는 사유, ② 수출계약 상대방에 의한 수출물품의 인수거절, ③ 수출계약 상대방의 지급거절 또는 지급불능, ④ 수출계약 상대방의 지급자체이다.

한편 단기수출보험의 대상이 되는 거래형태는 일반수출거래(국내에서 생산 · 가공 · 집하된 물품을 수출하는 거래), 위탁가공무역거래(국내기업의 해외 현지법인이 생산 · 가공한 물품 또는 국내기업이 위탁하여 외국에서 가공한 물품을 수출하는 거래), 중계무역(수출자가 수출할 목적으로 물품을 수입한 후 이를 제3국에 수출하는 거래), 재판매거래(수출자의 해외지사(현지법인 포함)에 물품을 수출하고 동 해외지사가 현지 또는 제3국에 재판매하는 거래)이다.

단기수출보험의 보험가액은 수출계약액(선적전) 또는 수출대금(선적후)이고, 보험금액은 보험금액의 90%(중소기업의 경우는 95%) 이내이다. 다만 중계무역·재판매거래의 경우는 보험가액의 80%(중소기업의 경우는 85%) 이내이다. 또한 보험사고발생시 보험자가 지급하는 보험금은 선적전 보험의 경우 손실액의 90%(중소기업의 경우는 95%)이고, 선적후 보험의 경우 손실액에 보험금액의 보험가액에 대한 비율을 곱한 금액이 된다.

한편 단기수출보험의 보험계약의 체결은 개별보험방식 및 포괄보험방식으로 운영되고 있으므로 이들 중 어느 한 가지 방식으로 보험계약을 체결하면 된다. 결제기간이 1년 이내인 단기거래로서 일반수출거래 및 위탁가공무역을 대상으로 선적 후 위험만 담보하고 있다.

2. 신뢰성보험

신뢰성 보험은 국산 부품소재를 사용하는 수요기업에게 제품의 신뢰성을 보장하여 안정적으로 사용할 수 있도록 제조물의 결함으로 인한 재산적 피해를 담보하는 보험이며, 담보하는 위험의 주요 내용은 다음과 같다.

제조물보증책임은 부품·소재업체가 제조, 판매한 제조물이 양도된 후, 부품·소재의 결함으로 법률상 배상해야 할 손해 중 수리비용 또는 대체가격을 담보한다.

제조물회수비용은 부품·소재업체가 제조·판매한 부품이 회수가 불가피하게 된 경우 회수에 따른 제반비용을 보상한다.

제조물배상책임은 부품업체가 제조·판매한 부품이 양도된 후 그 제조물로 생긴 제3자의 신체상해 또는 재물손해로 부품업체가 부담하여야 할 법률상 손해배상액이다.

기업휴지위험은 부품업체가 제조·판매한 부품이 제 3자 양도된 후 그 제조물의 결함으로 인해 제3자에 기업휴지손해가 발생한 경우 그 상실이익을 보상한다.

3. 지식서비스 수출보험

지식서비스 수출보험은 국내 수출업체가 정보통신, 문화컨텐츠, 기술 및 엔지니어링 등의 지식서비스를 수출하고 이에 따른 지출비용 또는 확인대가(Running

Royalty)를 회수하지 못함으로써 입게 되는 손실을 보상하는 제도이다. 또한 기존 수출보험의 담보대상에서 제외되어온 Running Royalty방식 거래에 대한 지원체제도 구축한다.

1) 대상거래

① 시스템통합(정보시스템을 구축하고 유지 · 보수하는 종합서비스로 관련 하드웨어, 소프트웨어, 통신망, 전산인력 등을 포함)수출

② 산업재산권 등 기술 수출

③ 문화컨텐츠(온라인 및 모바일 게임, 영화, 캐릭터, 애니메이션, 방송 등)수출

④ 소프트웨어(컴퓨터 · 통신 · 자동화 등의 장비와 그 주변장치에 대하여 명령 · 제어 · 입력 · 처리 · 출력 · 상호작용이 가능토록하게 하는 지시 · 명령의 집합과 이를 작성하기 위하여 사용된 기술서 및 기타 관련 자료)수출

⑤ 해외엔지니어링(과학기술의 지식을 응용하여 사업 및 시설물에 관한 연구 · 기획 · 타당성 조사 · 설계 · 분석 · 구매 · 조달 · 시험 · 감리 · 시운전 · 평가 · 자문 · 지도 등의 활동)수출

단, 결제기간 2년 이하의 연불 또는 기성고 방식 수출거래에 한한다(2년을 초과하는 수출거래는 '중장기수출보험'으로 결제기간 2년 이하의 L/C, D/A 등의 대금결제방식 거래인 경우는 '단기수출보험'으로 인수).

2) 담보하는 위험

지식서비스 수출보험에서 담보하는 위험은 비상위험과 신용위험(수입자 채무불이행에 대해서는 3개월 이상 지체에 한함)이다.

3) 보상하는 손실

지식서비스 수출보험에서 보상하는 손실은 기성단계별 또는 수출완료 후 대가로 확정된 금액을 받지 못하게 되는 경우에 입게 되는 손실(확인대가)이다. 또한 '시스템 통합'의 경우에 수출계약이행을 위해 지출하였으나 계약의 상대방이 대가의 지급을 확정하지 않은 지출비용 포함(지출비용)한다.

4) 부보율

지식서비스 수출보험의 부보율은 대기업이 95%, 중소기업이 97.5% 이내이다.

4. 중장기수출보험(medium/long term export credit insurance)

중장기수출보험은 수출대금의 결제시기가 2년을 초과하는 거래를 대상으로 하며, 과거의 중장기연불수출보험, 수출대금금융보험 및 일반수출보험을 통합한 보험이다.

이 보험은 성격상 수출계약금이 거액이고, 수출거래결제가 장기간에 걸쳐 일어나는 선박이나 플랜트 등 자본재거래를 중심으로 이용되고 있으며, 담보대상은 선적 전 수출불능위험, 선적 후 대금회수불능위험 및 자금공여 이후 대출자금회수불능위험을 통합적으로 담보한다. 보험기간은 선적전인 경우에는 보험계약 체결일로부터 5일이 경과한 날로부터 선적일까지 이고, 선적후인 경우에는 선적일로 부터 최종 대금결제일까지이다. 또한 이 보험에서 보험금청구는 연불수출대금의 결제일로 부터 2월 경과 후이고, 보험금 청구일로부터 2개월 이내에 보험금이 지급된다.

5. 수출보증보험(export bond insurance)

정부에 중공업 수출진흥정책에 따라 최근 Plant수출 및 중동지역 등에 대한 해외건설수출이 점차 증대되고 있다. 그런데 Plant수출이나 해외건설수출의 경우, 약속된 대로 성능을 갖춘 기계를 납품할 것인지 공사를 완공할 것인지 불안을 느껴 공신력 있는 은행 등의 보증서(Bond)를 요구하게 된다.

그러나 보증서를 발행한 외국환은행은 해외발주자로부터 부당한 지불청구를 받아 손해를 입게될 위험이 있으므로, 정부가 이러한 손해의 위험을 담보할 뿐 아니라 수출업자나 해외건설업자의 보증서조달을 용이하게 하고 간접적으로는 해외건설수출 등을 지원하기 위한 정책보험이 수출보증보험이다.

6. 해외공사보험(overseas constructional works insurance)

해외공사보험은 해외건설공사 또는 해외건설용역을 제공한 후 비상위험 또는 신용위험으로 인하여 해외공사 대금을 회수할 수 없게 되거나 해외건설에 따른 수출불능으로 입게되는 손실을 보상하는 보험제도이다. 해외건설공사나 해외(건설) 엔지니어링 활동은 외화획득에 기여하는 바가 크지만, 비교적 공사기간이 길고 공사금액이 거액이므로 공사대금의 확실한 회수가 보장되지 않는 한 적극적으로 진출하기가 어렵다. 여기서 해외건설업체의 공사대금회수를 보장해 줌으로써 안심하고 공사에 임할 수 있도록 하여 해외건설활동의 건전한 발전과 경제의 안정적 성장을 도모하기 위해 마련된 것이 해외공사보험제도이다.

이 보험은 부보대상의 종류에 따라 건설, 엔지니어링, 장비로 구분되며, 별도의 약관으로 운영되고 있는데 살펴보면 다음과 같다.

비상위험에는 ① 외국에서 실시되는 환거래의 제한 또는 금지 ② 발주국에서의 전쟁·혁명·내란으로 인한 환거래의 불능 ③ 발주국에서 실시되는 수입의 제한·금지 ④ 발주국에서의 전쟁·혁명·내란 또는 천재지변으로 인한 공사계약의 이행불능 ⑤ 국외에서 발생한 사유로 인한 발주국으로의 수송불능 ⑥ 정부간 합의에 따른 채무상환 연기협정 또는 지급국으로부터 외화송금지연 ⑦ 대한민국의 법령에 의한 공사계약의 제한 또는 금지 ⑧ 해외공사계약의 상대방이 외국의 정부·지방정부 또는 공공단체인 경우, 공사계약의 일방적 파기 ⑨ 기타 국외에서 발생한 사유로 해외공사계약 당사자에 책임이 없는 경우이며, 신용위험에는 ① 발주자의 파산 또는 이에 준하는 사유 ② 발주자에 의한 3월 이상의 채무불이행 등이다.

또한 해외공사보험에서의 보험가액은 당해 해외공사의 대가로 한다. 다만 당해 해외공사계약상 그 대가를 2회 이상에 걸쳐 분할 결제하기로 약정된 경우에는 각 회마다 결제 받을 일부 대가를 보험가액으로 한다.

한편 보험금액은 보험가액의 90%(중소기업의 경우는 95%) 범위 내로 한다. 그리고 해외공사보험에서 보험사고 발생시 보험자가 지급하는 보험금은 실 손실액에 보험금액의 보험가액에 대한 비율을 곱한 금액이 된다.

해외공사보험의 청약은 해외공사계약 체결 후 1개월 이내에 청약하여야 한다.

7. 해외투자보험(overseas investment insurance)

해외투자보험은 개발도상국이나 후진국, 자원보유국들에 대한 해외투자활동을 적극적으로 추진함으로써 해외자원개발을 통한 저렴하고 안정적이며 장기적인 자원공급원을 확보할 수 있으며, 우리 나라의 자본·기술을 투자 수혜국의 노동력 등 기타의 자원과 결합시켜 피 투자국의 경제발전에 공헌할 수 있고, 외화의 능률적인 활용을 기할 수 있다.

그러나 해외투자에는 여러 가지 위험이 수반되고 있으며, 그 중에서도 전쟁이나 혁명 또는 내란 등에 의한 계속적인 사업의 불능, 투자 수혜국 정부에 의한 수용 등의 위험은 투자 당사자에게는 불가항력일 뿐 아니라 손실보상의 요구도 거의 불가능하기 때문에 이러한 위험을 담보하기 위하여 제정된 보험이 해외투자보험이다.

해외투자보험의 담보위험은 해외투자를 한 자가 다음과 같은 비상위험으로 인해 받은 손실을 보상한다.

첫째, 수용위험(투자대상국 정부 · 공공단체 등에 의한 투자재산 또는 주채무자 재산의 몰수 · 박탈 또는 권리 행사의 침해).

둘째, 전쟁위험(전쟁 · 혁명 · 내란 등 투자대상국에서의 정변으로 인한 투자사업 및 주 채무자 사업의 불능 · 파산 및 6개월 이상의 사업정지).

셋째, 송금위험(투자상대방 정부의 조치에 의한 투자원금(배당금 · 이자 포함), 보증채무이행 취득금액의 본국 송금불능) 등이다.

해외투자보험에 있어서의 보험가액은 해외투자금액이고, 보험금액은 보험가액의 90%(중소기업의 경우는 95%) 이내이다. 한편 보험금은 손실액의 90%(중소기업의 경우는 95%)이다.

해외투자자는 투자계약을 체결하고 송금한 후 원칙적으로 1개월 이내에 해외투자보험의 청약을 하여야 한다.

8. 해외미수채권 추심대행

해외미수채권 추심대행은 수출 및 기타 대외거래에서 발생한 국내기업의 대외채권이 수출계약서등 약정서상 변제기일내에 변제되지 않는 경우 수출보험공사가 국내기업으로부터 채권추심 권한을 위임받아 채권회수를 대행하는 서비스이며, 이용절차는 다음과 같다.

1) 추심의뢰 신청

추심의뢰 신청에서는 해외채권추심의뢰서, 채권서류(증빙서류)등을 제출(우편 또는 방문제출)하여야 하며, 소정의 행정수수료 납부가 필요한 경우 수수료도 납부하여야 한다.

2) 위임승낙 통지서 접수

위임승낙 통지서 접수는 수출보험공사가 추심의뢰서, 신청서 등 서류검토 후 위임승낙통지를 발송한다.

3) 해외채무자에 대한 추심업무 진행

해외채무자에 대한 추심업무 진행은 공사해외조직망, 해외수출보험기관 및 채권추심기관을 통해 추심활동을 진행하게 되며, 일반적 추심절차 이외 법적절차 등 필요시 채권자와 사전협의 후 진행하여야 한다. 또한 채권추심 진행상황의 조회는 인터넷조회 또는 필요한 경우 서면 통보가 가능하다.

4) 채권회수

채권회수는 수수료(실제 회수금액기준 산정) 차감후 회수금을 채권자 구좌에 입금하여야 하며, 수수료율은 승낙통지서에 기재하게 된다.

5) 채권추심 종결

채권추심 종결은 채권전액 회수시 또는 일부회수후 추가회수 불능시 하게 된다. 또한 채권추심 실패 또는 불가능시도 종결된다.

9. 수출신용보증제도(export credit bank guarantee)

수출신용보증은 수출계약과 관련하여 외국환은행이 중소기업자인 수출자에게 수출신용보증서를 담보로 대출함에 따라 발생하는 수출자의 상환채무에 대하여 수출보험공사가 그 지급을 연대보증하는 것이므로 외국환은행은 안심하고 수출금융을 취급할 수 있으며 중소기업 수출자도 별도의 담보제공을 하지 않는 제도이다. 한편, 수출신용보증제도의 특징을 살펴보면 다음과 같다.

첫째, 중소기업의 수출금융이용 원활화이다. 수입자의 수출대금 미결제시 공사가 외국환은행 앞으로 무조건 지급하므로 수출신용보증서의 정규담보기능이 인정되어 외국환은행은 안심하고 수출금융을 취급할 수 있으며 이에 따라 중소기업 수출자도 별도의 담보제공 없이 수출금융을 원활하게 이용할 수 있다.

둘째, 과감한 신 시장개혁 지원이다. 통상의 보증과는 달리 수출자 귀책시에만 구상권을 행사함으로써 궁극적으로는 수출자의 과감한 신시장개척 등을 지원한다.

셋째, 무담보 보증이다. 보증서 발급에 있어 공사는 별도의 인적, 물적 담보를 취득하지 아니하며 저렴한 보증료로 간편하게 제도를 이용할 수 있다.

1) 수출신용보증제도의 운영

(1) 단기수출보험 또는 농수산물수출보험과 연계하여 운영

통상의 보증제도는 보증채무 이행시 의자인 채무자(수출자)에게 무조건 구상하거나 수출신용보증제도를 수출보험과 연계하여 운용하게 되면 수출불능 또는 수출대금 미결제사유가 수출보험관계에서 보상대상인 경우 그 금액에 대하여는 구상권을 행사하지 않게 되므로 수출자는 수출불능 또는 수출대금회수에 따른 위험으로부터 벗어나게 되고, 공사는 보증채무이행에 따른 구상권을 행사하지 아니함으로써 업무 등의 간편화를 가져오게 되어 수출보험과 연계하여 운영한다.

(2) 회전한도 거래방식으로 운영

수출자와 수입자의 거래에 대하여 보증에 부칠 수 있는 보증한도를 사전에 책정하고 그 한도내에서 보증관계를 성립시킨다.

2) 은행과 수출업자의 이점

(1) 외국환은행의 이점

외국환은행이 수출신용보증서를 담보로 수출관련 금융을 제공한 후 수출보험공사가 이를 무조건 지급하므로 은행은 다른 담보물이 없더라도 안심하고 대출을 할 수 있다.

(2) 수출자의 이점

외국환은행이 수출신용보증서를 담보로 안심하고 무역금융을 제공할 수 있으므로 담보력이 미약한 중소기업 수출자가 별도의 담보제공 없이 수출금융을 원활하게 할 수 있다.

수출신용보증은 수출업자가 상품을 선적하고 발생한 화환어음을 외국환은행이 매입한 후 수출대금의 미결제로 인하여 입게 되는 은행의 손실을 무조건 지급하는 제도이다. 즉, 수출신용보증은 수출업자를 보호할 목적으로 보증인이 가지고 있는 최고 검색의 항변권를 포기한 연대보증제도이다.

수출신용보증은 통상의 보증과는 달리 수출업자 귀책시에만 구상권을 행사하므로 궁극적으로는 수출업자의 과감한 신시장의 개척 등을 지원하고 보증서 발급에 있어 수출보험공사는 별도의 인적, 물적담보를 취득하지 아니하며 저렴한 보증료로 간편하게 이용할 수 있다.

이 보험의 특징은 단기수출보험 또는 농수산물수출보험과 연계하여 운용하며, 보증한도를 최저한도 거래방식으로 운용하는데 있고, 보증한도는 수출금액의 100%이다.

10. 환변동보험

1) 의의

수출대금 결제기간이 1년 이상인 선박·차량·플랜트 등 자본재 수출시 입찰시점과 실제대금결제시점 사이의 환율변동에 따른 손실을 보전해주는 수출보험 상품이다.

2) 내용

환 변동보험을 이용하는 수출기업은 최대 25%의 환율변동에 따른 손실을 보상받을 수 있는데, 달러화에 대한 원화 가치가 공사에서 보장한 환율보다 25% 이상 오르는 경우 24%까지의 환율변동분에 대하여는 보험으로 손실을 보상받을 수 있다. 반대로 원화 가치가 하락하여 수출기업이 이익을 보면 이익금은 공사에서 환수하게 된다.

3) 보험료

입찰단계에서 20~50만원의 보험료를 우선 내고 수출계약을 정식으로 체결하면 1%이내의 보험요율을 적용 받게 된다.

4) 기대효과 및 지원계획

수출기업은 자본재수출거래에 있어 입찰시점이후 발생할 수 있는 환위험을 제거할 수 있어 확정된 수출입찰가격 제시를 통해 보다 안정적인 수출이익의 실현이 가능하게 된다. 수출보험공사의 올해 환 변동보험 지원예상액은 9천5백억원이다.

11. 이자율변동보험

1) 의의

이자율변동보험은 민간상업은행이 고정금리(CIRR)로 수출금융을 대출하고 대출에 필요한 자금을 금융시장에서 변동금리로 차입하는 경우 민간상업은행의 대출금리(고정금리)와 차입금리(변동금리)간의 격차를 수출보험공사가 보전 또는 환수함으로서 상업은행의 이자율변동 위험을 담보해주는 수출보험상품이다.

2) 내용

대금결제기간이 2년 이상인 중장기수출거래로서 구매자신용방식으로 추진되는 거래를 지원대상으로 하며 민간상업은행이 보험계약자가 된다. 고정금리인 CIRR은 금융계약 체결시점의 금리를 적용하며 상업은행이 변동금리에 가산할 수 있는 최대 스프레드는 수출보험공사가 정한다. 스프레드는 1년에 2회(1월, 7월) 조정되며 우리 나라의 국가신용등급이 상향조정될 경우 수시 조정이 가능하다.

3) 보험료

이자율변동보험에 적용되는 보험요율은 0.1%이다.

4) 기대효과 및 지원계획

이자율변동보험이 시행되면 수출기업은 민간상업은행에 의한 중장기수출금융을 이용할 길이 열림으로서 원활한 자금조달이 가능해지며 수입자를 상대로 한 산업설비금융의 주선 및 제공능력이 다양해져 궁극적으로 수출경쟁력을 크게 강화할 수 있을 것으로 기대된다.

또한 민간상업은행들의 중장기 수출금융 참여가 가능하게 되어 우리 금융기관들의 국제화 뿐 아니라 양호한 중장기신용대출을 통한 안정적인 영업기반 마련에도 크게 기여할 것으로 전망된다. 수출보험공사의 올해 이자율변동보험 인수예상액은 5천억원이다.

12. 수입자신용조사제도

수출보험공사는 국내 유일의 해외기업신용정보 제공기관으로 전 세계 39개국, 64개의 신용조사기관과 협약을 체결, 매년 2만여 건 이상의 수입자 신용조사서비스를 제공하고 있으며, 수출자는 의뢰 후 공사가 제공한 신용정보자료를 통해 수입자의 기본정보, 재무상황, 업계평판, 결제태도 등을 확인할 수 있다.

제 VI 편

무역과 해상보험

제15장

무역계약과 해상보험

제1절 무역거래와 적하보험과의 관계

무역거래에서 운송중의 위험을 매매당사자 중 어느 쪽이 부담하며 그 위험을 보험에 부보할 당사자가 누구인가는 매매당사자간에 체결된 계약에 의해 결정되는 것이 일반적이다.

그러므로 무역거래상에서 보험을 언제 가입할 것인가 하는 시기선택과 누가 보험에 가입할 것인가에 대한 문제는 무역거래 매매당사자간에 체결되는 무역거래조건에 달려있다하겠다.

왜냐하면 무역거래조건은 매매당사자간의 비용과 위험부담에 대한 책임분기점을 규정하고 있으며, 위험부담의 분기점을 기준으로 위험을 부담하는 당사자가 보험에 가입하여야 하며, 사고가 발생하였을 경우 소유권 유무(피보험 이익의 유무)로 보험금을 지급하여 주므로 무역거래조건을 잘 이해하여야 한다.

매매계약은 각국의 법률과 관습에 등에 따라 해석상의 이견의 소지가 없지 아니하므로 이러한 문제를 해소하기 위하여 국제적으로 널리 인정된 정형거래조건에 의거하도록 권장하고 있는데 그 대표적인 예가 INCOTERMS(International Rules for Interpretation of Trade Terms)라 하겠다.

제2절 무역거래조건의 국제규칙

운송중인 화물의 위험을 매도인 매수인의 어느 쪽이 부담하는가, 또는 그 위험을 보험회사에 전가하기 위한 부보 수속을 어느 쪽이 하는가, 그리고 위험의 이전장소와 시간을 어느 시점에서 하는가 등에 관해서는 매도인 매수인간에 체결된 무역거래조건의 계약에 의해 결정된다.

이 매매계약의 조건에 관한 관습은 국내상거래라면 매도인도 매수인도 충분히 알고 있지만, 국가간의 거래에 있어서는 같은 거래조건 일지라도 국가에 따라 관습의 차이가 있어, 매도인 혹은 매수인 어느 쪽 국가의 법률 및 관습에 따르는가가 문제가 된다.

이러한 문제를 해소하기 위해 국제적인 거래조건의 해석 통일이 이루어져 다음과 같은 규칙들이 제정되었다.

알아봅시다

- International Rules for the Interpretation of Trade Terms(약칭 : INCOTERMS) 국제상업회의소(ICC) 제정.
- Warsaw-Oxford Rules for CIF Contract, 1932.
  국제법협회(The International Law Association : ILA) 제정.
- Revised America Foreign Trade Definition, 1941.
  미국상업회의소(Chamber of Commerce of the United State),
  전 미국수입업자협회(American Importers Association),
  전 미국무역협회(the National Foreign Trade Council)의 공동채택.

이러한 규칙은 모두가 강제적인 것은 아니지만, 무역에 관계하는 매도인과 매수인은 사실상 이들의 규칙에 따르도록 되어있다.

이러한 제 규칙 중에서도 특히 중요한 것은 INCOTERMS이고, 이 중에서 EXW, FAS, FOB, CFR, CIF 등 전형적인 매매조건이 게재되어 있어, 각각의 매매조건에 있어서 매도인 및 매수인의 의무가 상세히 정해져 있다.

1. Warsaw-Oxford Rules for CIF Contract(1932)

국제법협회(The International Law Association ; ILA)가 영국의 CIF조건에 관한 관습, 관례에 기초하여 "1928년 Warsaw Oxford Rules"를 채택하였고, 그 후 국제상업회의소의 지원을 얻어 이 규칙을 개정하고, "1932년 Warsaw Oxford Rules"로 개정하였다.

Warsaw Oxford Rules의 명칭은 그 심의채택회의가 행해졌던 지명으로부터 취한 애칭으로, 정식으로는 "Warsaw-Oxford Rules for CIF Contract, 1932" 라고 한다.

"Warsaw-Oxford Rules"은 그 규칙의 명칭대로 CIF계약에서 당사자의 권리·의무 관계만을 다루고 있는 단행법규이다. 즉, CIF조건에서 당사자의 의무를 명료화하기 위하여 국제법협회가 제정하였다. 그러나 CIF계약에 대하여 상세한 규정을 두고 있지만, 그 후 개정이 전혀 행해지지 않았고 현재는 거의 사용되지 않고 있다. 서문과 함께 본문 21개조로 구성되어 있다.

2. 개정미국무역정의(Revised American Foreign Trade Definitions:1941)

FOB는 영국에서 유래되었고 영국은 섬나라이므로 중추적인 운송수단이 해상운송이었다. 따라서 FOB에서 "board"는 본선을 의미하는 것으로 파악했다. 그러나 미국은 대륙국가이므로 운송수단이 다양했고 목적항구에서부터 최종 목적지까지에는 육상운송 또는 항공운송에 의하고 있었다. 따라서 미국의 입장에서는 "board"는 선박의 board만을 의미하는 것이 아니라 철도나 트럭 또는 항공기의 board도 포함하는 것으로 이해하여야 한다. 이런 이유로 미국의 FOB는 필연적으로 여러 형태로 존재할 수밖에 없었다.

이에 전미무역협회(National Foreign Trade Council)는 영국식 FOB와는 별도의 FOB를 상정할 필요를 느끼게 되었고, 마침내 1919년의 전미무역협회에서는 7종의 FOB를 중심으로 한 수출가격조건의 정의를 제정하였다. 그 후 전미무역협회와 전미수입업자협회(National Council Of American Importers Inc) 및 미국상업회의소의 대표로 구성된 합동위원회에 의하여 개정작업이 진행되어, 1941년의 전미무역회의에서 채택함으로써 현행 개정미국무역정의(Revised American Foreign Trade Definitions : RAFTD 1941)가 탄생했다.

개정 미국무역정의의 종류에는 6종의 FOB와 Ex(point of origin)을 비롯한 5종의 기타 조건을 포함하고 있다.

3. INCOTERMS 2000(International Rules for the Interpretation of Trade Terms)

INCOTERMS(무역조건의 해석에 관한 국제규칙)는 세계 각국에서 관용되고 있는 무역조건의 용어나 약어를 잘못 해석함으로써 무역업자간에 발생하는 오해나 분쟁 및 마찰을 미연에 방지하여 국가마다 다른 거래관행에 대한 불안전성을 해소하고 국제무역거래의 관습 및 용어의 국제적 통일을 기하기 위한 목적으로 탄생된 것이다.

INCOTERMS는 프랑스 파리에 본부를 두어 1920년에 창설된 ICC가 주도한 여러 작업과정을 통해 1936년에 최초로 11종의 조건이 규정된 후 국제무역환경의 변화와 운송기법 및 거래관행의 변화에 부응하여 1953년, 1967년, 1976년, 1980년, 1990년에 각각 개정되었으며 현재는 INCOTERMS 2000이 사용되고 있다.

1) 인코텀스 2000의 구성

(1) 거래조건의 구성

13개의 무역조건으로 구성되어 있으며, 실무상 식별이 용이하도록 매매계약조건에 관한 공통사항을 기준으로 E, F, C, D Group의 4가지 그룹별, 즉 현장인도조건, 주 운임미지급조건, 주 운임지급조건 및 도착지조건으로 구성되어 있다.

〈표 15-1〉 인코텀스 2000의 구성

Groups	Trade Terms
Groups E (Departure) (현장인도조건)	EXW (EX-WORKS : 작업장인도조건)
Groups F (Main carriage unpaid) (주운임미지급조건)	FCA (free carrier : 운송인인도조건) FAS (free alongside ship : 선측인도조건) FOB (free on board : 본선인도조건)

Groups C (Main carriage paid) (주운임지급조건)	CFR (cost and freight : 운임포함조건) CIF (cost, insurance and freight : 운임보험료포함조건) CPT (carriage paid to : 수송비지급인도조건) CIP (carriage and insurance paid to : 운송비 · 보험료지급 인도조건)
Groups D (arrival) (도착지인도조건)	DAF (Delivered at frontier : 국경인도조건) DES (Delivered ex ship : 착선인도조건) DEQ (Delivered ex quay : 부두인도조건) DDU (Delivered duty unpaid : 관세미지급) DDP (Delivered duty paid : 관세지급인도조건)

2) 인코텀스 2000의 각 조건별 내용

(1) 작업장인도조건[EXW : Ex Work～(named place)]

작업장인도조건은 매도인이 수출통관절차를 이행하지 않고, 수취용 차량에 적재하지 않은 상태로 매도인의 영업소 또는 기타 지정된 장소(예를 들면, 작업장, 공장, 창고 등)에서 물품을 매수인의 임의처분상태로 놓아두었을 때 매도인의 인도의무가 종료되는 것을 의미한다.

이 조건은 매도인에 대한 최소한의 의무를 나타내며, 매수인은 매도인의 영업소로부터 물품을 인수하는 데 수반되는 모든 비용과 위험을 부담하여야 한다. 그러나 만일 당사자가 출발시의 물품의 적재에 대한 책임과 그러한 적재의 모든 비용과 위험을 매도인에게 부담시키고자 하는 경우에는 매매계약에서 이러한 취지에 관한 문언을 명시적으로 추가함으로써 이를 명확하게 해야 한다.

이 조건은 매수인이 직접 또는 간접적으로 수출절차를 이행할 수 없을 경우에 사용돼서는 안 된다. 이러한 상황에서는 매도인이 자신의 비용과 위험으로 적재할 것이라고 합의한다면 FCA조건을 사용해야 한다. EXW조건은 13가지의 정형무역조건들 가운데 매도인의 책임(의무)이 가장 가벼운 조건(minimum obligation for the seller)이라 할 수 있다.

이 조건에서는 매도인은 매수인측에서 준비한 운송수단(vehicle)에 물품을 적재해 줄 의무가 없으며, 매수인의 책임과 비용으로 수출승인(E/L)을 얻고 수출통관을 하여 물품을 운송해 가야 한다. 따라서 수출국의 법규에 의하여 매수인이 직접 또는 간접으로 수출행정절차를 이행할 수 없는 경우에는 EXW는 이용될 수 없다. EXW는 흔히 (Ex) Loco라 불리고 있으며, 미국에서는 이를 FOB origin, Ex~(point of origin) 또는 On spot등으로 부르기도 한다.

(2) 운송인인도조건[FCA : Free Carrier~(named place)]

운송인인도조건은 매도인이 지정된 장소에서 매수인이 지명한 운송인에게 수출 통관된 물품을 인도하는 것을 의미한다.

선택된 인도장소가 그러한 장소에서 물품의 적재 및 양륙 의무에 영향을 미친다는 사실에 유의해야 한다. 인도가 매도인의 영업소에서 행해지는 경우에는 매도인은 적재에 대한 책임을 진다. 인도가 기타의 장소에서 행해지는 경우에는 매도인은 양륙에 대한 책임은 없다.

이 조건은 복합운송을 포함하여 운송수단에 관계없이 사용될 수 있다. 매수인이 물품을 수령하기 위하여 운송인이외의 자를 지명한 경우에는 물품이 그러한 자에게 인도될 때 매도인의 물품인도의무는 이행된 것으로 간주된다.

한편 이 조건은 철도운송(rail transport), 해상운송, 내수로운송(carriage by inland waterway) 및 복합운송(multimodal transport) 등 어떠한 운송형태에도 이용할 수 있는 무역조건이다.

이 조건이 EXW와 다른 점은 운송수단(형태)의 여하를 불문하고 공통적으로 이용할 수 있다는 점 외에도 특약이 없는 한 물품인수도 장소를 매수인이 지정한다는 점과, 물품을 매수인이나 그 대리인에게 직접 인도하는 것이 아니라 운송인에게 인도해야 한다.

또한 그 운송인은 매수인이 지정하도록 하고 있다는 점, 그리고 수출승인(E/L)이나 수출통관 등 수출에 필요한 행정적 수속절차를 매도인이 이행하여야 한다는 점에 있다고 할 수 있겠다.

(3) 선측인도조건[FAS : Free alongside Ship~(named port of shipment)]

선측인도조건은 물품이 지정된 선적항에서 본선의 선측에 놓여졌을 때 매도인이 물품의 인도에 대한 의무를 이행하는 것을 의미한다. 이것은 그 순간부터 매수인이 물품의 멸실이나 손상에 관한 모든 비용과 위험을 부담해야 한다는 것을 의미하는 것이다.

FAS조건은 매도인이 수출물품의 통관절차를 이행할 것을 요구하고 있다. 이것은 수출통관절차를 매수인이 이행하도록 요구하고 있던 이전의 인코텀스와는 반대되는 것이다.

그러나 만일 당사자가 수출통관절차를 매수인에게 이행시키고자 하는 경우에는 매매계약에서 이러한 취지에 관한 문언을 명시적으로 추가함으로써 이를 명확하게 해야 한다. 이 조건은 해상 또는 내륙수로운송에만 사용될 수 있다.

FAS는 물품을 해상운송 또는 내수로 운송에 의하여 운송할 경우에만 쓰여지는 정형무역조건으로, 특히 원맥, 원목 및 원면 등과 같이 선적비용이 많이 소요되는 대량의 살물(bulk product)의 거래에 자주 활용되고 있는 무역거래조건이다.

이 조건에서는 매도인은 지정된 선적항의 부두상 또는 부선 내인 본선의 선측(alongside the vessel)에서 물품을 인계하는 데, 그 시점 이후의 물품의 위험과 발생비용 일체를 매수인이 부담해야 한다.

특히 인코텀스 2000에서는 그 동안 매수인이 수출물품의 통관절차를 이행하던 것을 크게 바꾸어 매도인에게 요구하는 규정으로 바꾸었다.

이것은 수출국의 수출절차는 수출업자가 이행하는 것이 바람직하다는 실무의 강력한 입장을 반영한 것이라 할 수 있다.

(4) 본선인도조건[FOB : Free on Board~(named port of shipment)]

본선인도조건은 물품이 지정된 선적항에서 본선의 난간을 통과할 때 매도인의 매수인에 대한 물품인도의무를 이행하는 것을 의미한다. 이것은 매수인이 그 지점으로부터 물품의 멸실 또는 손상의 모든 비용과 위험을 부담하여야 한다는 것을 의미한다.

FOB조건은 매도인에게 수출을 위하여 물품을 통관할 것을 요구하고 있다. 이 조건은 해상 또는 내륙수로운송에만 사용될 수 있다. 만일 당사자가 본선의 난간을 횡단하여 물품을 인도할 의도가 없는 경우에는 FCA조건을 사용해야 한다.

FOB는 FAS조건과 마찬가지로 해상운송 또는 내수로 운송에만 쓰여지는 정형무역조건이다. 이 조건에 의하면 선적항에서 물품이 본선의 난간(ship's rail) 위를 통과함으로써 매도인의 물품인도의무가 완료된다.

이 조건은 국제무역계약에서 가장 많이 채용되는 계약조건이면서 가장 오래된 역사를 지니고 있는 해상운송에 관한 무역조건이다. 이 조건에서 매도인이 수출을 위한 통관수속절차를 밟아야 한다.

이 조건은 매도인이 자기의 위험과 비용으로 약정기간 내에 지정 선적항에서 약정된 물품을 매수인이 수배한 선박에 선적함으로써 인도를 완료하는 조건이므로, 선적지에서 물품을 사고 파는 대표적인 선적지 매매조건이다.

선적의무상으로 본선의 난간이 물품인도작업에 있어 아무런 의미가 없는 경우, 즉 Ro/Ro traffic이나 container traffic과 같이 본선의 난간을 운송 실무상 이용하지 않는 경우에는 FOB조건은 쓰여질 수 없고, 이러한 경우에는 FCA 조건이 더욱 유용하다.

(5) 운임포함조건[CFR : Cost and Freight~(named port of destination)]

운임포함조건은 물품이 선적항에서 본선의 난간을 통과할 때 매도인이 인도하는 것을 의미한다. 이 조건의 원어인 "Cost and Freight"에서 Cost는 FOB가격을 의미하므로 이 조건은 FOB가격에 운임만을 매도인이 추가하여 부담하는 조건이다.

이 조건에서 매도인은 지정된 목적항구까지 물품을 운송하는 데 필요한 비용 및 운임을 지불하여야 한다. 그러나 물품의 멸실 또는 손상의 위험 및 인도이후에 발생하는 사건에 기인하는 모든 추가비용은 매도인으로부터 매수인에게 이전된다. CFR조건은 매도인에게 수출을 위하여 물품을 통관할 것을 요구하고 있다. 이 조건은 해상 또는 내륙수로운송에만 사용될 수 있다. 만일 당사자가 본선의 난간을 횡단하여 물품을 인도할 의도가 없는 경우에는 CPT조건을 사용해야 한다. 한편 매도인의 의무 A4에서는 다른 운송서류와 함께 용선계약의 사본을 제공할 매도인의 의무는 인코텀스 2000에서는 삭제됐다.

이 조건에서는 선적 완료시까지의 모든 비용과 지정된 목적항구까지 물품을 운송함에 소요되는 운임 및 물품이 본선상에 인도 완료된 이후에 추가로 발생되는 모든 비용을 매도인이 부담하되 물품이 선적항에서 본선의 난간을 통과할 때에 그 멸실 및 손상에 대한 위험부담이 매도인으로부터 매수인에게 이전된다. 이 조건은 RO/RO운송이나 컨테이너운송, 즉 Containerization의 경우처럼 본선의 난간이 이용되지 않는 경우에는 채택될 수 없으며, 이런 경우는 CPT조건이 보다 유용하다.

(6) 운임보험료포함조건[CIF : Cost, Insurance and Freight~(named port of destination)]

운임보험료포함조건은 물품이 선적항에서 본선의 난간을 통과할 때 매도인이 인도하는 것을 의미한다. 지정된 목적항구까지 물품을 운송하는데 필요한 비용 및 운임을 지불해야 한다. 그러나 물품의 멸실 또는 손상의 위험 및 인도이후에 발생하는 사건에 기인하는 모든 추가비용은 매도인으로부터 매수인에게 이전된다. 또 CIF조건에서 매도인은 매수인이 부담하는 운송중의 물품의 멸실 또는 손상의 위험에 대해서 해상보험을 수배해야 한다.

CIF조건은 매도인에게 수출을 위하여 물품을 통관할 것을 요구하고 있다. 이 조건은 해상 또는 내륙수로운송에만 사용될 수 있다.

만일 당사자가 본선의 난간을 횡단하여 물품을 인도할 의도가 없는 경우에는 CIP조건을 사용해야 한다. 매도인의 의무 A4에서는 다른 운송서류와 함께 용선계약의 사본을 제공할 매도인의 의무는 인코텀스 2000에서는 삭제됐다.

(7) 수송비지급인도조건[CPT : Carriage paid to～(named place of destination)]

수송비지급인도조건은 매도인이 자신이 지명한 운송인에게 물품을 인도하는 것을 의미하며, 매도인이 지정된 목적지까지 물품을 운송하는데 필요한 운송비를 지불해야 하는 것을 의미한다. 이것은 물품이 인도된 후에 발생하는 모든 위험과 기타 비용을 매수인이 부담하는 것을 의미한다.

만일 합의된 목적지까지 운송하는데 여러 운송인이 이용될 경우에는 물품이 최초의 운송인에게 인도될 때 위험이 이전한다. CPT조건은 매도인에게 수출을 위하여 물품을 통관할 것을 요구하고 있다.

CPT조건에서 매도인은 지정된 목적지까지의 수송비를 지급해야 한다. 그러나 물품의 멸실 및 손상에 대한 위험부담은 수출국에서 운송인의 관리 하에(into the custody) 물품이 인도된 때에 매도인으로부터 매수인에게로 이전되게 된다.

CPT조건은 복합운송을 포함하여 어떠한 운송형태(mode of transport)에도 사용될 구 있다는 점에서는 전술한 FCA나 후술할 CIP조건과 동질적인 복합운송조건이다.

(8) 수송비보험료지급인도조건[CIP : Carriage and Insurance paid to(named place of destination)]

수송비보험료지급인도조건은 매도인이 자신이 지명한 운송인에게 물품을 인도하는 것을 의미한다. 또 매도인은 지정된 목적지까지 물품을 운송하는데 필요한 운송비를 지불해야 하는 것을 의미한다. 이것은 물품이 인도된 후에 발생하는 모든 위험과 추가비용을 매수인이 부담하는 것을 의미한다. 그러나 CIP조건에서는 매도인은 매수인이 부담하는 운송중의 물품의 멸실 또는 손상의 위험에 대해서 보험을 수배해야 한다. 결과적으로 매도인은 보험계약을 체결하고 보험료를 지불한다.

매수인은 CIP조건에서 매도인은 최소담보의 보험만을 부보하도록 요구된다는 사실에 주의해야 한다.

매수인이 보다 광범위한 담보로 보호되기를 희망하는 경우에는 매수인은 매도인과 명시적으로 담보의 정도를 합의하거나 또는 자신의 부담으로 별도의 보험을 수배할 필요가 있을 것이다. 합의된 목적지까지 운송하는데 여러 운송인이 이용될 경우에는, 물품이 최초의 운송인에게 인도될 때 위험이 이전한다. CIP조건은 매도인에게 수출을 위하여 물품을 통관할 것을 요구하고 있다. 이 조건은 복합운송을 포함하여 운송수단에 관계없이 사용될 수 있다.

CIP는 운송도중에 발생될 수 있는 물품의 멸실이나 손상에 대한 위험에 대비하여 매도인이 매수인을 위하여 적하보험(cargo insurance)에 부보할 의무를 진다는 것 이외에는 CPT와 동일하다.

따라서 CFR과 CIF의 관계는 DCP와 CIP의 관계와 같다. 이 조건에서는 매도인은 보험계약을 체결하고 보험료를 지급해야 하는 바, 그 경우의 보험계약은 담보되는 위험 내지 손해의 범위가 가장 좁은 조건(minimum coverage)으로 한다. 또한 이 조건에서는 매도인이 물품의 수출통관을 이행할 의무를 부담한다. 그리고 이 조건은 복합운송을 포함하여 어떠한 운송형태에도 채용될 수 있으나, 특히 복합운송의 경우에 더욱 유용하게 이용될 수 있다.

(9) 국경인도조건[DAF : Delivered at Frontier(named place)]

국경인도조건은 국경의 지정된 지점 및 장소에서 인접국의 세관국경을 넘기 전에 양륙하지 않고 수출통관은 이행됐지만 수입통관은 이행되지 않은 상태로 도착한 운송 수단에서 물품이 매수인의 임의처분상태로 놓여졌을 때 매도인이 인도하는 것을 의미한다. 국경이라는 용어는 수출국의 국경을 포함하여 모든 국경에 사용될 수 있으므로, 항상, 그 지점과 장소를 지정함으로써 해당 국경을 명확히 정의하여야 한다.

따라서 이 조건에서는 항상 그 지점과 장소를 지정함으로써 해당 국경을 명확히 정의하는 것이 매우 중요하다.

만일 당사자가 도착된 운송수단으로부터의 물품의 양륙에 대한 책임과 양륙의 위험과 비용을 매도인에게 부담시키고자 하는 경우에는 매매계약에서 이러한 취지에 관한 문언을 명시적으로 추가함으로써 이를 명확하게 해야 한다.

이 조건은 물품이 육상의 국경에서 인도될 경우에는 운송수단에 관계없이 사용될 수 있다. 인도가 목적항의 선상 또는 부두(안벽)에서 이행되는 경우에는 DES 또는 DEQ조건을 사용해야 한다.

DAF조건은 매도인이 수출 통관을 필한 약정물품을 지정된 국경 혹은 접경지의 지점에서 매수인이 임의 처분할 수 있도록(available) 매수인에게 인도 완료한 때에 매도인은 그의 물품인도의무를 완수하게 되는 정형무역조건이다.

여기에서 국경의 인도장소는 접경국(adjoining country)의 관세선(customs border, customs line)을 통과하기 바로 전의 지점이므로 매도인이 수입통관까지를 이행해야 할 의무는 없다.

이 조건은 원래 철도운송이나 육로운송에 쓰여지도록 마련된 것이지만, 이에 한정하지 않고 기타의 어떠한 운송형태에서도 널리 채용할 수 있다.

(10) 착선인도조건[DES : Delivered Ex Ship(named port of destination)]

착선인도조건은 물품이 지정된 목적항구에서 수입 통관되지 않고 본선상에서 매수인의 임의처분상태로 놓여졌을 때 매도인이 인도하는 것을 의미한다. 매도인은 양륙하기 전에 지정된 목적항구까지 물품을 운송하는데 따른 모든 비용과 위험을 부담해야 한다.

당사자가 물품의 양륙비용와 위험을 매도인에게 부담시키고자 하는 경우는 DEQ조건을 사용해야 한다. 이 조건은 물품이 해상이나 내륙수로 또는 복합운송으로 목적항의 본선상에서 인도될 경우에만 사용될 수 있다.

(11) 부두인도조건[DEQ : Delivered Ex Quay(duty paid)~(named port of destination)]

부두인도조건은 물품이 지정된 목적항의 부두(안벽)상에서 수입 통관되지 않고 매수인의 임의처분상태로 놓여졌을 때 매도인이 인도하는 것을 의미한다. 매도인은 지정된 목적항까지 물품을 운송하고 부두(안벽)상으로 물품을 양륙하는데 따른 모든 비용과 위험을 부담하여야 한다.

DEQ조건은 매수인에게 수입을 위하여 물품을 통관하도록 요구하며 수입시의 모든 절차비용, 관세, 조세 및 기타 비용을 매수인에게 지불하도록 요구하고 있다. 이것은 매도인에게 수입통관절차를 이행하도록 요구하고 있던 이전의 인코텀스와는 반대되는 것이다.

만일 당사자가 물품의 수입시에 지불해야 하는 비용의 전부 또는 일부를 매도인의 의무에 포함시키고자 하는 경우 매매계약에서 이러한 취지에 관한 문언을 명시적으로 추가함으로써 이를 명확하게 해야 한다.

이 조건은 물품이 해상이나 내수로 또는 복합운송에 의해 목적항의 본선으로부터 부두(안벽)로 양륙시 물품이 인도될 경우에만 사용될 수 있다.

그러나 만일 당사자가 부두에서 항구 내외의 다른 장소 예를 들어 창고, 터미널, 운송역 등으로 물품을 운반하는 위험과 비용을 매도인의 의무에 포함시키고자 하는 경우에는 DDU조건이나 DDP조건을 사용하는 것이 바람직하다.

(12) 관세미납반입인도조건[DDU : Delivered duty unpaid~(named place of destination)]

관세미지급반입인도은 매도인이 지정된 목적지에서 수입통관을 이행하지 않고 도착된 운송수단으로부터 양륙하지 않은 상태로 매수인에게 물품을 인도하는 것을 의미한다.

매도인은 적용할 수 있는 경우에는 목적지 국가에서 화물수입을 위한 모든 관세 이외에 그곳까지 물품을 운송하는데 따른 비용과 위험을 부담해야 한다. 이러한 '관세'는 적시에 물품의 수입통관을 이행하지 못함으로써 생긴 모든 비용 및 위험과 마찬가지로 매수인이 부담해야 할 비용이 된다.

그러나 매도인이 통관절차를 이행하고, 그로부터 발생하는 비용 및 위험, 그리고 물품의 수입시에 지불해야 하는 비용의 일부를 부담하도록 당사자가 원하는 경우에는, 매매계약에서 이러한 취지에 관한 문언을 명시적으로 추가함으로써 이를 명확하게 해야 한다.

이 조건은 운송수단에 관계없이 사용될 수 있지만, 인도가 목적항의 본선상 또는 부두(안벽)상에서 이행되는 경우에는 DES 또는 DEQ조건을 사용하여 야 한다.

이 조건에서 물품의 인도장소는 매매계약에서 지정된 장소로서, 지정된 목적지를 의미하며, 도착된 운송수단으로부터 물품을 양륙하고 그에 따른 위험과 비용은 매수인이 부담한다.

(13) 관세납부반입인도조건[DDP : Delivered duty paid(named place of destination)]

관세지급반입인도조건은 매도인이 지정된 목적지에서 수입통관을 이행하고 도착된 운송수단으로부터 양륙되지 않은 상태로 매수인에게 물품을 인도하는 것을 의미한다.

매도인은 적용할 수 있는 경우에는, 목적지 국가에서의 수입에 필요한 모든 관세를 포함하여, 그 곳까지의 물품의 운송에 따른 모든 비용 및 위험을 부담해야 한다.

EXW조건이 매도인의 최소 의무를 나타내는데 비해, DDP조건은 최대 의무를 나타낸다. 이 조건은 매도인이 직접 또는 간접적으로 수입허가를 취득할 수 없을 경우에 사용되어서는 안 된다.

그러나 당사자가 물품의 수입시에 지불해야 하는 비용의 일부(예를 들면, 부가가치세 ; VAT)를 매도인의 의무로부터 제외시키고자 하는 경우에는, 매매계약에서 이러한 취지에 관한 문언을 명시적으로 추가함으로써 이를 명확하게 해야 한다. 당사자가 수입에 관한 모든 위험과 비용을 매수인에게 부담시키고자 하는 경우에는 DDU조건을 사용하여야 한다.

제3절 Incoterms 2000과 보험

1. 의의

INCOTERMS상에서 보험부보의무를 규정하고 있는 조건은 CIF조건과 CIP조건이 있다. 나머지 조건들은 원칙적으로 부담하는 위험기간에 따라 당사자가 자유의사에 따라 보험부보여부를 결정할 뿐 보험부보의 의무에 관해서는 언급이 없다. 물론 양당사자는 필요한 경우 보험계약체결에 관한 협조의무를 부담하기도 한다.

CIF조건과 CIP조건에서는 매도인이 보험부보 의무를 지고 있으므로 매도인이 매수인을 위하여 보험계약을 체결하고 보험료를 지급한 후에 매수인에게 보험서류를 제공할 의무를 갖는다.

자기자신이 부담할 위험을 부보할 경우에는 어떤 조건으로 부보하든 자유이지만, 이러한 조건은 매수인이 부담할 위험을 매도인이 부보하므로 부보에 관하여 구체적으로 규정하고 있다.

FOB조건에서는 위험부담의 분기점과 비용부담의 분기점이 본선의 난간이므로 본선 난간까지는 매도인이, 본선난간 통과완료 후에는 매수인이 위험을 부담한다.

따라서 매도인은 본선적재 이전의 위험에 대하여, 매수인은 그 이후의 위험에 대하여 자유의사에 따라 보험부보 여부를 결정한다.

2. 매도인의 부보의무 조건

1) CIF조건

CIF는 "Cost, Insurance, Freight"의 약칭으로 그 매매가격이 선적지에서 물품의 원가, 도착지까지의 적하보험료 및 운임으로 구성되어 있는 것을 뜻한다.

CIF조건에서 매도인은 자신의 비용과 위험으로 운송계약을 체결하고 계약에 정해진 전 운송구간에 대해서 적하보험을 부보하여 선하증권 등의 다른 선적서류와 같이 보험증권을 매수인에게 제공할 의무가 있다.

이 경우 매도인이 부보해야 하는 보험조건은 매매계약서나 신용장에서 결정된다. 매매계약서나 신용장에 의해 결정되지 않는 경우에는 전술의 국제규칙에 따라 결정할 필요가 있지만, INCOTERMS와 Warsaw-Oxford Rules 제12조의 규정에 의하면, CIF조건에서 매매계약을 체결한 매도인은 CIF가액의 10%를 가산한 금액을 보험가입금액으로 하고 분손부담보(FPA)조건으로 창고간약관 첨부의 적하보험을 매수인을 위해 부보할 의무가 있다는 것 등이다.

한편, 전쟁위험이나 동맹파업위험에 관해서는 특히 매수인의 의뢰가 있는 경우를 제외하고 매도인의 부보의무는 없지만, 현실적으로는 신용장에서 부보 의뢰하는 일이 대부분이다.

상술한 바와 같이 국제규칙으로 규정되어 있는 매도인의 부보의무는 무역거래상 최소한의 필요조건이기 때문에 이것보다 범위가 넓은 조건으로 부보를 희망하는 매수인은 매매계약서나 신용장에서 자기가 필요로 하는 보험의 조건을 명확히 규정해 두는 것이 중요하다.

또한, 이 매매조건에서 화물의 위험부담은 당해 화물이 본선에 선적될 때에 매도인으로부터 매수인에게 이전되기 때문에 통상 매도인은 본선 선적까지의 자신의 위험과 선적후의 매수인의 위험을 자기명의의 보험증권 1부로 한꺼번에 부보하고, 선하증권 등 여타 선적서류와 함께 은행을 통해 배서 양도하여 매수인에게 제공하도록 되어 있다.

2) CIP조건

CIP조건은 수출통관절차를 밟은 계약물품을 출하지에서 최초의 운송인에게 인도하기까지 소요되는 비용에 지정목적까지의 운송비와 보험료를 가산한 가격으로 결정되는 것으로 운송비·보험료지급인도조건이라고 한다. 따라서 매도인은 지정목적지의 합의점까지 통상의 운송경로와 관습적인 방법에 의한 운송계약을 체결하여야 하고, 또한 평판이 좋은 보험자와 적하보험계약을 체결하고 보험료를 지급하여야 한다.

또한 매도인은 자기의 비용으로 매수인에게 통상의 운송서류와 보험증권 또는 기타 부보증명서류를 제공하여야 한다.

그런데 Incoterms에 규정된 매도인의 부보의무에 관한 규정은 CIF조건과 별 차이가 없다. 즉, 보험금액과 보험조건에 관하여는 CIF조건에서의 내용과 동일하고 보험기간에 대하여만 차이가 있다.

CIP조건에서 매도인이 매수인을 위해 체결하는 적하보험의 보험기간은 물품의 출하지에서 최초의 운송인에게 인도된 때로부터 지정목적지에서 매수인이 물품을 수령할 때까지이다.

3) DES조건

DES조건은 목적항의 선상에서 매수인에게 물품을 인도한 시점을 위험부담의 분기점으로 하는 양륙지 인도조건이다.

매도인은 자신의 이익을 위하여 보험에 부보하게 되어 피보험이익은 매도인 자신에게 귀속된다. 또한 보험약관의 채택에 있어서도 보험조건을 매도인이 임의로 선택하며, 인도방법상에서도 현실인도방법(actual delivery)에 의한다.

3. 매수인의 부보의무 조건

1) FCA조건

FCA조건은 INCOTERMS 1990에서 INCOTERMS 1980의 FOA, FOR/FOT조건을 흡수 통합한 조건으로 Free Carrier, 운송인인도조건이라 한다.

FCA조건은 FOB조건과 대동소이하나 FOB조건이 해상운송의 경우와 같이 본선의 난간 통과라는 것이 특별한 의미를 가지지 않는 복합운송에 적절하다.

FCA조건은 매수인이 지정한 장소에 매수인이 지명한 운송인의 관리하에 수출통관이된 물품을 인도할 때 매도인의 의무가 종결됨으로, 그 이후의 물품의 멸실 및 손상의 위험은 매수인이 부담하게 된다. 따라서 콘테이너운송의 경우 지정된 화물인도장소가 내륙에 있을 때에는 매수인은 자신의 비용과 명의로 선적전 ITE를 포함한 적하보험을 가입해야 한다.

2) FOB 조건

FOB조건은 “Free On Board”의 약어로 본선인도조건이라 하고, 이 매매가격에는 매수인이 수배한 본선에 화물을 선적하기까지의 일체의 비용을 포함하고 있다. FOB조건에서는 화물의 위험부담은 본선 선적시에 매도인으로부터 매수인에게 이전되므로, CIF조건의 경우와는 달리 매수인은 본선선적이후 위험에 대한 적하보험을 스스로 부보할 필요가 있다.

따라서 매도인이 매수인에게 제공하는 선적서류에는 보험증권은 포함되지 않는다. 매도인은 매수인의 보험가입에 지장이 생기지 않도록 매수인에 대해서 선적일과 적재선박명을 지체없이 통지하지 않으면 안 된다.

CIF조건의 경우 매도인이 부보하는 보험증권이 통상 창고간약관첨부로 매도인 매수인 쌍방의 위험을 담보하고 있는 것에 비해, FOB조건에서 매수인이 가입하는 보험증권에서 담보되는 위험은 통상 매매계약상 매수인의 위험이 시작됨과 동시에 개시되도록 되어있다.

따라서 매도인은 매수인이 부보하는 적하보험과는 별도로 본선선적까지의 자신의 위험에 대하여 별도로 보험가입을 할 필요가 있다.

매도인의 위험을 부보하는 하나의 방법으로 매수인이 부보하는 보험에 포함하여 1부의 보험증권으로 부보하게 하여 매매계약서에 명시하는 것은 가능하다. 그러나 이 방법은 우리 나라 수입계약에서는 때때로 이용되지만 수출계약에서는 일반적이 아니므로 매도인은 매수인이 가입하는 보험과는 별도로 국내에서 운송보험이나 선적전 ITE를 포함한 <보세-외항>간 수출적하보험을 부보하는 것이 보통이다.

3) FAS조건

FAS라는 것은 "Free Alongside Ship"의 약어로 선측인도조건이라 하고 그 본질은 FOB조건과의 차이는 매도인으로부터 매수인으로의 위험부담의 이전시기가 선적항의 본선선측이 되는 점뿐이다. 따라서 FOB조건에서 설명한 보험관계는 거의 FAS조건의 매매계약의 경우에도 적용되고 이 조건의 매매계약에서 매수인은 선적항 본선선측 이후의 위험에 관해서 보험가입을 해야 한다.

4) CFR조건

CFR조건은 Cost and Freight의 약어로 운임포함조건이라 하고 CIF조건과 같은 유형의 매매계약조건이다. CIF조건과의 차이는 본선 선적이후의 적하보험을 매수인이 가입하기로 되어 있는 점뿐이다. 화물의 위험부담 이전시기는 CIF, FOB, CFR조건의 매매계약에서 부보관계는 FOB조건의 경우와 거의 같다. CFR조건의 특성을 살펴보면 다음과 같다.

첫째, 위험부담의 분기점과 비용부담의 분기점이 상이하다. 이 조건에서 물품의 멸실 및 손상에 대한 책임은 선적항에서 매도인으로 부터 매수인에게 이전되지만, 매도인의 요소비용의 부담은 목적항구에까지 연장되어 목적항구까지의 해상운임(내수로운송 포함) 비용을 매도인 부담하도록 하고 있다.

둘째, 물품인도방법으로 추정인도(constructive delivery)의 방법에 의한다.

셋째, 물품의 소유권(property)은 운송증권의 매수인에게 인도를 정지조건으로 하여 물품이 선적된 시점(본선상에 인도된 시점)으로 소급하여 매도인으로부터 매수인에게 이전된다. 따라서 해상 운송중의 보험사고로 인한 피보험이익(보험금청구권)은 매수인에게로 귀속된다.

4. 보험부보 의무와 관련한 주요내용

1) 보험금 청구자

매도인은 자신의 비용으로 계약에 합의한 대로 보험계약을 체결하되, 매수인 또는 물품에 피보험이익을 가지는 어떠한 타인도 보험자로부터 직접 보험금을 청구할 수 있도록 한다.

따라서 매도인이 보험을 부보하지만 해상보험증권을 배서양도 함으로써 매수인이 그 증서를 양도받아 자신이 피보험자로 보험자에게 직접보상을 청구할 수 있다.

2) 보험부보금액

보험금액에 대하여는 매매계약서나 신용장에서 규정하고 있지만 그러한 규정이 없는 경우 보험금액은 적어도 계약가격(CIF가격)에 10%를 가산한 금액으로 하여야 한다. 그리고 보험계약은 매매계약상의 표시통화로 체결하여야 한다.

3) 담보위험 규정

CIF조건에서는 물품이 선적된 후 매수인이 일체의 위험을 부담하는 것이므로 매수인 입장에서는 해상운송 중의 모든 위험에 대하여 부보해 주기를 희망한다. 그런데 담보위험에 대하여 특별한 약정이 없는 한 관습적으로 부보하는 위험만을 부보하면 된다. 따라서 매도인은 전쟁 위험이나 동맹파업위험에 대하여 부보 할 의무는 없고, 만약 매수인의 요청에 의해 이들 위험을 부보한 경우에는 그 비용을 매수인이 부담하여야 한다.

적하보험계약의 기본조건으로서는 구 증권을 이용할 경우 FPA(Free from particular average : 단독해손부담보), WA(With Average : 분손담보) 및 A/R(All Risks : 전위험담보)조건이 있고, 신 증권을 이용할 경우에는 ICC(A), ICC(B), ICC(C)가 있다.

그런데 보험조건에 관하여 특별한 약정이 없으면 런던보험업자협회(Institute of

London Underwriters : ILU)가 제정한 협회적하약관(Institute Cargo Clauses)또는 이와 유사한 약관상의 최저담보조건, 즉 FPA 또는 ICC(C) 등으로 부보하면 된다.

4) 보험기간 규정

CIF조건에서 매도인이 부보하는 보험의 보험기간은 매매계약상 정해진 전운송구간에 걸쳐 담보되도록 하여야 한다. 원래 CIF조건에서 매도인은 본선적재 이후의 위험에 대해서만 보험계약을 체결해 주면 된다. 따라서 INCOTERMS에서는 보험기간을 선적항에서 본선의 난간을 통과한 때로부터 지정목적항에서 물품을 수령할 때까지로 규정하고 있다.

그러나 본선적재 이전의 위험은 매도인이 부담해야 하므로 그 때까지의 위험에 대하여 매도인은 자신을 위해 보험계약을 체결해야 하는데 이는 이중으로 부보해야 하는 번거로움이 따른다. 따라서 실제로는 매도인의 위험부담에 속하는 운송구간을 포함한 전구간에 대하여 부보하고 있다.

그 결과 CIF조건의 경우에 매수인을 위해 체결하는 보험계약은 사실상 본선적재까지의 매도인의 피보험이익과 적재 이후의 매수인의 피보험이익이라고 하는 두 개의 피보험이익을 부보하는 것이 되며, 선적 이후 매도인이 해상보험증권에 배서하여 매수인에게 양도하는 방법을 취하고 있다. 이 경우 피보험이익의 이전은 소유권이전과 동시에 이루어진다.

5) 보험증권 및 보험계약의 증거서류 제공

매도인은 대금결제를 위해 은행을 통해 매수인에게 보험증권 또는 기타 보험계약의 증거서류를 제공하여야 한다.

6) 평판이 좋은 보험회사

보험은 평판이 좋은 보험업자 또는 보험회사와 계약을 체결하여야 한다.

5. 위험부담 이전시기의 불명확성 문제

FOB, CFR, CIF 조건 등에서 위험부담이전 시점의 불명확성으로 인한 분쟁발생의 가능성이 있다.

1) 위험부담 이전시기의 문제

INCOTERMS상에서 상기 조건의 위험부담이전 시점은 “물품이 본선난간을 유효하게 통과한 시점”이다. 그러나 문제가 되는 것은 물품이 운송을 위해 운송인에게 정상적으로 인도되었지만 본선난간을 통과하기 전에 특정한 위험에 의해 물품에 손실을 입었을 경우 매도인은 문제에 봉착할 수 있다는 사실이다.

이는 주 운송구간 이전의 사전운송구간(매도인 창고-본선난간)에 대해 매도인이 보험에 부보하지 않은 경우에는 특히 그러하다. 비록 매수인이 FOB지점(본선난간)에 도달전의 시점부터 즉, 선적항 창고에서 목적항 창고까지 창고간 약관(transit clause)으로 보험에 부보하였을지라도 보험자는 FOB지점에 도달전에 물품이 손실되었을 경우에는 매수인이 피보험이익이 없다는 이유로 여전히 매수인에게 보험금을 지급하려하지 않을 것이며 특히 피보험자가 아닌 제3자인 매도인에게는 더욱더 보험금을 지급하려 하지 않을 것이다.

이런 관점에서 CIF조건의 매도인은 FOB조건의 매수인보다 유리한 입장에 있다. 왜냐하면 CIF조건에서의 보험은 FOB지점(본선난간) 통과전의 매도인 이익과 통과 이후의 매수인 이익 모두를 피보험이익으로 하기 때문이다.

물론 이 경우 보험금을 지급 받기 위해서는 원칙적으로 보험사고 발생시에 피보험당사자(매도인, 매수인)에게 반드시 피보험이익이 존재함이 입증되어야 한다. 그러나 상기한 사실과는 별도로 분명한 것은 매도인이 제시간에 본선난간을 통과하여 물품을 인도하지 못하여 인도의무를 위반하면 매수인으로부터 클레임 제기를 당하게 된다는 사실이다. 이러한 경우에 대비하여 매매계약에서 별도의 특별약관을 통해 보호조치를 강구하는 것이 바람직하며 그렇지 못할 경우에는 계약위반에 대한 책임과 대체물 제공의무를 부담하여야 할 것이다.

2) ship's rail에 대한 해석상의 문제

아울러 주지해야 할 사실은 “ship's rail 통과시점”과 관련한 해석상의 문제이다. 예컨대, lift on/off방식에서 ① 물품이 선측을 이륙하여 본선난간을 완전히 통과하기 전 구간의 경우 ② 본선의 난간은 유효하게 통과하였으나 본선상에 안전하게 적재되기 전 구간의 경우 ③ 부선을 사용하여 선적할 경우 ④ 액체 또는 가스제품의 경우 ⑤ roll on/off방식에서 단위화물이 경사로를 경유해서 선측 내지는 선미로 바로 진입할 경우 ⑥ 자동차나 운송장비 등과 같이 직접 운전해서 선측이나 선미로 진입하여 적재할 경우 ⑦ 화물이 다수의 매수인용으로 일괄 운송되는 경우, 즉 충당되지 않은 채 산적화물로 일괄운송 되는 경우 등에는 위험부담의 책임소재는 어떻게 되는가. 물론 이들 경우의 위험 · 비용부담의 분기와 관련한 해석에는 해당항구의 관습이 어떠한가를 대전제로서 고려해야 할 것이다.

①의 경우에는 당연히 매도인이 위험부담을 하여야 하며, ②의 경우는 INCOTERMS에 의거하여 본선의 난간은 유효하게 통과한 이후이므로 매수인이 위험부담을 하여야 한다. 물론 여기에는 논란의 여지가 있다. 양화기(loading tackle)가 부두에 소재하는 것이냐 아니면 선박에 부착된 것이냐에 따라 그 견해를 달리 할 수 있다. 일부 학자들은 "본선난간 통과"의 의미는 시각적 의미의 통과가 아니며 상징적 의미로서 "본선에서의 해상운송인에 대한 교부"를 의미한다고 주장한다.

따라서 양화기는 본선에 부속된 안전한 적재수단이므로 양화기에 적재 또는 부착되었다는 것은 사실상 본선에 적재된 것이나 마찬가지로 비록 시각적 의미로 본선난간을 통과하지 않았지만 어디까지나 상징적 의미의 본선난간을 통과하여 본선에서 해상운송인에게 물품을 교부한 것으로 본다. 이 주장에 의하면 결국 물품이 선측을 이륙하는 순간부터 모든 위험이 매수인에게 이전된다.

반면, 양화기가 선측에 소재할 경우에는 비록 시각적으로는 본선난간을 통과하였을지라도 본선상에 내려질 때까지는 물품이 선측에 있다고 보아 매도인이 위험을 부담해야 한다.

특정사유로 인해 항구에 선박이 진입하지 못하여 발생하는 ③의 경우는 부두에서 본선측에 이르는 구간 운송에서의 위험은 매도인이 부담해야 하며 그 밖의 위험이전 관련문제는 상기한 원칙과 동일하다.

④의 경우는 해당물품이 운반경로인 본선의 수송관(파이프)속으로 들어가는 시점이 인도시점으로 바로 이 시점에 매수인에게 위험이 이전된다.

⑤, ⑥의 경우는 위험의 분기점을 본선난간이라고 보는 것은 사실상 무의미하다. 실제로 본선난간을 통과하지 않음은 물론 컨테이너에 적입되어 바로 선적되거나 또는 수하인에게 미리 인도되어 선적되어 목적항 또는 내륙데포에서 컨테이너가 개봉되는 방식의 경우에 본선난간을 기준으로 기능 · 비용 · 위험 등의 부담을 구분하는 것은 부적절하기 때문이다.

특히 컨테이너 운송기법에서 도로/해상 또는 철도/해상 등과 같은 연계 일관운송의 경우, 유닛로드시스템(화물의 단위화)에 의해 다양한 운송도구에 실려 나중에 선박에 적재되는 경우에도 선측을 위험 및 비용 등의 분기점으로 보는 것은 문제가 있기 때문이다. 예컨대 철도 무개화차, 화물운반트럭 등의 팔레트화 또는 컨테이너화 형태로 단위화물이 적재되는 경우가 그러하다.

요컨대, 컨테이너 등과 같은 단위화물운송의 경우에는 본선난간 통과시점이 아니라 컨테이너 운송업자에게 물품을 인도했을 때 위험이 이전되는 것이 타당할 것이라는 점에서 문제의 여지가 있으며 ⑥의 경우에는 선미 또는 선측내에 진입시점을 위험의 분기점으로 보는 것이 바람직할 것이다.

⑦의 경우에 산적화물은 개별 매수인에게 분리되지 않았기 때문에, 위험은 본선인도시에 매수인에게 이전되지 않으며 화물은 매도인의 위험하에서 운송된다. 따라서 매도인은 개별 매수인용으로 선화증권을 별도로 발급 받든지 또는 인도지시서를 발급 받아 물품을 조속히 계약에 충당시켜 운송중인 물품의 위험을 매수인에게 이전시킬 필요가 있다.

3) 인도의무에 대한 문제

인도의무에 대해서 INCOTERMS의 FOB조건의 A.4조항은 "매도인은 약정된 선적일자 또는 선적기간 내에 당해 항구에서의 관습적인 방법에 따라 지정된 선적항에서 매수인이 지정한 On Board에 물품을 인도해야 한다"라고 기술하고 있다.

그러면 여기서 "본선상"이 구체적으로 어디인가? 매도인이 물품을 갑판상(ON Deck)에 내려놓아야 하는지, 아니면 본선영역내에 진입시키기만 하면 되는가의 문제인데 INCOTERMS는 전통적으로 후자의 입장을 견지하여 "본선의 난간(Ship's Rail)"을 위험부담의 분기점으로 보고 있다.

실무적으로 모호하거나 적합치 않은 점을 보완하기 위해 'Revised American Foreigh Trade Definition. 1941'상의 FOB Vessel조건에서는 '물품이 본선에 적재가 완료된 때'를 위험부담의 분기점으로 규정하고 있다.

따라서 FOB Vessel 조건에 따르면 위험부담의 장소적 분기점은 선창내(In Hold)가 되며, 갑판적화물(On-Deck Cargo)의 경우는 갑판상이 된다.

INCOTERMS 2000에서는 이러함 점을 감안하여 위험부담의 분기점을 '본선의 난간'으로 하기에 적합하지 않은 경우는 FCA조건을 채택할 것을 권장하고 있다.

6. INCOTERMS의 위험부담 이전원칙

INCOTERMS는 다소 논란의 소지는 있지만 대체로, 현실적 점유이전주의 원칙하에 위험부담의 이전을 규율하고 있다고 볼 수 있다. 그러나 이론상으로는 매도인이 매수인의 계약상의 이익을 만족시켜주었을 때 위험이 이전되는 것으로 보는 것이 타당하므로 무역대금과 교환으로 선적서류를 이전했을 때 위험이 이전된다고 보는 것이 합리적일 것이다. 그러나 이러한 해결책은 비실용적이므로 실제적인 해결책으로서 위험이전시점으로 선적시점을 기준으로 보는 것이 경제적 · 법률적 관점에서 타당하다는 주장이 있다.

주지하다시피 "선적시"의 개념이 아래 도표에서의 현실적 인도와 임의처분상태로의 인도에 의한 위험부담 모두를 포괄하는 개념이 아니라는 점과 또한 컨테이너운송의 경우 선적시점이 아니라 컨테이너운송업자에게 물품을 인도했을 때 위험이 이전되는 것이 타당할 것이라는 점에서 문제의 여지가 있다.

〈표 15-2〉 INCOTERMS 2000의 위험부담이전원칙

구 분	현실적 인도에 의한 위험이전	임의처분상태로의 인도에 의한 위험이전	일정한 통과시점에 의한 위험이전
조건별 구체적 위험 이전 시점	FCA 매도인이 지정된 장소에서 매수인이 지정한 운송인에게 수출통관된 물품을 인도(deliver)한 시점	EXW 매도인이 “자신의 작업장에서 매수인이 계약물품을 임의처분할(place at the disposal of the buyer) 수 있는 상태로 인도” 한 시점	FOB, CFR, CIF, 계약물품이 지정 선적항에서 본선 현측(선측)난간(ship,s rail)을 유효하게 통과하는 시점
	FAS 매도인이 약정시점에 항구의 관례적인 방식에 의해 매수인이 지정한 선적지점의 지정선박 선측에 인도(place)한 시점	DAF 매도인이 “약정된 시점에 국경의 지정된 장소에 매수인이 계약물품을 임의처분할(place at the disposal of the buyer) 수 있는 상태로 인도”한 시점	
	CPT, CIP 매도인이 약정시점에 제1운송인의 관리하에 인도(deliver)한 시점	DES 매도인이 “약정된 시점에 수입통관하지 않은 상태로 지정목적항의 통상적인 양하지점에서 동 물품의 성질에 적합한 양하설비에 의하여 반출될 수 있도록 본선상에서 매수인이 임의처분할(place at the disposal of the buyer) 수 있는 상태로 인도” 한 시점	
	DDU, DDP 매도인이 약정된 시점에 수입국의 지정장소에서 계약물품을 매수인에게 인도(deliver)한 시점	DEQ 매도인이 “약정된 시점에 목적항 부두에서 계약물품을 매수인이 임의처분할(place at the disposal of the buyer) 수 있는 상태로 인도” 한 시점	
논평	계약물품을 현실적으로 점유하고 있는 자가 위험을 부담하여야 한다는 현실적 점유이전주의 원칙에 부합함.	EXW의 경우에는 매도인이 운송인, 매수인, 창고관리인 등에게 계약물품을 현실적으로 인도하지 않고서도 위험이 이전될 수 있으므로 현실적 점유를 기준으로 위험부담의 이전문제를 해결하려는 원칙에 모순되나 그외의 DAF, DES, DEQ 등은 창고관리인, 운송인 등이 물품을 점유하고 있는 상태가 예상되므로 현실적 점유권이전주의 원칙에 모순되지 않는다.	현측(선측)난간 통과시점을 선적완료시점으로 볼 경우에는 해상운송인이 물품을 현실적으로 점유하고 있다고 볼 수 있으므로 현실적 점유이전 주의 원칙에 모순되지 않는다.

〈그림 15-1〉 INCOTERMS 2000의 위험/비용 부담의 도해

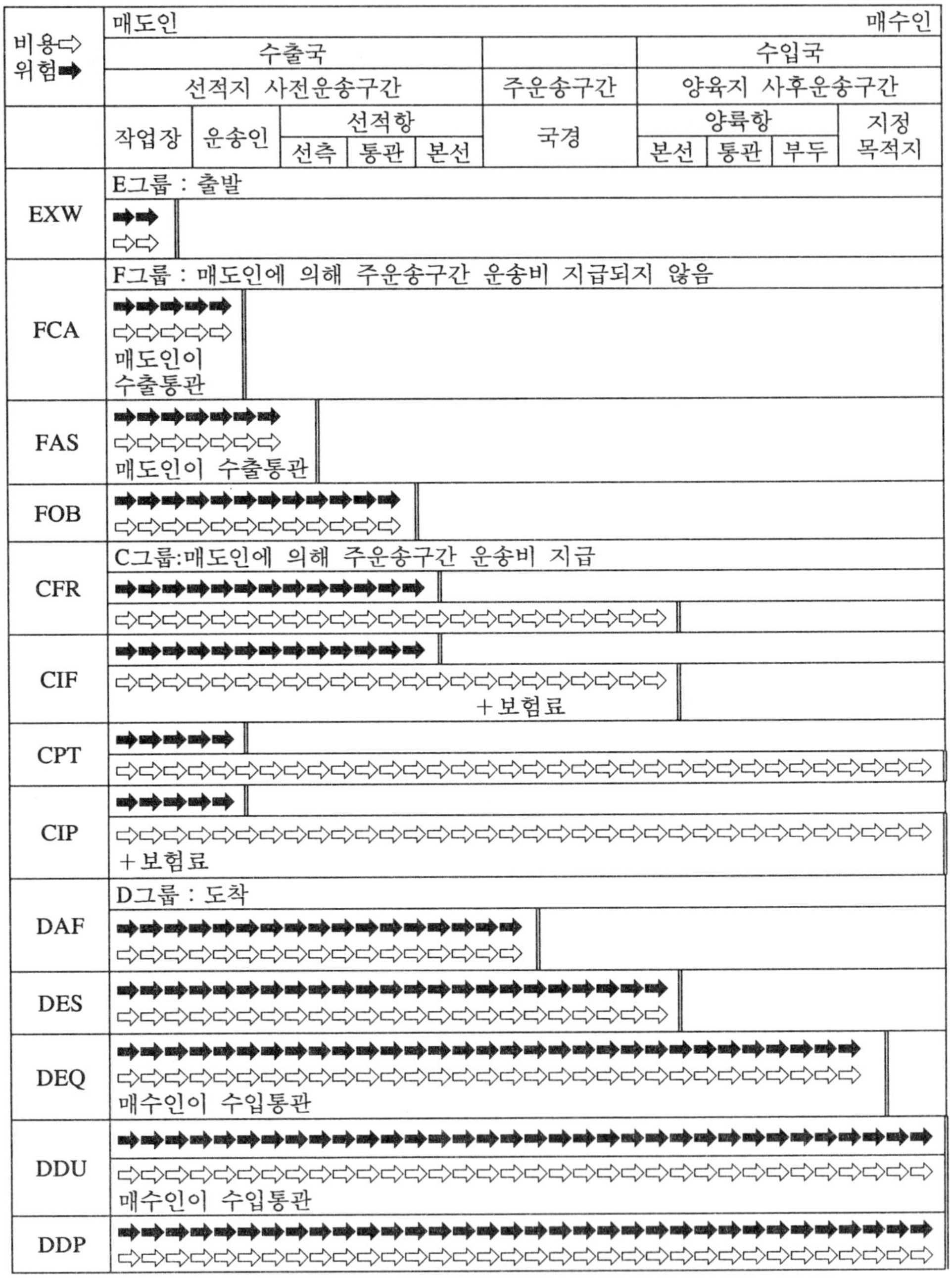

비용⇨ 위험➡	매도인						매수인			
	수출국							수입국		
	선적지 사전운송구간					주운송구간	양육지 사후운송구간			
	작업장	운송인	선적항: 선측	선적항: 통관	선적항: 본선	국경	양륙항: 본선	양륙항: 통관	양륙항: 부두	지정 목적지
EXW	E그룹 : 출발 ➡➡ ⇨⇨									
FCA	F그룹 : 매도인에 의해 주운송구간 운송비 지급되지 않음 ➡➡➡➡➡ ⇨⇨⇨⇨⇨ 매도인이 수출통관									
FAS	➡➡➡➡➡➡➡ ⇨⇨⇨⇨⇨⇨⇨ 매도인이 수출통관									
FOB	➡➡➡➡➡➡➡➡➡➡➡➡ ⇨⇨⇨⇨⇨⇨⇨⇨⇨⇨⇨⇨									
CFR	C그룹:매도인에 의해 주운송구간 운송비 지급 ➡➡➡➡➡➡➡➡➡➡➡➡➡ ⇨⇨⇨⇨⇨⇨⇨⇨⇨⇨⇨⇨⇨⇨⇨⇨⇨⇨⇨⇨⇨⇨⇨									
CIF	➡➡➡➡➡➡➡➡➡➡➡➡➡ ⇨⇨⇨⇨⇨⇨⇨⇨⇨⇨⇨⇨⇨⇨⇨⇨⇨⇨⇨⇨⇨⇨⇨ +보험료									
CPT	➡➡➡➡➡ ⇨⇨⇨⇨⇨⇨⇨⇨⇨⇨⇨⇨⇨⇨⇨⇨⇨⇨⇨⇨⇨⇨⇨⇨⇨⇨⇨⇨⇨⇨⇨⇨⇨⇨									
CIP	➡➡➡➡➡ ⇨⇨⇨⇨⇨⇨⇨⇨⇨⇨⇨⇨⇨⇨⇨⇨⇨⇨⇨⇨⇨⇨⇨⇨⇨⇨⇨⇨⇨⇨⇨⇨⇨⇨ +보험료									
DAF	D그룹 : 도착 ➡➡➡➡➡➡➡➡➡➡➡➡➡➡➡➡➡ ⇨⇨⇨⇨⇨⇨⇨⇨⇨⇨⇨⇨⇨⇨⇨⇨⇨									
DES	➡➡➡➡➡➡➡➡➡➡➡➡➡➡➡➡➡➡➡➡➡➡➡ ⇨⇨⇨⇨⇨⇨⇨⇨⇨⇨⇨⇨⇨⇨⇨⇨⇨⇨⇨⇨⇨⇨⇨									
DEQ	➡➡➡➡➡➡➡➡➡➡➡➡➡➡➡➡➡➡➡➡➡➡➡➡➡➡➡➡➡➡➡ ⇨⇨⇨⇨⇨⇨⇨⇨⇨⇨⇨⇨⇨⇨⇨⇨⇨⇨⇨⇨⇨⇨⇨⇨⇨⇨⇨⇨⇨⇨⇨ 매수인이 수입통관									
DDU	➡➡➡➡➡➡➡➡➡➡➡➡➡➡➡➡➡➡➡➡➡➡➡➡➡➡➡➡➡➡➡➡➡➡ ⇨⇨⇨⇨⇨⇨⇨⇨⇨⇨⇨⇨⇨⇨⇨⇨⇨⇨⇨⇨⇨⇨⇨⇨⇨⇨⇨⇨⇨⇨⇨⇨⇨⇨ 매수인이 수입통관									
DDP	➡➡➡➡➡➡➡➡➡➡➡➡➡➡➡➡➡➡➡➡➡➡➡➡➡➡➡➡➡➡➡➡➡➡ ⇨⇨⇨⇨⇨⇨⇨⇨⇨⇨⇨⇨⇨⇨⇨⇨⇨⇨⇨⇨⇨⇨⇨⇨⇨⇨⇨⇨⇨⇨⇨⇨⇨⇨									

제**16**장

신용장과 해상보험

제1절 신용장과 해상보험

1. 의의

오늘날의 무역거래에 있어서 대금결제는 일반적으로 환어음 방식으로 이루어지고 있는데, 예를 들어 CIF수출의 경우에는 수출업자가 화물의 선적을 완료한 후, 수입업자를 지급인으로 하는 화환어음을 발행한 뒤 선하증권과 적하보험증권 및 통관 관련서류를 환은행에 제출하고 일정 할인을 받아 무역대금을 결제 받고 있다. 이 경우 화환어음을 할인하는 환은행에서 무조건 할인에 응하는 것이 아니며, 신용장(L/C : Letter of credit)이 있는 경우에 한해서 할인에 응하게 된다.

신용장이란, 수입업자의 의뢰로 수입업자의 주거래은행이 발행하는 일종의 물품에 대한 대금 지급 보증서로서 일정조건에 따라 수입업자에게 발행될 화환어음에 대한 지불을 보증하는 것이다.

그런데, 이와 같은 신용장에 의해 화환어음을 할인할 때 필수적으로 첨부되는 것이 적하보험이다. 왜냐하면 운송중의 화물에 예측 불허의 보험사고로 손해가 발생 할 경우 수입업자가 어음결제를 할 수 없음으로 인해 환은행이 입게 될지도 모르는 금전적 손해를 보험회사로부터 보상받을 수 있도록 하기 위한 것이다.

2. 신용장통일규칙과 보험서류

신용장거래는 서류거래로서 신용장조건에 합치하는 서류가 제시된 경우에만 지급 · 인수 또는 매입이 이루어진다. 따라서 UCP 500에서는 제시되어야 할 각종 서류에 관한 규정을 두고 있는데, 그 중 보험서류에 대하여는 동 규칙 제34조, 제35조, 제36조에 걸쳐 3개 조문을 두고 있다.

여기서 이들 조문에 규정되어 있는 보험서류에 관한 내용을 살펴보기로 하겠다.

1) UCP 500, 제34조

『제시해야 할 보험서류와 그 형식, 보험서류의 발행일, 보험서류상의 표시통화와 최저보험금액 등 규정』

알아봅시다

a. Insurance documents must appear on their to be issued and signed by insurance companies or underwriters or their agent.

a. 보험서류는 문면상 반드시 보험회사 · 개인보험업자(underwriters) 또는 그들의 대리인에 의해 발행 및 서명되어 있어야 한다.

a항에서는 보험서류의 발행자를 보험회사 · 개인보험업자(underwriters) 또는 그들의 대리인으로 한정하고 있다. Underwriters라는 용어는 보험업자와 동의어로 사용되기도 하지만, 여기서는 보험회사(insurance company)와 구분하여 병기하고 있으므로 Lloyd's underwriter와 같은 개인보험업자를 가리키는 것이다. 그리고 보험서류에는 그 발행자가 반드시 서명하여야 한다.(MIA 제22조 및 제24조).

알아봅시다

b. If the insurance documents indicates that it has been issued on more than one original, all the originals must be presented unless otherwise authorized on the Credit.

b. 만약 보험서류가 2통 이상의 원본으로 발행된 경우에는 신용장에 별도의 규정이 없는 한 반드시 그 전통이 제시되어야 한다.

b항은 보험서류의 원본이 2통 이상 발행된 경우에 발행된 원본 전통의 제시를 요건으로 규정하고 있다. 이 요건은 제시되는 보험서류가 유가증권성을 지니고 있는 경우에는 특히 중요하다. 즉, 이러한 성질을 지닌 보험서류의 원본이 복수 발행된 경우에는 보험금청구를 위해서 그 전통을 보험자에게 인도할 필요는 없고, 그 중 1통을 인도하면 보험금을 지급 받을 수 있으므로 신용장에 별도의 정함이 없는 한 발행된 전통을 제시하도록 규정하고 있는 것이다.

알아봅시다

c. Cover notes issued by brokers will not be accepted, unless specifically authorized in the Credit.

c. 보험중개인이 발행한 부보각서는 신용장에서 특별히 인정하고 있지 않는 한 수리되지 않는다.

c항에서는 보험중개인이 발행한 부보각서(cover note)는 원칙적으로 수리하지 않는 것으로 규정하고 있다. 다만 신용장조건으로 'Cover notes issued by⋯⋯ are acceptable'과 같이 특별히 수권하고 있는 경우는 예외이다. 여기서 Cover Note라고 하는 것은 보험중개인이 피보험자가 의뢰한 조건대로 보험수배를 하였음을 피보험자와 보험자 사이에 보험계약이 체결되었음을 나타내는 증거서류가 되지 못한다. 즉 Cover Note로는 보험자에게 직접 보상청구를 할 수 없기 때문에 정규보험서류로 인정하지 않는다는 원칙을 여기에 규정하고 있는 것이다.

알아봅시다

d. Unless otherwise stipulated on the Credit, banks will accept an insurance certificate or a declaration under open cover presigned by insurance companies or underwriters or their agents, If a Credit specifically calls for an insurance certificate or a declaration under an open cover, banks will accept, in lieu thereof, an insurance policy.

d. 신용장에 별도의 정함이 없는 한, 은행은 보험회사·개인보험업자 또는 그들의 대리인이 미리 서명한 포괄예정보험에 의거한 보험증명서 또는 선적확인증명서(declaration)를 수리한다. 신용장이 포괄예정보험에 의거한 보험증명서 또는 선적확인증명서를 특별히 요구하는 경우에도 은행은 이를 대신하는 보험증권을 수리한다.

d항에서는 우선 포괄예정보험에 의거한 보험증명서 또는 선적확인증명서를 원칙적으로 수리하는 것으로 규정하고 있다. 적하를 대상으로 하는 신용장거래에서는 원칙적으로 확정보험증권을 그 대상으로 하지만 예정보험인 경우도 있다.

예정보험에는 개별예정보험계약과 포괄예정보험계약의 두 종류가 있는데, 개별예정보험계약이 체결되면 예정보험증권이 발행되고 후일 확정통지에 의거 확정보험증권이 발행된다. 그리고 포괄예정보험계약이 체결되면 이에 관한 특약서를 교환하거나 예정보험증권이 그 증거로서 교부되고, 나중에 확정통지에 의해 보험증명서 또는 요구에 따라 확정보험증권이 교부된다.

한편 신용장이 포괄예정보험에 의거한 보험증명서 또는 선적확인증명서(declaration)를 특별히 요구하는 경우에도 은행은 이를 대신하는 보험증권을 수리하는 것으로 규정하고 있다. 그 이유는 보험증권이 보험증명서나 선적확인증명서보다 훨씬 더 완전한 보험서류이기 때문이다.

알아봅시다

e. Unless otherwise stipulated in the Credit, or unless it appears from the insurance document that the cover is effective at the latest from the date of loading on board or dispatch or taking in charge of the goods, banks will not accept an insurance document which bears a date of issuance later than the date of loading of board of dispatch or taking in charge as indicated in such transport document.

e. 신용장에 별도의 정함이 없거나, 보험의 담보가 늦어도 화물의 선적일 · 발송일 또는 인수일로부터 유효하다고 보험서류에 표시되어 있지 않는 한, 은행은 운송서류에 명시된 선적일 · 발송일 또는 인수일 이후의 발행일자가 표시된 보험서류를 수리하지 않는다.

e항은 화물의 선적 · 발송 또는 인수일로부터 보험기간이 개시되는 보험서류만을 은행이 수리하도록 하고 있는 규정이다.

구 ICC 제1조 및 신ICC 제8조 운송약관(transit clause)에는 이른바 창고간약관이 있어 보험자는 원칙적으로 화물이 운송개시를 위하여 보험증권에 기재된 지역의 창고를 떠날 때로부터 보험증권에 기재된 목적지의 최종창고에 인도될 때까지 일괄하여 담보하는 것으로 규정하고 있다.

또한 구 증권 본문 및 신 ICC 제11조 피보험이익약관에서는 소급담보의 효력을 인정하고 있다. 즉 피보험자가 손해발생사실을 알지 못한 상태에서 위험개시 후 부보하는 경우에도 위험개시시점까지 소급하여 담보해 주고 있는 것이다. 따라서 보험계약체결시에 이미 보험사고가 발생한 경우에도 그러한 사실을 모르고 보험계약을 체결한 피보험자는 보험자로부터 그 손해를 보상받을 수 있다.

그러므로 영국법을 적용하는 영문보험증권은 증권의 발행일이 '선적·발송·인수'일보다 늦어도 문제는 없다. 그러나 실무상으로는 분쟁의 발생을 미연에 방지한다는 의미에서 운송서류상의 일자 이전의 일자가 기재된 보험서류를 취득하여 제시하는 것이 바람직하다.

알아봅시다

f. i. Unless otherwise stipulated in the Credit, the insurance document must be expressed in the same currency as the Credit.

ii. Unless otherwise stipulated in the Credit, the minimum amount for which the insurance document must indicate the insurance cover to have been effected is the CIF [cost, insurance and freight(… "named port of destination")] or CIP [carriage and insurance paid to(… "named place of destination")] value of the goods, as the case may be, plus 10%, but only when the CIF or CIP value can be determined from the documents on their face. Otherwise, banks will accept as such minimum amount 110% of the amount for which payment, acceptance or negotiation os requested under the Credit, or 110% of the gross amount of the invoice, whichever is the greater."

f. i. 신용장에 별도의 정함이 없는 한, 보험서류는 신용장과 동일한 통화로 표시되어야 한다.

ii. 신용장에 별도의 정함이 없는 한, 보험서류에 표시되어야 할 최저 보험금액은 경우에 따라 화물의 CIF 또는 CIP가격에 10%를 가산한 금액이어야 한다. 다만 이것은 서류의 문면상으로 CIF 또는 CIP가격을 확정할 수 있는 경우에 한한다. 그렇지 않은 경우, 은행은 신용장에 의거한 지급·인수 또는 매입금액의 110% 또는 상업송장총액의 110% 중 큰 금액을 그러한 최저 금액으로 인정한다.

f항 i호는 강행규정으로서, 예컨대 신용장 표시통화가 미화(U.S. Dollar)인 경우에는 보험서류상의 표시통화도 반드시 미국통화이어야 하며, 가령 미국통화

이외의 통화가 표시된 경우에는 신용장조건의 불일치가 된다. 이것은 환율의 변동에 따라 신용장발행은행이나 발행신청인이 입게 될지도 모르는 손해를 방지하기 위해 만든 규정이다.

f항 ii호에서는 신용장에 달리 정한 바가 없는 한 최저보험금액을 Incoterms 상의 그것과 마찬가지로 CIF 또는 CIP 가격의 110%로 규정하고 있다. 다만 은행이 CIF가격이나 CIP가격을 서류의 문면상으로 확정할 수 없는 경우에는 신용장에 의거한 지급·인수 또는 매입금액의 110% 또는 상업송장총액의 110% 중 큰 쪽을 최저 보험금액으로 한다.

실무상으로는 보험금액의 부족을 피하기 위해 신용장상에 보험금액에 대한 지시를 명확히 하는 것이 바람직하고, 또 지나치게 과다한 금액을 신용장상에서 요구해 온 경우에는 보험회사에 부보가능성을 확인해 볼 필요가 있다.

2) UCP 500, 제35조

『담보위험과 면책비율』

알아봅시다

a. Credits should stipulate the type of insurance required and, of any, the additional risks which are to be covered. Imprecise terms such as "usual risks" or "customary risks" shall not be used: of they are used, banks will accept insurance documents as presented without responsibility for any risks not being covered.

a. 신용장에는 요구되는 보험의 종별과 그 밖에 부보해야 할 추가위험이 있다면 그러한 위험도 명시해야 한다. 통상의 위험 또는 관례적 위험과 같은 불명확한 용어를 사용해서는 안 된다. 이러한 불명확한 용어가 사용된 경우에는 은행은 담보되지 않은 어떠한 위험에 대하여도 아무런 책임을 부담함이 없이 제시된대로 보험서류를 수리한다.

a항에서는 신용장에 보험의 종별과 그 밖에 필요한 추가위험을 명시할 것을 규정하고 있다. 여기서 보험의 종별이란 구 ICC상의 FPA, WA 또는 All Risks 조건이나 신 ICC상의 A, B, C조건과 같은 보험계약조건을 가리키는 것이고, 추가위험은 TPND, RFWD와 같은 이른바 부가위험을 가리킨다.

그리고 "통상의 위험"이나 "관례적 위험"과 같은 애매한 용어는 사용해서는 안되지만, 만약 이러한 용어가 사용되었다면 은행은 제시된대로 보험서류를 수리하도록 규정하고 있다.

알아봅시다

◉ **보험에 의해 보상되는 위험범위**

보험사고의 발생에 의하여 보상되는 사고의 범위는 확실하고 명백한 보험전문용어로 신용장에 표기하여야 한다. 따라서 신용장에서 보험서류상의 담보위험을 약정할 때 통상의 위험(usual risk)", "관례적 위험(customary risks)" 등과 같이 부정확하고 불명확한 용어를 사용해서는 안 된다.

만일 이러한 용어가 사용된 경우에는, 은행은 담보되지 아니한 위험에 대해서는 아무런 책임없이 보험서류가 제시된 대로 이를 수리하여야 한다. 한편 INCOTERMS 2000에 의하면 해상운송인 경우 위험의 범위는 최소한 FPA [또는 ICC(C)] 이상일 것을 요구하고 있다.

- 담보하는 위험범위

런던보험시장의 협회적하약관(institute cargo clauses)은 전위험 담보조건의 ICC (A/R), 분손 담보조건의 ICC(W/A) 및 분손 부담보조건의 ICC (FPA) 등이 있었으나, 오늘날 이는 협회적하약관 ICC(A), (B) 및 (C) 조건으로 바뀌어 사용되고 있다.

- 특약에 의해서만 담보되는 위험

① A/R과 관련되는 부가위험

보험사고 중에서 전쟁이나 SRCC 즉, 동맹파업, 폭동, 소요(Civil Commotion) 등에 의하여 사고가 발생하는 경우에는 A/R만으로는 보상받지 못하기 때문에 추가요금을 내고 특약을 체결하여야 한다.

② FPA, WA와 관련되는 부가위험

FPA, WA조건의 경우 담보되는 위험은 보험증권에 열거된 해상위험에 국한하므로 이에 열거되지 않은 특수한 위험, 예를 들어 TPND(theft, pilferage and non-delivery)나 RFWD(rain and fresh water damage), 그리고 Breakage, Leakage, Shortage, Contamination, Hook & Hole, Sweat & Heating, Denting & Bending, Contact with Oil, Washing Overboard 등으로 인한 손해를 배상 받고자 하면 해당 위험항목을 보상대상에 추가하고 부가위험 요율

을 지급해야 한다.

• 보상받을 수 없는 손해

보험은 "우연한 사고"에 대한 보상이므로 사고의 원인이 우연이 아니고 "필연적"이라고 인정될 때에는 그 사고는 보상의 대상이 되지 못하며, 이러한 경우에는 추가보험료를 내고 특약을 체결하더라도 보상을 받지 못한다. 그러한 사유에 해당하는 것은 다음과 같다.

- 보험계약자의 고의 또는 중대한 과실에 의한 사고
- 피보험물의 포장불량으로 인한 사고
- 피보험물 고유의 성질과 하자로 인한 멸실 및 손상
- 원자탄의 폭발 등과 같은 고성능 무기사용으로 인한 손상
- 운항능력을 갖추지 못한 불량선박에 적재했기 때문에 일어난 사고

알아봅시다

b. Failing specific stipulations in the credit, banks will accept insurance documents as presented, without responsibility for any risks not being covered.

b. 신용장에 특별한 명시가 없는 경우, 은행은 부보되지 않은 어떠한 위험에 대하여도 아무런 책임을 지지 않고 제시된 대로의 보험서류를 수리한다.

b항에서는 a항에 규정한 바와 같은 보험의 종별이나 부가위험에 관한 명확한 규정이 신용장에 없는 경우 은행은 제시된 대로의 보험서류를 수리한다는 뜻을 규정하고 있다.

알아봅시다

c. Unless otherwise stipulated in the Credit, banks will accept an insurance document which indicates that the cover is subject to a franchise or an excess(deductible).

c. 신용장에 별도의 정함이 없는 한, 은행은 담보조건이 "franchise" (면책비율) 또는 "excess" (deductible: 공제면책비율)의 적용을 받는다고 규정하고 있는 보험서류를 수리한다.

c항은 면책비율에 관하여 규정하고 있다. 여기서 'franchise'는 담보위험에 의한 손해가 일정비율에 달하지 않는 소손해의 경우에는 이를 보상하지 않고 그 비율에 달한 경우에는 손해액의 전액을 보상한다고 하는 것이다. 그리고 'excess'는 담보위험에 위한 손해가 일정비율을 초과하는 경우 그 초과부분에 해당하는 손해액만을 보상하는 것으로서 'deductible franchise'라고도 한다.

원거리에 화물을 운송하게 되면 약간의 손해는 불가피하게 발행하는 경우가 있는데, 이러한 소손해를 보험자가 다 보상한다고 하면 보험자로서는 손해사정에 많은 시간과 비용이 소요되고, 또 보험료도 인상하지 않을 수 없다. 따라서 구 증권 본문약관 중에서 면책비율약관이 있어 SSB사고나 공동해손이 발생한 경우를 제외하고는 화물의 종류별로 일정비율 미만의 손해를 담보하지 않는 것으로 규정하고 있었다. 그러나 신 증권 본문에서는 면책비율약관이 삭제되었고, 또 WA조건에 대응하는 조건인 ICC(B)조건에서도 소손해 면책규정은 없다. 그렇지만 보험자의 적절한 보험인수나 피보험자가 부담하는 보험료율면에서 볼 때 적어도 부가위험에 대하여는 소손해 면책비율을 적용하는 특약이 필요한 경우가 있다. 이러한 때에는 실무상 당해 화물 전체나 일정한 수량단위별(예 : on each 30 packages)로 일정비율의 'franchese'나 'excess'를 적용하는 조건으로 보험계약을 체결한다.

그런데 만약 신용장에 "보험서류는 면책비율 부적용조건으로 발행되어야 한다"는 등의 특별한 규정이 없는 한, 면책비율을 적용하는 것으로 특약된 보험서류라도 은행은 수리한다.

알아봅시다

◉ 보험자의 면책비율부적용

보험으로 보상되는 손해는 손해의 정도가 일정규모이상에 이르렀을 때부터 적용되며 사소한 손해는 보상하지 않는 것이 원칙이다. 이와 같은 소손해(petty claim) 불배상의 원칙은 보험증서의 뒷면에 인쇄약관으로 규정하고 있다. 이를 보험용어로 면책비율(Franchise)이라 하며, 이 비율은 상품에 따라 각각 상이한 요율로 적용되는데 부패 또는 자연손상의 확률이 높은 품목일수록 높은 요율이 적용된다.

따라서 만일 보험가입자가 A/R조건이 아닌 WA조건으로 부보하면서 사소한 손해까지 모두 보상받기를 원할 때에는 보험계약 체결시 면책비율 부적용의 특약을 체결하여야 한다. 신용장통일규칙은 면책비율 부적용의 특약이 없는 보험계약도 유효한 것으로 인정하여 이를 수리해야 한다고 규정하고 있다.

● 면책비율(franchise)

WA계약시 상품별 비보상의 범위는 다음과 같다.

- 곡물, 소금, 생선, 분말류 등의 Bulky 화물은 사고의 원인이 공동해손, 선박좌초 등인 경우가 아니면 분손은 일체 보상치 않는다.
- 설탕, 담배, 대마, 원피 등은 5% 미만의 손해 불배상
- 상기내용 이외의 상품은 3% 미만 손해 불배상

또한 면책비율 적용시 이를 "deductible Franchise"로 하느냐, "Non-deductible Franchise"로 하느냐에 따라 달라지는데, deductible인 경우에는 손해보상시 보험회사가 손해발생 금액 전체에서 3% 또는 5%를 뺀 나머지에 대하여 보상하는 경우(예 : 손해액이 10%인 경우 7% 또는 5%만 보상)이고, Non-deductible인 경우에는 손해의 범위가 면책비율을 초과하는 한 공제 없이 전액에 대하여 보상해 주는 제도이다. 따라서 만일 보험가입자가 이러한 면책비율이 적용되지 않은 손해액 전부에 대하여 보상받기를 원할 때에는 추가요금을 내고 Irrespective of percentage 특약을 체결하여야 한다.

● WAIOP(With Average Irrespective of Percentage)

WAIOP는 "면책비율 부적용 분손담보조건"으로 번역되며, WA조건으로 보험계약을 체결한 경우 신용장 발행의뢰인이 사소한 손해까지 전부 보상받기를 원할 때는 신용장에도 이 조건을 넣고 보험회사와도 WAIOP 특약을 체결해야 한다. 그러나 Bulky 상태의 양곡이나 물고기 등은 소손해 부적용이 물리적으로 불가능하므로 보험회사는 이러한 상품에는 WAIOP특약을 체결하지 않는다.

3) UCP 500, 제36조

『전위험담보조건』

알아봅시다

Where a Credit stipulates "insurance against all risks", banks will accept an insurance document which contains any "all risks" notation or clause, whether or not bearing the heading "all risks", even of the insurance document indicates that certain risks are excluded, without responsibility for any risk(s) not being covered.

신용장이 전위험담보조건을 규정하고 있는 경우, 은행은 "all risks" 라는 표제의 유무에 관계없이, 가령 보험서류상에 특정위험이 제외된다는 표현이 있어도 "all risks" 라는 표시 또는 약관이 있는 보험서류라면, 어떠한 위험이 담보되지 않고 있는데 대하여 아무런 책임을 부담함이 없이 수리한다.

제36조에서는 신용장에서 보험의 담보조건으로 "insurance against all risks"를 명시하고 있는 경우에 은행은 "all risks"라는 표시 또는 약관만 포함하고 있는 보험서류라면 수리하는 것으로 규정하고 있다. 이 때 수리한 보험서류상에 Institute Cargo Clauses(A/R)와 같이 "all risks"라는 표제가 없거나 또는 특정위험이 담보되지 않고 있어도 아무런 책임을 지지 않는다.

신용장에서 "insurance against all risks"라고 보험조건이 지정되어 있는 경우 그 취지는 "all risks"를 담보하는 보험을 수배할 것을 의미하는 것이므로 보험서류상에 특별히 "against all risks"라고 기재할 필요는 없고, 단순히 "all risks"라고 표시하면 충분한 것으로 해석된다.

따라서 이 조항에서는 이러한 부정확한 표현이 사용된 경우 은행이 보험서류상에 "all risks"라는 표시 또는 약관이 기재되어 있기만 하면 수리할 수 있도록 한 것이다.

3. 신용장에서 요구하는 보험서류

1) 보험서류의 의의

무역조건이 FOB나 FAS인 경우에는 매수인이 보험에 부보하기 때문에 보험관련서류의 제공이 필요하지 않으나, CIF나 CIP 등의 경우에는 보험서류는 운송서류와 마찬가지로 필수적으로 구비하여야 하는 신용장의 기본서류가 된다. 이때 보험서류의 종류와 담보위험은 매매당사자간의 합의에 따라 신용장에 명시되어 있다.

알아봅시다

◉ 신용장에서 일반적으로 요구하는 보험관련 문언

· Insurance policy or certificate in duplicate endorsed in blank for 110% of Invoice value.

· Insurance policy or certificates must expressly stipulate that claims are payable in the currency of draft and must also indicate a claim settling agent in Korea.

· Insurance must include institute cargo clause(A/R),
Institute war clause and institute S.R.C.C Clauses.

2) 보험서류의 종류

일반적으로 운송화물의 보상을 위해 마련된 보험제도에서 보험계약체결 및 보험관련서류로 발행되는 것은 보험증권(insurance policy)과 보험증명서(insurance certificate), 그리고 보험승인서(insurance cover note) 등이 있다.

(1) 보험증권(insurance policy)

보험가입자가 보험목적물을 매건별로 보험회사(insurance company) 및 보험업자와 보험계약을 체결할 경우, 보험회사 및 보험업자가 발급하는 보험계약 증명서류를 "보험증권" 이라 한다. 보험증권은 보험계약성립의 증거로서 보험자가 피보험자의 청구에 의하여 교부하는 것으로 계약서는 유가증권은 아니고 단지 증거증권으로 통상 배서나 인도에 의하여 양도된다.

(2) 보험증명서(insurance certificate)

수출업체가 매수출시마다 보험계약을 체결해야 하는 번거로움을 피하고 보험비용도 절감하기 위하여 그 업체의 일정기간 동안(6개월, 1년)의 보험가입 예상물량을 추산하여 보험회사와 포괄계약을 체결한 후, 실제로 보험가입 필요가 발생할 때마다 보험회사로부터 그에 합당하는 보험서류를 받게 되는데 이것을 보험증권과 구별하여 "보험증명서"라 한다.

(3) 보험승인서(insurance cover note)

보험승인서는 보험가입자가 직접 보험회사를 상대하지 않고 보험중개업자(insurance broker)를 통하여 보험에 부보할 경우 보험중개업자가 발급해주는 보험승낙을 증명하는 서류이다.

따라서 이 서류는 보험자로서의 정당한 자격이 없는 보험중개인이 발급한 것이기 때문에, 이것만 가지고는 보험계약이 확실히 체결되었는지의 여부도 확인할 수 없고 또한 각서 발급 후 중개인이 보험회사로부터 아직 보험증권을 발급받지 못한 사이에 사고가 발생하면 처리 곤란한 문제가 발생한다. 따라서 은행은 특별한 약정이 없는 한, 이러한 종류의 보험서류는 원칙적으로 수리하지 않는다.

4. 신용장에서 요구하는 보험서류의 조건

1) 보험서류의 종류와 통수

유효한 보험서류에는 보험증권과 보험증명서가 있는데, 이는 각기 문면상 반드시 보험회사(insurance company), 보험업자(underwriter) 또는 그 대리인이 발행하고 서명한 것이어야 한다. 또한 보험서류는 일반적으로 2통의 원본으로 발행되는데, 그 가운데 1통으로 보험채무가 이행되면 나머지 것은 무효가 된다.

2) 보험서류의 발급일자

은행은 신용장에 별도의 명시가 없는 한, 은행은 물품을 본선적재(loading on board), 발송(dispatch), 또는 수탁(taking in charge)한 선적일자보다 늦은 일자의 보험서류는 이를 거절하여야 한다. 이는 물품의 본선적재, 수탁 또는 발송일과 부보일 사이의 위험부담의 공백을 없애기 위함이다.

3) 부보금액

보험금액은 실제 보험계약 체결시 보험에 가입한 보험목적물의 보험가입금액 즉, 보험회사가 보상해 주는 최고책임한도액을 의미하는데, 신용장에는 대부분 유효한 보험서류의 부보금액을 상업송장금액의 110%(110% of Invoice Value (amount, cost))로 부보할 것을 명시하고 있다.

또한 UCP 500 제34조에 의하면 최저 부보금액은 CIF 또는 CIP 가액의 110%이다. 그러나 서류상으로 CIF나 CIP 가액을 결정할 수 없을 경우에는, 신용장에 따른 환어음의 청구금액과 송장금액 가운데서 보다 큰 금액의 110%를 최저 부보금액으로 한다.

여기에서 부보금액을 목적물가액의 100%로 하지 않고 10%를 더 가산하여 110%로 한 것은 만일 당해 사고가 나지 않아 정상적인 매매가 이루어졌으면 수입업자가 최소한 10%의 이익을 보았을 것으로 추정하여, 이 희망이익금(expected profit)까지 보전해 준다는 취지이다.

4) 부보통화

은행은 보험서류상의 통화가 신용장에 표시된 환어음의 표시통화와 동일한 통화가 아니면 수리를 거절한다. 즉, 보험서류는 신용장상의 통화와 일치하여야 한다. 왜냐 하면 통화가 상이하면 CIF가액의 110%를 보상받더라도 이는 환율변동에 따라 신용장금액과 차이가 있을 수 있을 뿐 아니라 통화가치의 변화에 따른 불편함이 있기 때문이다.

5) 보험기간

목적물에 손상, 멸실 등의 사고가 발생했을 경우 보험회사가 책임을 부담하는 기간은 원칙적으로 화물이 선적항에서 본선에 적재되는 때부터 목적항에 도착하여 육지에 양륙된 때까지이다.

그러나 가입자가 보험기간 연장을 위하여 "Warehouse to Warehouse" 조건으로 부보하는 경우에는 도착지의 본선으로부터 양륙 된 후 최장 60일까지 손해를 보상받을 수 있다.

6) 백지배서와 보험금청구권의 양도

보험서류는 보험계약의 성립을 증명하는 증서로서 피보험자의 청구에 따라 발행되며 원칙적으로 양도가능한 유통증권이다. 왜냐 하면 매도인이 보험계약을 체결하고 매수인이 이 보험서류로 보험금을 청구할 수 있기 위해서는 양도가 가능하여야 하기 때문이다.

따라서 신용장에는 보험서류에 양도인의 서명만이 기재되는 백지배서(Endorsed in Blank)를 하도록 명시하고 있는 것이 일반적이다. 그것은 가격조건이 CIF, CIP인 경우에 적하보험 청구의 특성에 따라 청구권자의 편리를 높이기 위해서이다.

즉, 신용장에 "...... endorsed in blank"라는 조건이 제시되면 수출지에서 본선적재 이전에 사고가 발생한 경우에는 수출상이 보험청구권을 행사하고, 본선적재 이후의 사고인 경우 수입상이 대금결제를 마치지 아니하였으면 발행은행이 보험청구권을 행사하고, 대금결제를 마치고 난 후에는 수입상이 보험청구권을 행사하게 된다.

7) 보험금의 지급지 표시

CIF계약에서 보험금 청구권자는 보험계약지(수출국)가 아닌 수입국에 소재하는 발행은행이나 수입상이 되는 것이 대부분이므로 사고 발생시 청구의 편의를 위하여 신용장에는 일반적으로 "claims to be payable in Korea in currency"와 같이 지급통화와 함께 보험금 지급지를 수입국으로 기재하고 있다.

제2절 보험증권과 관련된 신용장조건

1. 보험증권상의 신용장조건

알아봅시다

"MARINE INSURANCE POLICY FOR 110% OF INVOICE, BLANK ENDORSED COVERING INSTITUTE WAR CLAUSE, INSTITUTE CARGO CLAUSE(A), INSTITUTE STRIKE, RIOTS AND CIVIL COMMOTIONS CLAUSES, WAREHOUSE TO WAREHOUSE CLAUSES, IRRESPECTIVE OF PERCENTAGE, WITH CLAIMS PAYABLE AT DESTINATION IN CURRENCY OF CREDIT."

2. 보험증권상의 신용장조건에 관한 해설

알아봅시다

『MARINE INSURANCE POLICY FOR 110% OF INVOICE VALUE, BLANK ENDORSED』

송장금액의 110%에 대해서 발행되어 지고, 백지배서 되어진 해상보험증권

해상보험증권상 "Amount Insured"란에 송장금액의 110%금액을 기재하며, Assured 난에는 수출상의 상호를 기재한다. NEGO시에는 수출상이 해상보험증권의 뒷면에 자신이 서명만하는 이른바 백지배서만 하면 된다.

알아봅시다

『COVERING INSTITUTE WAR CLAUSES, INSTITUTE CARGO CLAUSES(A), INSTITUTE STRIKE, RIOTS AND CIVIL COMMOTIONS CLAUSES, WAREHOUSE TO WAREHOUSE CLAUSE, IRRESPECTIVE OF PERCENTAGE』

협회전쟁약관, 협회화물약관(A), 협회동맹파업, 폭동 및 소요약관들과 창고약관 그리고 소손해면책비용 부적용 조건에 의거하여 부보하여야 한다

해상보험증권의 "Conditions and Warranties"난을 보면 위의 약관들과 조건에 의거하여 위와 같이 부보한다.

알아봅시다

『WITH CLAIMS PAYABLE AT DESTINATION IN CURRENCY OF CREDIT.』

보험금은 신용장상의 통화로 목적지에서 지불되어져야 할 것

해상보험증권 "claim if any payable at"란에는 수입국에 있는 보험자의 대리점에서 보험금이 지불된다고 기재하고, 그 아래는 "Claims are payable in"란에는 환어음의 통화를 기재한다.

3. 해상보험증권 발행일에 대한 검토

해상보험증권의 아래 가운데 부분 "place and date signed in" 난에는 증권이 발행된 날짜를 기재하여야 하는데, 이 난은 동 증권의 "Sailing On or About" 난의 날자보다 앞서도록 기재한다.

제3절 신용장에서 적하보험가입의 유의사항

1. 수출시 유의사항

1) 신용장과의 관련

매도인에게 적하보험의 부보의무가 있는 수출계약 중에서 가장 중요한 것은 매매조건이 CIF의 경우이다. 이 경우의 보험가입은 매수인을 위한 것이고 통상은 매수인이 요구하는 보험의 내용을 신용장에 명기하기 때문에 매도인은 이 신용장 기재의 조건에 합치한 보험을 가입하면 된다.

여기서 주의를 요하는 것은 매수인의 입장에서 간혹 "운송의 지연"에 의한 손해나, "화물의 가격하락"에 의한 손해와 같이 적하보험에서는 면책이 되고 있는 손해를 보상하는 보험의 가입을 요구해 오는 경우이다. 그러나 이렇게 무리한 조건의 경우에는 신용장에 합치된 보험증권을 입수할 수 없는 한편, 은행은 보험증권의 내용이 신용장의 문구 그대로 일치하는 것을 요구하는 일이 많기 때문에 환어음 매입에 지장을 가져다주게 된다.

따라서 매도인은 매수인이 무리한 보험을 요구하지 않도록 매매계약시에 미리 충분히 협의를 하고, 신용장을 받는 즉시 내용을 확인해서 무리한 보험관계 조항이 들어가 있으면 선적이전에 매수인에게 연락해서 정정시킬 필요가 있다.

2) 개발도상국에서의 자국보험주의

최근 무역거래에서 특히 문제가 되고 있는 것은 동남아시아, 아프리카, 남미 국가 등 개발도상국에서 볼 수 있는 자국보험주의의 움직임이다. 자국보험주의라는 것은 자국보험회사의 보호육성 및 국제수지의 개선을 목적으로 자국의 수출입 화물에 대해 외국의 보험업자와의 보험계약을 금지하도록 하는 정책이다. 정책실시의 구체적 방법 및 제도는 국가에 따라 상이하지만 현재 이러한 정책을 실시하고 있는 나라는 나이지리아, 이란, 콜롬비아를 비롯해서 상당한 수에 이르고 있다. 이들 국가에서는 원칙적으로 CIF조건에 의한 수입은 인정하고 있지 않기 때문에 각별한 주의를 요한다.

2. 수입시 유의사항

1) 예정보험계약의 이용

수입화물에 관해서 매수인이 스스로 적하보험의 가입을 할 필요가 있는 것은 매매조건이 FOB, CFR 등의 경우이지만 이 경우 매수인은 매도인으로부터 선적통지를 받을 때까지 보험의 청약을 하지 않는 경우가 있다. 그러나 매도인으로부터 선적통지를 받은 시점에서는 화물의 위험이 매수인에게 이전되고 나서 대개 상당기간이 경과되어 이 사이는 무보험 상태가 된다.

이러한 상태를 피하기 위한 것이 개별예정보험계약이다. 개별예정보험계약이라는 것은 매매계약성립 후 적재 선박명 등의 명세 미상은 그대로 두고 우선 체결해 두는 가 보험계약이다. 이 경우에는 후일 선적통지를 수취한 때 보험회사에 확정통지를 하고 확정보험증권 또는 보험증서를 입수하도록 되어있다.

이런면에서 우리 나라에서 수입신용장 신청시 은행이 요구하는 선명 미상의 수입 적하증권은 일종의 개별예정보험증권이라고도 볼 수 있다.

또 계속적으로 거래가 있는 경우에는 수송구간, 화물의 종류 등을 한정해서 포괄예정보험계약(Open Policy 또는 Open Contract)을 체결해 두는 것도 가능하다.

이 포괄예정보험계약을 체결해 두면 만일 확정통지의 지연 또는 탈루가 있는 경우에도 그것이 계약자의 고의 또는 중대한 과실에 의한 것이 아닌한 손해가 발생한 경우에도 보험회사로부터 손해 보상을 받을 수 있는 계약방법이다.

2) 적재선박의 양호유무 파악

적재선박은 보험요율산정에 있어서 중요한 요소의 한가지이고 적재선박이 불량한 경우에는 할증보험료가 추정된다. 극단적인 경우에는 적재선박이 노후해서 몇 퍼센트의 할증보험료가 부과되어 이익이 없어지게 되는 경우도 있다.

따라서 단순히 운임이 저렴하다고해서 노후선을 사용할 경우보험료가 높아지고 침몰 등의 본선 사고 위험성이 커져서 예기치 않은 손해를 입을 염려가 있기 때문에 수입의 경우는 특히 적재선박에 대해서 충분히 주의해야 한다.

3) CIF조건의 수입

CIF수입의 경우에는 매수인은 스스로 부보를 할 필요는 없지만 본선 선적이후 만일 사고가 발생한 경우에는 매수인은 매도인으로부터 입수한 보험증권으로 보험금을 청구하게 된다. 따라서, 매수인은 매도인이 부보하는 보험에 대해서 스스로 부보하는 경우와 똑같이 충분히 배려해야 하고 매매계약서나 신용장 중에서 보험회사의 선택, 담보위험과 보상범위, 보험기간, 보험가입금액 등을 명확히 지시해 두는 것이 중요하다. 구체적인 지시가 없어서 매도인으로부터 입수한 보험증권에 미비점이 있으면 매수인은 자신의 비용으로 변경 수속을 하지 않으면 안 될 뿐만 아니라, 변경 수속을 취하기 전에 손해가 발생한 경우에는 보험금을 받을 수가 없게 되는 일도 있기 때문에 이 점은 특히 주의가 필요하다.

제17장

국제운송과 해상보험

제1절 해상운송과 해상보험

1. 해상운송과 해상보험계약

무역거래가 원활하게 이루어지기 위해서는 운송인과 운송계약을 체결해야 하고 화물이 매수인에게 인도될 때까지의 운송도중에 발생할 수 있는 예기치 못한 여러 가지 위험에 대비하여 보험계약을 체결한다.

해상운송수단을 운송계약으로 체결하였다면 운송인이 운송 도중에 발생한 화물의 손해에 대하여 하주에게 신속하게 전액을 배상해 준다면 하주가 별도로 보험계약을 체결할 필요는 없다. 그러나 운송계약에 따른 운송인의 책임은 여러 가지로 제한 되어 있어 해상사고에 대한 모든 책임을 운송인이 부담하지 않기 때문에 별도로 보험계약의 체결이 필요하다. 즉, 운송인의 책임에는 한도가 있고, 더욱이 불가항력이나 법률 또는 특약에 의해 면책되는 손해는 운송당사자에게 책임의무가 없어 전혀 보상을 받을 수 없다.

따라서 운송인이 면책되는 위험은 결국 하주가 부담하여야 하는데, 이들 하주가 부담하는 위험의 대부분은 해상적하보험에서 담보하게 된다.

2. 해상운송인의 책임과 국제조약

1) 해상운송인의 책임

해상운송인의 책임이 확대화되면 하주에 의해서 부담되고 또한 적하보험에 부보되는 위험은 감소되는데, 운송인이 부보하는 손해배상책임보험에 의해서 담보되는 책임의 부담위험은 증가하게 된다.

선하증권은 운송임이 낮았기 때문에 하주들로부터 신뢰를 받았지만 선하증권에 화물취급과 관련된 일체의 과실에 대해서도 무과실 책임을 요구하고 나아가 선원의 악행 및 불내항에 대한 면책까지도 포함하게 되자 하주의 이익을 침해하는 사태가 발생하였다.

따라서 하주, 금융업자, 보험업자들은 자신의 이익을 보호하기 위하여 1893년에 하터법(Harter Act)을 제정하였다.

하터법의 핵심은 상업상의 과실과 항해상의 과실을 분명히 구별하고 발항시의 내항담보와 상업상의 과실에 대해서는 면책약관을 무효로 하지만 항해상의 과실에 대해서는 책임이 없다는 규정을 두고 있다. 즉, 하터법의 내용은 항해과실에 대한 면책과 내항담보에 대한 과실주의와 상업과실에 대한 면책약관의 금지를 규정하여 해상운송인과 하주간의 이익의 조화를 시도한 것이었다.

그러나 국적을 달리하는 해운당사자의 이해를 조화시키고 선하증권 거래의 안전성을 확보하기 위해서는 면책약관을 중심으로 한 선하증권의 국제적인 통일규칙이 필요하여 1921년 국제법협회(International Law Association)에 의해 헤이그규칙(Hague Rules)이 제정되었다.

헤이그규칙 제정 후 컨테이너선 취항 등에 의한 해운사정이 크게 변화함에 따라 헤이그규칙의 개정이 필요하게 되었고, 헤이그-비스비규칙(Hague-Visby Rules)이 제정되었다. 또한 헤이그-비스비규칙과는 별도로 법체계적인 함부르그규칙(Hamburg Rules)이 발효되었다.

2) 국제조약

(1) 헤이그 규칙(Hague Rules)

① 적용범위

헤이그규칙은 해상운송인의 최소한의 의무와 책임, 최대한의 권리와 면책을 규정하고 있기 때문에 운송인에게 매우 유리한 규칙이라 할 수 있다.

헤이그규칙은 체약국에서 작성된 선하증권에 적용되며, 적용대상 화물은 산동물과 계약에 의한 갑판적재(on deck) 및 비상업적 목적으로 운송되는 화물을 제외한 모든 적하물을 그 대상으로 하고 있다. 다만, 용선계약서(charter party)에 의한 화물운송에는 적용되지 않는다. 또한, 본 규칙의 적용구간은 화물을 본선에 적재한 시점부터 적재화물을 본선에서 양하하는 시점(tackle to tackle)까지로 한정하고 있으며, 선적전이나 양하 이후의 손해에 대하여는 운송인이 아무런 책임을 지지 않는 것으로 규정하고 있다.

② 책임원칙

헤이그 규칙에서는 해상운송인의 손해배상을 위해 과실책임주의를 기본원칙으로 채택하고 있다. 즉, 운송인은 자기의 관리하에 들어온 운송물의 안전을 위해 기울여야 할 주의를 게을리 함으로써 발생한 운송물에 관한 멸실·훼손에 대해서만 배상책임을 진다.

헤이그규칙에서 규정하고 있는 운송인의 주의의무에는 선박의 감항능력의 확보를 위한 주의와 운송물에 관한 주의의무를 들 수 있다. 선박의 감항능력이란 통상적인 해상위험을 극복할 수 있는 선박의 항행능력으로써, 해상운송인이 감항능력에 대한 주의의무를 부담하는 시기는 발항당시(before and at the beginning of the voyage)이다.

또한 운송물에 관한 주의의무는 운송물의 선적, 적부, 적입, 보관, 하역 등의 작업을 위한 화물의 취급을 적합하고 주의 깊게 하여야함을 의미하는 것이다. 이러한 주의의무를 게을리 하는 것을 상업상의 과실(errors of cargo handling and custody)이라 한다.

③ 면책사유

헤이그규칙 제4조 2항에서는 17개 항목의 운송인의 면책사유를 열거하고 있다. 이것을 보통 면책 카탈로그(catalogue of exemption)라고 한다.

면책사유로 인한 화물손해에 대해서는 운송인이 이들 사유에 해당하는 면책사실이 있었다는 것과 운송화물에 관한 손해가 그 사유로 인하여 보통 생길 수 있었다는 것을 증명하면 운송인은 면책된다. 다만 화주가 발생된 손해가 운송인측이 주장하는 바와 같이 면책사유로 인하여 통상 생기는 것이 아니고, 운송인측이 주의의무를 다하지 않았기 때문에 발생하였다는 사실을 입증하면 운송인은 면책되지 못한다.

알아봅시다

◉ 면책사유

① 항해상의 과실 : 운송인은 항행 또는 선박의 취급에 관한 선장·해원·도선사 또는 사용인의 작위(act), 부주의(neglect) 또는 과실(default)로 인하여 발생한 운송물의 손해에 대하여 책임을 지지 아니한다.

② 화재로 인한 손해 : 운송인은 자기 자신의 고의 또는 과실로 인한 것이 아닌 한, 화재로 인한 운송물의 손해에 대하여 배상책임이 없다.

③ 해상 기타 항행할 수 있는 수역의 재해·위험 또는 사고: 충돌·침몰·좌초 등의 해상보험에서 말하는 이른바 해상고유의 위험에 해당된다.

④ 천재지변(act of God)

⑤ 전쟁행위(act of war)
⑥ 공적행위(act of public enemies): 해적 기타 이에 준하는 강도 등
⑦ 행정권에 의한 억류 · 제한 또는 재판상의 압류
⑧ 검역상의 제한(quarantine restrictions)
⑨ 송하인 등 화주측의 과실
⑩ 원인여하를 불문하고 부분적 또는 전체적인 동맹파업 · 작업장폐쇄 · 작업정지 · 방해
⑪ 소요 또는 폭동
⑫ 해상에서의 인명 또는 재산의 구조 또는 구조의 기도
⑬ 운송물의 숨은 하자, 특수한 성질, 도는 고유의 하자에서 생기는 용적 또는 중량의 감소, 기타의 모든 멸실 또는 훼손
⑭ 포장의 불충분
⑮ 기호의 불충분 또는 부적합: 화인(mark)의 불완전으로 잘못 인도하는 경우
⑯ 상당한 주의를 기울여도 발견할 수 없는 숨은 하자
⑰ 기타 운송인 · 그 대리인 · 사용인의 고의 또는 과실에 의하지 않은 원인

④ 손해배상한도

화물사고가 해상운송인의 과실로 판정되어 운송인이 손해배상을 하여야 할 경우의 손해배상액은 송하인이 선하증권상에 운송물의 종류와 가액, 포장단위 등을 기재한 경우를 제외하고는, 1포장(package) 또는 1단위(unit)당 영국 화폐 100파운드 또는 동액의 타국 화폐로 계산된 범위 내에서 이루어지도록 규정하고 있다.

(2) 헤이그-비스비 규칙(Hague-Visby Rules)

① 적용범위

헤이그 규칙은 선하증권이 체약국에서 발행된 경우에 한하여 조약을 적용하는 것으로 한정하고 있으나, 헤이그-비스비 규칙에서는 그 적용범위를 확대하여 선하증권이 체약국에서 발행된 경우 이외에도, 운송을 개시하는 항구가 체약국인 경우와 선하증권상에 본 조약 또는 본 조약을 국내법으로 사용하고 있는 국가의 국내법을 따르도록 규정되어 있는 경우에도 적용할 수 있도록 규정하고 있다.

② 책임원칙

헤이그-비스비 규칙에서도 해상운송인의 운송책임에 적용되는 기본원칙은 과실책임주의로 규정하고 있다.

③ 손해배상한도

헤이그-비스비 규칙에서는 보상화폐의 단위를 포앙카레 프랑으로 바꾸고, 손해배상 한도액도 현실화하여 1포장 또는 1단위당 10,000포앙카레 프랑과 손상화물 1kg당 30포앙카레 프랑 중에서, 높은 금액을 적용하도록 손해에 따른 배상한도를 확대하였다.

또한, 헤이그-비스비 규칙에서는 무역운송에 주로 이용되는 컨테이너에 관한 조항(container clause)을 신설하여, 컨테이너 화물에 관한 문제를 명확히 하였다. 본 규칙에서는 컨테이너에 적재된 화물의 수량단위를 명시하고 있는 경우에는 명시된 포장단위를 기준으로 하여 손해배상을 하고, 명기되어 있지 않은 경우에는 컨테이너 자체를 1포장 단위로 간주하여 배상하게 됨을 규정하고 있다.

따라서, 컨테이너에 화물을 적입하여 운송하고자 하는 화주는, 반드시 컨테이너에 적입된 화물의 수량과 단위를 명기해야만 적입된 화물의 단위만큼 보상받을 수 있는 것이다.

(3) 함부르크 규칙(Hamburg Rules)

① 적용범위

함부르그규칙은 헤이그-비스비 규칙과 마찬가지로, 체약국에서 선하증권이 발행된 경우와 선적항이 체약국인 경우 및 본 조약을 따르도록 명기된 경우에 적용되는 것으로 규정하고 있다.

그러나, 선하증권 및 기타 권리증권이 발행되지 아니한 운송계약, 용선계약, 산동물 운송, 갑판적재 운송 및 특수 화물의 비상업적 운송 등에는 적용되지 않으며, 화주와 운송인간의 특약에 의해, 본 규칙의 적용을 배제하기로 약정한 경우에도 적용되지 아니한다.

② 책임원칙

함부르그규칙은 해상운송을 중심으로 다른 운송까지 포함, 컨테이너 운송과 관련하여 집하와 인도를 위한 육상운송까지 포함한다. 따라서, 헤이그 규칙의 운송인의 책임을 "적재에서 양하"(tackle to tackle)이라 한다면, 함부르그규칙은 "수령에서 인도"(from receipt to delivery)로 확대된 셈이다.

함부르그규칙에서는 해상운송인의 과실추정주의(principle of presumed fault or neglect)에 입각한 원칙에 따라, 손해배상의 책임을 부담하도록 규정하고 있다.

또한, 해상운송인의 책임과 의무를 강화하기 위해서 헤이그 규칙에서는 운송인의 면책사유이던 항해상의 과실 및 화재에 의한 손실 등을 운송인의 책임범위에 포함시켰으며, 면책 카탈로그도 폐지하였다.

③ 손해배상한도

함부르크 규칙에서는 운송인의 배상한도액을 크게 확대하여, 화물이 멸실 또는 손상된 경우에는 1포장 또는 1선적단위당 835SDR 또는 12,500포앙카레 프랑과 1㎏당 2.5SDR 또는 37.5포앙카레 프랑 중 높은 금액을 한도액으로 규정하고 있다.

또한 지연손해에 대하여는 지급한 운임의 2.5배를 한도액으로 하고 있으며, 해상물건운송계약하에서 지급되는 운임총액을 초과할 수 없도록 규정하고 있다.

이와 같이 함부르크 규칙은 운송인의 배상한도액을 헤이그 및 헤이그-비스비 규칙에 비해 매우 큰 폭으로 확대함으로써, 하주의 입장을 고려한 규칙으로 평가받고 있다.

한편, 컨테이너 화물의 경우에는 헤이그-비스비 규칙과 마찬가지로, 컨테이너에 적입된 화물의 수량과 단위가 명기되어 있는 경우에는 그 수량단위를 적용하고, 그렇지 않은 경우에는 컨테이너를 1포장 단위로 간주하여 배상금액을 산정하고 있다.

제2절 항공운송과 해상보험

1. 항공운송과 해상보험계약

항공운송중의 화물의 손해는 원칙적으로 항공운송인이 책임지지만 항공운송인이 무과실을 입증하거나 협회적하약관(항공)의 일반면책조항에 해당하는 경우에는 항공운송인의 책임이 면제된다.

또한 항공운송인의 책임한도도 1㎏당 미화 20달러로 제한하고 있기 때문에 주로 고가품인 항공화물을 고려할 때 실손을 배상받기 어려워 하주로서는 만족할 만한 보상을 받을 수가 없다.

항공사고는 해상사고와 달리 손해발생의 순간성, 손해의 대형성, 손해의 거액성, 손해의 전손성 등과 같은 특수한 성격을 가지며, 항공화물의 경우 사고가 발생하면 기체나 화물도 전손이 되는 것이 대부분이기 때문에 항공화물의 부보조건은 All Risks조건으로 가입한다.

따라서 항공화물운송의 특수성 때문에 항공운송과 관련한 화물의 손해를 보상받기 위하여 항공운송에서도 해상운송과 같이 보험에 부보할 필요성이 있다. 항공화물에 대한 부보는 해상보험회사를 총하여 항공운송인이 발행하는 항공화물운송장을 이용하여 화주이익보험에 부보하는 방법과 협회항공화물약관(우송물 제외)에 의하여 부보하는 방법 중에서 선택하면 된다.

2. 항공운송인의 책임과 국제규칙

1) 항공운송인의 책임

항공운송과 관련한 국제조약으로는 바르샤바조약(Warsaw Convention)이 있다. 바르샤바조약에서는 항공운송증권과 항공운송인의 책임한계에 대하여 규정하고 있다. 바르샤바조약에서의 운송인에 대한 책임을 강화하고자 헤이그의정서로 개정되었다.

항공화물과 관련한 바르샤바조약은 항공화물운송장의 법적 성질 및 기재사항 운송인의 책임, 운송관계인의 권리의무사항에 대하여 규정하고 있다. 항공화물

운송장은 송하인을 위하여 작성된 비양도성 운송증권이다. 즉, 항공운송에서 송하인의 권리를 보장하고 있는 운송서류로 항공운송장에 기재된 수하인만 그 항공운송화물에 대한 처리권을 갖고 있음을 증명하는 증권이다.

바르샤바조약에서는 송하인이 신고를 하지 않는 한 항공화물의 파손, 멸실, 분실, 훼손 또는 지연 등에 대하여 화물 1㎏당 250 금프랑 또는 US$20을 초과하지 않는 것으로 한다. 손해배상청구기간은 화물의 파손, 멸실, 분실, 훼손 경우에는 그 수취인로부터 14일 이내에, 지연이 있었던 경우에는 그 화물의 인도를 받을 권리자가 그 화물을 처분할 수 있었던 날로부터 21일 이내에 서면으로 청구하도록 하고 있다.

2) 국제규칙

(1) 바르샤바조약(Warsaw Convention)

바르샤바조약(Warsaw Convention)은 항공운송인의 책임에 대하여 통일된 규칙을 제정하여 항공기사고로 인해 여객과 화물에 미친 손해배상의 범위와 책임한도를 설정하여 운송인과 여객 또는 하주의 이익을 조정하는 공평의 원칙을 견제하기 위한 목적으로 국제항공전문위원회의 협약초안을 중심으로 1929년 10월 12일 와르소에서 체결된 것이다.

(2) 헤이그 의정서

헤이그의정서(Hague Protocol)는 와르소협약 체결 후 25년이 지나는 동안 항공기술 등의 발달로 안전도도 많이 향상되어 운송인의 책임한도액을 현실에 적응시킬 수 있도록 1955년 9월 8일 서명하여 사실상 와르소협약을 개정, 1963년 8월 1일부터 발효하게 되었다.

이에 따라 여객에 대한 책임한도액을 100%인상하고, 협약과 의정서를 합쳐 하나의 단일문서로 본다고 규정, 원조약 제25조의 고의(misconduct)의 개념을구체화하고, 화물·수화물에 대한 항공과실면책조항을 삭제한 점등이 주요 내용이다. 동 의정서를 비준하면 원 협약의 당사국이 아니더라도 개정협약에 대한 가입효력이 있다. 따라서 한국도 1967년 10월 11일부터 개정협약의 효력이 발생하게 되었다.

(3) 몬트리올 협정(Montreal Agreement)

미국은 헤이그 의정서에 대해 여객의 책임한도액 25만 골드프랑이 너무하다는 이유로 비준하지 않고 와르소협약(warsaw Convention)을 탈퇴하겠다고 통보하였다. 이에 IATA는 미국내를 운항하는 주요항공사들의 회의를 몬트리올에서 소집하여 항공사들간에 협정을 맺어 미국정부의 동의를 얻었다. 이와 같은 항공사간의 협정이 몬트리올협정이며 이것이 1966년 5월 13일 미국 민간항공국(Civil Aeronautics Board)의 승인을 얻어 5월 16일자로 발효되었다.

제3절 국제복합운송과 해상보험

1. 국제복합운송과 해상보험계약

화물이 운송위험에 노출되는 전과정에 대해서 계속 위험을 커버하기 위해 적하보험에 부보하는 것은 복합운송이 발달하기 이전부터의 기본적인 운송품의 위험관리방법이었다. 복합운송이 발전하고 있는 현 상황에서 복합운송인이 절대책임을 부담하지 않는 한 운송인의 책임범위를 넘는 부분의 위험에 대한 담보가 필요하다. 복합운송에서 적하보험의 필요성에 대해 살펴보면 다음과 같다.

첫째, 손해배상청구절차가 복잡하고 신속한 손해배상이 되지 않는다는 점이다. 운송인의 책임구간 안에서 손해가 발생한 경우 운송인은 운송계약에 의한 손해배상을 해야 하지만 손해배상청구절차가 복잡하여 현실적으로는 화물손해 발생 후부터 배상금 수령시까지 상당한 시간이 소요됨으로 신속한 손해배상이 이루어지지 않고 있다.

둘째, 운송인의 귀책사유로 인한 손해발생인 경우에도 운송인의 책임부담액이 일정한 한도로 제한되어 있다.

셋째, 운송인의 면책사유에 의한 손해 발생시 운송인에게는 손해배상의무가 없으므로 하주는 손해발생에 대한 배상을 운송인측으로부터는 받을 수 없다.

넷째, 현행 신용장 통일규칙상 무역금융제도의 담보기능을 위해서는 화물보험증권이 첨부된 선하증권을 사용할 수 밖에 없다.

따라서 재래식 운송과 마찬가지로 컨테이너에 의한 복합운송에 있어서도 하주는 운송인에 의한 귀책사유의 손해이든, 면책사유의 손해이든 상관없이 손해발생시 보상 받을 수 있도록 화물보험에 부보하여야 한다.

컨테이너에 화물을 적입하여 운송함으로써 재래포장화물과 비교하여 안정성, 신속성, 경제성 등의 여러 면에서 획기적인 발전을 이룩하였으나 일단 컨테이너에 화물이 적입된 다음 최종목적지에 도착하여 확인할 때까지 컨테이너 내적화물의 손해를 확인 할 수 없으며 손해 발생구간도 확인하기 어려움으로 컨테이너에 적입시 충분한 손해방지수단을 강구하지 않으면 컨테이너운송의 장점을 살릴 수 없다.

2. 국제복합운송인의 책임과 체계

해상보험에서는 전운송과정에 걸쳐 일괄적으로 단일보험증권으로 운송에 따른 위험을 보험자가 담보하고 있다.

그러나 국제복합운송에서는 유엔국제복합운송조약에 따라 복합운송인의 책임이 강화되었다고는 하지만 운송인의 책임범위가 아직도 일정범위에 한정하고 있기 때문에 손해가 발생하는 경우에는 하주가 충분한 보상을 받을 수가 없다. 따라서 복합운송인이 면책되는 부분에 대한 손해를 보상받기 위해서는 해상보험에 부보하여야 한다.

1) 국제복합운송인의 책임

(1) 과실책임(Liability for Negligence)

과실책임은 선량한 관리자로서의 주의의무를 태만하여 야기되는 것으로 운송인이 책임을 져야 하며, 이를 면책받기 위해서는 무과실의 거증책임을 부담하여야 한다.

(2) 무과실책임(Liability without Negligence)

무과실책임은 운송인이나 사용인의 과실을 요건으로 하지 않는 주의로 미국의 주제교통법 등이 이에 속한다. 여기서도 엄격책임과는 달리 불가항력 등 약간의 사유가 면책사유로 인정된다. 여기에 해당하는 국제규칙은 CIM, CMR 등이다.

(3) 엄격책임(Strict Liability)

엄격책임은 과실의 유무를 불문하고 운송인은 결과에 대하여 책임을 지며 면책을 인정하지 않는 것을 말한다.

2) 국제복합운송인의 책임체계

(1) 구간별 책임제도(Network Liability system)

구간별 책임제도(Network Liability System)는 운송인이 부담하는 책임의 내용이 각 운송계약에 적용되는 기존의 조약 또는 법규에 따라 결정되는 것인데, 복합운송인의 책임은 운송물의 멸실, 훼손이 생긴 운송구간을 아는 경우(known damage)와 이를 알 수 없는 경우(concealed damage)로 나누어 살펴볼 수 있다.

운송구간을 아는 경우(known damage)에서 운송인의 책임은 운송물의 멸실 또는 훼손이 생긴 해상, 육상, 공중 등의 운송구간에 적용될 국제조약 또는 강행적인 국내법에 따라서 결정된다.

운송구간을 알 수 없는 경우(concealed damage) 별도의 책임한도에 따른다. 즉, 배상금액산정기준 또는 멸실, 훼손된 운송물의 중량 kg당 일정액의 책임한도금액을 두는 등의 책임원칙을 두고 있다.

구간별 책임제도의 장점으로는 복합운송계약이 마치 하주가 각 운송방식별 운송인과 개별적으로 계약을 체결한 것과 같은 효과를 발생시켜 기존의 운송계약과 잘 조화될 뿐만 아니라 기존의 협약사이의 충돌을 피하거나 적어도 최소한도로 줄일 수 있다

구간별 책임제도의 단점으로는 각 운송과정에 적용될 각종의 국제조약과 국내법에 의한 책임내용을 모두 올바르게 알아서 실무에 사용하기에는 어려움이 있으며 이처럼 복잡하기 때문에 사고발생시 그 해결을 위한 보험회사의 비용증가

(2) 동일책임제도(Uniform Liability system)

동일책임제도(Uniform Liability System)는 전운송구간에 걸쳐 모두 동일내용의 책임을 단일운송인이 부담하는 형태로서, 화물의 손해에 대하여 그 발생장소나 운송수단 여하를 불문하고 완전히 동일원칙, 동일내용의 책임을 부담한다.

동일책임제도의 장점으로는 간명하기 때문에 하주와 운송인 사이에서 발생할 수 있는 분쟁을 줄일 수 있다는 것이다.

동일책임제도의 단점으로는 복합운송인으로서는 여전히 하청운송인과의 구상관계가 남아 있기 때문에 오히려 절차가 복잡하게 될 뿐만 아니라 비용도 증가. 또한 복합운송에서 책임수준의 통일을 기함으로써 이미 확립되어 있는 기존의 책임수준의 통일을 깨뜨리게 되며 모든 운송방식에 알맞은 합리적인 책임원칙을 만들어 내는 것도 쉬운 일이 아니다.

실무적, 상업적인 입장에서는 동일책임제도가 환영을 받고 있으며 동일책임제도는 다분히 이상적인 것으로 취급하는 경향이 있다. 실제로 ICC 통일규칙을 비롯하여 주요 선박회사의 컨테이너 B/L, FBL 등에서 널리 채용되고 있는 것은 동일책임제도이다.

(3) 변형동일책임제도(Modified Uniform Liability System)

이종책임체계와 단일책임체계를 절충한 방식으로서 UN국제물건복합운송조약에서는 변형동일책임제도를 채용하고 있다.

그 내용은 손해발생구간의 확인여부에 관계없이 동일한 책임규정을 적용한다는 면에서는 동일책임체계를 채택한 것으로 보이나 손해발생구간이 확인되고 그 구간에 적용될 법에 규정된 책임한도액이 UN국제물건복합운송조약의 책임한도액보다 높을 경우에는 그것의 적용을 인정하여 이종책임체계를 가미하고 있다.

제18장

전자무역보험 업무

제1절 EDI 전자무역보험 업무

1. EDI 적하보험계약의 추진경과

무역자동화사업의 일환으로 KTNET주관하에 손해보험회사의 해상보험부장(1990년 12월)과 해상보험 및 전산업무 담당 부장회의(1991년 9월)를 통해 무역자동화 설명회를 개최하고, 동양·삼성·동부사를 시범사로 1992년 11월-1993년 5월까지 6개월간 무역자동화 시범사업을 실시하였다.

무역자동화사업(보험부분) 구축방법 관련 전산기획과장 회의(1993년 10월)에서 최소의 투자비용으로 최대의 효과를 얻을 수 있도록 손해보험업계와 보험개발원간의 현 전산망을 최대로 이용하기로 결정하였다. 전자 문서개발 전문위원회에서 적하보험청약서 및 보험증권발급통지서의 표준화(1990년-1991년)와 배서관련 문서표준화(1993년 2차에 걸쳐 위원회 개최) 작업이 실시되었다.

그 결과 1995년 5월 보험전산망과 무역자동화망을 연계시켜 적하보험청약서와 적하보험증권 발급통지서에 대해 EDI가 실시되고, 1997년 1월 적하보험 배서청약서와 배서 발급통지서 EDI시스템을 개발완료하여 '97.5월부터 시행하고 있다.

2. EDI 적하보험계약의 과정과 절차

1) EDI에 의한 적하보험계약절차

적하보험에 EDI를 이용한 경우 업무처리과정은 다음과 같다.

① 보험계약자(무역업자)(PC 및 Workstation에서 L/C등의 자료를 이용하여 EDI청약서 작성

② 보험계약자(무역업체)가 EDI로 적하보험청약사항을 송신

③ KTNET와 보험개발원 전산망을 경유

④ 해당 손해보험회사가 EDI로 청약서 수신 및 접수

⑤ 손해보험회사 청약내용 확인 등 청약서를 심사하고 보험요율을 적용(요율서 적용)한 후, 적하보험증권을 발급하여 전자서명

⑥ EDI로 증권발급통지서를 보험계약자(무역업체)에게 송신한다. 이때 보험계약자(무역업체)가 EDI로 증권발급통지서 수신하여 적하보험증권을 자체 출력하여 공증사무소에서 공증을 받은 후 사용한다. 또는 보험계약자가 자체 출력을 거부한 경우 손해보험회사가 실물 보험증권을 발행하여 공증을 받아 우편이나 FAX 또는 영업직원을 통해 무역업체에 직접 전달한다

한편, 보험회사가 새로운 무역회사와 EDI으로 청약요청을 원할 경우 보험회사는 보험개발원에 무역회사를 등록하여야 한다. 등록이 이루어지지 않을 경우 EDI업무 수행이 불가능하다. 등록시에는 보험개발원에 통보한 송신자명과 송신자암호를 사용하여야 한다.

그러나 보험개발원의 DATA 수신여부 확인조회서비스는 KTNET, DACOM 및 보험개발원의 도입시스템의 기능 제한으로 아직까지는 서비스가 불가능하다. 다만 DATA의 상태는 보험개발원의 EDI담당자에게 유선으로 조회가 가능하다

2) 무역망중계시스템

무역망중계시스템은 무역자동화사업 지정사업자 및 보험회사와 접속되어 무역업체와 보험회사와 접속되어 무역업체와 보험회사간에 수수되는 각종 무역서류를 EDI FORMAT으로 축적 전송 및 관리하는 시스템이다.

3. EDI 적하보험계약의 기대효과

적하보험에 EDI을 이용함으로써 다음과 같은 효과를 기대할 수 있다.

① 기업간, 산업간, 국제간 정보교환의 세계적 추세인 EDI의 신속한 도입으로 기업내 효율적 인력관리 및 업무개편이 가능하다.

② 사무처리비용과 인건비 등의 운영비를 감소할 수 있다.

③ 수작업에 따른 오류입력 방지 및 재입력 시간 절감이 가능하다. 무역업체가 기 보유한 청약 DATA 재입력 없이 활용하여 청약에서 증권발급까지의 기간이 1-3일에서 수 시간내로 단축처리 가능하다.

④ 고객 서비스 향상을 통한 기업경쟁력을 확보할 수 있다. 특히 손해보험회사의 측면에서는 영업사원의 증권전달업무가 불필요하고 청약서의 입력인력을 타업무에 전환배치함으로서 사업비의 절감을 도모할 수 있고,

손보사의 영업부와 업무부의 동일자료 처리업무를 동시에 병해처리할 수 있으므로 고객중심의 기업혁신이 가능하게 되었다.

4. EDI 적하보험계약의 운용상 문제점

① 전체 적하보험계약 중에서 EDI을 이용하는 사례가 아직까지 너무 미흡하다는 것이다.

② 청약사항을 모두 보험계약자(무역업체)가 입력하여야 하고, FAX로 보험청약을 하던 보험계약자가 직접 EDI 입력, 송수신하여 보험증권을 직접 출력함으로써 불편을 호소하고 있다.

③ 보험회사에서 적하보험증권에 대한 공증 대행서비스를 제공하였으나, 보험계약자(무역업체)가 증권출력에 따라 공증을 받아야 하는 시간과 비용을 부담한다.

④ 무역업체, 특히 중소 무역업체의 입장에서 EDI Software 구입비용, EDI 서비스이용료, 통신망 구축비용을 부담하여야 한다.

⑤ 보험회사와 보험개발원, 특히 KTNET간의 회송시 장애가 발생할 수 있다. 또한 보험개발원의 전산용량에 따라 전송량이 많을 경우 처리 지연이 발생할 수 있고, 보험개발원 EDI담당자 공백시 대체 인력이 미흡하다.

⑥ 보험계약자(무역업체)의 보험에 대한 지식 부족으로 인한 착오 청약과 보험가입이 발생할 수 있다.

⑦ 보험회사의 측면에서는 영업담당자의 EDI무역업체에 대한 고객관리가 소홀할 가능성이 있다.

5. EDI 도입에 따른 적하보험계약의 법적 문제와 해석

EDI을 이용하여 적하보험계약이 체결된 경우, 종이서류(보험증권)를 전제로 정립되어 있는 일반적인 계약법의 법리, 특히 적하보험의 경우 준거법인 영국해상보험법(MIA, 1906)과 관습에 EDI에 의한 적하보험계약을 어떻게 적용하는가의 문제가 제기될 수 있다. 영국 해상보험법에는 전자메시지에 대해서는 아무런 명문규정이 없기 때문에 그 해석에 의존할 수 밖에 없는 실정이다. 이에 따라 EDI에 의한 적하보험계약은 다음과 같은 문제들이 제기 될 수 있다.

1) 적하보험계약의 성립여부 및 성립시기

MIA 제21조는 『보험계약이 성립된 것으로 간주되는 시기』에 대해 “해상보험계약은 보험증권의 발행여부에 관계없이 피보험자의 청약이 보험자에 의해 승낙된 때 성립한 것으로 간주한다. 그리고 청약이 승낙된 때를 증명하기 위해서 슬립이나 보험인수증서 또는 기타 관례적인 계약각서를 참조할 수 있다”고 규정하고 있다.

EDI에 의하든 문서에 의해 보험증권이 발행되는 관계없이 청약이 승낙될 때 성립하기 때문에 EDI에 의한 적하보험계약의 성립여부는 문제가 되지 않는다. 일반적으로 적하보험의 경우 보험증권 발행 전에 슬립에 서명하거나 보험인수증서를 발행하고, 계약이 성립되고 일정 기간이 지난 후 보험증권이 발행되는 것이 관례이기도 하다. 또한 보험계약의 성립(또는 보험증권의 발급)전의 소급보험이 인정되기도 한다.

그러나 계약성립의 시기를 어느 때로 보느냐가 문제가 된다. 특히 적하보험의 경우 보험계약의 성립 직전 또는 보험증권이 발행되기 전에 보험사고와 손해가 발생하기도 하기 때문에 보험자의 보상책임 개시시기와 관련하여 중요한 문제가 된다. 또한 해상보험에서 계약성립(승낙) 후의 고지는 계약의 취소를 야기 할 수 있으므로 그 시기가 더욱 중요하다.

EDI방식으로 VAN을 이용한 계약체결의 경우 계약의 성립시기는 청약자가 연락방법으로 데이터를 입력시켜 VAN의 메일박스에 기억되었을 때 청약의 의사표시가 행하여진 것으로 보고, 피청약자(보험자)가 VAN의 메일박스에 입력된 사항을 조회하여 데이터를 취득한 후 그 승낙의 메시지를 VAN의 메일박스에 입력시켰을 때 승낙의 의사표시를 한 것으로 간주하여야 타당할 것이다.

2) 전자서명의 진본서류로서 인정여부

MIA 제24조는 『보험자의 서명』에 대하여 “해상보험증권은 반드시 보험자에 의하여 서명되거나 또는 보험자를 대리하여 서명되어야 한다. 단, 법인의 경우 법인의 인장으로 충분하다고"고 규정하고 있다.

MIA에서는 서명의 양식에 대하여는 아무런 제한이 없을 뿐 아니라, 현재도 자필서명 모양의 고무인을 사용하고 있기 때문에, 등록(인가)된 전자서명의 경우 등록된 고무인과 다름이 없는 것이다. 따라서 전자서명의 진정성이 인정되는 것으로 해석하여야 할 것이다.

제2절 단기수출보험 전자무역보험 업무

1. 단기수출보험 전자무역보험의 개요

담보하는 손실은 공사가 인정한 전자무역사이트를 통해 체결된 결제기간 1년 이내의 일반 및 위탁가공 수출계약의 대금회수불능에 따라 입게 되는 손실만을 인정한다.

단기수출보험에 의한 전자무역보험은 현재 1개의 전자무역사이트에서만 전자무역보험을 이용 할 수 있을 것으로 예상되나, 점진적으로 이용 가능한 전자무역사이트가 확대될 예정이다. 운영방식은 단기수출보험 개별보험방식이며, 회전방식으로 운영된다.

〈그림 18-1〉 전자무역보험 도해

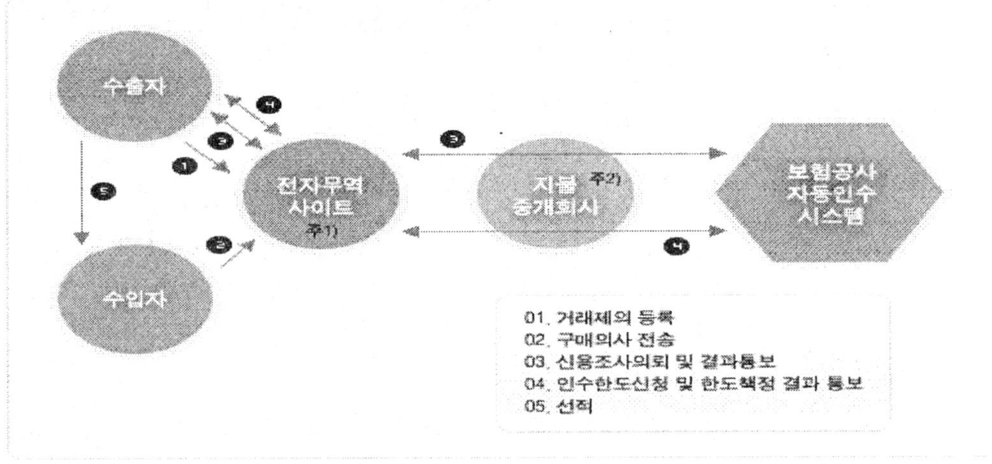

주1) 정보통신망을 통해 무역거래 알선을 수행하는 사이트

주2) 신용조사 및 보험한도 관련 데이터 중계역할과 신용조사수수료 및 보험료 이체 업무수행

2. 단기수출보험 전자무역보험 절차

1) 수출계약체결

전자무역사이트에 수출자가 거래제의(전자 카탈로그 등)를 등록하면 수입자가 구매의사를 밝힘으로써 거래가 성사되어 수출계약이 체결된다.

〈그림 18-2〉 전자무역사이트를 통한 수출거래 확정 절차

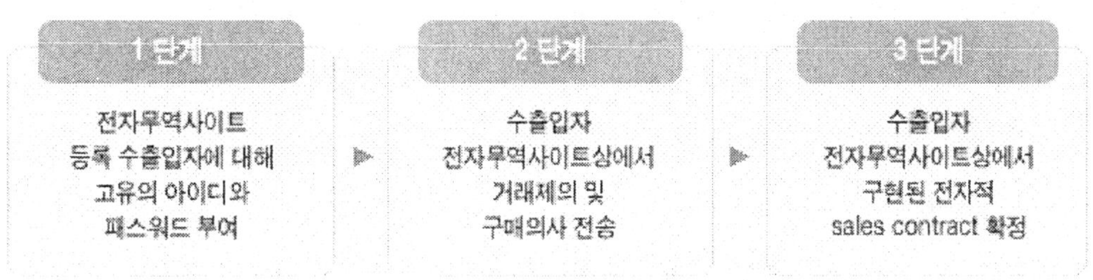

전자무역사이트 상에서 거래확정은 전자무역보험 대상여부를 결정짓는 핵심요소이며, 이를 위해 전자무역사이트 상에 전자적 형태의 sales contract를 구현하고 거래당사자가 확인(confirm)하는 시스템에 의하여 구축된다.

수출입업자간 전자무역사이트 상에서 주고받은 모든 전자문서(구매의사 및 전자 sales contract 등 포함)는 최초 수출통지건 성립시점에 지불중개사로 전송하여 보관한다.

2) 수입자 신용조사

수출자는 수출보험공사와 접촉 없이 전자무역사이트 상에서 신용조사의뢰 및 결과확인의 절차를 진행할 수 있으며, 전자무역사이트와 수출보험공사 사이에 지불중개회사가 수출자의 신용조사신청내용 및 공사의 평가가 이루어진다.

수입자 신용조사의 절차를 살펴보면 다음과 같다.

① 수출자가 전자무역사이트 접속 후 의뢰대상 수입자의 정보를 입력
② 전자무역사이트는 입력 내용을 지불중계회사 앞으로 전송
③ 지불중계회사는 신용조사의뢰 내용을 공사 앞 전송하고 동시에 신용조사 수수료를 수출자 계좌로부터 수출보험공사 계좌로 이체
④ 수출보험공사는 신용조사 완료 후 그 결과를 지불중계회사 앞 전송
⑤ 지불중계회사는 수출보험공사의 신용조사결과를 전자무역사이트로 중계

⑥ 수출자는 전자무역사이트에서 신용조사 결과 확인

신용조사 의뢰 시 신용조사 예정 소요일수 및 결과통보방법 등을 Pop-up 창으로 고지하게 된다.

3) 청약 및 인수한도 책정

(1) 절차

단기수출보험 전자무역의 청약 및 인수한도 책정 절차는 수출자는 전자무역사이트 상에서 모든 청약절차를 진행하고 수출보험공사의 책정 한도를 확인한 후, 전자무역사이트와 수출보험공사 사이에 지불중개회사가 수출자의 청약내용 및 공사의 한도책정 결과를 중계한다.

(2) 한도책정 시스템

단기수출보험 전자무역의 한도책정 시스템은 현재 운영중인 자동인수시스템을 적용한다.

(3) 지원대상

단기수출보험 전자무역의 지원대상은 결제기간 1년 이내의 일반수출 및 위탁가공 무역에 한한다.

(4) 부보율

단기수출보험 전자무역의 부보율은 대기업이 95%, 중소기업이 97.5%정도이다.

(5) 지원적격대상

단기수출보험 전자무역의 지원적격 대상에 있어서 수출자는 수출보험공사 신용등급 F급 이상이지만, 신용장방식인 경우 평점부족 G급 및 미평가 수출자도 가능하다. 또한 수입자는 수출보험공사 신용등급 F급 이상이지만, 교포수입자인 경우에는 인수를 제한한다.

(6) 한도관리

단기수출보험 전자무역의 한도관리는 수출자, 수입자, 동일수출입자로 나누어 볼 수 있다. 수출자는 최대 부보가능 수입자를 10개 이내로 제한할 수 있으며, 수입자는 경합수출자가 있는 경우 인수한도책정을 제한할 수 있다. 또한 동일

수출입자는 전자무역 이외의 단기수출보험(선적후)보험에서 유효한 인수한도가 존재하는 경우 전자무역 인수한도 책정을 제한할 수 있다.

(7) 한도책정 평가요소 및 배점

단기수출보험 전자무역의 한도책정 평가요소 및 배점을 살펴 보면 무신용장의 경우 수입자신용등급, 수출자신용등급, 대금지급지신용도를 평가하며, D/P는 5점이 가산된다.

신용장의 경우 L/C개설은행 순자산, L/C개설은행 소재국 신용도, 수출자신용등급, 대금지급조건을 평가하게 된다.

(8) 인수한도 책정가능액

단기수출보험 전자무역의 인수한도 책정가능액은 무신용장방식은 최대 U$30만미만이며, 신용장방식은 최대 U$50만이다.

4) 수출통지 및 보험료 수납

수출자는 수출보험공사와 별도 접촉 없이 전자무역사이트 상에서 수출통지와 보험료를 납부하며, 전자역사이트와 수출보험공사 사이에 지불중개회사가 수출자의 수출통지내용 및 공사의 성립내역을 중계하고 수출자의 계좌로부터 수출보험공사로 보험료 이체 업무를 수행한다.

수출자의 보험료납부의 편의성과 수출보험공사의 업무효율성 제고를 위해 자동화를 통한 보험료를 선납할 수 있는 시스템이 구축되어 있으며, 수출통지 및 보험료 수납절차는 다음과 같다.

① 수출자가 전자무역사이트 접속 후 수출통지내용 입력
② 전자무역사이트는 수출자의 입력 내용을 지불중개회사 앞으로 전송하고 지불중개회사는 공사로 중계
③ 수출보험공사는 성립시 보험료를 산정하여 실시간으로 지불중개회사 앞으로 통보 하고 지불중개회사는 전자무역사이트로 예상보험료 산정 결과 중계
④ 수출자는 전자무역사이트 상에서 보험료를 확인하고 부보여부 최종결정
⑤ 지불중개회사는 수출자의 부보여부결정 사실을 수출보험공사 앞으로 통지함과 동시에 보험료를 수출자 계좌로부터 수출보험공사 계좌로 이체
⑥ 수출보험공사는 보험관계 성립내역을 실시간으로 지불중개회사 앞 전송

하며 지불중계회사는 동 내용을 전자무역사이트로 중계

⑦ 수출자는 전자무역사이트에서 최종 보험관계 성립내역 확인

보험요율은 요율서운영요강Ⅱ 수출보험요율 체계별 적용기준에 따르며, 단기수출개별보험 기본요율을 적용한다.

5) 내용변경

수입자신용등급 변경 및 서면자료 제출 등 On-line화에 부적합한 부분이 있어 내용변경신청 및 승인 등은 현행과 동일하게 Off-line으로 처리한다. 다만, 기일 연장에 따른 추가보험료를 선납 받고 내용변경을 승인한다.

6) 사고발생통지 및 보험금청구

Off-line으로 처리하며 단기수출보험(일반수출거래 등)과 동일한 보상기준 을 적용한다. 다만, 전자무역사이트에서의 거래확정 여부는 수출자가 증빙하지 않고 수출보험공사가 직접 전자무역사이트 또는 지불중개회사로부터 입수한다.

부록

The Marine Insurance Act 1906

An act to codify the Law relating to Marine Insurance
[21st December 1906]

1. Marine insurance defined

A contract of marine insurance is a contract whereby the insurer undertakes to indemnify the assured, in manner and6 to the extent thereby agreed, against marine losses, that is to say, the losses incident to marine adventure.

2. Mixed sea and land risks

(1) A contract of marine insurance may, by its express terms, or by usage of trade, extended so as to protect the assured against losses on inland waters or on any land risk which may by incidental to any sea voyage.

(2) Where a ship in course of building, or the launch of a ship, or any adventure analogous to a marine adventure, is covered by a policy in the form of a marine policy, the provisions of this Act, in so far as applicable, shall apply thereto, by except as by this section provided, nothing is this Act shall alter or affect any of law applicable to any contract of insurance other than a contract of marine insurance as by this Act defined.

3. Marine adventure and maritime perils defined

(1) Subject to the provisions of this Act, every lawful marine adventure may be the subject of a contract of marine insurance.

(2) In particular there is a marine insurance.

(a) Any ship goods or other moveables are exposed to maritime perils. Such property is in this Act referred to as "insurable property";

(b) The earning or acquisition of any freight, passage money, commission, prof or other pecuniary benefit, or the security for any advances, loan, or disbursements, is endangered by the exposure of insurable property to maritime perils;

(c) Any liability to a third party may be incurred by the owner of, or other person interested in or responsible for, insurable property, by reason of maritime perils.

"Maritime perils" means the perils consequent on, or incidental to, the navigation the seam that is to say, perils of the seas, fire, war, perils, pirates, rovers, thieves, captures, seizures, restraints, and detainment's of princes and peoples, jettisons, barratry, and any other perils, either of the like kind or which may be designated by the policy.

◎ Insurable Interest

4. Avoidance of wagering or gaming contracts

(1) Every contract of marine insurance by way of gaming or wagering is void.

(2) A contract of marine insurance is deemed to be a gaming or wagering contractor.

(a) Where the assured has not an insurable interest as defined by this Act, an the contract is entered into with no expectation of acquiring such an interest or.

(b) Where the policy is made interest or no interest, or without further of interest than the policy itself or without benefit of salvage to the insurer or subject to any other like term: Provided that, where there is no possibility of salvage, a policy may be effected without benefit of salvage to the insurer.

5. Insurable interest defined

(1) Subject to the provisions of this Act, every person has an insurable interest is interested in a marine adventure.

(2) In particular a person is interested in a marine adventure where he stands in a legal or equitable relation to the adventure or to any insurable property at risk therein, in consequence of which he may benefit by the safety or due arrival of insurable property, or may be prejudiced by its loss, or by damage there to, or by the detention thereof, or may incur liability in respect thereof.

6. When interest must attach

(1) The assured must be interested in the subject- matter in insured at the time of the loss thought need not be interested when the insurance is effected: Provided that where the subject-matter is insured 'lost or not lost' the assured may recover although he may not have acquired his interest until after the loss, unless at the time of effecting the contract of insurance the assured was aware of the loss, and insurer was not.

(2) Where the assured has no interest at the time of the loss, he cannot acquire interest by any act or election after he is aware of the loss.

7. Defeasible or contingent interest

(1) A defeasible interest is insurable, as also is a contingent interest.

(2) In particular, where the buyer of goods has insured them, he has an insurable interest, notwithstanding that he might, at his election, have rejected the goods, have treated them as at the seller's risk, by reason of the latter's delay in make in delivery or otherwise.

8. Partial interest

A partial interest of any nature is insurable.

9. Re-insurance

(1) The insurer under a contract of marine insurance has an insurable interest in he risk, and

may re-insure in respect of it.

(2) Unless the policy otherwise provides, the original assured has no right or interest in respect of such re-insurance.

10. Bottomry

The lender of money on bottomry or respondentia has an insurable interest in respect of the loan.

11. Master's and seamen' wages

The master or any member of the crew of a ship has an insurable interest in respect his wages.

12. Advance freight

In the case of advance freight, the person advancing the freight has an insurable interest, in so far as such freight is not repayable in case of loss.

13. Charges of insurance

The assured has an insurable interest in the charges of any insurance which he may effect.

14. Quantum of interest

(1) Where the subject-matter insured is mortgaged, the mortgagor has an insurable interest in the full value thereof, and the mortgagee has an insurable interest in respect of any sum due or to become due under the mortgage.

(2) A mortgagee, consignee, or other person having an interest in the subject-matter insured may insure on behalf and for the benefit of other persons interested as well as for his own benefit.

(3) The owner of insurable property has an insurable interest in respect of the full value thereof notwithstanding that some third person may have agreed, or be liable to indemnify him is case of loss.

15. Assignment of interest

Where the assured assigns or otherwise parts with his interest in the subject=matter insured, he does not thereby transfer to the assignee his rights under the contract insurance, unless there be an express or implied agreement with the assignee to that effect. But the provisions of this section do not affect a transmission of interest operation of law.

16. Measure of insurable value

Subject to any express provision or valuation in the policy, the insurable value of the subject-matter insured must be ascertained as follows:

(1) In insurance on ship, the insurable value is the value, at the commencement of risk, of the ship, including her outfit, provision and stores for the officers and crew, money advanced for seamen's wages, and other disbursements(if any) incurred make the ship fit for the voyage or adventure contemplated by the policy, plus the charges of insurance upon the whole: the insurable value, in the case of a steamship includes also the machinery, boilers, and coals and engine stores if owned by the assured, and in the case of a ship engaged in a special trade,

the ordinary fitting requisite for that trade:

(2) In insurance on freight, whether paid in advance or otherwise, the insurable value is the gross amount of the freight at the risk of the assured plus the charges of insurance

(3) In insurance on goods or merchandise, the insurable value is the prime cost of property insured, plus the expenses of and incidental to shipping and the charges insurance upon the whole.

(4) In insurance on any other subject-matter, the insurable vale is the amount at risk of the assured when the policy attaches, plus the charges of insurance.

◎ Disclosure and representations

17. Insurance is uberrimae fidel

A contract of marine insurance is a contract based upon the utmost good faith, and the utmost good faith be not observed by either party, the contract may be avoided the other party.

18. Disclosure by assured

(1) Subject to the provisions of this section, the assured must disclose to the insurer, before the contract is concluded, every material circumstance which is know to the assured, and the assured is deemed to know every circumstance which, in the ordinary course of business, ought to be known by him. If the assured fails to make such disclosure, the insurer may avoid the contract.

(2) Every circumstance is material which would influence the judgment of a prudent insurer in fixing the premium, or determining whether he will take the risk.

(3) In the absence of inquiry the following circumstance need not be disclosed namely:

(a) Any circumstance which diminishes the risk:

(b) Any circumstance which is known or presumed to be known to the insurer. The insurer is presumed to know matters of common notoriety or knowledge, and matter which an insurer in the ordinary course of his business, as such, ought to know.

(c) Any circumstance as to which information is waived by the insurer;

(d) Any circumstance which it is superfluous to disclose by reason of any express or implied warranty.

(4) Whether any particular circumstance, which is not disclosed, be material or not is, in each case, a question of fact.

(5) The term 'circumstance' includes any communication made to, or information received by, the assured.

19. Disclosure by agent effecting insurance

Subject to the provisions of the preceding section as to circumstance which need not be disclosed, where an insurance is effected for the assured by an agent, the agent must disclose to the insurer-

(a) Every material circumstance which is known to himself, and an agent to ins is deemed to know every circumstance which in the ordinary course of business ought to be known by, or to have been communicated to, him; and.

(b) Every material circumstance which the assured is bound to disclose, unless come to his knowledge too late to communicate it to the agent.

20. Representations pending negotiation of contract

(1) Every material representation made by the assured or his agent to the insurer during the negotiations for the contract, and before the contract is concluded, must be true. If it be untrue the insurer may avoid the contract.

(2) A representation is material which would influence the judgment of a prudent insurer in fixing the premium, or determining whether he will take the risk.

(3) A representation may be either a representation as to a matter of fact, or as to matter of expectation or belief.

(4) A representation as to a matter of fact is true, if it be substantially correct that is to say, if the difference between what is represented and what is actually correct would not be considered material by a prudent insurer.

(5) A representation as to a matter of expectation or belief is true if it be made good faith.

(6) A representation may be withdrawn or corrected before the contract is concluded.

(7) Whether a particular representation be material or not is, in each case, a question of fact.

21. When contract is deemed to be concluded

A contract of marine insurance is deemed to be concluded when the proposal of the assured is accepted by the insurer, whether the policy be then issued or not; and the purpose of showing when the proposal was accepted, reference may be made to the slip or covering note or other customary memorandum of the contract.

◎ The policy

22. Contract must be embodied in policy

Subject to the provisions of any statute, a contract of marine insurance is inadmissible in evidence unless it is embodied in a marine policy in accordance wit this Act. The policy may be executed and issued either at the time when the contract is concluded, or afterwards.

23. What policy must specify

A marine policy must specify

(1) The name of the assured, or of some person who effects the insurance on his behalf:

(2) - (5) [Repealed]

24. Signature of insurer

(1) A marine policy must be signed by or on behalf of the insurer, provided that in the case of a corporation the corporate seal may be sufficient, but nothing in this section shall be construed as requiring the subscription of a corporation to be under seal.

(2) Where a policy is subscribed by or on behalf of two or more insurers, each subscription, unless the contrary be expressed, constitutes a distinct contract wit the assured.

25. Voyage and time policies

(1) Where the contract is to insure the subject-matter 'at and from,' or from on e place to another or other, the policy is called a 'voyage policy, 'and where the contract is to insure the subject-matter for a definite period of time the policy in called a 'time policy' A contract for both voyage and time may be included in the same policy.

(2) [Repealed].

26. Designation of subject-matter

(1) The subject-matter insured must be designated in a marine policy with reasonable certainty.

(2) The nature and extent of the interest of the assured in the subject-matter insured need not be specified in the policy.

(3) Where the policy designates the subject-matter insured in general terms, its shell designation of the subject-matter insured.

27. Valued policy

(1) A policy may be either valued or unvalued.

(2) A valued policy is a policy which specifies the agreed value of the subject-matter insured.

(3) Subject to the provisions of this Act, and in the absence of fraud, the value fixed by the policy is, as between the insurer and assured, conclusive of the insurable value of the subject intended to be insured, whether the loss be total or partial.

(4) Unless the policy otherwise provides, the value fixed by the policy is not conclusive for the purpose of determining whether there has been a constructive total loss.

28. Unvalued policy

An unvalued policy is a policy which does not specify the value of the subject-matter insured, but subject to the limit of the sum insured, leaves the insurable value to subsequently ascertained, in the manner herein-before specified.

29. Floating policy by ship or ships

(1) A floating policy is a policy which describes the insurance in general terms, a leaves the name of the ship or ships and other particulars to be defined by subsequent declaration.

(2) The subsequent declaration or declarations may be made by indorsement on the policy, or in other customary manner.

(3) Unless the policy otherwise provides, the declarations must be made in the order of dispatch or shipment. They must, in the case of goods, comprise all consignments within the terms of the policy, and the value of the goods or other property must be honestly stated, but an omission or erroneous declaration may be rectified even after loss or arrival, provided the omission or declaration was made in good faith.

(4) Unless the policy otherwise provides, where a declaration of value is not made until after notice of loss or arrival, the policy must be treated as an unvalued policy as regards the subject-matter of that declaration.

30. Construction of terms in policy

(1) A policy may be in the form in the First Schedule to this Act.

(2) Subject to the provisions of this Act, and unless the context of the policy otherwise requires, the terms and expressions mentioned in the first Schedule to the Act shall be construed as having the scope and meaning in that schedule assigned to them.

31. Premium to be arranged

(1) Where an insurance is effected at a premium to be arranged, and no arrangement made, a reasonable premium is payable.

(2) Where an insurance is effected on the terms that an additional premium is to be arranged in a given event, and that event happens but no arrangement is made, then reasonable additional premium is payable.

◎ Double Insurance

32. Double insurance

(1) Where two or more policies are effected by or on behalf of the assured on the s adventure and interest or any part thereof, and the sums insured exceed the indemnity allowed by this Act, the assured is said to be over-insured by double insurance.

(2) Where the assured is over-insured by double insurance.

(a) The assured, unless the policy otherwise provides, may claim payment from insurers in such order as he may think fit, provided that he is not entitled t receive any sum in excess of the indemnity allowed by this Act;

(b) Where the policy under which the assured claims is a valued policy, the assured must give credit as against the valuation for any sum received by him under any other policy whithout regard to the actual value of the subject-matte insured;

(c) Where the policy under which the assured claims is an unvalued policy he give credit, as against the full insurable value, for any sum received by him under any other policy;

(d) Where the assured receives any sum in excess of the indemnity allowed by t Act, he is deemed to hold such sum in trust for the insurers, according to the right of contribution among themselves.

◎ Warranties, etc.

33. Nature of warranty

(1) A warranty, in the following sections relation to warranties, means a promissor warranty, that is to say, a warranty by which the assured undertakes that some particular thing shall or shall not be done, or that some condition shall be fulfilled, or whereby he affirms or negatives the existence of a particular state o facts.

(2) A warranty may be express or implied.

(3) A warranty, as above defined, is a condition which must be exactly complied wit whether it be material to the risk or not. If it be not so complied with, then, subject to any express provision in the policy, the insurer is discharged from liability as from the date of the breach of warranty, but without prejudice to any liability incurred by him before that date.

34. When breach of warranty excused

(1) Non-compliance with a warranty is excused when by reason of a change of circumstances, the warranty ceases to be applicable to the circumstances of the contract, or when compliance with the warranty is rendered unlawful by any subsequent law.

(2) Where a warranty is broken, the assured cannot avail himself of the defence that the breach has been remedied, and the warranty complied with, before loss.

(3) A breach of warranty may be waived by the insurer.

35. Express warranties

(1) An express warranty may be in any form of words form which the intention to warrant is to be inferred.

(2) An express warranty must be included in, or written upon, the policy, or must be contained in some document incorporated by reference into the policy.

(3) An express warranty does not exclude an implied warranty, unless it be inconsistent therewith.

36. Warranty of neutrality

(1) Where insurable property, whether ship or goods, us expressly warranted neutral there is an implied condition that the property shall have a neutral character at commencement of the risk, and that, so far as the assured can control the matter, neutral character shall be preserved during the risk.

(2) Where a ship is expressly warranted 'neutral' there is also an implied condition that, so far as the assured can control the matter she shall be properly documented that is to say, that she shall carry the necessary papers to establish her neutral and that she shall not falsify or suppress her papers, or use simulated papers. If loss occurs through breach of this condition, the insurer may avoid the contract.

37. No implied warranty of nationality

There is no implied warranty as to the nationality of a ship, or that her nationality shall not be changed during the risk.

38. Warranty of goods safety

Where the subject-matter insured is warranted 'well' or 'in good safety' on a particular day, it is sufficient if it be safe at any time during that day.

39. Warranty of seaworthiness of ship

(1) In a voyage policy there is an implied warranty that at the commencement of the voyage the shop shall be seaworthy for the purpose of the particular adventure insured.

(2) Where the policy attaches while the ship is in port, there is also an implied warranty that she shall, at the commencement if the risk, be reasonably fit to encounter the ordinary perils of the port.

(3) Where the policy relates to a voyage which is performed in different stages, during which the ship requires different kinds of or further preparation or equipment there is an implied warranty that at the commencement of each stage the ship is seaworthy in respect of such preparation or equipment for the purposes of that stage

(4) A ship is deemed to be seaworthy when she is reasonably fit in all respects to encounter the ordinary perils of the seas of the adventure insured.

(5) In a time policy there is no implied warranty that the ship shall be seaworthy any stage of the adventure, but where, with the privity of the assured, the ship is sent to sea in an unseaworthy thy state, the insurer is not liable for any loss attributable to unseaworthiness.

40. No implied warranty that goods are seaworthy

(1) In a policy on goods or other moveables there is no implied warranty that the goods or moveables are seaworthy.

(2) In a voyage policy on goods or other moveables there is an implied warranty that at the commencement of the voyage the ship is not only seaworthy as a ship, but also that she is reasonably fit to carry the goods or other moveables to the destination contemplated by the policy.

41. Warranty of legality

There is an implied warranty that the adventure insured is a lawful one, and that, far as the assured con control the matter, the adventure shall be carried out in a lawful manner.

◎ The Voyage

42. Implied condition as to commencement of risk

(1) Where the subject-matter is insured by a voyage policy 'at and from' or 'from' particular place, it is not necessary that the ship should be at that place when the contract is concluded, but there is an implied condition that the adventure shall be commenced within a reasonable time, and that if the advanture be not so commenced to insurer may avoid the contract.

(2) The implied condition may be negatived by showing that the delay was caused by circumstances known to the insurer before the contract was concluded, or by showing that he waived the condition.

43. Alteration of port of departure

Where the place of departure is specified by the policy, and the ship instead of sailing from that place sails form any other place, the risk does not attach.

44. Sailing for different destination

Where the destination is specified in the policy, and the ship, instead of sailing that destination, sails for any other destination, the risk does not attach.

45. Change of voyage

(1) Where, after the commencement of the risk. the destination of the ship is voluntarily changed form the destination contemplated by the policy, there is said be a change of voyage.

(2) Unless the policy otherwise provides, where there is a change of voyage, the insurer is discharged from liability as from the time of change, that is to say, as from the time when the determination to change it is manifested; and it is immaterial that the ship may not in fact have left the course of voyage contemplated by the policy when the loss occurs.

46. Deviation

(1) Where a ship, without lawful excuse, deviates from the voyage contemplated by t policy, the insurer is discharged from liability as from the time of deviation, and is immaterial that the ship may have regained her route before any loss occurs.

(2) There is a deviation from the voyage contemplated by the policy-

(a) Where the course of the voyage is specifically designated by the policy, a that course is departed from; or

(b) Where the course of the voyage is not specifically designated by the policy but the usual and customary course is departed from.

(3) The intention to deviate is immaterial; there must be a deviation in fact to discharge the insurer from his liability under the contract.

47. Several ports of discharge

(1) Where several ports of discharge are specified by the policy, the ship may proc to all or any of them, but, in the absence of any usage or sufficient cause to the contrary, she must proceed to them. or such of them as she goes to, in the order designated by the policy, If she does not there is a deviation.

(2) Where the policy is to 'ports of discharge,' within a given area, which are not named, the ship must, in the absence of any usage or sufficient cause to the contra proceed to them, or such of them as she goes to, in their geographical order. If she does not there is a deviation.

48. Delay in Voyage

In the case of a voyage policy, the adventure insured must be prosecuted throughout its course with reasonable dispatch, and, if without lawful excuse it is not so prosecuted, the insurer is discharged from liability as from the time when the delay became unreasonable.

49. Excuses for Deviation or Delay

(1) Deviation or delay in prosecuting the voyage contemplated by the policy is excused-

(a) Where authorized by any special term in the policy; or

(b) Where caused by circumstances beyond the control or the master and his employer; or

(c) Where reasonably necessary in order to comply with an express or implied warranty; or

(d) Where reasonably necessary for the safety of the ship or subject-matter insured; or

(e) for the purpose of saving human life, or aiding a ship in distress where human life may be in danger; or

(f) Where reasonably necessary for the purpose of obtaining medical or surgical aid for any person on board the ship; or

(g) Where caused by the barratrous conduct of the master or crew, if barratry one of the perils insured against.

(2) When the cause excusing the deviation or delay ceases to operate, the ship must resume her course, and prosecute her voyage, with reasonable dispatch.

◎ Assignment of Policy

50. When and how policy is assignable

(1) A marine policy is assignable unless it contains terms expressly prohibiting assignment. It may be assigned either before or after loss.

(2) Where a marine policy has been assigned so as to pass the beneficial interest i such policy, the assignee of the policy is entitled to sue thereon in his own name; and the defendant is entitled to make any defence arising out of the contract which would have been entitled to make of the action had been brought in the name of the person by or on behalf of whom the policy was effected.

(3) A marine policy may be assinged by indorsement thereon or in other customary manner.

51. Assured who has no interest cannot assign

Where the assured has parted with or lost his interest in the subject-matter insure and has not, before or at the time of so doing, expressly or impliedly agreed to assign the policy, any subsequent assignment of the policy is inoperative: Provided that nothing in this section affects the assignment of a policy after loss.

◎ The Premium

52. When premium payable

Unless otherwise agreed, the duty of the assured or his agent to pay the premium, a the duty of the insurer to issue the policy to the assured or his agent, are concurrent conditions, and the insurer is not bound to issue the policy until payment or tender of the premium.

53. policy effected through broker

(1) Unless otherwise agreed, where a marine policy is effected on behalf of the assured by a broker, the broker is directly responsible to the insurer for the premium, and the insurer is directly responsible to the assured for the amount which may be payable in respect of losses, or in respect of returnable premium.

(2) Unless otherwise agreed, the broker has, as against the assured, a lien upon the policy for the amount of the premium and his charges in respect of effecting the policy; and, where he has dealt with the person who employs him as a principal, he also a lien on the policy in respect of any balance on any insurance account which be due to him from such person, unless when the debt was incurred he had reason to believe that such person was only an agent.

54. Effect of receipt on policy

Where a marine policy effected on behalf of the assured by a broker acknowledges the receipt of the premium, such acknowledgement is, in the absence of fraud, conclusive as between the insurer and the assured, but not as between the insurer and broker.

◎ Loss And Abandonment

55. Included and excluded losses

(1) Subject to the provisions of this Act, and unless the policy otherwise provides the insurer is liable for any loss proximately caused by a peril insured against, b subject as aforesaid, he is not liable for any loss which is not proximately caused a peril insured against.

(2) In particular

(a) The insurer is not liable for any loss attributable to the wilful misconduct of the assured, but, unless the policy otherwise provides, he is liable for an loss proximately caused by a peril insured against, even though the loss would not have happened but for the misconduct or negligence of the master or crew;

(b) Unless the policy otherwise provides, the insurer on ship or goods is not liable for any loss proximately caused by delay, although the delay be caused a peril insured against;

(c) Unless the policy otherwise provides, the insurer is not liable for ordinary wear and tear, ordinary leakage and breakage, inherent vic or nature of the subject-matter insured, or for any loss proximately caused by rats or vermin, or for any injury to machinery not proximately caused by marin perils.

56. Partial and total loss

(1) A loss may be either total or partial. Any loss other than a total loss, as hereinafter defined, is a partial loss.

(2) A total loss may be either an actual total loss, or a constructive total loss.

(3) Unless a different intention appears from the terms of the policy, an insurance against total loss includes a constructive, as well as an actual, total loss.

(4) Where the assured brings an action for a total loss and the evidence proves on partial loss, he may, unless the policy otherwise provides, recover for a partial loss.

(5) Where goods reach their destination in specie, but by reason of obliteration of marks, or otherwise, they are incapable of indentification, the loss, if any, is partial, and not total.

57. Actual total loss

(1) Where the subject-matter insured is destroyed, or so damaged as to cease to be thing of the kind insured, or where the assured is irretrievably deprived thereof, there is an actual total loss.

(2) In the case of an actual total loss no notice of abandonment need be given.

58. Missing ship

Where the ship concerned in the adventure is missing, and after the lapse of a reasonable time no news of her has been received, an actual total loss may be presumed.

59. Effect of transshipment, etc.

where, by a peril insured against, the voyage is interrupted at an intermediate por or place, under such circumstances as, apart from any special stipulation in the contract of affreightment, to justify the master in landing and reshipping the good or other moveables, or in transshipping them, and sending them on to their destination the liability of the insurer continues, notwithstanding the landing or transshipment.

60. Constructive total loss defined

(1) Subject to any express provision in the policy, there is a constructive total where the subject-matter insured is reasonably abandoned on account of its actual total loss appearing to be unavoidable, or because it could not be preserved from actual total loss without an expenditure which would exceed its value when the expenditure had been incurred.

(2) In particular, there is a constructive total loss-

(i) Where the assured is deprived of the possession of his ship or goods by a peril insured against, and

(a) it is unlikely that he can recover the ship or goods, as the case may be,

(b) the cost of recovering the ship or goods, as the case may be, would exceed their value when recovered; or

(ii) In the case of damage to a ship, where she is so damaged by a peril insurer against that the cost of repairing the damage would exceed the value of the she when repaired. In estimating the cost of repairs, no deduction is to we made is respect of general average contributions to those repairs payable by other interests, but account is to be taken of the expense of future salvage operation and of any future general average contributions to which the ship would be lia if repaired; or

(iii) In the case of damage to goods, where the cost of repairing the damage a forwarding the goods to their destination would exceed their value on arrival.

61. Effect of constructive total loss

Where there is a constructive total loss assured may either treat the loss as a partial loss, or abandon the subject-matter insured to the insurer and treat the loss as if it were an actual total loss.

62. Notice of abandonment

(1) Subject to the provisions of this section, where the assured elects to abandon subject-matter insured to the insurer, he must give notice of abandonment. If he is to do so the loss can only be treated as a partial loss.

(2) Notice of abandonment may be given in writing, or by word of mouth, or partly i writing and partly by word of mouth, and may be given in any terms which indicate t intention of the assured to abandon his insured interest in the subject-matter insured unconditionally to the insurer.

(3) Notice of abandonment must be given with reasonable diligence after the receipt reliable information of the loss, but where the information is of a doubtful character the assured is entitled to a reasonable time to make inquiry.

(4) Where notice of abandonment is properly given, the rights of the assured are no prejudiced by the fact that the insurer refuses to accept the abandonment.

(5) The acceptance of an abandonment may be either express or implied from the count of the insurer. The mere silence of the insurer after notice is not acceptance.

(6) Where notice of abandonment is accepted the abandonment is irrevocable. The acceptance of the notice conclusively admits liability for the loss and the sufficiency of the notice.

(7) Notice of abandonment is unnecessary where, at the time when the assured receive information of the loss, there would be no possibility of benefit to the insurer if notice where given to him.

(8) Notice of abandonment may be waived by the insurer.

(9) Where an insurer has re-insured his risk, no notice of abandonment need by give by him.

63. Effect of abandonment

(1) Where there is a valid abandonment the insurer is entitled to take over the interest of the assured in whatever may remain of the subject-matter insured, and a proprietary rights incidential thereto.

(2) Upon the abandonment of a ship, the insurer thereof is entitled to any freight course of being earned, and which is earned by her subsequent to the casualty cause the loss, less the expenses of earning it incurred after the casualty; and, where ship is carrying the owner's goods, the insurer is entitled to a reasonable remuneration for the carriage of them subsequent to the casualty causing the loss.

◎ Partial losses (Including Salvage and General Average and Particular Charges)

64. Particular average loss

(1) A particular average loss is a partial loss of the subject-matter insured, cause by a peril insured against, and which is not a general average loss.

(2) Expenses incurred by or on behalf of the assured for the safety or preservation the subject-matter insured, other than general average and salvage charges, are cal particular charges. Particular charges are not included in particular average.

65. Salvage charges

(1) Subject to any express provision in the policy, salvage charges incurred in preventing a loss by perils insured against may be recovered as a loss by those perils.

(2) 'Salvage charges' means the charges recoverable under maritime law by a salvor independently of contract. They do not include the expenses of services in the nature of salvage rendered by the assured or his agents, or any person employed for hie b them, for the purpose of averting a peril insured against. Such expenses, where properly incurred, may be recovered as particular charges or as a general average loss, according to the circumstances under which they were incurred.

66. General average loss

(1) A general average loss is loss caused by or directly consequential on a general average act. It includes a general average expenditure as well as a general average sacrifice.

(2) There is a general average act where any extraordinary sacrifice or expenditure voluntarily and reasonable made or incurred in time of peril for the purpose of preserving the property imperilled in the common adventure.

(3) Where there is a general average loss, the party on whom it falls is entitled, subject to the conditions imposed by maritime law, to a rateable contribution from other parties interested, and such contribution is called a general average contribution.

(4) Subject to any express provision in the policy, where the assured has incurred general average expenditure, he may recover from the insurer in respect of the proportion of the loss which falls upon him; and, in the case of a general average sacrifice, he may recover from the insurer in respect of the whole loss without have enforced his right of contribution from the other parties liable to contribute.

(5) Subject to any express provision in the policy, where the assured has paid, or liable to pay, a general average contribution in respect of the subject insured, he may recover therefor from the insurer.

(6) In the absence of express stipulation, the insurer is not liable for any general average loss or contribution where the loss was not incurred for the purpose of avoiding, or in connection with the avoidance of , a peril insured against.

(7) Where ship, freight, and cargo, or any two of those interests, are owned by the same

assured, the liability of the insurer in respect of general average losses or contributions is to be determined as if those subjects were owned by different persons.

◎ Measure Of Indemnity

67. Extent of liability of insurer for loss

(1) The sum which the assured can recover in respect of a loss on a policy by which is insured, in the case of an unvalued policy to the full extent of the insurable value, or, in the case of a valued policy to the full extent of the value fixed by policy is called the measure of indemnity.

(2) Where there is a loss recoverable under the policy, the insurer, or each insure if there be more than one, is liable for such proportion of the measure of idemnity as the amount of his subscription bears to the value fixed by the policy in the case of a valued policy, or to the insurable value in the case of an unvalued policy.

68. Total loss

Subject to the provisions of this Act and to any express provision in the policy, where there is a total loss of the subject-matter insured, -

(1) If the policy be a valued policy, the measure of indemnity is the sum fixed by policy:

(2) If the policy be an unvalued policy, the measure of indemnity is the insurable value of the subject-matter insured.

69. Partial loss of ship

Where a ship is damaged, but is not totally lost, the measure of indemnity, subject any express provision in the policy, is as follows;

(1) Where the ship has been repaired, the assured is entitled to the reasonable cost of the repairs, less the customary deductions, but not exceeding the sum insured in respect of any one casualty:

(2) Where the ship has been only partially repaired, the assured is entitled to the reasonable cost of such repairs, computed as above, and also to be indemnified for reasonable depreciation, if any, arising from the unrepaired damage, provided that aggregate amount shall not exceed the cost of repairing the whole damage, computed above:

(3) Where the ship has not been repaired, and has not been sold in her damaged stat during the risk, the assured is entitled to be indemnified for the reasonable depreciation arising from the unrepaired damage, but not exceeding the reasonable cost of repairing such damage, computed as above.

70. Partial loss of freight

Subject to any express provision in the policy, where there is a partial loss of freight, the measure of indemnity is such proportion of the sum fixed by the policy the case of a valued policy, or of the insurable value in the case of an unvalued policy, as the proportion of freight lost by the assured bears to the whole freight the risk of the assured under the policy.

71. Partial loss of goods, merchandise, & c.

Where there is a partial loss of goods, merchandise or other moveables, the measure indemnity, subject to any express provision in the policy, is as follows:

(1) Where part of the goods, merchandise or other moveables insured by a value policy is totally lost, the measure of indemnity is such proportion of the sum fixed by the policy as the insurable value of the part lost bears to the insurable value of the whole, ascertained as in the case of an unvalued policy.

(2) Where part of the goods, merchandise, or other moveables insured by an unvalued policy is totally lost, the measure of indemnity is the insurable value of the part lost, ascertained as in case of total loss:

(3) Where the whole or any part of the goods or merchandise insured has been delive damaged at its destination, the measure of indemnity is such proportion of the sum fixed by the policy in the case of a valued policy, or of the insurable value in the case of an unvalued policy, as the difference between the gross sound and damaged valued at the place of arrival bears to the gross sound value:

(4) 'Gross value' means the wholesale price, or , if there be no such price, the estimated value, with, in either case, freight, landing charges, and duty paid beforehand; provided that, in the case of goods or merchandise customarily sold in bond, the bonded price is deemed to be the gross value. 'Gross proceeds' means the actual price obtained at a sale where all charges on sale are paid by the sellers.

72. Apportionment of valuation

(1) Where different species of property are insured under a single valuation, the valuation must be apportioned over the different species in proportion to their respective insurable values, as in the case of an unvalued policy. The insured value of any part of a species is such proportion of the total insured value of the same the insurable value of the part bears to the insurable value of the whole ascertain in both cases as provided by this Act.

(2) Where a valuation has to be apportioned, and particulars o f the prime cost of each separate species, quality, or description of goods cannot be ascertained, the divis of the valuation may be made over the net arrived sound values of the different species, qualities, or descriptions of goods.

73. General average contributions and salvage charges

(1) Subject to any express provision in the policy, where the assured has paid, or liable for, any general average contribution, the measure of idemnity is the full amount of such contribution, if the subject-matter liable to contribution is insure for its full contributory value, or if only part of it be insured, the indemnity payable by the insurer must be reduced in proportion to the under insurance, and which there has been a particular average loss which

constitutes a deduction from the contributory value, and for which the insurer is liable, that amount must be deduct from the insured value in order to ascertain what the insurer is liable to contribution.

(2) Where the insurer is liable for salvage charges the extent of his liability must be determined on the like principle.

74. Liabilities to third parties

Where the assured has effected an insurance in express terms against any liability a third party, the measure of indemnity, subject to any express provision in the policy is the amount paid or payable by him to such third party in respect of such liability.

75. General provisions as to measure of indemnity

(1) Where there has been a loss in respect of any subject-matter not expressly provided for in the foregoing provisions of this Act, the measure of indemnity shall be ascertained, as nearly as may be, in accordance with those provisions in so far as applicable to the particular case.

(2) Nothing in the provisions of this Act relating to the measure of indemnity shall affect the rules relating to double insurance, or prohibit the insurer from disprove interest wholly or in part, or from showing that at the time of the loss the whole any part of the subject-matter insured was not at risk under the policy.

76. Particular average warranties

(1) Where the subject-matter insured is warranted free from particular average, the assured cannot recover for a loss of part, other than a loss incurred by a general average sacrifice, unless the contract contained in the policy be apportionable if the contract be apportionable, the assured may recover for a total loss of any apportionable part.

(2) Where the subject-matter insured is warranted free from particular average, eit wholly or under a certain percentage, the insurer is nevertheless liable for salvag charges, and for particular charges and other expenses properly incurred pursuant the provisions of the suing and labouring clause in order to avert a loss insured against.

(3) Unless the policy otherwise provides, where the subject-matter insured is warranted free from particular average under a specified percentage, a general avert loss cannot be added to a particular average loss to make up the specified percentage.

(4) For the purpose of ascertaining whether the specified percentage has been reach regard shall be had only to the actual loss suffered by the subject-matter insured. Particular charges and the expenses of and incidental to ascertaining and proving loss must be excluded.

77. Successive losses

(1) Unless the policy otherwise provides, and subject to the provisions of this Act. the insurer is liable for successive losses, even though the total amount of such losses may exceed the sum insured.

(2) Where, under the same policy, a partial loss, which has not been repaired of otherwise

made good, is followed by a total loss, the assured can only recover in respect of the total loss; Provided that nothing in this section shall affect the liability of the insurer under the suing and labouring clause.

78. Suing and labouring clause

(1) Where the policy contains a suing and labouring clause, the engagement thereby entered into is deemed to be supplementary to the contract of insurance, and the assured may recover from the insurer any expenses properly incurred pursuant to the clause, notwithstanding that the insurer may have paid for a total loss, or that subject-matter may have been warranted free from particular average, either wholly under a certain percentage.

(2) General average losses and contributions and salvage charges, as defined by this Act, are not recoverable under the suing and labouring clause.

(3) Expenses incurred for the purpose of averting or diminishing any loss not cover by the policy are not recoverable under the suing and labouring clause.

(4) It is the duty of the assured and his agents, in all cases, to take such measure as may be reasonable for the purpose of averting or minimising a loss.

◎ Rights Of Insurer On Payment

79. Right of subrogation

(1) Where the insurer pays for a total loss, either of the whole, or in the case of goods of any apportionable apart, of the subject-matter insured, he thereupon become entitled to take over the interest of the assured in whatever may remain of the subject-matter so paid for, and he is thereby subrogated to all the rights and remedies of the assured in and in respect of that subject-matter as from the time the causing the loss.

(2) Subject to the foregoing provisions, where the insurer pays for a partial loss, acquires no title to the subject-matter insured, or such part of it as may remain, the is thereupon subrogated to all rights and remedies of the assured in and in respect of the subject-matter insured as from the time of the casualty causing the loss, in far as the assured has been indemnified, according to this Act, by such payment for the loss.

80. Right of contribution

(1) Where the assured is over-insured by double insurance, each insurer is bound, a between himself and the other insurers, to contribute rateably to the loss in proportion to the amount form which he is liable under his contract.

(2) If any insurer pays more than his proportion of the loss, he is entitled to maintain an action for contribution against the other insurers, and is entitled to like remedies as a surety who has paid mort than his proportion of the debt.

81. Effect of under insurance

Where the assured is insured for an amount less than the insurable value or, in the case of a valued policy, for an amount less than the policy valuation, he is deemed be his own insurer in respect of the uninsured balance.

◎ Return Of Premium

82. Enforcement of return

Where the premium or a proportionate part thereof is, by this Act, declared to be returnable,-

(a) If already paid, it may be recovered by the assured from the insurer; and

(b) If unpaid, it may be retained by the assured or his agent.

83. Return by agreement

Where the policy contains a stipulation for the return of the premium, or a proportionate part thereof, on the happening of a certain event, and that event happens, the premium, or, as the case may be, their proportionate part thereof, is thereupon returnable to the assured.

84. Return for failure of consideration

(1) Where the consideration for the payment of the premium totally fails, and there has been no fraud or illegality on the part of the assured or his agents, the premium is thereupon returnable to the assured.

(2) Where the consideration for the payment of the premium is apportionable and the is a total failure of any apportionable part of the consideration, a proportionate part of the premium is, under the like conditions, thereupon returnable to the assured.

(3) In particular

(a) Where the policy is void, or is avoided by the insurer as from the commencement of the risk, the premium is returnable, provided that there has been no fraud or illegality on the part of the assured; but if the risk is not apportionable, and has once attached, the premium is not returnable;

(b) Where the subject-matter insured, or part thereof, has never been imperil the premium, or, as the case may be, a proportionate part thereof, is returnable. Provided that there the subject-matter has been insured 'lost or not lost' and has arrived in safety at the time when the contract is concluded, the premium is returnable unless, at such time, the insurer knew of the safe arrival.

(c) Where the assured has no insurable interest throughout the currency of the risk, the premium is returnable, provided that this rule does not apply to a policy effected by way of gaming or wagering;

(d) Where the assured has a defeasible interest which is terminated during the currency of the risk, the premium is not returnable;

(e) Where the assured has over-insured under an unvalued policy, a proportional part of the several premiums is returnable;

(f) Subject to the foregoing provisions, where the assured has over insured by double insurance, a proportionate part of the several premiums is returnable;

Provided that, if the policies are effected at different times, and any earlier pol has at any time borne the entire risk, or if a claim has been paid on the policy in respect of the full sum insured thereby, no premium is returnable in respect of the policy, and when the double insurance is effected knowingly by the assured no premium is returnable.

◎ Mutual Insurance

85. Modification of Act in case of mutual insurance

(1) Where two or more persons mutually agree to insure each other against marine losses there is said to be a mutual insurance.

(2) The provisions of this Act relating to the premium do not apply to mutual insurance, but a guarantee, or such other arrangement as may be agreed upon, may be substituted for the premium.

(3) The provisions of this Act, in so far as they may be modified by the agreement the parties, may in the case of mutual insurance be modified by the terms of the policies issued by the association, or by the rules and regulations of the association.

(4) Subject to the exceptions mentioned in this section, the provisions of this act apply to a mutual insurance.

◎ Supplemental

86. Ratification by assured

Where a contract of marine insurance is in good faith effected by one person on b도 of another, the person on whose behalf it is effected may ratify the contract even after he is aware of a loss.

87. Implied obligations varied by agreement or usage

(1) Where any right, duty, or liability would arise under a contract of marine insurance by implication of law, it may be negatived or varied by express agreement or by usage, if the usage be such as to bind both parties to the contract.

(2) The provisions of this section extend to any right, duty, or liability declared this Act which may be lawfully modified by agreement.

88. Reasonable time, &c. a question of fact

Where by this Act any reference is made to reasonable time, reasonable premium, or reasonable diligence, the question what is reasonable is a question of fact.

89. Slip as evidence

Where there is a duly stamped policy, reference may be made, as heretofore, to the slip or covering note, in any legal proceeding.

90. Interpretation of terms

In this Act, unless the context or subject-matter otherwise requires, - 'Action' includes counter-claim and set off; 'Freight' includes the profit derivable by a shipowner from the employment of his ship to carry his own goods or moveables, as well as freight payable by a third party, but does not include passage money: 'Moveables' means any moveable tangible property, other than the ship, and includes money, valuable securities, and other documents: 'Policy' means a marine policy.

91. Savings

(1) Nothing in this Act, or in any repeal effected thereby, shall affect

(a) the provisions of the Stamp Act 1891, or any enactment for the time being force relating to the revenue;

(b) the provisions of the Companies Act 1862, or any enactment amending or substituted for the same;

(c) the provisions of any statute not expressly repealed by this Act.

92. Repeals

The enactments mentioned in the second schedule to this Act are hereby replaced to the extent specified in the schedule.

93. Commencement

This Act Shall Come into operation on the first day of January one thousand nine hundred and seven.

94. Short Title

This Act may be cited as the Marin Insurance Act. 1906

York-Antwerp Rules 2004

RULE OF INTERPRETATION

In the adjustment of general average the following Rules shall apply to the exclusion of any Law and Practice inconsistent therewith.

Except as provided by the Rule Paramount and the numbered Rules, general average shall be adjusted according to the lettered Rules.

RULE PARAMOUNT

In no case shall there be any allowance for sacrifice or expenditure unless reasonably made or incurred.

RULE A

There is a general average act when, and only when, any extraordinary sacrifice or expenditure is intentionally and reasonably made or incurred for the common safety for the purpose of preserving from peril the property involved in a common maritime adventure.

General average sacrifices and expenditures shall be borne by the different contributing interests on the basis hereinafter provided.

RULE B

There is a common maritime adventure when one or more vessels are towing or pushing another vessel or vessels, provided that they are all involved in commercial activities and not in a salvage operation.

When measures are taken to preserve the vessels and their cargoes, if any, from a common peril, these Rules shall apply.

A vessel is not in common peril with another vessel or vessels if by simply disconnecting from the other vessel or vessels she is in safety; but if the disconnection is itself a general average act the common maritime adventure continues.

RULE C

Only such losses, damages or expenses which are the direct consequence of the general average act shall be allowed as general average.

In no case shall there be any allowance in general average for losses, damages or expenses incurred in respect of damage to the environment or in consequence of the escape or release of pollutant substances from the property involved in the common maritime adventure.

Demurrage, loss of market, and any loss or damage sustained or expense incurred by reason of delay, whether on the voyage or subsequently, and any indirect loss whatsoever, shall not be allowed as general average.

RULE D

Rights to contribution in general average shall not be affected, though the event which gave rise to the sacrifice or expenditure may have been due to the fault of one of the parties to the adventure, but this shall not prejudice any remedies or defences which may be open against or to that party in respect of such fault.

RULE E

The onus of proof is upon the party claiming in general average to show that the loss or expense claimed is properly allowable as general average.

All parties claiming in general average shall give notice in writing to the average adjuster of the loss or expense in respect of which they claim contribution within 12 months of the date of the termination of the common maritime adventure.

Failing such notification, or if within 12 months of a request for the same any of the parties shall fail to supply evidence in support of a notified claim, or particulars of value in respect of a contributory interest, the average adjuster shall be at liberty to estimate the extent of the allowance or the contributory value on the basis of the information available to him, which estimate may be challenged only on the ground that it is manifestly incorrect.

RULE F

Any additional expense incurred in place of another expense, which would have been allowable as general average shall be deemed to be general average and so allowed without regard to the saving, if any, to other interests, but only up to the amount of the general average expense avoided.

RULE G

General average shall be adjusted as regards both loss and contribution upon the basis of values at the time and place when and where the adventure ends.

This rule shall not affect the determination of the place at which the average statement is to be made up.

When a ship is at any port or place in circumstances which would give rise to an allowance in general average under the provisions of Rules X and XI, and the cargo or part thereof is forwarded to destination by other means, rights and liabilities in general average shall, subject to cargo interests being notified if practicable, remain as nearly as possible the same as they would have been in the absence of such forwarding, as if the adventure had continued in the original ship for so long as justifiable under the contract of affreightment and the applicable law.

The proportion attaching to cargo of the allowances made in general average by reason of applying the third paragraph of this Rule shall not exceed the cost which would have been borne by the owners of cargo if the cargo had been forwarded at their expense.

RULE I. JETTISON OF CARGO

No jettison of cargo shall be allowed as general average, unless such cargo is carried in accordance with the recognised custom of the trade.

RULE II. LOSS OR DAMAGE BY SACRIFICES FOR THE COMMON SAFETY

Loss of or damage to the property involved in the common maritime adventure by or in consequence of a sacrifice made for the common safety, and by water which goes down a ship's hatches opened or other opening made for the purpose of making a jettison for the common safety, shall be allowed as general average.

RULE III. EXTINGUISHING FIRE ON SHIPBOARD

Damage done to a ship and cargo, or either of them, by water or otherwise, including damage by beaching or scuttling a burning ship, in extinguishing a fire on board the ship, shall be allowed as general average; except that no allowance shall be made for damage by smoke however caused or by heat of the fire.

RULE IV. CUTTING AWAY WRECK

Loss or damage sustained by cutting away wreck or parts of the ship which have been previously carried away or are effectively lost by accident shall not be allowed as general average.

RULE V. VOLUNTARY STRANDING

When a ship is intentionally run on shore for the common safety, whether or not she might have been driven on shore, the consequent loss or damage to the property involved in the common maritime adventure shall be allowed in general average.

RULE VI. SALVAGE REMUNERATION

a. Salvage payments, including interest thereon and legal fees associated with such payments, shall lie where they fall and shall not be allowed in general average, save only that if one party to the salvage shall have paid all or any of the proportion of salvage (including interest and legal fees) due from another party (calculated on the basis of salved values and not general average contributory values), the unpaid contribution to salvage due from that other party shall be credited in the adjustment to the party that has paid it, and debited to the party on whose behalf the payment was made.

b. Salvage payments referred to in paragraph (a) above shall include any salvage remuneration in which the skill and efforts of the salvors in preventing or minimising damage to the environment such as is referred to in Article 13 paragraph 1(b) of the International Convention on Salvage 1989 have been taken into account.

c. Special compensation payable to a salvor by the shipowner under Article 14 of the said Convention to the extent specified in paragraph 4 of that Article or under any other provision similar in substance (such as SCOPIC) shall not be allowed in general average and shall not be considered a salvage payment as referred to in paragraph (a) of this Rule.

RULE VII. DAMAGE TO MACHINERY AND BOILERS

Damage caused to any machinery and boilers of a ship which is ashore and in a position of peril, in endeavouring to refloat, shall be allowed in general average when shown to have arisen from an actual intention to float the ship for the common safety at the risk of such damage; but where a ship is afloat no loss or damage caused by working the propelling machinery and boilers shall in any circumstances be allowed as general average.

RULE VIII. EXPENSES LIGHTENING A SHIP WHEN ASHORE AND CONSEQUENT DAMAGE

When a ship is ashore and cargo and ship's fuel and stores or any of them are discharged as a general average act, the extra cost of lightening, lighter hire and reshipping (if incurred), and any loss or damage to the property involved in the common maritime adventure in consequence thereof, shall be allowed as general average.

RULE IX. CARGO, SHIP'S MATERIALS AND STORES USED FOR FUEL

Cargo, ship's materials and stores, or any of them, necessarily used for fuel for the common safety at a time of peril shall be allowed as general average, but when such an allowance is made for the cost of ship's materials and stores the general average shall be credited with the estimated cost of the fuel which would otherwise have been consumed in prosecuting the intended voyage.

RULE X. EXPENSES AT PORT OF REFUGE, ETC.

a. (i) When a ship shall have entered a port or place of refuge or shall have returned to her port or place of loading in consequence of accident, sacrifice or other extraordinary circumstances which render that necessary for the common safety, the expenses of entering such port or place shall be allowed as general average; and when she shall have sailed thence with her original cargo, or a part of it, the corresponding expenses of leaving such port or place consequent upon such entry or return shall likewise be allowed as general average.

(ii) When a ship is at any port or place of refuge and is necessarily removed to another port or place of refuge because repairs cannot be carried out in the first port or place, the provisions of this Rule shall be applied to the second port or place of refuge as if it were a port or place of refuge and the cost of such removal including temporary repairs and towage shall be allowed as general average. The provisions of Rule XI shall be applied to the prolongation of the voyage occasioned by such removal.

b. (i) The cost of handling on board or discharging cargo, fuel or stores whether at a port or place of loading, call or refuge, shall be allowed as general average, when the handling or discharge was necessary for the common safety or to enable damage to the ship caused by sacrifice or accident to be repaired, if the repairs were necessary for the safe prosecution of the voyage, except in cases where the damage to the ship is discovered at a port or place of loading or call without any accident or other extraordinary circumstances connected with such damage having taken place during the voyage.

(ii) The cost of handling on board or discharging cargo, fuel or stores shall not be allowable as general average when incurred solely for the purpose of restowage due to shifting during the voyage, unless such restowage is necessary for the common safety.

c. Whenever the cost of handling or discharging cargo, fuel or stores is allowable as general average, the costs of storage, including insurance if reasonably incurred, reloading and stowing of such cargo, fuel or stores shall likewise be allowed as general average. The provisions of Rule XI shall be applied to the extra period of detention occasioned by such reloading or restowing.

But when the ship is condemned or does not proceed on her original voyage, storage expenses shall be allowed as general average only up to the date of the ship's condemnation or of the abandonment of the voyage or up to the date of completion of discharge of cargo if the condemnation or abandonment takes place before that date.

RULE XI. WAGES AND MAINTENANCE OF CREW AND OTHER EXPENSES PUTTING IN TO AND AT A PORT OF REFUGE, ETC.

a. Wages and maintenance of master, officers and crew reasonably incurred and fuel and stores consumed during the prolongation of the voyage occasioned by a ship entering a port or place of refuge or returning to her port or place of loading shall be allowed as general average when the expenses of entering such port or place are allowable as general average in accordance with Rule X(a).

b. For the purpose of this and the other Rules wages shall include all payments made to or for the benefit of the master, officers and crew, whether such payments be imposed by law upon the shipowners or be made under the terms of articles of employment.

c. (i) When a ship shall have entered or been detained in any port or place in consequence of accident, sacrifice or other extraordinary circumstances which render that necessary for the common safety, or to enable damage to the ship caused by sacrifice or accident to be repaired, if the repairs were necessary for the safe prosecution of the voyage, fuel and stores consumed during the extra period of detention in such port or place until the ship shall or should have been made ready to proceed upon her voyage, shall be allowed as general average, except such fuel and stores as are consumed in effecting repairs not allowable in general average.

(ii) Port charges incurred during the extra period of detention shall likewise be allowed as general average except such charges as are incurred solely by reason of repairs not allowable in general average.

(iii) Provided that when damage to the ship is discovered at a port or place of loading or call without any accident or other extraordinary circumstance connected with such damage having taken place during the voyage, then fuel and stores consumed and port charges incurred during the extra detention for repairs to damages so discovered shall not be allowable as general average, even if the repairs are necessary for the safe prosecution of the voyage.

(iv) When the ship is condemned or does not proceed on her original voyage, fuel and stores consumed and port charges shall be allowed as general average only up to the date of the ship's condemnation or of the abandonment of the voyage or up to the date of completion of discharge of cargo if the condemnation or abandonment takes place before that date.

d. The cost of measures undertaken to prevent or minimise damage to the environment shall be allowed in general average when incurred in any or all of the following circumstances:

(i) as part of an operation performed for the common safety which, had it been undertaken by a party outside the common maritime adventure, would have entitled such party to a salvage reward;

(ii) as a condition of entry into or departure from any port or place in the circumstances prescribed in Rule X(a);

(iii) as a condition of remaining at any port or place in the circumstances prescribed in Rule XI(c), provided that when there is an actual escape or release of pollutant substances the cost of any additional measures required on that account to prevent or minimise pollution or environmental damage shall not be allowed as general average;

(iv) necessarily in connection with the discharging, storing or reloading of cargo whenever the cost of those operations is allowable as general average.

RULE XII. DAMAGE TO CARGO IN DISCHARGING, ETC.

Damage to or loss of cargo, fuel or stores sustained in consequence of their handling, discharging, storing, reloading and stowing shall be allowed as general average, when and only when the cost of those measures respectively is allowed as general average.

RULE XIII. DEDUCTIONS FROM COST OF REPAIRS

a. Repairs to be allowed in general average shall not be subject to deductions in respect of "new for old" where old material or parts are replaced by new unless the ship is over fifteen years old in which case there shall be a deduction of one third. The deductions shall be regulated by the age of the ship from the 31st December of the year of completion of construction to the date of the general average act, except for insulation, life and similar boats, communications and navigational apparatus and equipment, machinery and boilers for which the deductions shall be regulated by the age of the particular parts to which they apply.

b. The deductions shall be made only from the cost of the new material or parts when finished and ready to be installed in the ship. No deduction shall be made in respect of provisions, stores, anchors and chain cables. Drydock and slipway dues and costs of shifting the ship shall be allowed in full.

c. The costs of cleaning, painting or coating of bottom shall not be allowed in general average unless the bottom has been painted or coated within the twelve months preceding the date of the general average act in which case one half of such costs shall be allowed.

RULE XIV. TEMPORARY REPAIRS

a. Where temporary repairs are effected to a ship at a port of loading, call or refuge, for the common safety, or of damage caused by general average sacrifice, the cost of such repairs shall be allowed as general average.

b. Where temporary repairs of accidental damage are effected in order to enable the adventure to be completed, the cost of such repairs shall be allowed as general average without regard to the saving, if any, to other interests, but only up to the saving in expense which would have been incurred and allowed in general average if such repairs had not been effected there. Provided that for the purposes of this paragraph only, the cost of temporary repairs falling for consideration shall be limited to the extent that the cost of temporary repairs effected at the port of loading, call or refuge, together with either the cost of permanent repairs eventually effected or, if unrepaired at the time of the adjustment, the reasonable depreciation in the value of the vessel at the completion of the voyage. exceeds the cost of permanent repairs had they been effected at the port of loading, call or refuge.

c. No deductions "new for old" shall be made from the cost of temporary repairs allowable as general average.

RULE XV. LOSS OF FREIGHT

Loss of freight arising from damage to or loss of cargo shall be allowed as general average, either when caused by a general average act, or when the damage to or loss of cargo is so allowed.

Deduction shall be made from the amount of gross freight lost, of the charges which the owner thereof would have incurred to earn such freight, but has, in consequence of the sacrifice, not incurred.

RULE XVI. AMOUNT TO BE ALLOWED FOR CARGO LOST OR DAMAGED BY SACRIFICE

a. The amount to be allowed as general average for damage to or loss of cargo sacrificed shall be the loss which has been sustained thereby based on the value at the time of discharge, ascertained from the commercial invoice rendered to the receiver or if there is no such invoice from the shipped value. The value at the time of discharge shall include the cost of insurance and freight except insofar as such freight is at the risk of interests other than the cargo.

b. When cargo so damaged is sold and the amount of the damage has not been otherwise agreed, the loss to be allowed in general average shall be the difference between the net proceeds of sale and the net sound value as computed in the first paragraph of this Rule.

RULE XVII. CONTRIBUTORY VALUES

a. (i) The contribution to a general average shall be made upon the actual net values of the property at the termination of the adventure except that the value of cargo shall be the value at the time of discharge, ascertained from the commercial invoice rendered to the receiver or if there is no such invoice from the shipped value.

(ii) The value of the cargo shall include the cost of insurance and freight unless and insofar as such freight is at the risk of interests other than the cargo, deducting therefrom any loss or damage suffered by the cargo prior to or at the time of discharge.

(iii) The value of the ship shall be assessed without taking into account the beneficial or detrimental effect of any demise or time charterparty to which the ship may be committed.

b. To these values shall be added the amount allowed as general average for property sacrificed, if not already included, deduction being made from the freight and passage money at risk of such charges and crew's wages as would not have been incurred in earning the freight had the ship and cargo been totally lost at the date of the general average act and have not been allowed as general average; deduction being also made from the value of the property of all extra charges incurred in respect thereof subsequently to the general average act, except such charges as are allowed in general average or fall upon the ship by virtue of an award for special compensation under Art. 14 of the International Convention on Salvage, 1989 or under any other provision similar in substance.

c. In the circumstances envisaged in the third paragraph of Rule G, the cargo and other property shall contribute on the basis of its value upon delivery at original destination unless sold or otherwise disposed of short of that destination, and the ship shall contribute upon its actual net value at the time of completion of discharge of cargo.

d. Where cargo is sold short of destination, however, it shall contribute upon the actual net proceeds of sale, with the addition of any amount allowed as general average.

e. Mails, passengers' luggage, personal effects and accompanied private motor vehicles shall not contribute to general average.

RULE XVIII. DAMAGE TO SHIP

The amount to be allowed as general average for damage or loss to the ship, her machinery and/or gear caused by a general average act shall be as follows:

a. When repaired or replaced, the actual reasonable cost of repairing or replacing such damage or loss, subject to deductions in accordance with

b. When not repaired or replaced, The reasonable depreciation arising from such damage or loss, but not exceeding the estimated cost of repairs. But where the ship is an actual total loss or when the cost of repairs of the damage would exceed the value of the ship when repaired, the amount to be allowed as general average shall be the difference between the estimated sound value of the ship after deducting therefrom the estimated cost of repairing damage which is not general average and the value of the ship in her damaged state which may be measured by the net proceeds of sale, if any.

RULE XIX. UNDECLARED OR WRONGFULLY DECLARED CARGO

a. Damage or loss caused to goods loaded without the knowledge of the shipowner or his agent or to goods wilfully misdescribed at time of shipment shall not be allowed as general average, but such goods shall remain liable to contribute, if saved.

b. Damage or loss caused to goods which have been wrongfully declared on shipment at a value which is lower than their real value shall be contributed for at the declared value, but such goods shall contribute upon their actual value.

RULE XX. PROVISION OF FUNDS

a. The capital loss sustained by the owners of goods sold for the purpose of raising funds to defray general average disbursements shall be allowed in general average.

b. The cost of insuring average disbursements shall also be allowed in general average.

RULE XXI. INTEREST ON LOSSES ALLOWED IN GENERAL AVERAGE

a. Interest shall be allowed on expenditure, sacrifices and allowances in general average until three months after the date of issue of the general average adjustment, due allowance being made for any payment on account by the contributory interests or from the general average deposit fund.

b. Each year the Assembly of the Comite Maritime International shall decide the rate of interest which shall apply. This rate shall be used for calculating interest accruing during the following calendar year.

RULE XXII. TREATMENT OF CASH DEPOSITS

Where cash deposits have been collected in respect of cargo's liability for general average, salvage or special charges such deposits shall be paid without any delay into a special account in the joint names of a representative nominated on behalf of the shipowner and a representative nominated on behalf of the depositors in a bank to be approved by both. The sum so deposited together with accrued interest, if any, shall be held as security for payment to the parties entitled thereto of the general average, salvage or special charges payable by cargo in respect of which the deposits have been collected. Payments on account or refunds of deposits may be made if certified to in writing by the average adjuster. Such deposits and payments or refunds shall be without prejudice to the ultimate liability of the parties.

RULE XXIII. TIME BAR FOR CONTRIBUTIONS TO GENERAL AVERAGE

a. Subject always to any mandatory rule on time limitation contained in any applicable law:

(i) Any rights to general average contribution, including any rights to claim under general average bonds and guarantees, shall be extinguished unless an action is brought by the party claiming such contribution within a period of one year after the date upon which the general average adjustment was issued. However, in no case shall such an action be brought after six years from the date of the termination of the common maritime adventure.

(ii) These periods may be extended if the parties so agree after the termination of the common maritime adventure.

b. This Rule shall not apply as between the parties to the general average and their respective insurers.

ICC(Air) [INSTITUTE CARGO CLAUSES(AIR) (excluding sendings by post)]

(FOR USE ONLY WITH THE NEW MARINE POLICY FORM)

⊙ RISKS COVERED

1. This insurance covers all risks of loss of or damage to the subject-matter insured except as provided in Clauses 2, 3 and 4 below.

⊙ EXCLUSIONS

2. In no case shall this insurance cover
   - 2.1 loss damage or expense attributable to willful misconduct of the Assured
   - 2.2 ordinary leakage, ordinary loss in weight or volume, or ordinary wear and tear of the subject-matter insured
   - 2.3 loss damage or expense caused by insufficiency or unsuitability of packing or preparation of the subject-matter insured (for the purpose of this Clause 2.3 "packing" shall be deemed to include stowage on a container or liftvan but only when such stowage is carried out prior to attachment of this insurance or by the Assured or their servants)
   - 2.4 loss damage or expense caused by inherent vice or nature of the subject-matter insured
   - 2.5 loss damage or expense arising from unfitness of aircraft conveyance container or liftvan for the safe carriage of the subject-matter insured, where the Assured or their servants are privy to such unfitness at the time the subject-matter insured is loaded therein
   - 2.6 loss damage or expense proximately caused by delay, even though the delay be caused by a risk insured against
   - 2.7 loss damage or expense arising from insolvency or financial default of the owners managers charterers or operators of the aircraft
   - 2.8 loss damage or expense arising from the use of any weapon of war employing atomic or nuclear fission and/or fusion or other like reaction or radioactive force or matter.
3. In no case shall this insurance cover loss damage or expense caused by
   - 3.1 war civil war revolution rebellion insurrection, or civil strife aristing therefrom, or any hostile act by or against a belligerent power
   - 3.2 capture seizure arrest restraint or detainment, and the consequences thereof or any attempt thereat
   - 3.3 derelict mines torpedoes bombs or other derelict weapons of war.
4. In no case shall this insurance cover loss damage or expense
   - 4.1 caused by strikers, locked-out workman, or persons taking part in labour disturbances,

riots or civil commotions

4.2 resulting from strikes, lock-outs, labour disturbances, riots or civil commotions

4.3 caused by any terrorist or any person acting from a political motive.

⊙ DURATION

5.

5.1 This insurance attaches from the time the goods leave the warehouse or place of storage at the place named herein for the commencement of the transit, continues during the ordinary course of transit and terminates either

5.1.1 on delivery to the Consignees' or other final warehouse or place of storage at the destination named herein,

5.1.2 on delivery to any other warehouse or place of storage, whether prior to or at the destination named herein, which the Assured elect to use either

5.1.2.1 for storage other than in the ordinary course of transit or

5.1.2.2 for allocation or distribution, or

5.1.3. on the expiry of 30 days after unloading the subject-matter insured from the aircraft at the final place of discharge, whichever shall first occur.

5.2 If, after unloading from aircraft at the final port of discharge, but prior to termination of this insurance, the goods are to be forwarded to a destination other than that to which they are insured hereunder, this insurance, whilst remaining subject to termination as provided for above, shall not extend beyond the commencement of transit to such other destination.

5.3 This insurance shall remain in force (subject to termination as provided for above and to the provisions of Clause 6 below) during delay beyond the control of the Assured, any deviation, forced discharge, reshipment or transshipment and during any variation of the adventure arising from the exercise of a liberty granted to the air carriers under the contract of carriage.

6. If owing to circumstances beyond the control of the Assured either the contract of carriage is terminated at a port or place other than the destination named therein or the transit is otherwise terminated before delivery of the goods as provided for in Clause5 above, then this insurance shall also terminate unless prompt notice is given to the Underwriters and continuation of cover is requested when the insurance shall remain in force, subject to an additional premium if required by the Underwriters, either

6.1 until the goods are sold and delivered at such port or place, or, unless otherwise specially agreed, until the expiry of 30 days after arrival or the goods hereby insured at such port of place, whichever shall first occur, or

6.2 if the goods are forwarded within the said period of 30 days(or any agreed extension thereof) to the destination named herein or to any other destination, until terminated in accordance with the provisions of Clause 5 above.

7. Where, after attachment of this insurance, the destination is changed by the Assured, held covered

at a premium and on conditions to be arranged subject to prompt notice being given to the Underwriters.

⊙ CLAIMS

8.

8.1 In order to recover under this insurance the Assured must have an insurable interest in the subject-matter insured at the time of the loss.

8.2 Subject to 8.1 above, the Assured shall be entitled to recover for insured loss occurring during the period covered by this insurance, notwithstanding that the loss occurred before the contract of insurance was concluded, unless the Assured were aware of the loss and the Underwriters were not.

9. Where, as a result of the operation of a risk covered by this insurance, the insured transit is terminated at a port or place other than that to which the subject-matter is covered under this insurance, the Underwriters will reimburse the Assured for any extra charges properly and reasonably incurred in unloading storing and forwarding the subject-matter to the destination to which it is insured hereunder.

This clause 9, which does not apply to general average or salvage charges, shall be subject to the exclusions contained in Clauses 2, 3 and 4 above, and shall not include charges arising from the fault negligence insolvency or financial default of the Assured or their servants.

10. No claim for Constructive Total Loss shall be recoverable hereunder unless the subject-matter insured is reasonably abandoned either on account of its actual total loss appearing to be unavoidable or because the cost of recovering, reconditioning and forwarding the subject-matter to the destination to which it is insured would exceed its value on arrival.

11.

11.1 If any Increased Value insurance is effected by the Assured on the cargo insured herein the agreed value of the cargo shall be deemed to be increased to the total amount insured under this shall be in such proportion as the sum insured herein bears to such total amount insured. In the event of claim the Assured shall provide the Underwriters with evidence of the amounts insured under all other insurances.

11.2 Where this insurance is on Increased Value the following clause shall apply :

The agreed value of the cargo shall be deemed to be equal to the total amount insured under the primary insurance and all Increased Value insurances covering the loss and effected on the cargo by the Assured, and liability under this insurance shall be in such proportion as the sum insured herein bears to such total amount insured. In the event of claim the Assured shall provide the Underwriters with evidence of the amounts insured under all other insurances.

⊙ BENEFIT OF INSURANCE

12. This insurance shall not inure to the benefit of the carrier or other bailee.

⊙ MINIMISING LOSSES

13. It is the duty of the Assured and their servants and agents in respect of loss recoverable

hereunder

13.1 to take such measures as may be reasonable for the purpose of averting or minimising such loss, and

13.2 to ensure that all right against carriers, bailees or other third parties are properly preserved and exercised and the Underwriters will, in addition to any loss recoverable hereunder, reimburse the Assured for any charges properly and reasonably incurred in pursuance of these duties.

14. Measures taken by the Assured or the Underwriters with the object of saving, protecting or recovering the subject-matter insured shall not be considered as a waiver or acceptance of abandonment or otherwise prejudice the rights of either party.

⊙ AVOIDANCE OF DELAY

15. It is a condition of this insurance that the Assured shall act with reasonable espatch-in all circumstances within their control.

⊙ LAW AND PRACTICE

16. This insurance is subject to English law and practice.

NOTE

- It is necessary for the Assured when they become aware of an event which is "held covered" under this insurance to give prompt notice to the Underwriters and the right to such cover is dependent upon compliance with this obligation.

상법(제4편 보험)

제1장 통 칙

제638조 [의의] : 보험계약은 당사자 일방이 약정한 보험료를 지급하고 상대방이 재산 또는 생명이나 신체에 관하여 불확정한 사고가 생길 경우에 일정한 보험금액 기타 급여를 지급할 것을 약정함으로써 효력이 생긴다.

제638조의 2 [보험계약의 성립] : ① 보험자가 보험계약자로부터 보험계약의 청약과 함께 보험료 상당액의 전부 또는 일부의 지급을 받은 때에는 다른 약정이 없으면 30日 내에 그 상대방에 대하여 락부의 통지를 발송하여야 한다. 그러나 인보험계약의 피보험자가 신체검사를 받아야 하는 경우에는 그 기간은 신체검사를 받은 날부터 기산한다.

② 보험자가 제1항의 구정에 의한 기간 내에 낙부의 통지를 해태한 때에는 승낙한 것으로 본다.

③ 보험자가 보험계약자로부터 보험계약의 청약과 함께 보험료 상당액의 전부 또는 일부를 받은 경우에 그 청약을 승낙하기 전에 보험계약에서 정한 보험사고가 생긴 때에는 그 청약을 거절할 사유가 없는 한 보험자는 보험계약상의 책임을 진다. 그러나 인 보험계약의 피보험자가 신체검사를 받아야 하는 경우에 그 검사를 받지 아니한 때에는 그러하지 아니하다.

제638조의 3 [보험계약의 교부 · 명시의무] : ① 보험자는 보험계약을 체결할 때에 보험계약자에게 보험약관을 교부하고 그 약관의 중요한 내용을 알려 주어야 한다.

② 보험자가 제1항의 구정에 위반한 때에는 보험계약자는 보험계약이 성립한 날부터 1월내에 그 약관을 취소할 수 있다.

제639조 [타인을 위한 보험] : ① 보험계약자는 위임을 받거나 위임을 받지 아니하고 특정 또는 불특정의 타인을 위하여 보험계약을 체결할 수 있다. 그러나 손해보험계약의 경우에는 그 타인의 위임이 없는 때에는 보험계약자는 이를 보험자에게 고지하여야 하고, 그 고지가 없는 때에는 타인이 그 보험계약이 체결된 사실을 알지 못하였다는 사유로 보험자에게 대항하지 못한다.

② 제1항의 경우에는 그 타인은 당연히 그 약관의 이익을 받는다. 그러나 손해보험계약의 경우에 보험계약자가 그 타인에게 보험사고의 발생으로 생긴 손해의 배상을 한 때에는 보험계약자는 그 타인의 권리를 해하지 아니하는 범위 안에서 보험자에게 보험금액의 지급을 청구할 수 있다.

③ 제1항의 경우에는 보험계약자는 보험자에 대하여 보험료를 지급할 의무가 있다. 그러나 보험계약자가 파산선고를 받거나 보험료의 지급을 지체한 때에는 그 타인이 그 권리를 포기하지 아니하는 한 그 타인도 보험료를 지급할 의무가 있다.

제640조 [보험증권의 교부] : ① 보험자는 보험계약이 성립한 때에는 지체 없이 보험증권을 작성하여 보험계약자에게 교부하여야 한다. 그러나 보험계약자가 보험료의 전부 또는 최초의 보험료를 지급하지 아니한 때에는 그러하지 아니한다.

② 기존의 보험계약을 연장하거나 변경한 경우에는 보험자는 그 보험증권에 그 사실을 기재함으로써 보험증권의 교부에 갈음할 수 있다.

제641조 [증권에 관한 이의약관의 효력] : 보험계약의 당사자는 보험증권의 교부가 있는 날로부터 일정한 기간내에 한하여 그 증권내용의 정부에 관한 의의를 할 수 있음을 약정할 수 있다. 이 기간은 1월을 내리지 못한다.

제642조 [증권의 재교부신청] : 보험증권을 분실 또는 현저하게 훼손한 때에는 보험계약자는 보험자에 대하여 증권의 재교부를 청구할 수 있다. 그 증권작성의 비용은 보험계약자의 부담으로 한다.

제643조 [소급보험] : 보험계약은 그 계약 전의 어느 시기를 보험기간의 시기로 할 수 있다.

제644조 [보험사고의 객관적 확정의 효과] : 보험계약 당시에 보험사고가 이미 발생하였거나 또는 발생할 수 없는 것인 때에는 그 계약은 무효로 한다. 그러나 당사자 쌍방과 보험자가 이를 알지 못한 때에는 그렇지 아니하다.

제645조 [보험사고의 주관적 확정의 효과] <삭제>

제646조 [대리인이 안 것의 효과] : 대리인에 의하여 보험계약을 체결한 경우에 대리인이 안 사유는 그 본인이 안 것과 동일한 것으로 한다.

제647조 [특별위험의 소멸로 인한 보험료의 감액청구] : 보험계약의 당사자가 특별한 위험을 예기하여 보험료의 액을 정한 경우에 보험기간 중 그 예기한 위험이 소멸한 때에는 보험계약자는 그 후의 보험료의 감액을 청구할 수 있다.

제648조 [보험계약의 무효로 인한 보험료반환청구] : 보험계약의 전부 또는 일부가 무효인 경우에 보험계약자의 피보험자가 선의이며 중대한 과실이 없는 때에는 보험자에 대하여 보험료의 전부 또는 일부의 반환을 청구할 수 있다. 보험계약자와 보험수익자가 선의이며 중대한 과실이 없는 때에도 같다.

제649조 [사고발생 전의 임의해석] : ① 보험사고가 발생하기 전에는 보험계약자는 언제든지 계약의 전부 또는 일부를 해지할 수 있다. 그러나 제639조의 보험계약의 경우에는 보험계약자는 그 타인의 동의를 얻지 아니하거나 보험증권을 소지하지 아니하면 그 계약을 해지하지 못한다.

② 보험사고의 발생으로 보험자가 보험금액을 지급한 때에도 보험금액이 감액되지 아니하는 보험의 경우에는 보험계약자는 그 사고발생 후에도 보험계약을 해지할 수 있다.

③ 제1항의 경우에는 보험계약자는 당사자간의 다른 약정이 없으면 미경과보험료의 반환을 청구할 수 있다.

제650조 [보험료의 지급과 지체의 효과] : ① 보험계약자는 계약체결 후 지체 없이 보험료의 전부 또는 제1회 보험료를 지급하여야 하며, 보험계약자가 이를 지급하지 아니하는 경우에는 다른 약정이 없는 한 계약성립 후 2월이 경과하면 그 계약은 해제된 것으로 본다.

② 계속보험료가 약정한 시기에 지급되지 아니한 때에는 보험자는 상당한 기간을 정하여 보험계약자에게 催告하고 그 기간 내에 지급되지 아니한 때에는 그 계약을 해지할 수 있다.

③ 특정한 타인을 위한 보험의 경우에 보험계약자가 보험료의 지급을 지체한 때에는 보험자는 그 타인에게도 상당한 기간을 정하여 보험료의 지급을 催告한 후가 아니면 그 계약을 해제 또는 해지하지 못한다.

제650조의 2 [보험계약의 부활] : 제659조 제2항에 따라 보험계약이 해지되고 해지 환급금이 지급되지 아니한 경우에 보험계약자는 일정한 기간 내에 연체보험료에 약정이자를 붙여 보험자에게 지급하고 그 계약의 부활을 청구할 수 있다. 제638조의 2의 규정은 이 경우에 준용한다.

第651조 [고지의무위반으로 인한 계약해지] : 보험계약 당시에 보험계약자 또는 피보험자가 고의 또는 중대한 과실로 인하여 중요한 사항을 고지하지 아니하거나 부실의 고지를 한 때에는 보험자는 그 사실을 안 날로부터 1월 내에, 계약을 체결한 날로부터 3년 내에 한하여 계약을 해지할 수 있다. 그러나 보험자가 계약 당시에 그 사실을 알았거나 중대한 과실로 인하여 알지 못한 때에는 그러하지 아니하다.

第651조의 2 [서면에 의한 질문의 효력] : 보험자가 서면으로 질문한 사항은 중요한 사항으로 추정한다.

第652조 [위험변경증가의 통지와 계약해지] : ① 보험기간중에 보험계약자 또는 피보험자가 사고발생의 위험이 현저하게 변경 또는 증가된 사실을 안 때에는 지체 없이 보험자에게 통지하여야 한다. 이를 해태한 때에는 보험자는 그 사실을 안 날로부터 1월 내에 한하여 계약을 해지할 수 있다.

② 보험자가 제1항의 위험변경증가의 통지를 받은 때에는 1월 내에 보험료의 증액을 청구하거나 계약을 해지할 수 있다.

第653조 [보험계약자 등의 고의나 중과실로 인한 위험증가와 계약해지] : 보험기간중에 보험계약자, 피보험자 또는 보험수익자의 고의 또는 중대한 과실로 인하여 사고발생의 위험이 현저하게 변경 또는 증가된 때에는 보험자는 그 사실을 안 날로부터 1월 내에 보험료의 증액을 청구하거나 계약을 해지할 수 있다.

第654조 [보험자의 파산선고와 계약해지] : ① 보험자가 파산의 선고를 받은 때에는 보험계약자는 계약을 해지할 수 있다.

② 제1항의 규정에 의하여 해지하지 아니한 보험계약은 파산선고 후 3월을 경과한 때에는 그 효력을 잃는다.

第655조 [계약해지와 보험금약청구권] : 보험사고가 발생한 후에도 보험자가 제650조, 제651조, 제652조와 제653조의 규정에 의하여 계약을 해지한 때에는 보험금액을 지급할 책임이 없고, 이미 지급한 보험금액의 반환을 청구할 수 있다. 그러나 고지의무에 위반한 사실 또는 위험의 현저한 변경이나 증가된 사실이 보험사고의 발생에 영향을 미치지 아니하였음이 증명된 때에는 그러하지 아니하다.

第656조 [보험료의 지급과 보험자의 책임개시] : 보험자의 책임은 당사자간에 다른 약정이 없으면 최초의 보험료의 지급을 받은 때로부터 개시한다.

第657조 [보험사고발생의 통지의무] : ① 보험계약자 또는 피보험자나 보험수익자는 보험사고의 발생을 안 때에는 지체 없이 보험자에게 그 통지를 발송하여야 한다.

② 보험계약자 또는 피보험자나 보험수익자가 제1항의 통지의무를 해태함으로 인하여 손해가 증가된 때에는 보험자는 그 증가된 손해를 보상할 책임이 없다.

第658조 [보험급액의 지급] : 보험자는 피보험금액의 지급에 관하여 약정기간이 있는 경우에는 그 기간 내에, 약정기간이 없는 경우에는 제657조 제1항의 통지를 받은 후 지체 없이 지급할 보험금액을 정하고 그 정하여진 날부터 10일 내에 피보험자 또는 보험수익자에게 보험금액을 지급하여야 한다.

第659조 [보험자의 면책사유] : 보험사고가 보험계약자 또는 피보험자나 보험수익자의 고의 또는 중대한 과실로 인하여 생긴 때에는 보험자는 보험금액을 지급할 책임이 없다.

第660조 [전쟁위험 등으로 인한 면책] : 보험사고가 전쟁 기타 변란으로 인하여 생기 때에는 당사자간에 다른 약정이 없으면 보험자는 보험금액을 지급할 책임이 없다.

第661조 [재보험] : 보험자는 보험사고로 인하여 부담할 책임에 대하여 다른 보험자와 재보험계약을 체결할 수 있다. 이 재보험계약은 원보험계약의 효력에 영향을 미치지 아니한다.

제662조 [소멸시효] : 보험금액이 청구권과 보험료 또는 적립금의 반환청구권은 2년, 보험료의 청구권은 1년간 행사하지 아니하면 소멸시효가 완성한다.
제663조 [보험계약자 등의 불이익변경 금지] : 이 편의 규정은 당사자간의 특약으로 보험계약자 또는 피보험자나 보험수익자의 불이익으로 변경하지 못한다. 그러나 재보험 및 해상보험 기타 이와 유사한 보험의 경우에는 그러하지 아니하다.
제664조 [상호보험에의 준용] : 이 편의 규정은 그 성질이 상반되지 아니한 한도에서 상호보험에 준용한다.

▨ 제2장 손해보험

제1절 통 칙

제665조 [손해보험자의 책임] : 손해보험계약의 보험자는 보험사고로 인하여 생길 피보험자의 재산상의 손해를 보상할 책임이 있다.
제666조 [손해보험증권] : 손해보험증권에는 다음의 사항을 기재하고 보험자가 기명날인 또는 서명하여야 한다.

1. 보험의 목적
2. 보험사고의 성질
3. 보험금액
4. 보험료와 그 지급방법
5. 보험기간을 정한 때에는 그 시기와 종기
6. 무효와 질권의 사유
7. 보험계약자의 주소와 성명 또는 상호
8. 보험계약의 연월일
9. 보험증권의 작성지와 그 작성 연월일

제667조 [상실이익 들의 불산입] : 보험사고로 인하여 상실된 피보험자가 얻을 이익이나 q수는 당사자간에 다른 약정이 없으면 보험자가 보상할 손해액에 산입하지 아니한다.
제668조 [보험계약의 목적] : 보험계약은 금전으로 산정할 수 있는 이익에 한하여 보험계약의 목적으로 할 수 있다.
제669조 [초과보험] : ① 보험금액이 보험계약의 목적의 가액을 현저하게 초과한 때에는 보험자 또는 보험계약자는 보험료와 보험금액의 감액을 청구 할 수 있다. 그러나 보험료의 감액은 장래에 대하여서만 그 효력이 있다.
② 제1항의 가액은 계약당시의 가격에 의하여 정한다.
③ 제1항의 경우에는 계약이 보험계약자의 사기로 인하여 체결된 때에는 그 계약은 무효로 한다. 그러나 보험자는 그 사실을 안 때까지의 보험료를 청구할 수 있다.
제670조 [기평가보험] : 당사자간에 보험가액을 정한 때에는 그 가격은 사고발생시의 가액으로 정한 것으로 추정한다. 그러나 가액이 사고발생시의 가액을 현저하게 초과한 때에는 사고발생시의 가액을 보험가액으로 한다.
제671조 [미평가보험] : 당사자간에 보험가약을 정하지 아니한 때에는 사고발생시의 가액을 보험가액으로 한다.
제672조 [중복보험] : ① 동일한 보험계약의 목적과 동일한 사고에 관하여 수 개의 보험계약이

동시에 또는 순차로 체결된 경우에 그 보험금액의 총액이 보험가액을 초과한 때에는 보험자는 각자의 보험금액의 한도에서 연대책임을 진다. 이 경우에는 각 보험자의 보상책임은 각자의 보험금액의 비율에 따른다.

② 동일한 보험계약의 목적과 동일한 사고에 관하여 수 개의 보험계약을 체결하는 경우에는 보험계약자는 각 보험자에 대하여 각 보험계약의 내용을 통지하여야 한다.

③ 제669조 제4항의 규정은 제1항의 보험계약에 준용한다.

제673조 [중복보험과 보험자 1인에 대한 권리포기] : 전항의 규정에 의한 수 개의 보험계약을 체결한 경우에 보험자 1인에 대한 권리의 포기는 다른 보험자의 권리의무에 영향을 미치지 아니한다.

제674조 [일부보험] : 보험가액의 일부를 보험에 붙인 경우에는 보험자는 보험금액의 보험가액에 대한 비율에 따라 보상할 책임을 진다. 그러나 당사자간에 다른 약정이 있는 때에는 보험자는 보험금액의 한도 내에서 그 손해를 보상할 책임을 진다.

제675조 [사고발생 후의 목적멸실과 보상책임] : 보험의 목적에 관하여 보험자가 부담할 손해가 생긴 경우에는 그 후 그 목적이 보험자가 부담하지 아니하는 보험사고의 발생으로 인하여 멸실된 때에도 보험자는 이미 생긴 손해를 보상할 책임을 면하지 못한다.

제676조 [손해액의 산정기준] : ① 보험자가 보상할 손해액은 그 손해가 발생한 때와 곳의 가약에 의하여 산정한다. 그러나 당사자간에 다른 약정이 있는 때에는 그 신품가액에 의하여 손해액을 산정할 수 있다.

② 제1항의 손해액의 산정에 관한 비용은 보험자의 부담으로 한다.

제677조 [보험료체납과 보상액의 공제] : 보험자가 손해를 보상할 경우에 보험료의 지급을 받지 아니한 잔액이 있으면 그 지급기일이 도래하지 아니한 때라도 보상할 금액에서 이를 공제할 수 있다.

제678조 [보험자의 면책사유] : 보험의 목적의 성질, 하자 또는 자연소모로 인한 손해는 보험자가 이를 보상할 책임이 없다.

제679조 [보험목적의 양도] : ① 피보험자가 보험의 목적을 양도한 때에는 양수인은 보험계약상의 권리와 의무를 승계한 것으로 추정한다.

② 제1항의 경우에 보험의 목적의 양도인 또는 양수인은 보험자에 대하여 지체 없이 그 사유를 통지하여야 한다.

제680조 [손해방지의무] : 보험계약자와 피보험자는 손해의 방지와 경감을 위하여 노력하여야 한다. 그러나 이를 위하여 필요 또는 유익하였던 비용과 보상액이 보험금액을 초과한 경우라도 보험자가 이를 부담한다.

제681조 [보험목적에 관한 보험대위] : 보험의 목적의 전부가 멸실한 경우에 보험금액의 전부를 지급한 보험자는 그 목적에 대한 피보험자의 권리를 취득한다. 그러나 보험가액의 일부를 보험에 붙인 경우에는 보험작 취득할 권리는 보험금액의 보험가액에 대한 비율에 따라 이를 정한다.

제682조 [제3자에 대한 보험대위] : 손해가 제3자의 행위로 인하여 생긴 경우에 보험금액을 지급한 보험자는 그 지급한 금액의 한도에서 그 제3자에 대한 보험계약자 또는 피보험자의 권리를 취득한다. 그러나 보험자가 보상할 보험금액의 일부를 지급한 때에는 피보험자의 권리를 해하지 아니하는 범위 내에서 그 권리를 행사할 수 있다.

제2절 화재보험

제683조 [화재보험자의 책임] : 화재보험계약의 보험자는 화재로 인하여 생길 손해를 보상할 책임이 있다.

제684조 [소방 등의 조치로 인한 손해의 보상] : 보험자는 화재의 소방 또는 집합 손해의 감소에 필요한 조치로 인하여 생긴 손해를 배상할 책임이 있다.

제685조 [화재보험증권] : 화재보험증권에는 제666조에 게기한 사항 외에 다음의 사항을 기재하여야 한다.

1. 건물의 보험의 목적으로 한 때에는 그 소재지, 구조와 용도
2. 동물을 보험의 목적으로 한 때에는 그 존치한 장소의 상태와 용도
3. 보험가액을 정한 때에는 그 가액

제686조 [집합보험의 목적] : 집합된 물건을 일괄하여 보험의 목적으로 한 때에는 피보험자의 가족과 사용인의 물건도 보험의 목적에 포함된 것을 한다. 이 경우에는 그 보험은 그 가족 또는 사용인을 위하여서도 체결한 것으로 본다.

제687조 [同前] : 집합된 물건을 일괄하여 보험의 목적으로 한 때에는 그 목적이 속한 물건이 보험기간 중에 수시로 대체된 경우에도 보험사로의 발생시에 현존한 물건은 보험이 목적에 포함된 것으로 한다.

제3절 운송보험

제688조 [운송보험자의 책임] : 운송보험계약의 보험자는 다른 약정이 없으면 운송인이 운송물을 수령한 때로부터 수하인에게 인도할 때까지 생길 손해를 보상할 책임이 있다.

제689조 [운송보험의 보험가액] : ① 운송물의 보험에 있어서는 발송한 때와 곳의 가액과 도착지까지의 운임 기타의 비용을 보험가액으로 한다.

② 운송물의 도착으로 인하여 얻을 이익을 약정이 있는 때에 한하여 보험가액 중에 산입한다.

제690조 [운송보험증권] : 운송보험증권에는 제666조에 게기한 사항 외에 다음의 사항을 기재하여야 한다.

1. 운송의 노순과 방법
2. 운송인의 주소와 성명 또는 상호
3. 운송물의 수령과 인도의 장소
4. 운송기간을 정한 때에는 그 기간
5. 보험가액을 정한 때에는 그 가액

제691조 [운송의 중지나 변경과 계약효력] : 보험계약은 다른 약정이 없으면 운송의 필요에 의하여 일시운송을 중지하거나 운송의 노선 또는 방법을 변경한 경우에도 그 효력을 잃지 아니한다.

제692조 [운송보조자의 고의, 중과실과 보험자의 면책] : 보험사고가 송하인 또는 수하인의 고의 또는 중대한 과실로 인하여 발생한 때에는 보험자는 이로 인하여 생긴 손해를 보상할 책임이 없다.

제4절 해상보험

제693조 [해상보험자의 책임] : 해상보험계약의 보험자는 항해사업에 관한 사고로 인하여 생길 손해를 보상할 책임이 있다.

第694조 [공동해손분담액의 보상] : 보험자는 피보험자가 지급할 공동해손의 분담액을 보상할 책임이 있다. 그러나 보험의 목적이 공동해손분담가액이 보험가액을 초과할 때에는 그 초과액에 대한 분담액은 보상하지 아니한다.

第694조의 2 [구조료의 보상] : 보험자는 피보험자가 보험사고로 인하여 발생하는 손해를 방지하기 위하여 지급할 구조료를 보상할 책임이 있다. 그러나 보험의 목적물이 구조료 분담가액이 보험가액을 초과할 때에는 그 초과액에 대한 분담액은 보상하지 아니한다.

第695조 [해상보험증권] : 해상보험증권에는 제666조에 게기한 사항 외에 다음의 사항을 기재하여야 한다.

1. 선박을 보험에 붙인 경우에는 그 선박의 명칭, 국적과 종류 및 항해의 범위
2. 적하를 보험에 붙인 경우에는 선박의 명칭, 국적과 종류, 선적항, 양륙항 및 출하지와 도착지를 정한 때에는 그 지명
3. 보험가액을 정한 때에는 그 가액

第696조 [선박보험의 보험가액과 보험목적] : ① 선박의 보험에 있어서는 보험자의 책임이 개시될 때의 선박가액을 보험가액으로 한다.

② 제1항의 경우에는 선박의 속구·연료·양식, 기타 항해에 필요한 모든 물건은 보험의 목적에 포함된 것으로 본다.

第697조 [적하보험의 보험가액] : 적하의 보험에 있어서는 선적한 때와 곳의 적하의 가액과 선적 및 보험에 관한 비용을 보험가액으로 한다.[62. 12. 12 본조 개정]

第698조 [희망이익보험의 보험가액] : 적하의 도착으로 인하여 얻을 이익 또는 보수의 보험에 있어서는 계약으로 보험가액을 정하지 아니한 때에는 보험금액을 보험가액으로 한 것으로 추정한다.

第699조 [해상보험의 보험기간의 개시] : ① 항해단위로 선박을 보험에 붙인 경우에는 보험기간은 荷物 또는 底荷의 선적에 착수한 때에 개시한다.

② 적하를 보험에 붙인경우에는 보험기간은 荷物의 선적에 착수한 때에 개시한다. 그러나 출하지를 정한 경우에는 그곳에서 운송에 착수한 때에 개시한다.

③ 荷物 또는 底荷의 선적에 착수한 후에 제1항 또는 제2항의 규정에 의한 보험계약이 체결된 경우에는 보험기간은 계약이 성립 한 때에 개시한다.

第700조 [해상보험의 보험기간의 종료] : 보험기간은 제699조 제1항의 경우에는 도착항에서 荷物 또는 底荷를 양륙한 때에, 동조 제2항의 경우에는 양륙항 또는 도착지에서 荷物을 인도한 때에 종료한다. 그러나 불가항력으로 인하지 아니하고 양륙이 지연된 때에는 그 양륙이 보통 종료될 때에 종료된 것으로 한다.

第701조 [항해변경의 효과] : ① 선박이 보험계약에 정하여진 발항항이 아닌 다른 항에서 출항한 때에는 보험자는 책임을 지지 아니한다.

② 선박이 보험계약에서 정하여진 도착항이 아닌 다른 항을 향하여 출항한 때에는 제1항의 경우와 같다.

③ 보험자의 책임이 개시된 후에 보험계약에서 정하여진 도착항이 변경된 경우에는 보험자는 그 항해의 변경이 있는 때부터 책임을 지지 아니한다.

第701조의 2 [이로] : 선박이 정당한 사유없이 보험계약에서 정하여진 항로를 이탈한 경우에는 보험자는 그 때부터 책임을 지지 아니한다. 선박이 손해발생전에 원항로로 돌아온 경우에도 같다.

第702조 [발항 또는 항해의 지연의 효과] : 피보험자가 정당한 사유 없이 발항 또는 항해를 지연한 때에는 보험자는 발항 또는 항해를 지체한 이후의 사고에 대하여 책임을 지지 아니한다.

제703조 [선박변경의 효과] : 적하를 보험에 붙인 경우에 보험계약자 또는 피보험자의 책임 있는 사유로 인하여 선박을 변경한 때에는 보험자는 그 변경 후의 사고에 대하여 책임을 지지 아니한다.

제703조의 2 [선박의 양도 등의 효과] : 선박을 보험에 붙인 경우에 다음의 사유가 있을 때에는 보험계약은 종료한다. 그러나 보험자의 동의가 있는 때에는 그러하지 아니하다.

1. 선박을 양도한 때
2. 선박의 선급을 변경한 때
3. 선박을 새로운 관리로 옮긴 때

제704조 [선박미확정의 적하예정보험] : ① 보험계약의 체결이 荷物을 적재할 선장을 지정하지 아니한 경우에 보험계약자 또는 피보험자가 그 荷物이 선적되었음을 안 때에는 지체 없이 보험자에 대하여 그 선박의 명칭, 국적과 荷物의 종류, 수량과 가액의 통지를 발송하여야 한다.

② 제1항의 통지를 해태한 때에 보험자는 그 사실을 안 날로부터 1월 내에 계약을 해지할 수 있다.

제705조 [선장변경의 효과] <삭제>

제706조 [해상보험자의 면책사유] : 보험자는 다음의 손해와 비용을 보상할 책임이 있다.

1. 선박 또는 운임을 보험에 붙인 경우에는 발항 당시 안정하게 항해를 하기에 필요한 준비를 하지 아니하거나 필요한 서류를 비치하지 아니함으로 인하여 생긴 손해
2. 적하를 보험에 붙인 경우에는 용선자, 송하인, 또는 수하인의 고의 또는 중대한 과실로 인하여 생긴 손해
3. 導船料, 입항료, 등대료, 검역료, 기타 선박 또는 적하에 관한 항해중의 통상비용

제707조 [소액의 손해나 비용에 대한 면책] <삭제>

제707조의 2 [선박의 일부손해의 보상] : ① 선박의 일부가 훼손되어 그 훼손된 부분의 전부를 수선한 경우에는 보험자는 수선에 따른 비용을 1회의 사고에 대하여 보험금액을 한도로 보상할 책임이 있다.

② 선박의 일부가 훼손되어 그 훼손된 부분의 일부를 수선한 경우에는 보험자는 수선에 따른 비용과 수선하지 아니함으로써 생긴 감가액을 보상할 책임이 있다.

③ 선박의 일부가 훼손되었거나 이를 수선하지 아니한 경우에는 보험자는 그로 인한 감가액을 보상할 책임이 있다.

제708조 [적하의 일부손해의 보상] : 보험의 목적인 적하가 훼손되어 양륙항에 도착한때에는 보험자는 그 훼손된 상태의 가액과 훼손되지 아니한 상태의 가액과의 비율에 따라 보험가액의 일부에 대한 손해를 보상할 책임이 있다.

제709조 [적하매각으로 인한 손해의 보상] : ① 항해 도중에 불가항력으로 보험의 목적인 적하를 매각한 때에는 보험자는 그 대금에서 운임, 기타 필요한 비용을 제외한 공제한 금액과 보험가액과의 차액을 보상하여야 한다.

② 제1항의 경우에 매수인이 대금을 지급하지 아니한 때에는 보험자는 그 금액을 지급하여야 한다. 보험자가 그 금액을 지급한 때에는 피보험자의 매수인에 대한 권리를 취득한다.

제710조 [보험위부의 원인] : 다음의 경우에는 피보험자는 보험의 목적을 보험자에게 위부하고 그 보험금액의 전부를 청구할 수 있다.

1. 피보험자가 보험사고로 인하여 자기의 선박 또는 적하의 점유를 상실하여 이를 회복할 가능성이 없거나 회복하기 위한 비용이 회복하였을 때의 가액을 초과하리라고 예상될 경우

2. 선박이 보험사고로 인하여 심하게 훼손되어 이를 수선하기 위한 비용이 수선하였을때의 가액을 초과하리라고 예상될 경우

3. 적하가 보험사고로 인하여 심하게 훼손되어서 이를 수선하기 위한 비용과 그 적하를 목적지까지 운송하기 위한 비용과의 합계액이 도착하는 때의 적하의 가액을 초과하리라고 상상될 경우

제711조 [선박의 행방불명] : ① 선박의 존부가 2월간 분명하지 아니한 때에는 그 선박의 행방이 불명한 것으로 본다.

② 제1항의 경우에는 전손으로 추정하다.

제712조 [대선에 의한 운송의 계속과 위부권의 소멸] : 제710조 제3호의 경우에 선장이 지체 없이 다른 선박으로 적하의 운송을 계속한 때에는 피보험자는 그 적하를 위부 할 수 없다.

제713조 [위부의 통지] : 피보험자가 위부를 하고자 할 때에는 상당한 기간 내에 보험자에 대하여 그 통지를 발송하여야 한다.

제714조 [위부권행사의 요건] : ① 위부는 무조건이어야 한다.

② 위부는 보험의 목적이 전부에 대하여 이를 하여야 한다. 그러나 위부의 원인이 그 일부에 대하여 생긴 때에는 그 부분에 대하여서만 이를 할 수 있다.

③ 보험가액의 일부를 보험에 붙인 경우에는 위부는 보험금액의 보험가액에 대한 비율에 따라서만 이를 할 수 있다.

제715조 [다른 보험계약 등에 관한 통지] : ① 피보험자가 위부를 함에 있어서는 보험자에 대하여 보험의 목적에 관한 다른 보험계약과 그 부담에 속한 채무의 유무와 그 종류 및 내용을 통지하여야 한다.

② 보험자는 제 1항의 통지를 받을 때까지 보험금액의 지급을 거부할 수 있다.

③ 보험금액의 지급에 관한 기간의 약정이 있는 때에는 그 기간은 제 1항의 통지를 받은 날로부터 기산한다.

제716조 [위부의 승인] : 보험자가 위부를 승인한 후에는 그 위부에 대하여 이의를 하지 못한다.

제717조 [위부의 불승인] : 보험자가 위부를 승인하지 아니한 때에는 피보험자는 위부의 원인을 증명하지 아니하면 보험금액의 지급을 청구하지 못한다.

제718조 [위부의 효과] : ① 보험자는 위부로 인하여 그 보험의 목적에 관한 피보험자의 모든 권리를 취득한다.

② 피보험자가 위부를 한 때에는 보험의 목적에 관한 모든 서류를 피보험자에게 교부하여야 한다.

제5절 책임보험

제719조 [책임보험자의 책임] : 책임보험계약의 보험자는 피보험자가 보험기간중의 사고로 인하여 제3자에게 배상할 책임을 진 경우에는 이를 보상할 책임이 있다.

제720조 [피보험자가 지출한 방어비용의 부담] : ① 피보험자가 제3자의 청구를 방어하기 위하여 지출한 재판상 또는 재판 외의 필요비용은 보험의 목적에 포함된 것으로 한다. 피보험자는 보험자에 대하여 그 비용의 지급을 청구할 수 있다.

② 피보험자가 담보의 제공 또는 공탁으로서 재판의 집행을 면할 수 있는 경우에는 보험자에 대하여 보험금액의 한도 내에서 그 부보의 제공 또는 공탁을 청구할 수 있다.

③ 제1항 또는 제2항의 행위가 보험자의 지시에 의한 것인 경우에는 그 금액의 손해액을 가산한 금액이 보험금액을 초과하는 때에는 보험자가 이를 부담하여야 한다.

제721조 [영업책임보험의 목적] : 피보험자가 운영하는 사업에 관한 책임을 보험의 목적으로 한 때에는 피보험자의 대리인 또는 그 사업감독자의 제3자에 대한 책임도 보험의 목적에 포함된 것으로 한다.

제722조 [피보험자의 사고통지의무] : 보험자가 제3자로부터 배상의 청구를 받은 때에는 지체 없이 보험자에게 그 통지를 발송하여야 한다.

제723조 [피보험자의 변제 등의 통지와 보험금액의 지급] : ① 피보험자가 제3자에 대하여 변제·승인·화해 또는 재판으로 인하여 채무가 확정된 때에는 지체 없이 보험자에게 그 통지를 하여야 한다.

② 보험자는 특별한 기간의 약정이 없으면 전항의 통지를 받은 날로부터 10일 내에 보험금액을 지급하여야 한다.

③ 피보험자가 보험자의 동의 없이 제3자에 대하여 변제·승인 또는 화해를 한 경우에는 보험자가 그 책임을 면하게 되는 합의가 있는 때에도 그 행위가 현저하게 부당한 것이 아니면 보험자는 보상할 책임을 면하지 못한다.

제724조 [보험자와 제3자와의 관계] : ① 보험자는 피보험자가 책임을 질 사고로 인하여 생긴 손해에 대하여 제3자가 그 배상을 받기 전에는 보험금액의 전부 또는 일부를 피보험자에게 지급하지 못한다.

② 제2자는 피보험자가 책임을 질 사고로 인하여 생긴 손해에 대하여 보험금액의 한도 내에서 보험자에게 직접 배상을 청구할 수 있다.

③ 보험자가 제2항의 규정에 의한 청구를 받은 때에는 지체 없이 피보험자에게 이를 통지하여야 한다.

④ 제2항의 경우에 피보험자는 보험자의 요구가 있을 때에는 필요한 서류·증거의 제출, 증언 또는 증인의 출석에 협조하여야 한다.

제725조 [수 개의 책임보험] : 피보험자가 동일한 사고로 제3자에게 배상책임을 짐으로써 입은 손해를 보상하는 수 개의 책임보험계약이 동시 또는 순차로 체결된 경우에 그 보험금액이 피보험자의 제3자에 대한 손해배상액을 초과하는 때에는 제672조와 제673조의 구정을 준용한다.

제6절 자동차보험

제726조 [재보험에의 적용] : 이 절의 규정은 재보험계약에 준용한다.

제726조의 2 [자동차보험자의 책임] : 자동차보험계약의 보험자는 피보험자가 자동차를 소유·사용 또는 관리하는 동안에 발생한 사고로 인하여 생긴 손해를 보상할 책임이 있다.

제726조의 3 [자동차보험증권] : 자동차보험증권에는 제666조에 게기한 사항 외에 다음의 사항을 기재하여야 한다.

1. 자동차소유자와 그 밖의 보험자의 성명과 생년월일 또는 상호
2. 피보험자동차의 등록번호, 차대번호, 차형연식, 기계장치
3. 차량가약을 정한 때에는 그 가액

제726조의 4 [자동차의 양도] : ① 피보험자가 보험기간중에 자동차를 양도한 때에는 양수인은 보험자의 승인을 얻은 경우에 한하여 보험계약으로 인하여 생긴 권리와 의무를 승계한다.

② 보험자가 양수인으로부터 양수사실을 통지받은 때에는 지체 없이 낙부를 통지하여야 하고 통지받은 날부터 10일 내에 낙부의 통지가 없을 때에는 승낙한 것으로 본다.

▨ 제3장 인보험

제1절 통 칙

제727조 [인보험자의 책임] : 인보험계약의 보험자는 생명 또는 신체에 관하여 보험 사고가 생길 경우에 보험계약의 정하는 바에 따라 보험금액 기타의 급여를 할 책임이 있다.

제728조 [인보험증권] : 인보험증권에는 제666조에 게기한 사항 외에 다음의 사항을 기재하여야 한다.

1. 보험계약의 종류
2. 피보험자의 주소 · 성명 생년월일
3. 보험수익자를 정한 때에는 그 주소 · 성명 생년월일

제729조 [제3자에 대한 보험대위의 금지] : 보험자는 보험사고로 인하여 생긴 보험계약자 또는 보험수익자의 제3자에 대한 권리를 대위하여 행사하지 못한다. 그러나 상해보험계약의 경우에 당사자간에 다른 약정이 있는 때에는 보험자는 피보험자의 권리를 해하지 아니하는 범위 안에서 그 권리를 대위하여 사용할 수 있다.

제2절 생명보험

제730조 [생명보험자의 책임] : 생명보험계약의 보험자는 피보험자의 생명에 관한 보험 사고가 생길 경우에 약정한 보험금액을 지급할 책임이 있다.

제731조 [타인의 생명의 보험] : ① 타인의 사망을 보험사고로 하는 보험계약에는 보험 계약체결시에 그 타인의 서면에 의한 동의를 얻어야 한다.

② 보험계약으로 인하여 생긴 권리를 피보험자가 아닌 자에게 양도하는 경우에도 제1항과 같다.

제732조 [15세 미만자 등에 대한 계약의 금지] : 15세 미만자, 심신상실자 또는 심신 박약자의 사망을 보험사고로 한 보험계약은 무효로 한다.

제732조의 2 [중과실로 인한 보험사고] : 사망을 보험사고로 한 보험계약에는 사고가 보험계약자 또는 피보험자나 보험수익자의 중대한 과실로 인하여 생긴 경우에도 보험자는 보험금액을 지급할 책임을 면하지 못한다.

제733조 [보험수익자의 지정 또는 변경의 권리] : ① 보험계약자는 보험수익자를 지정 또는 변경할 권리가 있다.

② 보험계약자가 제1항의 지정권을 행사하지 아니하고 사망한 때에는 보험수익자의 권리가 확정된다. 그러나 보험계약자가 사망한 경우에는 그 승계인이 지1항의 권리를 사용할 수 있다는 약정이 있는 때에는 그러하지 아니하다.

③ 보험수익자가 보험존속중에 사망한 때에는 보험계약자는 다시 보험수익자를 지정할 수 있다. 이 경우에 보험계약자가 지정권을 사용하지 아니하고 사망한 때에는 보험수익자의 상속인을 보험수익자로 한다.

④ 보험계약자가 제2항과 제3항의 지정권을 사용하기 전에 보험사고가 생긴 경우에는 피보험자 또는 보험수익자의 상속인을 보험수익자로 한다.

제734조 [보험수익자지정권 등의 통지] : ① 보험계약자가 계약체결 후에 보험수익자를 지정 또는 변경할 때에는 보험자에 대하여 그 통지를 하지 아니하면 이로써 보험자에게 대항

하지 못한다.

② 제731조 제1항의 규정은 제1항의 지정 또는 변경에 준용한다.

제735조 [양노보험] : 피보험자의 사망을 보험사고로 한 보험계약에는 사고의 발생없이 보험기간이 종료한 때에도 보험금액을 지급할 것을 약정할 수 있다.

제735조의 2 [연금보험] : 생명보험계약의 보험자는 피보험자의 생명에 관한 보험사고가 생긴 때에 약정에 따라 보험금액을 연금으로 분할하여 지급할 수 있다.

제735조의 3 [단체보험] : ① 단체가 규약에 따라 구성원의 전부 또는 일부를 피보험자로 하는 생명보험계약을 체결하는 경우에는 제731조를 적용하지 아니한다.

② 제1항의 보험계약이 체결된 때에는 보험자는 보험계약자에 대해서만 보험증권을 교부한다.

제736조 [보험적립금반환의무 등] : 제649조 내지 제665조의 규정에 의하여 계약이 해지된 때, 제660조의 규정에 의하여 보험금액의 지급책임이 면제된 때에는 보험자는 보험수익자를 위하여 적립한 금액을 보험계약자에게 지급하여야 한다. 그러나 다른 약정이 없으며 제659조 제1항의 보험사고가 보험계약자에 의하여 생긴 경우에는 그러하지 아니하다.

제3절 상해보험

제737조 [상해보험자의 책임] : 상해보험계약의 보험자는 신체의 상해에 관한 보험사고가 생길 경우에 보험금액 기타의 급여를 할 책임이 있다.

제738조 [상해보험증권] : 상해보험의 경우에 피보험자와 보험계약자가 동일인이 아닐 때에는 그 보험증권 기재사항 중 제728조 제2호에 게기한 사항에 갈음하여 피보험자의 직무 또는 직위만을 기재할 수 있다.

제739조 [준용규정] : 상해보험에 관하여는 제732조를 제외하고 생명보험에 관한 규정을 준용한다.

4. 보 험 업 법

▨ 제6장 보험모집

제1절 총 칙

제87조 [보험중개인의 허가 및 보험대리점 등록의 제한] : ① 규칙 제47조의2제5호에서 기타 공정한 보험거래질서확립 및 보험대리점육성에 저해된다고 금융감독위원회가 인정하는 자는 다음 각 호와 같다.

1. 비영리법인 또는 단체와 이에 소속된 임직원
2. 손해보험대리점의 경우 자동차운수사업법 제2조제2호의 규정에 의한 자동차운송사업자와 이에 소속된 임직원
3. 방문판매 등에 관한 법률에 의하여 등록된 다단계판매업자 및 이에 소속된 임직원
4. 손해보험대리점의 경우 자동차제조업자 또는 자동차판매업자(다만, 중고차 또는 수입차 판매업자는 제외한다.) 등 보험판매와 밀접한 관련이 있는 법인 또는 단체<신설 98. 7. 10>

5. 기타 보험대리점의 건전한 발전과 공정한 경쟁에 저해된다고 감독원장이 인정하는 자 <신설 98. 7. 10>

② 제1항의 규정은 보험중개인의 허가에 대하여 이를 준용한다. 이 경우 제2호의 "손해보험대리점"은 "손해보험중개인"으로 본다.

第88조 [보험계약체결의 승인신청] : 영 제11조제5호의 규정에 의하여 보험계약체결의 승인을 얻고자 하는 자는 신청서에 다음 각 호의 서류를 첨부하여 감독원장에게 신청하여야 한다.

1. 보험계약의 약관
2. 보험계약청약서 사본
3. 인 보험계약(단체 인 보험계약을 제외한다)인 경우에는 당해 피보험자의 신체상황을 기재한 서류, 손해보험계약인 경우에는 당해 보험목적의 도면청사진 기타 이를 확인할 수 있는 서류
4. 기타 참고서류

제2절 보험대리점

第89조 [보험대리점의 종류와 영업범위] : ① 영 제27조제2항 규정에 의하여 금감위가 정하는 보험대리점의 영업범위는 다음 각 호와 같다.

1. 인보험대리점 : 생명보험 전종목
2. 손해보험 초급대리점 : 화재보험, 자동차보험, 보증보험, 운송보험, 상해보험, 배상책임보험, 도난보험, 종합보험(다만, 상급대리점만이 취급할 수 있는 보험물건이 포함된 것은 제외한다.), 장기손해보험 및 기타 특종보험중 가계성 보험
3. 손해보험 일반대리점 : 적하보험, 선박보험, 항공보험 및 원자력보험을 제외한 전 손해보험 종목
4. 손해보험총괄대리점 : 손해보험 전종목

第90조 [보험대리점의 영업보증금] : 영 제29조제1항의 규정에서 보험대리점의 영업보증금에 대하여 보험대리점의 구분 및 영업범위를 참작하여 금감위가 정하는 금액이라 함은 다음 각 호와 같다.

1. 인보험대리점 : 개인 200만원, 법인 500만원
2. 손해보험초급대리점 : 개인 200만원, 법인 400만원
3. 손해보험일반대리점 : 개인 250만원, 법인 500만원
4. 손해보험총괄대리점 : 개인 500만원, 법인 800만원

제3절 보험중개인

第91조 [보험중개인 시험의 시험과목 및 방법] : ① 영 제30조의2제1항의 규정에 의한 보험중개인 시험의 과목 및 각 과목별 배점은 별표 2와 같다.

② 보험중개인 시험은 선택형, 논문형 또는 기입형을 같이 실시할 수 있다.

③ 보험중개인 시험은 매년 1회 실시함을 원칙으로 한다. 다만, 감독원장이 보험중개인의 수급상 필요하다고 인정하는 경우에는 년 2회 실시할 수 있다.

④ 보험중개인 시험의 합격자 결정은 매과목별 100분의 40이상을 득점하고, 전과목 배점

합계의 100분의 60이상을 득점한자를 합격자로 한다. 다만, 감독원장이 미리 합격예정인원을 공고한 경우에는 매 과목별 배점의 100분의 40이상을 득점한 자 중에서 전과목 총득점에 의한 고득점자순으로 합격예정인원의 범위내에서 합격자를 결정할 수 있으며, 동점자로 인하여 합격예정인원이 초과되는 경우에는 동점자 모두를 합격자로 하되, 동점자의 점수계산은 소수점이하 둘째 자리까지 계산한다.

⑤ 감독원장은 보험중개인 시험을 실시하고자 할 때에는 다음 각호의 사항을 시험실시 30일전까지 서울특별시에서 발간하는 2이상의 일간지에 공고하여야 한다.

1. 시험 일시 및 장소
2. 시험 방법 및 과목
3. 응시자격 및 그 절차
4. 기타 필요한 사항

⑥ 보험중개인 시험에 응시하고자 하는 자는 감독원장이 정하는 시험수수료를 감독원에 현금으로 납부하여야 하며, 시험수수료는 응시자가 시험에 응시하지 아니한 경우에도 이를 반환하지 아니한다.

⑦ 감독원장은 보험중개인 시험의 실시에 필요한 세부사항을 정할 수 있다.

第92조 [연수기관 등] : ① 영 제30조의2 제1항 제1호의 규정에 의한 금감위가 정하는 연수기관은 보험연수원과 기타 감독원장이 인정하는 연수기관으로 한다.

② 제1항의 연수기관은 연수교육의 실질적인 수업시간을 85시간이상으로 하여야 한다.

③ 영 제30조의2 제1항 제2호 및 동조 제4항의 규정에서 "금감위가 인정하는 기관"이라 함은 법 제5조의 규정에 의하여 허가 받은 보험사업자, 법 제150조의2에 의하여 허가 받은 법인보험중개인, 각각 2이상의 인보험사업자 또는 손해보험사업자(보증보험사업자는 제외한다)와 대리점계약을 체결하고 있는 법인보험대리점, 감독원, 보험개발원, 대한손해보험협회, 생명보험협회, 한국화재보험협회, 기타 감독원장이 인정하는 기관을 말한다

④ 대한민국외의 국가에서 제3항에서 정한 기관과 동등하다고 감독원장이 인정하는 기관에서 인보험 또는 손해보험업무에 5년이상 종사하였음을 당해 국가의 권한있는 기관 또는 당해 국가주재 대한민국 영사의 확인을 받아 제출한 경우에도 영 30조의2 제1항 제2호의 요건을 충족한 것으로 본다.

第93조 [인보험중개인과 손해보험중개인의 겸업] : ① 법 제150조의2 제1항의 규정에 의하여 감독원장이 실시하는 인보험중개인시험과 손해보험중개인시험에 각각 합격한 자로서 인보험중개인과 손해보험중개인을 겸하고자 하는 자는 각각의 허가를 얻은 후 감독원장이 정하는 보험중개인 겸업신고서에 각각의 허가증사본을 첨부하여 감독원장에게 신고하여야 한다.

② 제1항의 규정에 의하여 인보험중개인과 손해보험중개인을 겸하고자 하는 법인은 영 제30조의2 제2항의 요건을 인보험, 손해보험별로 이를 각각 갖추어야 한다.

第94조 [보험중개인의 업무범위] : ① 보험중개인은 그 종류별로 영 제30조의3의 규정에 의한 보험계약체결의 중개와 그에 부수하는 위험관리자문을 할 수 있다.

② 제1항에서 "위험관리자문"이라 함은 보험계약체결의 중개에 부수하여 고객의 위험을 확인 · 평가 · 분석하고, 보험계획 또는 설계에 대한 검토와 검증을 하며, 그에 대한 권고 또는 조언(보험금청구에 대한 조언 및 청구대행을 포함한다)을 하는 것을 말한다.

第95조 [임원 또는 사용인] : ① 보험중개인은 법 제150조의2 제2항 제1호 내지 제4호의 1에 해당하는 자를 그 임원으로 선임하거나 영 제30조의2 제5항의 "업무보조자(사용인으로서 보험중개업무에 종사하는 자를 말한다)" 또는 기타 사용인으로 고용할 수 없다.

② 보험중개인은 보험중개업무에 종사하고자 하는 임원과 업무보조자를 감독원장에게 신고하여야 한다.

③ 제2항의 규정에 의하여 신고된 보험중개인의 임원과 업무보조자는 다른 보험중개인의 대표자와 임원 또는 업무보조자를 겸직할 수 없다.

第96조 [지점의 설치 또는 폐쇄] : ① 법인인 보험중개인이 지점을 설치하고자 할 때에는 감독원장에게 신고서와 지점장이 유자격자임을 증명하는 서류를 제출하여야 한다.

② 보험중개인의 지점에는 지점장을 두어야 하며, 지점장은 법 제150조의2 제1항의 규정에 의한 시험에 합격한 자이어야 한다.

③ 보험중개인은 다음 각 호의 1에 해당하게 된 때에는 지점을 폐쇄하여야 한다.

1. 지점설치 신고 후 6월내에 영업을 개시하지 아니한 때
2. 법인보험중개인이 업무를 폐지하고 개인보험중개인으로 인격을 변경한 때
3. 지점장의 결원을 3월내에 충원하지 아니한 때

④ 보험중개인이 제3항의 규정에 의하여 지점을 폐쇄하였을 때에는 폐쇄한 날부터 7일내에 감독원장에게 신고하여야 한다.

第97조 [모집질서확립] : ① 보험중개인은 보험사업자와 그 임 · 직원, 보험모집인에 대하여 보험모집을 위탁하거나 보험계약체결의 중개와 관련한 수수료 · 보수 기타의 대가를 지급하여서는 아니 된다.

② 보험사업자와 그 임 · 직원 및 보험모집인은 보험중개인에 대하여 보험모집을 위탁할 수 없다.

③ 보험중개인은 보험사업자와 그 임 · 직원, 보험모집인 및 보험대리점과 동일계약을 공동으로 취급할 수 없다.

④ 보험중개인은 부당한 보험중개행위나 과당경쟁을 하여서는 아니 되며, 보험가입자에게 보험약관의 내용을 정확하게 인식시켜 보험민원 · 분쟁의 소지가 없도록 하여야 한다.

⑤ 보험중개인은 최소한 3이상의 보험사업자와 거래하여야 하며, 사업년도를 기준으로 특정 보험사업자와의 보험중개와 관련된 총수입금액이 당해 보험중개인이 보험중개와 관련하여 수수한 총수입금액의 100분의 35를 초과하지 아니하여야 한다.

⑥ 제5항의 규정과 달리 3미만의 보험사업자와 거래하거나 특정 보험사업자와의 보험중개와 관련된 총수입금액이 보험중개관련 총수입금액의 100분의 35를 초과하여 거래하는 보험중개인은 그 거래의 정당성에 대한 의견을 서면으로 작성하여 매사업년도 종료 후 2월내에 감독원장에게 제출하여야 한다.

第98조 [영업보증금의 산출기준] : ① 규칙 제49조의6의 규정에 의한 보험중개인의 사업년도는 매년 1월 1일부터 12월 31일까지로 한다.

② 규칙 제49조의6의 규정에 의한 "보험중개와 관련한 총수입금액"이란 당해 보험중개인이 보험계약체결의 중개와 관련하여 받은 수수료 · 보수 기타의 대가를 합한 금액으로 한다.

第99조 [영업보증금의 예탁방법 등] : ① 영 제30조의7제1항 제1호의 규정에 의한 "한국증권거래소에 상장된 유가증권중 금감위가 인정하는 유가증권"이란 다음 각 호와 같다.

1. 국채, 지방채, 특별법의 규정에 의하여 설립된 법인이 발행하는 채권 및 증권거래법에 의하여 모집 또는 매출하는 채권
2. 증권투자신탁업법의 규정에 의한 공사채형 수익증권
3. 신탁업법에 의하여 신탁회사가 발행하는 공사채형 수익증권

② 영 제30조의7제1항 제2호의 규정에 의한 "금감위가 인정하는 보증보험증권"이란 감독원장을 피보험자로 하는 인허가 보증보험으로서 국내 보증보험사업자가 판매하는 "보

험중개인 인허가보증보험"을 말한다.

③ 영 제30조의7 제1항 제3호의 규정에 의한 "금감위가 지정하는 지급보증을 할 수 있는 기관"이란 은행법 제2조 제2항의 규정에 의한 금융기관을 말한다.

제100조 [영업보증금의 관리운용] : 감독원장은 영 제30조의6제3항의 규정에 의하여 예탁받은 영업보증금의 관리운용에 관한 사항을 정하여 운용하고, 그 운용상황을 매년 당해 보험중개인에게 통지하여야 한다.

제101조 [영업보증금 감액신청서 첨부서류] : 보험중개인은 영 제30조의8 제2항의 규정에 의하여 영업보증금의 감액을 신청하고자 할 경우에는 그 신청서에 다음 각호의 서류를 첨부하여 제출하여야 한다.

1. 배상책임보험증권 사본
2. 기타 신청서 사항을 설명하는데 필요한 서류

제102조 [결약서 기재사항] : 영 제30조의12제1항제1호의 규정에 의한 결약서는 다음 각호의 내용을 기재하여야 한다.

1. 보험중개인의 상호 또는 명칭, 주소 및 대표자의 성명
2. 보험중개인의 허가번호
3. 인수보험사업자의 상호 또는 명칭 및 주소
4. 보험계약자, 피보험자 및 보험금을 수취하여야 할 자의 상호 또는 명칭, 성명
5. 보험계약체결일
6. 보험계약의 종류 및 그 내용
7. 보험의 목적 및 그 가액
8. 보험가입금액
9. 보험기간의 시기와 종기
10. 보험료 및 그 납부방법

제103조 [겸영금지의 범위] : 보험중개인은 법 제150조의3 제3항의 규정에 의한 겸영금지대상과 다음 각 호의 행위를 할 수 없다.

1. 상호출자
2. 금전, 물품, 정보 등의 편의제공. 이 경우 "편의제공"이란 금전, 물품, 역무, 고객으로부터 얻은 정보(단, 사전에 당해 고객의 개별 동의가 있는 경우는 제외한다)를 제공하는 것을 말한다.
3. 사무실의 공동사용. 이 경우 "사무실의 공동사용"이란 같은 사무실을 사용하거나 사무실이 동일 건물내에 설치되어 있어 고객에게 같은 사무실이라는 혼동이 생길 수 있도록 되어 있는 상태를 말한다.
4. 인사교류. 이 경우 "인사교류"란 사용인 또는 임·직원을 파견(단, 퇴직자의 경우는 제외한다)하는 것을 말한다.

제104조 [계산서류 등] : 보험중개인은 다음 각 호의 서류를 작성하여 매 사업년도 종료 후 2월내에 보험감독원장에게 제출하여야 한다.

1. 사업보고서
2. 대차대조표
3. 손익계산서
4. 법인인 경우 이익잉여금처분계산서 또는 결손금처리계산서

제105조 [자기보험중개인계약의 범위] : ① 개인보험중개인이 다음 각 호의 자를 보험계약자 또는 피보험자로 하는 보험계약의 체결을 중개한 때에는 법 제153조 제2항의 규정에 의

한 자기보험중개인계약으로 본다.
1. 보험중개인 본인
2. 본인과 생계를 같이하는 친족
3. 본인을 고용하고 있는 개인 및 본인이 상근임원으로 있는 법인 또는 단체
4. 본인이 고용하고 있는 개인 또는 본인이 대표자로 있는 법인
5. 본인과 생계를 같이하는 2촌이내의 친족, 본인의 배우자 또는 배우자의 2촌 이내의 친족이 상근임원으로 있는 법인

② 법인보험중개인이 다음 각 호의 자를 보험계약자 또는 피보험자로 하는 보험계약의 체결을 중개한 때에는 법 제153조 제2항의 규정에 의한 자기보험중개인계약으로 본다.
1. 당해 법인
2. 보험중개인과 임직원의 겸무관계(비상근자, 파견자, 퇴직후 3년미만인 자를 포함한다)가 있는 법인
3. 대표자를 고용하고 있는 개인 또는 법인
4. 당해 법인에 대한 출자비율이 100분의 30을 초과하는 자

③ 제2항 제4호의 규정에 의한 출자비율은 출자자가 개인인 경우에는 당해 개인 및 당해 개인과 생계를 같이하는 친족의 출자비율을 합산한 율을 말하고, 법인인 경우에는 당해 법인 및 당해 법인의 관계법인(당해 법인과 그 임직원의 출자 비율의 합이 100분의 30을 초과하는 법인을 말한다)과 그들의 임 · 직원의 출자비율을 합산한 율을 말한다.

④ 제1항 및 제2항에서 규정하고 있는 보험중개인이 중개한 자기 또는 자기를 고용하고 있는 자를 보험계약자 또는 피보험자로 하는 보험의 보험료의 누계액과 당해 보험중개인이 중개한 보험의 보험료 누계는 직전 사업년도 1년간의 해당 보험료의 누계액을 기준으로 계산한다.

제106조 [보험중개 수수료등의 청구] : ① 보험중개인은 보험계약체결의 중개와 관련하여 영업보험료의 일정율로 표시되는 수수료 · 보수 기타의 대가를 보험사업자에게 청구하여야 하며, 보험계약자에게 청구하여서는 아니 된다.

② 보험중개인은 제1항의 규정에도 불구하고 보험계약 체결의 중개와는 별도로 보험계약자 등에게 제공한 서비스의 대가로 일정금액으로 표시되는 보수 및 기타의 대가를 청구하고자 하는 경우에는 사전에 보험계약자 등과 합의한 서면약정서에 의한 경우에 한하여 보험계약자 등에게 직접 청구할 수 있다.

③ 보험중개인이 제2항의 규정에 의한 보수 및 기타의 대가를 직접 보험계약자 등에게 청구하기 위해서는 제공할 서비스별 내역이 표시된 보수명세표를 당해 서비스를 제공하기 전에 보험계약자 등에게 알려야 한다.

제107조 [보험중개계좌의 개설 및 신고] : ① 보험중개인은 영업개시와 동시에 보험계약체결의 중개수수료의 수수, 보험사업자에 대한 보험료의 지급 등 보험중개업무와 관련된 모든 자금거래를 취급할 전용계좌(이하 "동 계좌"라 한다)를 개설하고 이를 즉시 감독원장에게 신고(동 계좌를 변경하거나 폐지한 경우를 포함한다)하여야 한다.

② 보험중개인은 보험중개업무와 관련하여 수수한 모든 수입(보험료를 포함한다)을 수령하는 즉시 동 계좌에 입금하여야 한다.

③ 보험중개인은 보험계약체결의 중개와 관련하여 보험계약자로부터 받은 보험료를 당일 보험사업자에게 지급하여야 한다. 다만, 보험사업자와 특약을 체결한 경우는 그 날을 달리 정할 수 있다.

④ 보험중개인은 동 계좌에서 보험계약체결의 중개와 기타 보험계약자 등에게 제공한

서비스에 대한 대가로 수수하는 수수료·보수 등과 동 계좌에서 발생하는 이자, 동 계좌 유지를 위한 필요자금, 착오로 동 계좌에 입금된 금액을 인출하는 경우 그 인출의 근거서류(수수료 인출의 경우 계약서상의 수수료율과 해당 보험계약의 계약체결완료 증빙서류 등 을 말한다)를 갖춰 놓아야 한다.

⑤ 보험중개인은 동 계좌를 통해서만 피보험자와 보험사업자에게 보험중개업무와 관련한 지급을 할 수 있다.

제108조 [허가의 취소 등] : ① 감독원장은 보험중개인이 다음 각 호의 1에 해당하게 된 때에는 허가의 취소 또는 업무의 정지 등 필요한 조치를 취 할 수 있다.

1. 법 제150조 4 규정에 해당된 때
2. 법 제151조 규정에 의한 검사결과 위법부당한 행위를 한 사실이 확인된 때
3. 법 제152조 규정에 의한 금감위의 명령을 위반한 때
4. 영 제30조6 및 제30조 7 규정을 위반한 때
5. 법 규칙 제49조 2 규정에 의한 보험중개인 허가신청시 서면으로 제출한 사항을 허위로 기재한 사실이 판명된 때
6. 영 제30조 2 규정에 위배되어 생긴 유자격자의 결원을 6월내에 보충하지 아니한 때
7. 제104조 규정에 의한 계산서류 등의 제출의무를 위반한 때
8. 법 제154조제1항의 규정에 의한 각종 신고시 서면으로 제출한 사항을 허위로 기재한 사실이 판명된 때
9. 부정한 방법으로 보험중개인 시험에 합격한 때
10. 기타 법·영·규칙과 이 규정에 의한 각종 의무를 위반한 때

② 감독원장은 제1항의 규정에 의하여 허가의 취소 또는 업무의 정지등의 조치를 취하고자 할 때에는 당해 보험중개인에 대하여 해명의 기회를 주어야 한다.

③ 감독원장은 제1항의 규정에 의하여 허가가 취소되거나 업무정지 처분을 받은 보험중개인 및 행위자에 대한 명단을 수시로 공표하고, 보험사업자에게 통보할 수 있다.

제4절 보 칙

제109조 [보험모집에 관한 업무위탁] : 보험모집에 관한 다음 각 호의 1에 해당하는 금감위의 업무는 법 제209조제1항의 규정에 의하여 감독원장에게 위탁한다.

1. 법 제149조 제1항·제2항 및 영 제29조 제3항의 규정에 의한 보험대리점 등록 및 영업보증금을 예탁 받는 기관의 지정에 관한 사항
2. 법 제150조의 규정에 의한 보험대리점의 등록취소에 관한 사항
3. 법 제150조의2제1항 및 영 제30조의5제2항의 규정에 의한 보험중개인 허가 및 허가갱신에 관한 사항
4. 법 제150조 4의 규정에 의한 보험중개인의 허가취소에 관한 사항
5. 법 제151조 규정에 의한 보험대리점 및 보험중개인에 대한 보고에 관한 사항
6. 법 제152조 규정에 의한 보험대리점 및 보험중개인에 대한 감독명령에 관한 사항
7. 법 제154조의 규정에 의한 보험대리점 및 보험중개인의 신고에 관한 사항
8. 법 제155조의 규정에 의한 보험안내자료에 관한 사항
9. 영 제11조 제1항 제5호의 규정에 의한 외국보험사업자의 보험계약체결 승인에 관한 사항
10. 영 제29조 제2항 규정에 의한 보험대리점 영업보증금의 증액명령에 관한 사항

11. 영 제30조 제3항 규정에 의한 보험대리점 영업보증금의 보전결과 보고에 관한 사항
12. 영 제30조의6의 규정에 의한 보험중개인 영업보증금에 관한 사항
13. 규칙 제48조제1항의 규정에 의한 보험대리점의 연수기관 승인에 관한 사항
14. 규칙 제49조제3항의 규정에 의한 보험대리점의 등록말소에 관한 사항
15. 규칙 제49조의3의 규정에 의한 보험중개인 허가증에 관한 사항

5. 제조물책임법규

제조물책임법안(재정경제부 입법 예고안)

제1조 [목적] : 이 법은 제조물의 결함으로 인하여 발생한 손해에 대하여 제조자 등의 배상책임을 정함으로써 피해자의 구제를 도모하고 국민생활의 안정과 국민경제의 건전한 발전에 기여함을 목적으로 한다.

제2조 [무과실책임] : 제조자 등은 제조물의 결함으로 인하여 생명, 신체 또는 재산에 손해를 입은 자에게 그 손해를 배상할 책임을 진다. 다만, 그 손해가 해당 제조물에 대해서만 발생한 경우에는 그러하지 아니하다.

제3조 [제조물] : 이 법에서 "제조물"이라 함은 제조 또는 가공된 동산을 말한다.

제4조 [제조자 등] : 이 법에서 "제조자 등"이라 함은 다음 각 호의 1에 해당하는 자를 말한다.

1. 원재료, 부품 또는 완성품을 제조·가공한 자
2. 제조물에 성명·상호·상표 및 기타 식별 가능한 기호 등을 사용함으로써 자신을 제조자로 표시한 자 또는 제조자로 오인시킬 수 있는 표시를 한 자
3. 판매 또는 대여 등을 목적으로 제조물을 유입한 자
4. 본 건 1호 내지 3호에서 규정한 자를 알 수 없는 경우에는 당해 제조물의 공급자

제5조 [결함] : 이 법에서 "결함"이라 함은 다음 각 호의 사항을 포함한 모든 사정을 고려하여 당해 제조물에서 통상적으로 기대할 수 있는 안전성을 결여하고 있는 것을 말한다.

1. 당해 제조물의 성질, 사용방법 등에 대한 설명·지시·경고 기타의 표시
2. 합리적으로 예상할 수 있는 당해 제조물의 사용
3. 제조자 등이 당해 제조물을 유통시킨 시기

제6조 [연대책임] : 동일한 손해에 대하여 배상할 책임이 있는 자가 2인 이상 있는 때에는 각 자는 연대하여 그 손해를 배상할 책임을 진다.

제7조 [면책사유] : ① 제조자 등이 다음 각 호의 1을 입증한 경우에는 제2조의 규정에 의한 손해배상책임을 면한다.

1. 제조자 등이 당해 제조물을 유통시키지 아니한 사실
2. 제조자 등이 당해 제조물을 유통시킨 시점에는 결함이 없었다는 사실 또는 그 결함이 그 후에 발생하였다는 사실
3. 당해 제조물이 영리를 목적으로 제조·가공된 것이 아니라는 사실과 판매 또는 대여 등의 목적으로 유통된 것이 아니라는 사실
4. 당해 제조물의 결함이 법률이 정하는 강제기준을 준수함으로써 발생하였다는 사실
5. 제조자 등이 당해 제조물을 유통시킨 시점이 과학·기술수준으로는 결함의 존재를 발견할 수 없었다는 사실

6. 부품제조자의 경우는 그 부품을 조립한 완성품의 설계 또는 완성품 제조자의 지시로 인하여 결함이 발생하였다는 사실

② 제4조 4호의 규정에 의한 공급자가 상당한 기간내에 피해자 또는 그 법정대리인에게 제4조 1호 내지 3호에 규정한 자 또는 당해 제조물을 자기에게 판매한 자를 고지한 경우에는 제2조의 규정에 의한 손해배상책임을 면한다.

제8조 [과실상계] : 손해의 발생에 관하여 피해자에게 과실이 있는 때에는 법원은 손해배상의 책임 및 금액을 정함에 있어서 이를 참작하여야 한다.

제9조 [면책특약의 금지] : 법에 의한 제조자 등의 배상책임을 배제하거나 제한하는 특약은 무효로 한다.

제10조 [소멸시효] :

① 이 법에 의한 손해배상의 청구권은 피해자 또는 그 법정대리인이 손해 및 제조자 등을 안 때로부터 3년간 이를 행사하지 아니하면 시효로 인하여 소멸한다.

② 이 법에 의한 손해배상의 청구권은 제조자 등이 손해를 발생시킨 제조물을 유통시킨 때로부터 10년 내에 행사하여야 한다. 다만, 이 기간은 신체에 누적된 경우에 사람의 건강을 해하는 물질에 의해 손해 또는 일정한 잠복기간이 경과한 후에 증상이 나타나는 손해에 대하여는 그 손해가 발생한 때로부터 기산한다.

제11조 [타법과의 관계] : 제조물의 결함에 의한 제조자 등의 손해배상책임에 관하여 이 법에 규정된 것을 제외하고는 민법의 규정에 의한다. 다만, 민법 이외의 법률에 다른 규정이 있을 때에는 그 규정에 의한다.

부 칙

제1조 [시행시기] : 이 법은 공포한 날로부터 1년이 경과한 날로부터 시행한다.

제2조 [경과규정] : 이 법은 이 법의 시행 후에 제조자 등이 유통시킨 제조물에 대하여 적용한다.

SHIPPER'S INTEREST INSURANCE POLICY

Named Insured and Address

In consideration of the stipulations herein named, and payment of permiums as hereafter provided, it is the intent of this policy to insure owners, shippers, consignors, or consignees (as their interests may appear), of shipments of lawful goods and merchandise, including also live animals, fish, reptile , insets, birds and " valuable cargo " as defined in the tariff governing shipments moving over the ( ), and/or connecting carriers . This insurance is at owners' , shippers', consignors' or consignees' option , but must be requested and valuation declared and premium paid prior to or at the time of issuance of Air Waybill and details noted thereon in accordance with the requirements of said Air Waybill .

(1) ISSUING CERTIFICATE

Airlines and their Agents are authorized to bind and issue the Company's Certificate of Insurance on behalf of the Company with respect of Cargo, including Baggage carried as Cargo, in response to a Consignors' request for insurance .

(2) PAYEE

For account of whom it may concern : loss , if any , payable to owners , shippers , consignors or consignees (as their interest may appear), or order .

(3) GOODS-INSURED

On air cargo of any kind excluding only mail and parcel post shipped on aircraft owned or operated by the ( ), and connecting air, land or water conveyances, including messengers, if any .

This insurance to be of the same force and effect as if a separate policy were issued to each shipper, consignee or other party at interest .

This policy to also include coverage on air cargo of any kind, the property of the ( ) or property in which they may have an interest, or the property of others which is not shipped under the Assured's air tariffs and is not excluded from the Assured's air tariffs .

(4) VALUATION

Shipments covered hereunder to be valued at the amount declared in Air Waybill or shipper's letter of Instruction, but in no event to exceed the actual value of the property at destination or the value stated in the Commercial invoice, plus 30%.

(5) VOYAGE COVERED

At and from points and places in the world to points and places in the world .

(6) INSURING AGREEMENT

Shipments covered hereunder to be insured against all risks of physical loss or damage from any external clause whatsoever irrespective of percentage with the following exceptions.-

EXCEPTIONS

(7) PARAMOUNT WARRANTIES

THE FOLLOWING WARRANTIES SHALL BE PARAMOUNT AND SHALL NOT BE MODIFIED OR SUPERSEDED BY ANY OTHER PROVISION INCLUDED HEREIN OR STAMPED OR ENDORSED HEREON UNLESS SUCH OTHER PROVISION REFERS SPECIFICALLY TO THE RISKS EXCLUDED BY THESE WARRANTIES AND EXPRESSLY THE SAID RISKS :

F.C.&S. (a) Notwithstanding anything herein contained to the contrary, this insurance is warranted free from capture, seizure, arrest, restraint, detainment, confiscation, preemption, requisition or nationalization, and the consequences thereof or any attempt thereat, whether in time of peace or war and whether lawful or otherwise, also warranted free, whether in time of peace or war, from all loss or damage caused by any weapon of war employing atomic fission or radioactive force; also warranted free from all consequences of hostilities or warlike operations (whether there be a declaration of war or not) but this warranty shall not exclude collision, explosion or contact with any fixed or floating object (other than a mine or torpedo), stranding, heavy weather or fire unless caused directly (and independently of the nature of the boyage or service which the vessel concerned or, in the case of a collision, any other vessel involved therin, is performing) by a hostile act by or against a belligerent power and for the purpose of this warranty ' power included any authority maintaining naval, military or air forces in association with a power.

Further warranted free from the consequences of civil war, revolution, rebellion, insurrection, or civil strife arising therefrom, or piracy.

S.R.&C.C. (b) warranted free of loss or damage caused by or resulting from strikes, lockouts, labor disturbances, riots, civil commotions or the acts of any person or persons taking part in any such occurrence or disorder.

(8) RADIOACTIVE CONTAMINATION EXCLUSION CLAUSE

This policy does not cover,

Loss or destruction of or damage to any property whatsoever or any loss or expense whatsoever resulting or arising therefrom or any consequential loss.

Directly or indirectly caused by or contributed to by or arising from ionising radiations or contamination by radioactivity from any source whatsoever.

(9) DELAY CLAUSE

warranted free of claim for loss of market or for loss, damage or deterioration arising from delay, whether caused by a peril insured against or otherwise.

(10) COLD , PRESSURE

perishable and live cargo warranted free of claim for loss or damage due to cold or changes in atmospheric pressure.

CONDITIONS

(11) COMMENCEMENT AND TERMINATION

This Insurance becomes effective as of the time the shipment is brought into office of (   ) or its agent and the Insurance therefore is entered on the Air Waybill, and continues during the ordinary course of transit, including customary transhipment, if any, until the shipment is delivered to the consignee or discharged at the place designated by the consignee, but in no event beyond 30 days after unloading from the aircraft at the airport of destination .

(12) ATTACHMENT AND CANCELLATION

This policy attaches and covers with respect to all shipments insured hereunder on and after (   ) Korean Standard Time, and is continuous subject to cancellation by the (   ) on the company by giving the other thirty (30) days' written notice. Such cancellation, however, not to prejudice any risk in transit on the effective date of cancellation.

(13) LIMIT OF LIABILITY

The company shall not be liable for more than (   ) - in any one aircraft or connecting conveyance or in any one place at any one time.

(14) EXPLANATORY PROVISIONS

Wherever the words " ship ", " vessel ", " seaworthiness ", " ship or vessel owner" appear in this policy, they are deemed to include also the words" aircraft", " airworthiness", "air craft owner" .

The airworthiness of any aircraft and the seaworthiness of any water conveyance is hereby admitted.

(15) GENERAL AVERAGE

Including General Average and Salvage Charge payable according to Korean Law and Usage and/or as per Foreign Statement and/or as per York-Antwerp Rules (as prescribed in whole or part), if in accordance with the Contract of Affreightment.

(16) CONTRIBUTORY CLAUSE

The Companyshall be liable for only such proportion of General Average and Salvage Charges as the sum hereby insured (less Particular Average for which the company is liable hereunder, if any) bears to the Contributory Value of the property hereby insured.

GENERAL CONDITIONS

(17) SPECIAL CONTINUATION

Provided an additional premium be paidif required, it is understood and agreed that in case of short shipment in whole or in part by the conveyance reported for insurance hereunder, or if the goods be transhipped by another conveyance, or be carried beyond or discharged short of destination, or in the event of deviation, or change of voyage, or any interruption or other variation of the voyage or risk beyond the control of the Assured this insurance shall nevertheless cover the goods until arrival at the final destination.

No additional risks (whether or delay or of any other description) are insured uner this clause, which is intended merely to continue the insurance in force against the same risks named elsewhere in this policy.

(18) EXPLOSION CLAUSE

Including the risks of explosion, howsoever or wheresoever occurring during the currency of this insurance, unless excluded by the F.C. & S. Warranty of the S.R. & C.C. Warranty set forth herein.

(19) ERROR IN DESCRIPTION

This Insurance shall not bevitiated by any unintentional error, omission or oversight in making declarations, provided any cush error be reported to the company as soon as known or discovered by the Assured and additional premium paid if required.

(20) MACHINERY CLAUSE

When the property insured under this policy includes a machine consisting when complete for sale or use of several parts, then in case of loss or damage covered by this insurance to any part of such machine, the Company shall be liable only for the proportion of the insured value of the part lost or damaged, or at the Assured's option, for the cost and expense, including labor and forwarding charges, or replacing or repairing the lost or damaged part ; but in no event shall the Company be liable for more than the insred value of the complete machine.

(21) LABELS CLAUSE

In case of damage affecting labels, capsules or wrappers, the company, if labels therefore under the terms of this policy, shall not be liable for more than an amount sufficient to pay the cost of new labels, capsules or wrappers, and the cost of reconditioning the goods but in no event shall the company be liable for more than the insured value of the damaged merchandise.

(22) WITH RESPECT TO WATER-BORNE TRANSPORTATION COVERED UNDER THIS POLICY, THE FOLLOWING SHALL APPLY :

a. Lighterage: Including (subject to all the terms herein) risks of craft to and from the vessel ; each lighter, craft or conveyance to be considered as if seperately insured.

Also to cover any special or supplementary lighterage to take the goods to or from the warehouse, subject to an additional premium, if required. The Assured is not to be prejudiced by any agreement exampting lightermen from liability.

b. Bill of Lading clause : The assured are not to be prejudiced by the negligence clause and/or latent defect clause in the Bills of Lading and /or Charter Party. The seaworthiness of the vessel as between the assured and the company is hereby admitted and the wrongful act or misconduct of the shipowner or his servant causing a loss is not to defeat the recovery by an innocent assured if the loss in the absence of such wrongful act or misconduct would have been a loss recoverable on the policy.

c. Both to Blame Clause : Where goods are shipped under a bill of lading containing the socalled "Both to Blame Collision" Clause, the Company agrees as to all losses covered by this insurance, to indemnify the assured for this policy's proportion of any amount (not exceeding the amount insured) which the Assured may be legally bound to pay to the shipowners under such clause. In the event that such liability is asserted the Assured agrees to notify the company who shall have the right at its own cost and expenses to defined the assure against such claim.

d. Inchmaree Clause : This insurance is also specially to cover any loss of or damage to the interest insured hereunder, through the bursting of boilers, breakage of shafts or through any latent defect in the machinery, hull or appurtenances, or from faults or errors in the navigation and/.or management of the vessel by the master, mariners, mate , engineers or pilot.

(23) DECLARATIONS

a. The (   ) agrees to keep an accurate record of all shipments insured and to report to the company the particulars of such shipments by means of a Declaration Sheet as soon as practicable after the close of each and every month and pay premium thereon charged at agreed rates. Unintentional failure by the (   ) to report shipments to the Company shall not void this policy, and such shipments are held covered subject to policy conditions. The Company is entitled to premiums, at rates of the Company, on all shipments covered by this policy, whether reported or not.

b. The company, or its agents, shall have the privilege at any time during business hours to inspect the records of the (   ), as respect shipments coming within the terms of this policy.

(24) SUE AND LABOUR

In case of any loss or misfortune, it shall be lawful and necessary to and for the (   ), or the Assured or their of his factors, servants and assigns, to sue, labour and travel for, in and about the defense, safeguard and recovery of the goods and merchandise, or any part of thereof, without prejudice to this insurance ; nor shall the acts of the (   ), or the Assured, or the Company, in recoverin , saving and preserving the property insured, in case of disaster, be considered a waiver or an acceptance of abandonment, to the charges whereof, the said Insurance Company will contribute according to the rate and quantity of the sum herein insured.

(25) PAYMENT OF LOSS

In case of loss, such loss to be paid within thirty days after proof of loss, proof of interest, and adjustment thereof (the amount of premium, if unpaid, and all sums due to the Company from the Assured when such loss becomes due being first deducted, and all sums coming due being first paid or secured to the satisfaction of the Company). Proofs of loss to be authenticated by the Agents of the Company, if there be one where such proofs are taken ; otherwise by some other recognized Insurance Authority.

(26) WAIVER OF SUBROGATION

The Company hereby waives all right of recovery against the (   ), and/or third parties released by the (   ), for loss or damage or expense to air cargo transported by (   ), or other carriers.

(27) CONSTRUCTIVE TOTAL LOSS

No recovery for a Constructive Total Loss shall be had hereunder unless the property insured is reasonably abandoned on account of its actual total loss appearing to be unavoidable, or because it cannot be preserved from actual loss without an expenditure which would exceed its value when the expenditure had been incurred.

(28) PARTIAL LOSS

In case of partial loss by perils insured against, the proportion of loss shall be determined by a separation of the damaged portion of the insured property from the sound and by an agreed estimate (by survey) of the percentage of damage of such portion ; or if such agreement is not practicable then by sale acceptable to both parties of such damaged portion for the account of the owner of the property.

(29) OTHER INSURANCE

If at thetime of any loss or damage happening to any property hereby insured, the be any other subsisting insurance or insurances, whether effected by the insured or by any other person or persons, covering the same property , this company shall not be liable to pay or contribute more than its ratable proportion of such loss or damage.

(30) The terms and condition of this form are in addition to the terms and conditions of the policy to which it is attached , and insofar as they conflict , are to supersede same .

(31) This policy shall be void if assigned or transferred without the written consent of the Company .

CLAIMS

(32) Any claim for compensation must be sent immediately to the final air

carrier as well as to the ( ) and the following documents have to be sent to the nearest ( ) office as soon as practicable ;

a . Survey report concerning proof of loss or damage ;

b . Copy of the Air Waybill (Certificate, if any) ;

c . Original or certified copy of commercial invoice .

If the consignment consists of personal effects, used articles, removal, etc ...., a specification of all articles with their value ;

d . Claimant's detailed statement of loss or damage ;

e . Packing list ;

f . Copy of claimant's protestation to the last carrier and carriers' original reply.

(33) VALUABLE CARGO

The value for carriage to be declared and stated on the Air Waybill and the Valuation Charge should be paid if required by Airlines.

(34) COVER FOR WAR, S.R.&C.C. RISKS

Notwithstanding the provisions of (7), PARAMOUNT WARRANTIES, (18) Explosion clause, the risks for War, Strikes, Riots and Civil Commotions are covered subject to the payment of an extra premium under London War Scale, if these coverage are required.

In this case the conditions of coverage are subject to the following clauses ;

a . Institute War Clauses (Air) (excel. Sending by Post) :

b . Institute War Cancellation clause (cargo) ;

c . Institute Strikes Riots and Civil Commotions Clauses ;

d . Institute War and Strikes Clauses (Hull-Time) ;

(35) LIVESTOCK CLAUSE (A)

In consideration of an additional premium to be paid, it is hereby further agreed that this insurance covers the risk of mortality of live animals subject to followings :

This policy covers risk of death or mortality from any cause arising (except resulting from being in a parturient condition), including destruction in the interests of humanity when suffering from fractured limbs ; risks of jettison and washing overboard.

Theft, General Average, and Special Charges(including maintenance through vessel putting into a port or refuge or distress).

The stock to be covered for twenty-four hours after arrival at ultimate destination as stated in policy or until previous arrival in quarantine.

Animals to be in a good state of a health at commencement of risk. With liberty to be shipped on deck but exercised only under control. Risks of injury from any cause whatever, Inoculation and its after effects, prohibition of impor , failure to pass tests, or slaughter by authorities through infectious diseases are absolutely excluded. Claims subject to confirmation by a responsible official, giving particulars and apparent cause of death.

(36) VAULT TO VAULT CLAUSE

Notwithstanding anything to the contrary contained herein, it is hereby further agreed that this insurance for the subject-matter insured attaches from the time the goods leave the vault at the place named in the certificate for the commencement of the transit, continues during the ordinary course of transit and terminates on delivery to the vault at the destination named in the certificate.

(37) SITE TO SITE CLAUSE

Notwithstanding anything to the contrary contained herein, it is hereby further agreed that this insurance for the subject-matter insured attaches from the time the foods leave the site at the place named in the certificate for the commencement of the transit, continue during the ordinary course of transit and terminates on delivery to the site at the destination named in the certificate.

In Witness whereof Has caused this policy to be signed by it's head office at Seoul, Korea on By Authorized Representative.

참고문헌

■ 국내문헌

강이수, 국제거래관습론, 삼영사, 1986.
강창남 외 3인, 국제적하보험론, 도서출판 두남, 2001.
강흥중, 무역실무, 지원미디어, 2001.
구종순, 해상보험, 박영사, 2004.
권 오, 국제무역보험, 도서출판 두남, 2003.
김병기, 해상보험, 도서출판 두남, 2001.
김선정, "고지의무제도에 대한 검토(상)(중)(하)", 1985년 12월-1986년 2월.
______, "보험계약상의 고지의무에 관한 연구", 박사학위논문, 동국대학교 대학원, 1991.
김억헌, 무역보험론, 도서출판 두남, 2003.
김용복, 무역실무, 박영사, 1998.
김재우, 사이버 무역실무, 도서출판 두남, 2001.
김정수, 해상보험론, 박영사, 2003.
남풍우, 무역상무론, 도서출판 두남, 2003.
도중권, E-Trade시대의 무역보험론, 현학사, 2004.
류영일, 보증도와 해상운송인 등의 책임, 해상·보험법에 관한 제문제(상), 법원행정처, 1991.
박용섭, 해상보험위험과 인과관계, 해양한국, 1994년 4, 5, 6월.
______, 해상보험자의 일반 면책원칙에 관한 연구, 해양한국, 1994년 10, 11월.
______, 해상보험계약상 특별면책위험에 관한 해석론적 연구, 해양한국, 1994, 12월~1995년, 1, 2, 3월.
______, 해상보험계약상 피보험자의 위부권에 관한 해석론적 고찰, 해양한국, 1995, 4. 5. 6월.
______, 1994년 요크 앤트워프 규칙, 해양한국, 1995년 4월.
박은경, 보험 해상법 강론, 신지서원, 2004.
박정수, 무역보험론, 씨엠미디어, 2005.

박희수, 해상보험체계, 세종출판사, 1995.
보험연수원, 해상보험이론, 형설출판사, 2003.
부산관세연구소, 통합무역실무Ⅱ, 도서출판 두남, 2000
삼성화재, 적하보험 안내서, 1995.
성무회, 무역실무연습, 도서출판 두남, 1997.
이남구 · 송희영, 무역학개론, 삼영사, 2003.
오원석, 해상보험론, 삼영사, 2002.
유기준, 해상보험판례연구, 도서출판 두남, 2002.
이기수, 보험 해상법, 박영사, 2003.
이상진, 전자무역, 도서출판 두남, 2005.
이상호, 보험자 대위와 보험위부에 관한 비교연구, 1996
이시환, 신무역보험론, 대왕사, 2004.
이영수 외 1인, 전자무역실무, 문영사, 2005.
이용근, 무역계약론, 법문사, 2003.
이원근, 보험학입문, 도서출판 두남, 1999.
이은섭, 위기관리와 보험이론, 세종출판사, 1999.
이웅권 외 2인, 최신 무역보험 입문, 도서출판 두남, 2002.
이재복, EDI에 의한 적하보험계약에 관한 연구, 정보화시대의 EDI와 국제상거래의 제문제, 한국무역상무학회, 1997, 12.
전순환, 무역실무, 한올출판사, 2006.
조해균, 최신 보험경영론, 박영사, 1995.
최기원, "보험계약자의 고지의무에 관한 고찰", 법학 제32권 3□4호, 서울대법학연구소, 1991
최병수 역, 영국해상보험법, 보험연수원, 1980.
최준선, 보험법 해상법, 삼영사, 2005.
최준호, 국제운송물류론, 도서출판 두남, 2005.
한낙현, 국제운송과 해상화물보험, 도서출판 두남, 2005.
한주섭 · 이용근, 무역관습론, 동성사, 1993.
한 철, 보험 해상법, 형설출판사, 2003.
현대해상(주), 해상적하보험실무, 1994
한국수출보험공사, 단기수출보험안내서, 2005.

■ 외국문헌

Arnould A.S., *General Insurance Principles*, Revised ed.,University Press of America, 1983.

Bennet. Howard N., *The Law of Marine Insurance*, London: Clarendon, 1996.

Browen, R. H., *Marin Insurance*, Vol.1, Princioles and Basic Practice, Witherby & Co., Ltd. 6th ed., 1998.

Brubaker D., *Marine Pollution and International Law*, Belbaven Press, 1993.

Chalemrs, M. D., *Chalmer's Marine Insurance Act 1906*, 10th ed, London: Butterworths, 1993,

Crane, Fredirick G., *Insurance Principle and Practice*, 2nd ed., New York: John Wiley and Sons, 1984.

Donaldson, Sir John, Staugton, C.S. & Wilson, D.S., *The Law of General Average and The York Antwerp Rules*, 10th ed., London, Stevens & Sons, 1975.

Gilman, Jonathan C. B., *Arnould's Law of Marine Insurance*, Vol Ⅰ, Ⅱ, Ⅲ, 6th ed., London Sweet & Maxwell Co. Ltd., 1997.

Goodacre, J. Kenneth, *Marine Insurance Claims*, 2nd ed., London : Witherby & Co., Ltd., 1981.

________, *Institute Time Clauses Hulls*, London, Witherby & Co., Ltd., 1983.

Hazelwood, S.J., *P&I Clubs Law and Practice*, London: Llyod's of London Press, Ltd., 1989.

Hodeges, Suan, *Law of Marine Insurance*, London: Cavendish, 1996.

Lambeth, R.J., *Templeman on Marine Insurance,* 6th ed., London : Pitman, 1986.

Lloyd's, *Lloyd's Nautical Yearbook*, London, Lloyd's of london Press Ltd., 1981.

Merkin, Robert, M., *Insurance Contract Law*, Kluwer Publishing London, 1988

Rejda, George E., *Principles of Risk Management and Insurance*, 6th ed., New York: Harper Collins Publishers, 1998.

Schmitthoff, Clive M., *Export Trade*, 10th ed., London: Stevens & Sons, 2000.

Templeman, F. & Greenacre C.T., *Marine Insurance*, Its Principles & Practice, London, 1984.

The International Union of Credit and Investment Insurers, *The Berne Union 2001*, Wale, UK: Persord Press, 2001.

York, H. Kenneth and Whelan, John W., I*nsurance Law*, St. Paul, Minnesota : West Publishing Co., 1982.

木村榮一, 海上保險, 千倉書房, 1983.
龜井利明, 海上保險論, 法律文化社, 1972.
________, 英國貨物海上保險約款における不擔保危險と免責危險, 保險學雜誌 第522號, 1988.
加藤 修, 貿易保險の 實務, 同文館, 1984
________, 最新國際貿易貨物海上保險實務, 成山堂書店, 1984.
東海海上火災保險株式會社編, 貨物海上保險の 理論と 實際, 海文堂, 1978.
廣海孝一, 保險論, 中央經濟社, 1985.
水島一也, 近代保險の生成, 千倉書房, 1985.
妹崎義史, 石名坂邦昭, 大城裕二, 武田久義, 講案保險總論, 法律文化社, 1984,

■ 저자 약력 ■

▣ 최준호(崔俊鎬)

- 건국대학교 무역학과 졸업(상학사)
- 건국대학교 대학원 무역학과 수료(경제학 석사)
- 건국대학교 대학원 무역학과 수료(경제학 박사)
- 건국대학교 강사
- 강남대학교 강사
- 한성대학교 강사
- 남서울대학교 강사
- 한국사이버평생교육원 강사

현) 한국관세사회 상임연구원

▣ 안재진(安宰鎭)

- 건국대학교 무역학과 졸업(상학사)
- 건국대학교 대학원 무역학과 수료(경제학 석사)
- 건국대학교 대학원 무역학과 수료(경제학 박사)
- 건국대학교 강사
- 강남대학교 강사
- 배재대학교 강사
- 중부대학교 강사

현) 서울디지털대학교 무역학과 강사
　　건국대학교 강사

▣ 강진욱(姜鎭旭)

- 건국대학교 무역학과 졸업(상학사)
- 건국대학교 대학원 무역학과 수료(경제학 석사)
- 日本大學 상학연구과 박사후기과정수료(상학 박사)
- 건국대학교 강사
- 한성대학교 강사
- 중부대학교 강사

현) 건국대학교 상경대학 국제무역학과 강의교수

국제무역보험론

초　판 1쇄 인쇄 —— 2006년　2월 28일
초　판 1쇄 발행 —— 2006년　3월　3일
지은이 —— 최준호 · 강진욱 · 안재진
펴낸이 —— 전두표
펴낸데 —— 도서출판 두남
서울시 강동구 성내1동 455-12
등록 : 제2 - 624호(1988. 7. 21)
TEL : 478 - 2066 / 2067 / 2311
FAX : 478 - 2068
E-mail : dunam1@unitel.co.kr
http://www.dunam.co.kr

정가 21,000 원

ISBN 8984-04-753-8　　13320